全国普通高等学校人文社会科学重点研究基地
北京师范大学史学理论与史学史研究中心　主办
中文社会科学引文索引（CSSCI）来源集刊

史学理论与史学史学刊
JOURNAL OF HISTORICAL THEORY AND HISTORIOGRAPHY
2016年上卷（总第14卷）

杨共乐　主编

社会科学文献出版社
SOCIAL SCIENCES ACADEMIC PRESS (CHINA)

《史学理论与史学史学刊》编委会

顾　　问　刘家和　瞿林东

编　　委　（以姓氏笔画为序）
　　　　　于　沛　乔治忠　刘北成　刘临海　向燕南
　　　　　许殿才　吴怀祺　张　越　张广智　张昭军
　　　　　杨共乐　汪高鑫　陈其泰　易　宁　周少川
　　　　　周文玖　庞卓恒　胡逢祥　倪玉平　郭小凌
　　　　　董立河

主　　编　杨共乐

副 主 编　周文玖

卷 首 语

杨共乐

《史学理论与史学史学刊》自2002年创刊以来,一直受到国内史学工作者的热切关注,在国际上也产生一定的影响。至2015年,除了2004/2005年合刊为一卷外,其余都是每年一卷,共出版13卷。这13卷凝聚了几代史学工作者的心血,展现了21世纪以来史学理论和史学史研究的诸多成就。如今,她作为中文社会科学引文索引(CSSCI)来源集刊,已成为史学界同仁发表史学理论与史学史文章的重要园地,在社会上也获得许多文史爱好者的好评。我们希望有更多的同仁加入这个园地的建设,使她成为大家喜爱的"百花园"。

为了更加及时地反映同仁的研究成果,自2016年起,《史学理论与史学史学刊》每年出上、下两卷,分别在上半年和下半年出版,总卷数连续编号。本卷是2016年上卷,总第14卷。我们将继续坚持既有的办刊宗旨,走有特色的办刊之路,坚守一贯的办刊风格,重视具有创新意义的成果,主张求真、严谨、扎实的学风和文风。

本卷"史学方法论探讨"栏目,刊发了青年学者陈安民的文章。他从章太炎论衡中国史学的视角论述逻辑在中国史学史研究中的运用,展现中国史家的逻辑运用对于历史理论研究、史学理论研究和中西史学会通的促进作用，认为中国史家并不缺乏历史分析与理论建构的逻辑素养。

在比较研究方面，陈金海的《司马迁与李维史学的道德认同观念》和陈其泰先生的《〈汉书〉对〈史记〉优良传统的继承发扬》可谓是用力深厚之作。前者将司马迁与西方史家李维在道德认同观念方面进行比较，从中反映出中西古代史学的不同特点；后者通过对《史记》《汉书》的比较，认为二者之间是交相辉映的关系，《汉书》在体裁、史料、史学思想等方面，都继承和发展了《史记》，其成就不可低估。扬班抑马或扬马抑班都是片面的。它们的差异应理解为在不同时代条件下形成的不同特点，不能形而上学地将它们对立起来。比较研究能够从更加广阔的视野中认识史学现象和史学规律，对深化研究，具有重要意义。

考察经学与史学的关系，是近年来史学史研究扩展和深入的一个方向。李传印的《魏晋南北朝时期史家实录观念的理论特征》、周文玖的《经学与刘知幾的史学批评》、姜海军的《程颐对〈春秋〉经传的认知、诠释及其理学》、王红霞的《经师，还是经学研究者？——顾颉刚的经学研究角色定位》、黄涛的《试论蒙文通的经学立场与史学研究——以〈古史甄微〉为中心》都体现了这一取向。此外，历史认识与政治的关系，修史与政治的关系，史学家的政治理想在历史编纂中的反映等，在本卷"中国古代史学研究"栏目都有深入的探讨。特别是王记录教授通过考察清朝皇帝对修史的干预，揭示了清朝官方当代史的书写与政治的关系，进而提出"帝王史学"的概念，对进一步反思中国古代史学富有启发性。郭蔚然对《泰西新史览要》成书的研究，以及冯婵对王叔岷的研究，均为中国近现代史学的探讨带来了一缕清新。

在历史教育方面，尤学工的《论晚清历史教育》和李孝迁的

《困境与应对：试论近代中国的历史教育》分别从积极的和消极的视角，考察中国近代以来的历史教育。两文观点有一定的差异，论述和思维风格亦有不同。读者正可从中认识到它们之间具有互补性，有益于使自己的认识臻于完整、全面。加强对外国史学的研究，也是本刊努力的方向。本卷设立"外国史学研究"，刊发尹宁的《论〈诸奥古斯都传〉的写作特点》、王羽飞的《劳埃德·德莫斯的心理史学理论》两文，对国外史学名著进行评述，评介最新的西方史学理论。本刊重视史学评论。"书评"是史学评论的一种形式，本卷的两篇书评，分别对杨共乐教授主编、易宁等教授主撰《古希腊文明》和美国密西西比州立大学吴淑惠教授著《〈史记〉论析六章》进行评析，认为两书在各自领域均推进了研究，可谓最新成果的重要呈现。

反映本中心活动的《北京师范大学史学理论与史学史研究中心大事记》以及反映一年来本学科研究情况的《史学理论与史学史论著要目》，以往都是以"附录"形式排在文章后面。该"附录"也是读者喜爱的栏目之一。此栏目将继续保留，但为了体现一年的完整性，拟安排在本年的下卷。这是要向读者说明的。

本刊由每年一卷改成每年二卷，用稿量增大。我们殷切希望学界老朋友一如既往地关爱本刊，也热烈欢迎青年才俊等新朋友加入本刊的作者队伍。"众人拾柴火焰高"，学界同仁的支持是办好刊物的关键。相信在大家的关爱和支持下，我们的刊物会越办越好，我们的事业会朝气蓬勃，蒸蒸日上。让我们一起努力吧！

目 录

·史学方法论探讨·

试析逻辑运用与中国史学史研究
　　——从章太炎论衡中国史学的一个视角谈起 ……………… 陈安民 / 3

·比较研究·

司马迁与李维史学的道德认同观念 ……………………………… 陈金海 / 21
《汉书》对《史记》优良传统的继承发扬 ……………………… 陈其泰 / 35

·中国古代史学研究·

范晔《后汉书》光武守业诸臣传的编纂 ………………………… 曲柄睿 / 55
魏晋南北朝时期史家实录观念的理论特征 ……………………… 李传印 / 70
经学与刘知幾的史学批评 ………………………………………… 周文玖 / 83
程颐对《春秋》经传的认知、诠释及其理学 …………………… 姜海军 / 96
苏辙《古史》初探 ………………………………………………… 李　哲 / 108
修史与政治：清代帝王的政治需要与官方当代史的书写
　………………………………………………………………… 王记录 / 127

·中国近现代史学研究·

论晚清历史教育 …………………………………… 尤学工 / 149

《泰西新史揽要》译作的变通与重构 ………………… 郭蔚然 / 167

困境与应对：试论近代中国的历史教育 ……………… 李孝迁 / 184

经师，还是经学研究者？
  ——顾颉刚的经学研究角色定位 ………………… 王红霞 / 201

试论蒙文通的经学立场与史学研究
  ——以《古史甄微》为中心 ……………………… 黄　涛 / 212

试析 21 世纪以来的宋庆龄研究 ……………………… 叶维维 / 227

·外国史学研究·

论《诸奥古斯都传》的写作特点 ……………………… 尹　宁 / 245

劳埃德·德莫斯的心理史学理论 ……………………… 王羽飞 / 255

·历史文献学·

《元史》匡谬两则 …………………………………… 白　刚 / 271

顾颉刚致朱铭心书二通考释 ………………………… 李　衡 / 274

·书　评·

一部通论性的创新之作
  ——读《古希腊文明》 …………………………… 张春梅 / 279

《史记》研究的新探索
　　——读吴淑惠著《〈史记〉论析六章》 ……………… 王庆婷 / 285

·会议综述·

"史学研究的挑战与回应"学术研讨会综述 ……………… 刘　玲 / 295

《史学理论与史学史学刊》稿约 ………………………………… 303
《史学理论与史学史学刊》匿名审稿实施办法…………………… 305

CONTENTS

Historical Methodology

The Applying of Logic to the Study of History of Chinese Historiography:
From the Viewpoint of Zhang Taiyan's Research on Chinese
Historiography　　　　　　　　　　　　　　　　　*Chen Anmin* / 3

Comparative History

The Ideas of Moral Identity in Si Maqian and Livy　　*Chen Jinhai* / 21
HANSHU's Succession and Development to the Fine Traditions of SHIJI
　　　　　　　　　　　　　　　　　　　　　　　　Chen Qitai / 35

Ancient Chinese Historiography

Compilation of the Biographies of the Ministers during Emperor Guangwu
　Period of Han Dynasty in Fan Ye's HOUHANSHU　　*Qu Bingrui* / 55
The Theoretical Characteristic of the Historians' Concept of Veritable
　Records during the Period of Wei Jin and Southern and Northern
　Dynasties　　　　　　　　　　　　　　　　　　*Li Chuanyin* / 70
The Study of Confucian Classics and Liu Zhiji's Historical Criticism
　　　　　　　　　　　　　　　　　　　　　　　Zhou Wenjiu / 83
Cheng Yi's Understanding and Interpretation of the Canon and
　Commentaries on CHUNQIU and His Neo-Confucianism　*Jiang Haijun* / 96
A Study of Su Zhe's GUSHI　　　　　　　　　　　　　*Li Zhe* / 108

The Compilation of History and Politics: The Political Needs of the
  Emperors of Qing Dynasty and the Official Compilation of
  Contemporary History   Wang Jilu / 127

Modern Chinese Historiography

On History Education in Late Qing Dynasty   You Xuegong / 149
The Accommodation and Reconstruction of the Translation of
  TAIXIXINSHILANYAO   Guo Weiran / 167
Difficulty and Solution: Discussions on the History Education in
  Modern China   Li Xiaoqian / 184
A Teacher or a Researcher in the Study of Confucian Classics? The Role
  Definition of Gu Jiegang in Confucian Study   Wang Hongxia / 201
Discussions on Meng Wentong's Standpoint on the Study of Confucian
  Classics and his Historical Research: Focusing on GUSHIZHENWEI
                                                        Huang Tao / 212
An Analysis of the Studies on Song Qingling since 21st Century
                                                       Ye Weiwei / 227

Foreign Historiography

On the Writing Features of *Historia Augusta*   Yin Ning / 245
Lloyd deMause's Theory of Psychohistory   Wang Yufei / 255

Historical Philology

Two Pieces of Rectifications on *YUANSHI*   Bai Gang / 271
Two Letters to Zhu Mingxin From Gu Jiegang   Li Heng / 274

Review

An Innovative Work of General Statement: Review on *GUXILAWENMING*
                                                   Zhang Chunmei / 279

A New Exploration on *SHIJI*: Review on Wu Shuhui's
SHIJILUNXILIUZHANG   *Wang Qingting* / 285

Conference

The Summary of the "Symposium on the Challenge and Response in
Historical Study"   *Liu Ling* / 295

Notice to Contributors of Journal of Historical Theory and Historiography / 303
Measures for the Implementation of Anonymous Referee System of Journal
of Historical Theory and Historiography / 305

史学方法论探讨

试析逻辑运用与中国史学史研究

——从章太炎论衡中国史学的一个视角谈起

陈安民

（西南大学历史文化学院，重庆 400715）

摘 要：章太炎从逻辑运用的角度论衡中国古代史家与史著，是值得史学史研究者关注的一个研究路向。逻辑方法的运用贯穿于历史研究从史料分类至理论构建、学术论辩的各个环节，中国史学在这方面也有尚待进一步清理的丰富遗产，对二者加以结合研究既有学理上的必要性也有资料上的现实可能性。本文以举例的方式、侧重于形式逻辑的层次，展现了中国史家的逻辑运用之于历史理论研究、史学理论研究、中西史学会通的促进作用，同时也反映了史家的历史分析与理论构建能力和逻辑素养有密切的关联。

关键词：章太炎 逻辑运用 中国史学史

一 章太炎论衡中国古代史学的一个视角

章太炎在《訄书重订本·哀清史》所附《中国通史略例》中指出："中国秦汉以降，史籍繁矣。纪传表志肇于史迁，编年建于荀悦，纪事本末作于袁枢，皆具体之记述，非抽象之原论。杜、马缀列典章，阗置方类，是近分析法矣。君卿评议简短，贵与持论鄙倍，二子优绌，诚巧历所不能计，然于演绎法，皆未尽也。衡阳之圣，读《通鉴》、《宋史》，而造论最为雅驯，其法亦近演绎；乃其文辩反覆，而辞无组织，譬诸织女，终日七襄，不成报章也。若至社会政法盛衰蕃变之所原，斯人暗焉不昭矣。王、钱诸彦，昧其本干，攻其条末，岂无识大，尤媿贤者。今修《中国通史》，约之百卷，镕冶哲理，以祛逐末之陋；钩汲智沈，以振墨守之惑；庶几异夫策锋、计簿、相斫书之为者矣！"① 服务于新《中国通史》的构建，他对中国古代史学之得失利弊的如上分析，虽寥寥数语却涵盖了史学评价的多个方面，严肃而深刻。其结论（"策锋、计簿、相斫书"等）及立论基点（"社会政法盛衰蕃变之所原""哲理"），与梁启超基于"新史学"立场的评论几无二致。值得特别注意者，章太炎将逻辑运用作为重要标准之一（梁启超也有从逻辑的视角分析历史与史学，但未曾提到如此重要的高度），置评中国古代一流史家，不仅当时少有，后世似乎也鲜有充分的申论和发展。

众所周知，章太炎在小学、经学、佛学、哲学、文学、史学等多个领域有卓尔不群的成就，对于希腊逻辑、印度因明、名墨逻辑等亦深有钻研并开创三者比较研究的先河。他从分析法和演绎法的运用方面，论衡杜、马、王等人的成就，必有其内在的依据和特定意蕴。其论是否符合某一史家个体的实际，所列谱系高低是否符合中国史学史的整体面貌？将逻辑的视角和史学史评价结合起来是否在方法论上具有可行性，如可行又具有哪些优势、存在何种局限？此类问题都是值得探究的。

世纪更替，乘学术总结的大潮，史学理论及史学史学科也多有回顾和反思、展望。尤其是近几年来，《史学月刊》《史学史研究》《学术月刊》等多家刊物就中国史学史研究、西方史学史研究、史学理论研究的进一步发展问题组织专门讨论，诸多学者如瞿林东、陈其泰、张广智、陈新等人也提出了各具特色的深入路径。笔者愚见，在已有研究范式和多元路径设想之外，百余年前章太炎所提及的逻辑视角，也当成为相关研究尤其是中国史学史及史学理论研究的选择之一。

其依据或有如下数端：①就其理论的必要性而言。一方面，史学以人类社会过去的方方面面为研究对象，逻辑方面的认识成就亦当成为关注的对象，这本身无可置疑。只是鉴于逻辑研究的专门性，逻辑史研究往往需学有专长者方能胜任，故一般情况下非历史研究者所关注。另一方面，逻

---

① 章太炎：《中国通史略例》，《章太炎全集》第3册，《訄书重订本·哀清史》附，上海人民出版社，1984，第328~329页。对于前辈学者和时贤，尊敬之情存于心，文中概不加尊称和职称。

辑方法作为人类进行推理论证的重要工具，贯穿了人类一切认识活动包括历史研究的始终，某些甚至可能绝大部分史家固然无关于逻辑的理论阐述，但有逻辑方法的运用则是毫无疑问的。因而，从应用的角度探究历史研究者的逻辑运用，确是检验其史料搜集是否完备、因果探究和结论提炼是否可靠、篇章结构和论证是否严密的必须工作，也是衡量史家史识的重要维度。②就世界史学理论发展趋势而言。从思辨的历史哲学发展到分析与批判的历史哲学、后现代主义、后－后现代主义，笼统言之，其关注的核心无非是史家自身认识能力的潜能与局限及其之于历史研究的影响。逻辑运用能力，自应成为史家自我认识能力分析的必要选项，从而成为史学理论研究的组成部分。进行这一视角的纵向梳理，不失为一部独特的史学史。③就中国史学史的实际而言。史家兼具逻辑论述的确实很少，但也不乏王夫之这样既有较高的史学成就，又能在思维认识、逻辑推理等方面有专门论述者。当然，更为普遍的情形，则是如孔子提出社会历史领域中的名实问题这类以逻辑为工具进行历史批判或理论批判者，或者如司马迁父子、班固等人从历史的角度对名、墨诸家的逻辑成就予以分析批判者。而尤可注意者，史学史研究者一般认为理论成就较高的学者，在《中国逻辑史资料选》中所占的篇幅似乎也确实较一般重于记述的史家为重。由此看来，逻辑素养与史学的理论成就之间是否存在一定的关联，也是可以进一步予以统计分析的饶有兴趣的话题。进而，对于史家的知识结构和学术渊源也就多了一重认识的维度。近代以来，除章太炎外，诸多学术大家如梁启超、贺麟、周谷城、顾准等人在二者结合研究方面也作了大胆的尝试和艰辛努力。对于这笔丰厚的遗产，史学史研究者确有梳理、发扬的必要，利用本学科已有研究①、《中国逻辑史资料选》等线索展开研究，也具备现实的可能性。

就历史与逻辑的关系而言，有一个应当受到特别关注的问题，即从黑格尔以降并为马克思主义史学所发扬的、亦常常见之于今人论著中的"历史与逻辑相统一的原则"。对此，到底该作何理解？如将之作为一把标尺

---

① 如朱本源著《历史学理论与方法》第一编第二章《历史方法论及其研究对象》，杜维运著《史学方法论》中《归纳方法》《比较方法》《综合方法》《分析方法》诸章，刘家和所撰《历史的比较研究与世界历史》《史学的求真与致用》等文，张耕华撰《历史学中典型性研究的类型及其限度》《略论历史归纳中的几个问题》等，此类论著都是带有浓厚的逻辑分析色彩、结合中西史学实际展开理论思考的代表之作，我们可借之以为理论的指导反观中国史学史上的相关论述。

衡量中国古代史学，如何具体运用而又不违背历史主义的评价原则？以及其他诸如此类，对于历史理论构建带有根本影响或涉及认识论方面的问题，本文暂时付诸阙如。正如20世纪80年代初，《中国逻辑史资料选》编选者在《例言》中所指出的："根据大家比较一致的看法，本资料所选的范围，以中国历史上有关形式逻辑的思想资料为主，并包括与形式逻辑有直接关系的某些认识内容（如名实关系等）和某些科学方法论思想等资料，其他方面的逻辑问题暂不编入。"① 起步阶段，选取比较简单的视角提出问题，逐步引起更大范围的关注，进而由浅入深，不失为可行之法。出于类似的考虑，本文侧重在形式逻辑层面、以举例的方式，主要就中国史家的逻辑运用实践及其相关问题略作梳理，以管窥逻辑视角的史学史研究之可能。限于学识和素养，谬误之处在所难免，敬请方家不吝指正。

二 逻辑运用与历史理论研究

第一，以逻辑分析明了儒家某些政治原则或治理策略的局限性，进而借之以反思中国古代史论的论史原则在源头上的某些局限。贺麟在《怎样研究逻辑》一文中有如下的一段话：

> 中国人平日已养成只注重一物之实用、目的、结果，而不研究一物之本性的思想习惯。这种习惯或成见，在知的方面，只重末而不重本，重效果而不重原理；在行的方面，便成为重势力、重功用而不重理性或义务的计算道德。譬如，《论语》中很有名的一长段推论，由名正到言顺……这种推论便纯是由效果推效果、由功用推功用的思维方式。虽然孔子这段对于正名的效果的看法也许很对，但这只是一种实用的观点，而不是逻辑的观点，因为这段虽是富有政治识度或哲学识度的谈话，却不能构成政治哲学或正名哲学。假如孔子不仅谈效用，而且能从逻辑方面系统地告诉我们什么是名的本性，那就会构成一部名学，再进而逻辑地昭示我们什么是礼乐刑罚的本性，那就会形成文化哲学或社会哲学。又如，《大学》上的"格物而后知致，知致而后意诚，意诚而后心正，心正而后身修，身修而后家齐，家齐而后

---

① 中国逻辑史研究会资料编选组《中国逻辑史资料选》（5卷本），甘肃人民出版社，1985~1991，各卷《例言》，第1页。

国治，国治而后天下平"一大串推论，亦不是纯逻辑的推论，而只是由效果推效果，由功用推功用的方法。照这种推论，格物致知或正心诚意便有治国平天下的效果。但如果不去做效果的推论——因为这种推论是无必然性的，这就是说，格物致知或正心诚意并不必然有家齐国治天下平的效果，而只是或然的或可能的。由可能的效果推可能的效果，其无必然性与普遍性，其不能建立严谨的逻辑理论，可想而知。①

中国古代史学的评价原则多来自于儒经，治史之法亦与治经之法颇多共通之处。对儒家这两大基本理念的如是质疑，对于认识中国古代史学亦有相应的两层警示性的启发意义：一是要注意史论的某些"指导思想"（经论），其本身是否可靠；二是须注意这种实用化、功利目的导向的思维方式也会影响到理论构建和史学批评在概念化和体系化上的深入发展。"不离事而言理"固然是中国古代史论的一个优点，但其局限性，从逻辑的视角来看，亦比较明显。在历史思维、经史关系等已有研究维度之上，倘能进一步增进逻辑的视角，对于中国古代史学之成就与局限的认识，无疑是有益而必要的。

诚如王夫之在《读通鉴论》和《宋论》等著作中批评某些易学家意图将时数与事类一一对应（如京房论易）、某些政治家意图以一定的标准涵盖世间所有田地物产的差异而制定整齐划一的政策（如朱熹划定经界），等等此类行为时所指出的，以有限的数字、分类、等级去区分无限复杂的客观世界是注定徒劳的。社会历史的丰富面相和复杂关联，不可能以逻辑标准予以干脆利落的精确划分。这提醒我们，不仅《通典》和《文献通考》此类被认为是追求"历史与逻辑相统一"的典范的"分析""记述"之作有其可以完善之处，至于任何理论研究及其成果体系，无论多么体大思精，更不可能毫无遗漏或重复而恰如其分地建立起类似逻辑学上的尽全分类。在今人的论著中，常见"讲究体例而不拘于体例"之语，其背后实也有复杂历史非逻辑所能规范这一深层缘由。在当下的现实中，中国史、外国史与世界史间的关系，常常暧昧不清地被误用，则非不明逻辑之故了。

第二，以逻辑分析揭示经典奥义，深化对于中国历史某些重大问题的

---

① 贺麟：《近代唯心论简释》，商务印书馆，2011，第109~110页。

理论认识。试举如下两例。

关于历史之"道"。道家经典《老子》之"道",作何理解,进而以此分析其历史观,仁智之见千年纷纭,而又各有理据。刘家和《试说〈老子〉之"道"及其中含蕴的历史观》一文,则运用中西哲学比较和逻辑分析的方法,对此提供了新的解读。针对《老子》第一章所言"道,可道,非常道;名,可名,非常名"将道、名两分时,他指出:"凡事皆有正负两个方面,这正是《老子》书中几乎处处都彰显出来的基本见解。于是,'道'有不可'道'之'常道'与可'道'之'非常道'之分,'名'亦有不可'名'之'常名'与可'名'之'非常名'之别。"他联系《老子》二十二章所言"曲则全,枉则正;洼则盈,弊则新;少则或。是以圣人抱一为天下式"解读四十二章所言"道生一"的内涵时说:"'道'是常无与常有的统一,即正负两个方面的统一……凡是兼摄正负两个方面统一者皆属于'道','一'既兼摄正负两个方面,因此'一'即是'道'。"为着理解的简洁,他进而按"逻辑代数学"的方法列其式为:"$A+(-A)=1$",并予以图示。① 循着这样的解读思路,我们对中国古代史学之重要范畴"道",或许也能有更丰富的揭示。一则,何谓历史之道?王夫之在评论礼随时变时指出:"礼有不可变者,有可变者。……是故因亦一道也,革亦一道也。"② 历史之道即体现为因革两面的统一,此说承继中国史学传统的常变论而又有所发展,无疑是对历史之本质的深刻把握。这类论述当然也可以借助简洁的逻辑语言表示,从而显得更加清晰。二则,宋代以来,荣经陋史与经史并重屡有交锋,胡三省的宏论"道无不在,散于事为之间"③ 常为后世史学家所称道,但其如何散于事为之间似乎并非逐一地罗列和举例所能解决,如能从"一"与"多"有机统一的角度予以哲学和逻辑理路的分析,或许方能予以完满地说明。王夫之在《读通鉴论》卷末《叙论》最后一段中,有"道无方,以位物于有方;道无体,以成事之有体"④ 一语,笔者查阅诸多今译之作亦难解疑惑,不知是否可以作为胡三省所论的理论注脚。中国史学史上其他与此相关或类似的

---

① 刘家和:《试说〈老子〉之"道"及其中含蕴的历史观》,《南京大学学报》2014年第4期。其有关《老子》的引文,以朱谦之《老子校释》为本。
② 王夫之:《宋论》卷1《太祖一三》,《船山全书》第11册,岳麓书社,2011,第45页。
③ 胡三省:《新注资治通鉴序》,《资治通鉴》第1册,中华书局,1956,第24页。
④ 王夫之:《读通鉴论》卷末《叙论四》,《船山全书》第10册,岳麓书社,2011,第1184页。

"道"与"器"、"事"与"理"之关系是否也可作如是观。

关于武王伐纣。以鱼与熊掌"不可得兼"之二难推理喻生死之义的孟子，对于《武成》篇的记载，提出"仁人无敌于天下，以至仁伐至不仁，而何其血之流杵也"①的明确质疑。刘家和对孟子此论予以更明确的解说，并将之作为"验之于理"的例子。②值得注意的是，唐代史家刘知幾在《史通·疑古》中亦指出："夫《五经》立言，千载犹仰，而求其前后，理甚相乖。何者？称周之盛也，则云三分有二，高纣为独夫；语殷之败也，又云纣有臣亿万人，其亡流血漂杵。斯则是非无准，向背不同者焉。"③质疑角度类似，而所论对象则有所扩大，并借前后矛盾而否定经的神圣性。随着君臣关系在政治伦理中的固化，与此紧密相关的汤武革命、易代之际忠臣与叛臣的定性等问题，因涉及现实政治而耗费了无数精英的才智。对于这一问题，历史上的相应逻辑分析及评述还相当丰富。④

第三，逻辑运用与历史理论批判。正统论作为中国古代历史理论研究的重要论题之一，各家论述皆有自己的"事实依据"、推演体系，无不意在立己而驳人。在这一论题的发展谱系中，欧阳修曾经这样定义"正统"："正者，所以正天下之不正也；统者，所以合天下之不一也。"⑤意在超越某家某派、凝练地指出了"正统论"纷争不已背后的政治价值。而在历史评论中对正统之说予以彻底的批判、几乎弃而不论者，王夫之当为代表。他揭露了正统之说起源的政治背景和学术渊源，进而以历史事实和逻辑分析证明其不合乎"事理之实然"。一方面，"统之为言，合而并之之谓也。而天下之不合与不续也多矣！盖尝上推数千年中国之治乱以迄于今，凡三变矣"。另一方面，"天下之生，一治一乱。当其治，无不正者以相干，而何有于正？当其乱，既不正矣，而又孰为正？有离、有绝，固无统也，又何正不正之云邪？以天下论者，必循天下之公，天下非夷狄盗逆之所可尸，而抑非一姓

---

① 《孟子·尽心下》，杨伯峻编著《孟子译注》，中华书局，1962，第325页。
② 刘家和：《先秦史学传统中的致用与求真》，载《史学、经学与思想》，北京师范大学出版社，2005，第33页。
③ 刘知幾：《史通》卷13《疑古》，浦起龙通释本，上海古籍出版社，1978，第388页。
④ 除上引文外，参见刘家和《孟子和儒家经传》《关于殷周的关系》等文，载《史学、经学与思想》，尤其是第31、253、292页。
⑤ 欧阳修：《居士集》卷16《原正统论》，《欧阳修全集》，中华书局，2001，第2册，第275页。

之私也"①。将"统"界定为空间合一与时间延续的结合,进而以中国历史之实际予以否定,"正"也自然地失去了其依存条件。

20世纪80年代以来,中国马克思主义史学的自我反思,对于某些问题的厘清(如社会形态演进的规律性和特殊性、世界史和国别史的一多关系等),在付诸"验之于事"的努力外,也充分运用了逻辑论证的批驳效力。尤其是在破除对于某些经典权威论断的迷信上,逻辑分析显著地增强了说服力。兹举一例。毛泽东曾经指出:"每一次较大的农民起义和农民战争的结果,都打击了当时的封建统治,因而也就多少推动了社会生产力的发展。只是由于当时还没有新的生产力和新的生产关系,没有新的阶级力量,没有先进的政党,因而这种农民起义和农民战争得不到如同现在所有的无产阶级和共产党的正确领导。这样,就使当时的农民革命总是陷于失败,总是在革命中和革命后被地主阶级和贵族利用了去,当作他们改朝换代的工具。"② 1979年,极富理论勇气的董楚平指出:"长期以来,我们把农民的阶级斗争和农民战争看做是中国封建社会发展的唯一动力、真正动力……他们一方面把农民战争的作用抬到如此吓人的高度,另一方面又说每次农民战争都是失败的。既然都失败了,又怎能推动社会发展呢?既然每一次都推动了社会进步,又怎能说都是失败的?"③ 在新近的学术史反省中,李振宏在《六十年中国古代史研究的思想进程》一文中评价董楚平的质疑"既有充足的历史论据,又抓住了'唯一动力说'的逻辑矛盾,并且层层递进,气势如虹",并再次予以专门论述强调"无论从历史逻辑或者论证逻辑的角度出发,毛泽东的这一论断都是站不住脚的"。④ 李振宏在文中将对于"唯一动力说"的迷信作为中国学者批判性思维缺失的突出例证,可谓恰如其分,同时也足证逻辑思维之于历史学理论批判的重要性。近些年来,构建有民族特色的史学话语体系的讨论愈益深入,怎样破除理论成见的束缚并构建新的符合中国历史实际的理论,逻辑的论证与检验不可或缺。

---

① 王夫之:《读通鉴论》卷末《叙论一》,《船山全书》第10册,岳麓书社,2011,第1177页。
② 《毛泽东选集》第2卷,人民出版社,1991,第625页。
③ 董楚平:《生产力是历史发展的根本动力》,《光明日报》1979年10月23日。
④ 李振宏:《六十年中国古代史研究的思想进程》,载彭卫主编《历史学评论》(第一卷),社会科学文献出版社,2013,第50、41~42页。

三 逻辑运用与史学理论研究

以上举例，意在说明逻辑方法的运用可以切实地深化对于历史本身的认识。以下再尝试就逻辑方法如何影响历史认识主体的认识能力予以举例分析，以有助于认识史学理论所关注的某些问题。

第一，逻辑素养与史家的史学理论成就有其相关性，是认识史家理论渊源的应有考察项。大凡能在史学的理论思考方面有所成就者，与其逻辑素养必然有关。笔者姑提出这一假说，以待严格的检验或证伪。其可能的依据，一则，就现象而言，近世严复、梁启超、王国维、胡适诸人，无不在逻辑方面有研究。有学者注意到某些看似对西学无深入研究的中生代马克思主义史学家能有所成就、写出佳作，实与其长期阅读逻辑严谨的马恩著作密不可分。似也可以作为佐证。二则，我们以章太炎"记述"与"抽象之原论"标准二分中国古代史家，如以《中国逻辑史资料选》的篇幅比较来看，似也可以在某种程度上予以统计学的支撑。暂不考虑王充、王夫之、戴震等兼具多重身份尤其是哲学家身份的学者，以司马迁、荀悦等与刘知幾、章学诚等人比较而言，其间的差异至为明显。在《资料选》中，李建钊在为《文心雕龙》选篇所撰"题解"中注意到范文澜、郭绍虞、周振甫等人都肯定了刘勰严密的分类与条理，更特意指出：周振甫认为刘勰对文章写作逻辑规律的深入探讨，"同他运用佛学的因明是分不开的"。[①]这一论断对于我们认识某些史论或史学批评之作的成就取得与逻辑素养之关联，也不无启示。如果这一认识得以成立，考察史家理论认识的渊源，则应适当注意其逻辑素养。

第二，逻辑分析有助于深化认识某些史学批评范畴的内涵。如前文所提及的史学史上理道与事器关系之论，再如吴缜《新唐书纠谬序》所言"有是事而如是书"[②]，王世贞论国史、野史、家史的弊端与价值等问题，以及历史研究无从脱离的比较研究等方法，需要哲学分析的同时，也无一能离开逻辑的解读。又如"通识"一词，常为评价学术视野宽广、史料坚

---

① 中国逻辑史研究会资料编选组：《中国逻辑史资料选（汉至明卷）》，甘肃人民出版社，1985，第204页。

② 关于"是"的深刻蕴含及其之于史学批评范畴分析的可能意义，可参见许苏民《明清之际的儒耶对话与中国哲学创新》（《中国社会科学》2011年第6期）一文，尤其是第29页。

实、见识深刻的史家时所用,然而对于其具体内涵却鲜见专门的说明,大多需要结合文本和语境加以揣度。如从逻辑的角度,其基本特征是否可以理解如下?在对史料的处理上,"通识"建立在史家对于其研究所涉对象的"量"的充分分析之上,而其论证方式不外乎两方面:一方面,通过横向的同类或专题下的纵向比较异同而得出结论,归纳法常为之所用。另一方面,通识又表现在能以某种理论洞见"一以贯之"于众多案例之上,演绎法的使用亦复不少。至于其清晰化的表达,则须借用逻辑学论著的相关公式。

第三,深入认识历史研究主体思维特性的需要。逻辑学有其系统的研究对象,从应用的层次看,当特别关注其方法的部分。专业著作这样界定逻辑方法:"指人们在逻辑思维过程中,遵循和运用逻辑思维规律、规则的方法,诸如定义、划分、限制、概括等明确词相的逻辑方法,寻求因果联系的逻辑方法,即求同法、求异法、求同求异并用法、共变法、剩余法,科学解释、假说等。"① 从这一界定来看,逻辑方法贯穿于从史料搜集到理论构建的历史研究全过程。

从这一视角观察中国史学史,必也有相当丰厚的遗产有待认识和若干问题有待说明。如中国马克思主义史学家对此有无关注?翦伯赞在《略论搜集史料的方法》一文中便专门谈及"史料的搜集整理与统计学、逻辑学及唯物辩证法"。② 又如胡适所言"大胆假设小心求证"的认识论意蕴何在?进而,中国古代史学在这方面又有无值得总结之处?如王充《论衡》一书中的《刺孟》篇批评孟子答非所问、《知实》篇直接阐述论断的检验等,此类撰述的发掘无疑会极大地丰富对于中国古代史学理论的认识。即以章太炎所论演绎法而论,与其相辅相成的归纳法,二者在历史研究中孰轻孰重,并未有一致的意见。严复曾说,对于中国的古文献,只要注意分析,几乎随处可见三段论的运用,并指出其典型标志。③ 那么,在历史文

---

① 何向东主编《逻辑学教程》,高等教育出版社,2010,第6页。朱本源在《历史学理论与方法》(人民出版社,2012,第27页)中借鉴科学哲学家的相关论述,概括为:"指研究者根据已获得的数据及其性质进行推理的方法,这些方法被视为'概念的工具',如假说与证明、分析与综合、演绎法、归纳法、统计法、比较法、发生法、概率等等。"
② 翦伯赞:《史料与史学》,北京出版社,2011,第106~112页。
③ 〔英〕耶方斯(W. S. Jevons)著《名学浅说》,严复译,商务印书馆,1981,第56页。此书并非忠实的翻译,而多有发挥,视之为严复之作亦未尝不可。其原文为"含蓄连珠,于看议论文字时,几随地可遇。大抵句法有用盖字、故字、是以、然则等字法者,细按分析,什九皆连珠"。在中国古代,连珠作为特殊的推理形式,有二段式、三段式等发展变化,与文学、政论等结合紧密,未曾走向理论的独立。

献中，它是如何呈现的？它与章太炎所指的演绎法是否等同？无论答案如何，前述举例已足以表明，即使严格以西方逻辑为标准，需要回答的此类问题，在中国史学史上确也不少。这也从一个方面反映了中西史学思维的可以沟通性。我们进而需要思考的是，新近的研究表明，中国古代逻辑有其独特的方式和体系（如推类），如果从自身的传统中看待两者的结合，又能有何发现呢？试以章太炎所特别强调的演绎法为例作如下说明。

演绎法在历史研究中是否没有归纳法科学？梁启超曾指出，他"论近世学派，谓其由演绎的进于归纳的，饶有科学之精神，且行分业之组织，而惜其仅用诸琐琐之考据"①。其崇归纳而斥演绎的倾向至为明显。这种态度在绝大多数史学家的思想深处亦随处可见。如关于王夫之史论，某些哲学史家将之视为王夫之构建其哲学体系的素材、系经论原则在历史解释中的运用，而几乎所有的史学家所强调的则是其具体问题具体分析、从材料到结论的方法与态度。然而，卡尔·波普尔则明确地宣称他不相信"概括的方法"，即"科学开始于观察并通过概括或归纳的过程从观察得出科学的理论"，他所主张的是"把科学方法解释为演绎的、假说的、通过证伪来筛选的等等"。②作为20世纪深有影响的哲学家，其论虽非专门针对历史研究而发，但他由此出发构建的对于"历史决定论"的批判理论则影响了数代人，对改革开放以来的中国思想界亦有比较广泛的影响。恩格斯曾特意有针对性地指出"归纳和演绎，正如分析和综合一样，是必然互相联系着的。不应牺牲一个把另一个捧到天上去，应该把每一个都用到该用的地方，而要做到这一点，就只有注意他们之间的相互联系，它们的相互补充"③。不过事实表明，这一认识并非为以后的所有理论批判者所赞成。

在历史研究中，演绎法是否一定是必然性的，归纳法则系或然性的？张耕华在《历史哲学引论》一书中曾以两个例子说明"历史的相似与重演"，即围绕恩格斯论"不同阶级的联合与分裂"、陈寅恪论"李怀光之叛"的相关解读，我们借以为例说明这一问题。恩格斯在《德国的革命与

---

① 梁启超：《论中国学术思想变迁之大势》，商务印书馆，2014，第235页。在《研究文化史的几个重要问题——对于旧著〈中国历史研究法〉之修补及修正》一文中，他进而指出"归纳法之在史学界其效率只到整理史料而止，不能更进一步"（《中国历史研究法》，岳麓书社，2010，第124页）。
② 〔英〕卡尔·波普尔：《历史决定论的贫困》，杜汝辑、邱仁宗译，上海人民出版社，2009，第79、108页。
③ 〔德〕恩格斯：《自然辩证法》，于光远等译编，人民出版社，1984，第121页。

反革命》中曾概括出这么一条理论命题："各阶级的联合虽然在某种程度上说总是一切革命的必要条件。这种联合却不能持久——一切革命的命运都是如此。一当战胜共同的敌人之后，战胜者之间就要分成不同的营垒，彼此动起武来。"恩格斯由德国革命的经验教训而得出"一切革命的命运都是如此"的普遍性结论，无疑是归纳法。而在中国马克思主义史学家的论著中，恩格斯这一论断作为指导思想则成了论述的大前提，用以说明太平军、辛亥革命、第一次国共合作、第二次国共合作的经验教训，则系演绎法。由不完全归纳而得出的这一结论，成为又一次立论的前提，但能得到更多事实的支撑。同时，也存在不能得到更多事实支撑的由归纳所得的结论，如中国古代史立论者常言的"书曰""诗曰"等经论原则，在今人看来，就难以经得起检验。由此看来，在历史研究中，归纳和演绎的或然性与必然性还与其所论对象本身的性质有关。甚至于，有时候一个案例的深入分析也能得到一个具有普遍意义，并能得到普遍承认的结论。如陈寅恪论"李怀光之叛"所言："怀光之所以能激变军心，与之同叛者，必别有一涉及全军共同利害之事实，足以供其发动，不止其个人与卢杞之关系而已。"余英时认为陈寅恪撰著此文与西安事变的刺激有关，"李怀光的地位、处境，以及叛变经过都和西安事变前后的张学良颇为相似"。① 这两次事变之间，有其内在的相似性。如果将历史上所有的同类事件一一加以分析、完全归纳而得出结论，与只分析同类事件中的一件而得出普遍性结论，二者是否具有同样的可靠性？对于这一问题，在不同逻辑体系的认知中，答案可能有异。值得注意的是，如根据新近的研究，在中国古代逻辑推理的特性下认识中国古代史学中的这类问题，要特别留意"类同理同"机理下归纳推理的必然性。有学者指出，不同于希腊逻辑、印度因明，中国古人"习惯于从对事物和现象的审视、凝思中来寻求作为本体的'道'。根本上说来，他们所关心的'类'的问题不是科学'分类'的问题，而是'类'与'道'或'理'的关系问题。他们通过观察，从大量的经验事实中概括、总结出各类事物的'理'，并形成了'类同理同'的观念。他们认为，在道理上相同的不同两类事物完全可以相互推通。这是一种'关系性'或'关联性'思考"；各类推理"不论是演绎的，或者是归纳的，还是类比的，在确保'类同理同'的前提下，它们都能'必然地得出'"。② 这一判断能否

---

① 本段前述引文，参见张耕华《历史哲学引论》，复旦大学出版社，2009，第149~151页。
② 刘明明：《中国古代推类逻辑研究·自序》，北京师范大学出版社，2012，第3页。

成立？如果成立，中国古代史学尤其是史论中的归纳和演绎是否也能作如是观？老子论人法地、孔子言推己及人、荀子劝学的各种譬喻等，似乎都能佐证，而史学家的此类思维方式似乎也不少见。即以郑樵论史学的"会通"之旨来看，开篇所言则是"百川异趣，必会于海，然后九州无浸淫之患。万国殊途，必通诸夏，然后八荒无壅滞之忧。会通之义大矣哉！"① 固然是核心史学理念的提出，亦取譬于相应的自然、社会之象。

四　逻辑运用与中西史学的会通

近代以来，在西学东渐的影响之下，中国史家思考问题的视野、角度和方式有了极大的拓展，章太炎能以逻辑方法的运用为重要尺度论衡中国古代史家成就的高低，便非仅仅在中国传统史学和固有逻辑理路下所能道。这是以西学为工具揭示固有论述之奥义与局限的突出例证之一。同时，西方学界有关历史和史学的一些论述，真知灼见中也多有错讹与曲解，留下了大量亟待回应的理论命题，有些甚至直接针对中国历史和史学而发。

黑格尔曾严肃地指出："人们惯以历史上的经验教训，特别介绍给各君主、各政治家、各民族国家。但是经验和历史给了我们的教训却是，各民族和各政府从来就没有从历史学到任何东西，而且也没有依照那就算是从其（历史）中抽绎出来的教训行事。"② 对于这一从根本上否定中国传统史学存在根基的论述，刘家和经过数年思考撰成《关于"以史为鉴"的对话》③ 一文，从文本考辨入手，在逻辑与历史多个层面予以了批判，其辩驳的第二个层次即指出黑格尔的论断本身乃悖论。明晰而有力，逻辑分析在史学理论的对话与批判中的作用可以如此。辩驳之外，作者在此文中和在其他论著中一贯所强调的一个主张，对于历史研究和史学的理论阐述亦至关重要。那就是"黑氏在其《历史哲学》中对中国历史文化的根本性的误解或曲解有两个特点：第一，他的全部论述与结论都是在历史的比较研究中进行的；第二，他的错误并非仅仅表现在个别的、零星的问题上，而是涵盖了历史的、史学的和理论的（历史哲学性的）三个层次，其本身就

---

① 郑樵：《通志总序》，中华书局，1987，志一上栏。
② 〔德〕黑格尔：《历史哲学》，王造时译，上海世纪出版集团，2006，第6页。此句引文系刘家和在《关于"以史为鉴"的对话》一文中修正后所言。
③ 刘家和：《关于"以史为鉴"的对话》，《北京师范大学学报》2010年第1期。

是一个三维结构的整体,因此,我们的回应,首先必须是以比较研究为基础的,同时应该且必须在这三个层次上来依次展开。"① 任何回应和对话必须是在充分掌握对方观点和内在结构的基础上,有层次性、针对性地展开。这种态度和方法,不惟对于历史学家重要而紧迫。

众所周知,卡尔·波普尔对于"历史决定论"的批判,对于解构马克思主义有不容忽视的影响,而其立论主要是以形式逻辑为工具在方法论层面展开。在我国学界已有两个译本并多次再版,可见其传播和影响的广泛。但国内学界对他的思想特别是他反对历史决定论的思想的批判,"大多数还是抓住其中一个观点进行评析,且主要集中在政治批判上,能从学理上作深入分析的还不多,能将其放到他思想体系中作全面、深入、细致剖析的专著更是少见"②。对于以马克思主义为指导思想的中国整个人文学科来讲,要有效地厘清《历史决定论的贫困》这类著作的创见与讹误,如不与之在同等层面展开讨论,而是抓住一点不及其余地猛批,是无济于事的。至于此书对于中国史学史研究者的挑战,笔者注意到如下的一个问题。波普尔此书开宗明义地指出:"由于纯粹的逻辑理由,我们不可能预测历史的未来进程。"而他所理解的历史决定论,有一个根本的特征,即"历史决定论者所有的思想和行动都是为了解释过去,以便预测未来"。③由此看来,他所否定的不仅仅是马克思主义史学强调的对历史趋势的洞察,中国古代史学与"以史为鉴"几乎同等重要的另一支柱理念"疏通知远"自然也被否定。"知未来之远"的一面被否定,史学的价值又何所系?在刘家和与蒋重跃教授的一次新近访谈对话中,再次强调了"要想知道自己的历史处境与前程,就必须选用历史书",④ 因而波普尔的这一论断与论证也可视为对"以史为鉴"的另一种路径的否定。对于黑格尔的已有回应是否可以移之于波普尔,在中国的特定语境下,这应该也是一个值得同等严肃回应的问题。

历史地看,"以西格中"纵然有着各种弊端,但其之于中国历史学在两个方面的作用不容否认:一是以其为工具能更好地揭示有关客观历史之

---

① 刘家和:《关于历史发展的连续性与统一性问题——对黑格尔曲解中国历史特点的驳论》,《北京师范大学学报》2009 年第 1 期。
② 易杰雄:《历史决定论的贫困·中文版序》,上海人民出版社,2009,第 10 页。
③ 〔英〕卡尔·波普尔:《历史决定论的贫困》,《序》第 1 页、正文第 40 页。
④ 刘家和、蒋重跃:《在挑战与回应中前进——刘家和先生谈学术工作的基础》,《北京师范大学学报》2015 年第 2 期。

固有论述的奥义与局限；二是西学在概念、范畴、体系方面的严密性和明晰化，有助于克服自身文化强调整体性、功利导向所带来的局限。在当前强调建设有民族特色的史学话语体系的背景下，我们需要在自身文化传统中认识史学的特色，也需要以异质文化为镜进行严格的自我反思。如基于这样的考虑，逻辑视角的中国史学史研究，则不失其自我批判的价值。为切实地推进这一工作，可以从如下四个方面着手：第一，充分认识这一研究视角的重要性，在加强研究者逻辑素养的基础上，投入必要的力量从事这一工作。第二，借鉴相关学科的研究成果，从以下几方面搜罗相关文献资料：哲学家和逻辑学者有关社会历史的论断，如荀子、墨家的相关论述；史学家有关逻辑学史的论断，如司马谈《论六家要旨》中的相关分析；史学家带有鲜明逻辑色彩的历史论断与史学批评，如《中国逻辑史资料选》中已有的大量梳理。第三，充分借鉴近代以来学者的相关论述，在历史的梳理中加强理论的理解，并在理论提升的基础上进一步分析中国古代史学在这方面的得失。第四，不妨由易而难，从个案的研究和形式逻辑的分析开始，逐步走向综合与辩证的逻辑分析。

　　对于历史学而言，研究过程及其成果的表述，合乎逻辑之外，必须合乎事实，二者是二维一体的。文中所论，侧重一端，并非有意偏废另一面。限于学识，笔者主要借举例提出问题，论述零碎而支离，也未及逻辑方法之于历史研究的限度等问题。倘能引起博雅之士的关注，则不枉浅陋之讥。

比较研究

司马迁与李维史学的道德认同观念

陈金海

(中国孔子研究院,山东曲阜 273100)

摘 要:司马迁与李维史学的道德认同观念可做出比较研究,主要在于对道德理性及其在历史进程中作用的认识两大方面。司马迁和李维都将传统道德纳入对天人或神人关系的理解之中,并认为天命与人事和谐相应是维护社会共同体和睦的前提。所不同的是,司马迁视国家或集体的利益为个人道德的核心价值,因而特别推崇仁政、忠义等德性观念;李维关注社会共同体的利益或荣誉,是将个人的道德或伦理能力置于突出地位,所以特别推崇自由、节俭与虔敬等个人品质。李维史学中的道德盛衰观念,与罗马历史进程中的盛衰变化相一致,不仅体现出希腊思想中"实质主义"的影响,而且表明了历史理性与道德理性相统一的认识;司马迁"通古今之变"则注意到了历史理性与道德理性的某种背离,因而对历史发展的动力或原因有着相对较为广阔的认知。

关键词:司马迁 李维 道德认同

司马迁和李维是古代世界中的两位著名史家。西汉帝国"大一统"时期的司马迁,"范围千古、牢笼百家"①,而成中国古代第一部纪传体通史——《史记》。又因其记史"不虚美,不隐恶"等"实录"之能,而享

---

① 章学诚:《文史通义》,叶瑛校注,中华书局,1985,第464页。

有"良史之材"的美誉①；身处罗马帝国时期的李维，撰写了一部长达 142 卷的《建城以来史》，亦可谓前所未有的通史巨制。尽管李维史著大半遗失，但在其仅存的 35 卷及后人的片断记载中，我们仍能窥见罗马基于道德而兴衰的一种思想模式。② 前者以"继《春秋》"为志，后者则以追溯历史上的"范例"为荣，因而在他们的史学中就具备了一种可比的基础。本文仅就他们史学思想中的道德认同观念，拟作一些初步的比较研究。

一

太史公所著《史记》，起自黄帝而止于西汉太初，体例囊括十二本纪、十表、八书、三十世家并七十列传，其所涉历史人物或事件众多，其记载内容不仅翔实宏阔，而且蕴含有丰富、多样而深刻的道德观念。一则，司马迁非常推崇历史上的一些仁政之君，如尧舜有禅让之德，大禹"为人敏给克勤；其德不违，其仁可亲，其言可信"③，且治水有功，后自汤、文、武、周公至汉文、景、武帝，盖皆慕其仁政爱民之举，而史公取桀纣等史实，以其"不务德而武伤百姓"，也是意在衬托贤君明主的文治武功，用来彰显其仁德之举。二则，司马迁对历史上的一些能够彰显国家或民族利

---

① 班固：《汉书》，中华书局，1962，第 2738 页。从道德价值的角度看，《史记》"考信于六艺，折中于夫子"，其最高理想在于取法《春秋》，以继承孔子之伟业，因而表现了某种对儒家伦理观念的认同。但由于《史记》是立足于通史视野，因而太史公所展现的历史场景显然要比《春秋》更为广阔，其对传统道德与历史变化之间关系的思考也更为深刻。相关内容参见李长之《司马迁人格与风格》，生活·读书·新知三联书店，1984；张大可：《史记研究》，甘肃人民出版社，1985；杨燕起：《〈史记〉的学术成就》，北京师范大学出版社，1996；韩兆琦：《史记通论》，广西师范大学出版社，1996；刘伟民：《司马迁思想研究》，香港中文大学联合学报印，1964；等等。
② 穆启乐：《建城以来史》译者序，上海人民出版社，2005，第 8 页。对李维史学的道德价值观念做出相关研究的英文论著主要有：P. G. Walsh, *Livy: His Historical Aims and Methods*, Cambridge, Eng.: Cambridge University Press, 1963; Andrew Feldherr, *Spectacle and Society in Livy's History*, Berkeley, CA: University of California Press, 1998; Gary B. Miles, *Livy: Reconstructing Early Rome*, Ithaca, NY: Cornell University Press, 1997; A. J. Woodman, *Rhetoric in Classical Historiography*, Portland, OR: Areopagitica Press, 1988; P. G Walsh, "Livy and Stoicism," *The American Journal of Philology*, Vol. 79, No. 4, 1958, pp. 355 – 375；等等。相关中文论著主要有张广智《西方史学史》，复旦大学出版社，2010，第 52 ~ 54 页；刘君玲：《李维及其〈建城以来史·卷二、三、四〉的价值（瓦罗纪年公元前 509 ~ 前 404 年）》，东北师范大学学位博士学位论文，1999；蔡丽娟：《论李维对罗马历史的道德重构》，《湖北大学学报》（哲学社会科学版）2005 年第 1 期；等等。
③ 司马迁：《史记》，中华书局，1959，第 51 页。

益的德性，不吝笔墨，如伯夷叔齐不仅有"三以天下让"的美德，而且有饿死不食周粟的忠义气节，所以能够被列为诸传之首，并由此开启了《史记》褒奖忠臣义士的不二法门。此后，比干谏纣剖心，文种力诤越王而自刎，屈原、伍奢、伍子胥、白起、蒙恬、韩信、卢绾、黥布、彭越、张敖、吴芮等先后奔死赴义，而绛侯周勃始为布衣，却能"匡国家难，复之乎正"①，更得到了太史公的赞颂。围绕此，《史记》对历史上的体现智、勇、孝、悌、信、恭、敏、惠等道德价值观念的人物或事件详加记录，不断地诠释着道德观念的丰富内容。在呈现道德的途径上，司马迁更注重从人物品性与历史的发展趋势来评价人事，"寓论断于序事"②，因而具有将道德观念与历史变化相结合的特点。此外，《史记》五体中，本纪载天子帝王，表、书纵横历史制度，世家、列传载王侯将相乃至游侠、佞幸、滑稽，从君德到民德，其体例安排同样折射出对"明主贤君忠臣死义之士"③的道德认同，故赵翼在《廿二史札记》中说："司马迁参酌古今，发凡起例，创为全史。……然后一代君臣政事贤否得失，总汇于一篇之中。自此例一定，历代作史者，遂不能出其范围，信史家之极则也。"④ 因此，《史记》的史实与史体皆体现出司马迁对传统道德的一种认同观念。

李维《建城以来史》的记载起自罗马建城，一直叙述到奥古斯都时代，是古代罗马篇幅最大也是对后世影响较深的史作。从他的仅存的 1～10 卷和 21～45 卷来看，同稍前的撒路斯特一样，对古代罗马的道德花费了很大笔墨，并充满无限敬意："在我们看来，每个人都应当密切地注意这些问题：曾有过什么样的生活，什么样的道德；……在认识往事时，尤其有利而有益的在于：你可以注意到载于昭昭史册中的各种例子的教训，从中汲取你所应当避免的开端恶劣与结局不光彩的东西。"⑤ 李维不像伽图那样在种族起源或古代风俗习惯和制度等方面多费心思，他只简短地叙述了罗马在半岛以外进行的战争，而详细叙述了第一、第二两次布匿战争、"同盟战争"和内战。李维"相信历史应该是劝善惩恶的，也就是说，历

---

① 司马迁：《史记》，第 2080 页。
② 较早提出此观点的是明末清初的顾炎武，相关进一步阐释可参见白寿彝《中国史学史论集》，中华书局，1999，第 80 页；程金造：《史记管窥》，陕西人民出版社，1985，第 350 页；等等。
③ 司马迁：《史记》，第 3295 页。
④ 赵翼：《廿二史札记》，凤凰出版社，2008，第 2 页。
⑤ Livy, *History of Rome*, Loeb Classical Library, Harvard University Press, 2002, prae., 9–12.

史应该灌输道德观、培育公德、提倡爱国情操。"① 由此目的出发，李维编撰了许多富含道德意义的历史故事：罗慕路斯为了使罗马民族得以延续，发动了与萨宾人的战争②；共和国第一任执政官布鲁图斯亲自处决了自己的两个儿子，体现了罗马在战争和处理内部事务时协作和无条件服从的两个重要美德③；卡米卢斯与西庇阿是李维尤为推崇的两个道德"范例"。在罗马与维伊交战的困难之际，卡米卢斯出任罗马独裁官，从而使罗马的命运出现转折，李维称赞他"无论在战争年代还是在和平时期，都是一位杰出的人物"。④ 西庇阿是体现罗马人仁慈美德的代表，譬如他对敌方人质的友好⑤，释放马西尼萨（Masinissa）的侄子⑥，等等。为了衬托这些历史人物的美德，李维还叙述了诸如坎奈战役中的瓦罗、符拉米尼乌斯的不敬神而导致特拉西米湖战役的灾难等反面形象。

李维塑造上述历史人物的英雄故事或形象，认为正是这些美德铸造了罗马的一次次辉煌。罗马城的创建者罗慕路斯，首开罗马人向神庙献祭之例，表现了他对神的虔敬；为了国家的利益，他表现出了大无畏的勇敢精神；他曾斩杀骄横的凯尼那王，带着缴获的战利品凯旋。卡米卢斯也是这种高尚德性的体现者，如上所述此德性不仅助罗马人取得了对维伊战争的胜利，而且在高卢人攻陷罗马时使罗马放弃了迁都维伊的尝试，鼓励罗马人战胜了入侵者，从而使罗马重新走出困境，走向强大。基于此，卡米卢斯被李维评价为"罗慕路斯之后的第二个罗马城奠基者"。⑦ 正是因为李维这种对道德观念的执着，导致他对其撰述卷目的划分也是依据不同的道德主题，如第二卷围绕的是自由（libertas），第三卷和第四卷围绕的是审慎（moderatio），第五卷是虔敬（pietas）等。通过追溯罗马的发展历史，李维发现，罗马人特有的美德既存在于罗马人的日常生活中，也存在于政治生活中，它们是政治、宗教生活准则，包括虔敬、理智、仁慈、勇气、庄重及节俭等。⑧ 而且，李维认为，这些秉性或道德是罗马民族区分其他民

---

① R. B. 斯提尔：《李维的历史态度》，第 XXV 卷，1904，第 15～14 页，转引自〔美〕J. W. 汤普森《历史著作史》上卷（第一分册），谢德风译，商务印书馆，2011，第 124 页。
② Livy, *History of Rome*, 1, 9–11.
③ Livy, *History of Rome*, 2, 5–8.
④ Livy, *History of Rome*, 7, 1.
⑤ Livy, *History of Rome*, 26, 49.
⑥ Livy, *History of Rome*, 27, 19. 8.
⑦ Livy, *History of Rome*, 7, 1.
⑧ P. G. Walsh, *Livy*: *His Historical Aims and Methods*, Cambridge University Press, 1963, p. 66.

族的标志,"没有哪个国家的清贫和节俭在那里如此长久地受到如此大的推崇",这是"从来没有哪个国家更伟大、更富有好的例证"①。因此,罗马人的道德在李维眼中,既体现在各个英雄人物身上,又贯穿于罗马的成长历程,以至于因其缺失而会导致国家衰落。尽管李维有时也会用命运等观念来解释罗马的历史发展,但他前后一致且浓墨重彩的仍然是罗马人的道德。

二

司马迁和李维史学中的道德观念,首先都是被作为一种价值判断而思考的,其间的异同亦借此而呈现。显而易见的是,无论是司马迁"采善贬恶",还是李维"昭昭史册"中的例子,必然会涉及某种评判善恶的价值标准。由前述内容可知,太史公"继《春秋》"而"善善恶恶,贤贤贱不肖",其道德评判标准大致有两个核心的价值取向:一个是维王迹而述仁政之德,表现的是君主是否行仁政之治;另一个与仁政相配,是以"辅拂股肱之臣"与"扶义俶傥"之士来展现忠义等德性标准。前者由上贯下,后者由下溯上,皆体现了史家对王道或礼义标准的推崇,故史公引《书》曰:"毋偏毋颇,遵王之义。毋有作好,遵王之道。毋有作恶,遵王之路。毋偏毋党,王道荡荡。毋党毋偏,王道平平。毋反毋侧,王道正直。"② 又云孔子"修旧起废"而补王道之缺,"学者至今则之"③。而王道或"王迹所兴"之处,在司马迁看来主要有两点:一个是"顺天之义",另一个是"知民之急"。④《史记·殷本纪》曰:"今夏多罪,天命殛之。"又云:"古禹、皋陶久劳于外,其有功乎民,民乃有安。东为江,北为济,西为河,南为淮,四渎已修,万民乃有居。后稷降播,农殖百谷。三公咸有功于民,故后有立。"故汉孝文帝答有司荐立太子曰:"朕既不德,上帝神明未歆享,天下人民未有嗛志。今纵不能博求天下贤圣有德之人而禅天下焉,而曰豫建太子,是重吾不德也。谓天下何?其安之。"⑤ 从《史记》大量征引《尚书》《左传》等先秦文献来看,这里的"天之义"与"民之急"不

---

① Livy, *History of Rome*, prae., 9–12.
② 司马迁:《史记》,第1614页。
③ 司马迁:《史记》,第3295页。
④ 司马迁:《史记》,第13页。
⑤ 司马迁:《史记》,第419页。

仅来自传统,而且其间有一种逻辑关系,即"天棐忱辞,其考我民"①"天视自我民视,天听自我民听"②等天人相应观念,天与民之间的连接点是君王,而太史公通过"究天人之际"以尊王道或礼义,则必褒忠义,并延及孝悌、仁厚、诚信等道德观念。由此思路推之,"顺天"和"知民"在最终目的的意义上就成为是否接近王道,是否符合忠孝仁信等礼义观念的两个重要价值标准。这种来自传统的观念③,不仅是早期理性精神觉醒的延续④,而且体现了一种维护社会共同体和谐的诠释理念,即个人的道德必须通过国家或集体的利益而体现,也即个人对于社会的归属感。而前述仁政、王道、忠义等,都是这种理念的体现。同样,李维把"自身的美德与神相助"作为罗马"为自己创立伟大的权力和伟大的名字"的原因⑤,也表明了一种关注社会共同体的观念,并视其和谐与天命和人的德性密切相关。为此他认为,罗马之所以能够从一个弱小的城邦发展成为世界的主宰力量,是天命或神意使然,而人们如果对神不敬,则将会面临灾难。这样的记载在《建城以来史》中出现过多次,如在李维所记述的一次祭祀中,"当用作牺牲的畜生,一只小牛被宰杀用于祭神时,这只畜生从施宰官的手中逃脱,鲜血溅到旁观者的身上。这种情形带来了普遍的恐慌,特别是在那些离神盒较远不清楚引起恐慌的原因的人中间,恐慌的程度更甚。大多数人把这一事件看成是即将到来的灾难的征兆"⑥。但问题是,天命或神意为什么会帮助罗马而没有选择其他城邦或国家?而对这一问题的回答,则表明了李维与司马迁的相异之处。在李维看来,天命或神意之所以保佑罗马,是因为上述道德"范例"对神的虔敬,正是他们敬神的这一德性给罗马民族带来了荣耀。罗慕路斯由于开启了祭神的传统,因而使他能够斩杀骄横的凯尼那王,并赢得了与萨宾人的战争。卡米卢斯最大的美德是对神的虔敬,在罗马与维伊的战争中,他向阿波罗神许愿说将十分之一的战利品献给它,向朱诺神许愿说将其神像带回罗马,并建一座与之相

---

① 《尚书·大诰》。
② 《孟子·万章上》引《尚书·泰誓》语。
③ 史公评判王政的主要标准是天命和务民,前者是王政存在的合理性体现,后者则是天命改变的主要依据,而三代以来统治者的"早厥坠命",皆与"不务德而毁伤百姓"有关。从《史记》文本来看,重民思想是一个史公反复咏叹的主题,故"泽被民众"成为王者仁政的一个主要价值体现,也是忠义等道德价值体现的一个重要理由。
④ 参见刘家和《论古代的人类精神觉醒》,《孔学堂》2015 年第 2 期。
⑤ Livy, *History of Rome*, 1-9.3.
⑥ Livy, *History of Rome*, 21, 63.

配的伟大神庙,因为他的这些许愿和对神的虔敬,诸神已于不知不觉中改变了帮助维伊人的初衷而转向罗马人。① 在这种天人或神人关系中,我们常常可以看到英雄人物对神的虔敬能够给罗马带来的胜利或安宁,即把对神"虔敬"、与神保持良好关系看成是与命运保持一致的途径,是直接关系到国家或民族命运好坏的关键因素,此其一;与之相对,对于罗马的种种危机及罗马人道德的逐渐败坏,"李维的立场更接近西塞罗,将主要责任归于保民官以及人民的贪婪"②,即罗马传统道德的遗失。显然,这里李维省缺了司马迁史学中的"知民之急"的环节,并将目光直接限定在了道德范例的德性引导之中,此其二;其三,最重要的是,李维虽然同样关注社会共同体的利益,但在逻辑思路上却又表现出与司马迁的不同,即国家或集体的利益必须经由个人的道德或伦理能力来体现。由此,我们可以看出李维在他的著作中是如何关注具有个性的一些道德品质,诸如自由、勇敢、节俭,以及神对个人虔敬的重视,等等。而司马迁则往往对历史上的一些以集体或共同体利益为价值指向的忠义之举,倍加青睐与褒奖。不仅如此,司马迁"使布五教于四方,父义,母慈,兄友,弟恭,子孝,内平外成"③,其间不仅有爱国为家的意蕴,还有"士为知己者死"的侠义情怀,体现了对历史人物的命运、意志等内容的重视,因而又有突破单纯以王道或礼义为道德判断标准的倾向,从而"大大深化了先秦的人文思想"④,这与李维执着于传统美德相比,显然具有更广的视域和更多世俗的色彩。

　　道德价值在历史进程中的作用,是司马迁与李维史学可进行比较的另一项主要内容。在《建城以来史》中,李维叙述了罗马经多次战争和领土拓展而由一撮小国变为地中海强国700多年的历史。前五卷主要讲述了罗马的兴起,第6~10卷主要叙述了罗马的意大利战争,第21~30卷主要提到了汉尼拔战争,第31~45卷主要记述了罗马共和国向帝国时期的过渡及罗马的地中海帝国。虽然他在史料安排上并非严格按照年代

---

① Livy, *History of Rome*, 5, 19-21.
② 这里的人民,可能更多地是指那些没有公民权的罗马殖民地的人民,相关内容参见晏绍祥《流变与再发现》,《古典民主与共和传统》(上卷),北京大学出版社,2013,第210页。
③ 司马迁:《史记》,第35页。
④ 刘家和:《中西古代历史、史学与理论比较研究》,北京师范大学出版社,2013,第227页。

记作家的时间顺序写作，而且他的文献批判意识也多为后人诟病，但他巧妙地将罗马的成长经历与历史轶事、道德范例结合在一起，即在展现历史卷轴的同时，将罗马的兴衰与罗马人的道德联系了起来。王政时期的英雄人物罗慕路斯，崇尚武力，因其建城之功，被罗马尊为神灵。与罗慕路斯不同，第二任王努玛·伯皮利乌斯则力主和平。在他主政时期特地修建了耶努斯（Janus）神庙，神庙的关闭便意味着和平的永驻。战争或武力承载的道德价值是勇气和荣誉，和平和虔敬诠释的是和睦与仁慈。与之相反，王政时期的最后一位王塔克文，因其谋杀图尔努斯和奸污鲁克蕾提娅等残忍行为，其形象并不光彩。在李维笔下，共和国的建立是对残暴的塔克文统治的结束。共和国时期的辛辛那图斯、费边、西庇阿、布鲁图斯、卡米卢斯等，都是李维极力称颂的道德楷模，"但如此一来，李维和撒路斯提乌斯站到了一条战壕里，都从道德的角度解释罗马历史，对罗马共和国的具体制度，以及各种制度的发展，他反而漠不关心。罗马的历史，像在撒路斯提乌斯笔下一样，变成了罗马道德衰退的历史"①。而与撒氏所不同的是，李维在看到衰退的同时，仿佛又找到摆脱或克服衰退的良方，即对传统道德的回忆和推崇。从具体道德价值的评判标准来看，尽管李维同样崇尚和睦，认为在罗马城邦最好的时期，大多数罗马人都生来就具有一种有助于和睦的道德品质，但无论在正常时期，还是在非常时期，保存和睦的任务却会落到了个人身上。这里的"个人"，就是指李维笔下的道德范例。他认为，正是这些道德范例，在罗马每次遇到危机或道德衰落的时候，会高举传统美德的旗帜，引领或引导罗马走向新的辉煌；也正是因为李维对历史过程中这种道德价值的推崇，使"他拥有一种老派罗马人所具有的灵魂的活力，他能够觉察到已经支撑了罗马数个世纪的道德力量"②。奥格利维认为，"李维与其他人的区别在于，他的哲学的公正态度使他从人类的特性和具有代表性的个人而不是从一个带有偏见的政治家的角度来看待历史"③。这样，历史进程中的道德便与李维所推崇的英雄人物相结合，其荣俱荣，其损俱损，从而使李维史学中的道德盛衰观念不仅成为其历史循环论的

---

① 〔意〕莫米利亚诺：《罗马城邦的危机与罗马历史学家》，王恒、林国华译，载林国华、王恒主编《古代世界的自由与和平》，上海人民出版社，2010，第46~47页。
② 〔意〕莫米利亚诺：《罗马城邦的危机与罗马历史学家》，第47、49页。
③ R. M. Ogilvie, "Introduction," *Livy: Rome and Italy, Books VI - X of The History of Rome from its Foundation*, New York, NY: Penguin Book, 1982, p. 12.

一个重要基础，而且成为一种推动历史发展的主要动力，体现为历史理性与道德理性某种一致。

司马迁也持有类似的历史盛衰观念，《史记·太史公自序》曰："王迹所兴，原始察终，见盛观衰，论考之行事，略推三代，录秦汉，上记轩辕，下至于兹。"并着意于"天人之际，承敝通变"。史公讲"见盛观衰"而"承敝通变"，就是试图通过历史变化来寻找历史盛衰的原因，《报任安书》中说："仆窃不逊，近自托于无能之辞，网罗天下放失旧闻，考之行事，稽其成败兴坏之理。"这个"成败兴坏之理"，体现的就是历史发展的主要动力，因为"只有清楚地理解人类历史的内容、动因，才能对历史的发展变化及其特点作出深入的解释"①，而对此点的理解，司马迁与李维表现出了不同。如前所述，《史记》载有丰富的道德观念，其对历史发展动力的理解，自然含有道德的因素，只不过太史公没有李维那样对道德顶礼膜拜式的膺服，而是"凡百三十篇，亦欲以究天人之际，通古今之变，成一家之言"②，其意是指，通过探究"天人之际"，并置于"古今之变"的时间之"通"中，来全面考察左右历史进程的力量或因素。为此，司马迁不仅考察了楚汉之际及西汉初期的历史，而且上追黄帝及三代时期的历史。在太史公看来，三代时期的历史发展，表明的是"皇天无亲，唯德是辅"③观念，显然这符合前述王道或礼义的价值标准，同李维一样表现出的是历史理性与道德理性的相一致。然而，春秋战国以降，王室式微而政权下逮，历史理性与道德理性却逐渐背离，其主要表现是：随着诸侯的蜂起，"王道缺，礼乐衰"，战乱频仍，"亡者侮之，乱者取之。推亡固存，国之道也"④。依照西周初年周人的认识，此时的周天子业已德衰势微，因而上天交给周代统治者的大命就要改变，但事实上在春秋战国时期的大部分时间里，周天子象征性的王权却一直存在。不仅如此，就连侯伯争霸也还要打着周天子的旗号行事。与之相对的是，自齐桓晋文以来各个诸侯强主，虽未得天命，却个个能纵横捭阖，俨然如

---

① 易宁：《论司马迁和波利比乌的历史思想》，《北京师范大学学报》（人文社会科学版）2001年第2期。
② 班固：《汉书》，第2735页。
③ 杜预注，孔颖达疏《春秋左传正义》，《十三经注疏》，阮元校刻，中华书局，1980，第1795页。
④ 杜预注，孔颖达疏《春秋左传正义》，第1958页。

新天子一样号令其他诸侯,"及田常杀简公而相齐国,诸侯晏然弗讨,海内争于战功矣"①。在司马迁看来,不仅春秋战国时期是这样,后来秦统一六国,也是这种道德理性与历史理性错位的继续发展,"秦始小国僻远,诸夏宾之,比于戎翟,至献公之后常雄诸侯。论秦之德义不如鲁卫之暴戾者,量秦之兵不如三晋之疆也,然卒并天下"②,秦并没有三代贤王的"德义",其武力也不如三晋之兵强马壮,然而却能够"卒并天下",其主要原因仍然不是道德因素。至秦汉之际,号令三嬗,历史的变化"自生民以来,未始有受命若斯之亟也"③。这时,太史公又分析汉代兴起之原因道:"秦既称帝,患兵革不休,以有诸侯也,于是无尺土之封,堕坏名城,销锋镝,锄豪桀,维万世之安。然王迹之兴,起于闾巷,合从讨伐,轶于三代,乡秦之禁,适足以资贤者为驱除难耳。故愤发其所为天下雄,安在无土不王。此乃传之所谓大圣乎?岂非天哉,岂非天哉!非大圣孰能当此受命而帝者乎?"他的意思是说,秦统一六国之后,施行了销毁兵器、打击豪强等一系列以图万世之安的措施,然而恰恰正是这些措施,却导致了自身的灭亡和汉王朝的兴起,两个"岂非天哉"的慨叹,道出了太史公对历史发展动力的困惑,也道出了他对"累世积德"而得天下的一种质疑,即认为道德因素在历史发展中作用的有限性。基于此,有学者进而指出,太史公视野中的历史发展动力或"天"是"源于人们为谋求自身利益的行动和欲望之中,又不以人的意志为转移而必然出现的历史趋势"④。从本文所述道德价值的视域来看,我们以为,司马迁以"天"来表达对历史发展的认识,已经意识到历史的全部并非完全是道德的主宰,此点显然比李维史学认识得更为深刻。

三

司马迁和李维都注意到道德价值在评判历史人物和历史进程的作用,但他们不仅对具体道德价值内涵的认识有不同之处,而且对其在历史发展中的作用的体认也不一致。之所以出现此种状况,我们以为,这与他们所生活的社会现实及所接受的传统观念密切相关。司马迁所生活的时代,正

---

① 司马迁:《史记》,第685页。
② 司马迁:《史记》,第685页。
③ 司马迁:《史记》,第759页。
④ 刘家和:《古代中国与世界》,武汉出版社,1995,第276~278页。

值武帝盛世时期。当时，西汉经过文景几代的休养生息与政治磨合，大致出现了一种前所未有的"大一统"局面，或者说至少在政治、经济、文化等方面已有相关的一些规制或规划。司马迁顺应了时代发展的要求，并自觉地承担了时代所赋予的责任，撰述了这部具有诸多开创性的《史记》。对这种历史责任的体现，在太史公父子的一番肺腑之言中即可看得出来："自获麟以来四百有余岁，而诸侯相兼，史记放绝。今汉兴，海内一统，明主贤君忠臣死义之士，余为太史而弗论载，废天下之史文，余甚惧焉，汝其念哉。"司马迁因之以"绍明世，正《易传》，继《春秋》，本《诗》《书》《礼》《乐》"而论其志向，并云其作《史记》的目的和途径是"以拾遗补艺，成一家之言，厥协六经异传，整齐百家杂语"①。从今传《史记》文本和先秦及西汉初年的相关文献来看，太史公既有儒家德性伦理观念影响的因子，又对诸子百家其他思想流派有所吸纳，将道德认同与历史传统有机地结合了起来，所以司马谈在《论六家要旨》中纵谈历史、剖判各家长短，这反映了他试图用贯通的历史视野来整齐各家思想的一种尝试，至少表明此前思想传统对太史公父子撰史观念的一些影响。总之，司马迁的《史记》发扬了《春秋》《国语》等传统，综合了他所见到的历史记载，对这个变动时期的历史作了总结。②正是通过对历史进程的考察，太史公对具有"恒常"特点的传统道德，具有了一种新的认识，即在不断认同的同时，又表现出了某种质疑或困惑，从这个意义上，司马迁史学中的道德理性更多地从属于历史理性。

李维经历了奥古斯都时代罗马从共和制向帝制的转变，这种变化实质上是社会转型的体现，一方面，不断的战争缔造了一个个军事权威的出现；另一方面，随着帝国疆域的日益拓展和财富的日益增加，如何有效地统治帝国的臣民便日益提上日程，并由此加剧了政治上的集权趋势。政治、经济上的变化影响到人们的道德，而李维显然注意到社会上道德状况的变化，"晚近，财富带来了贪婪，泛滥的逸乐带来了因奢靡、纵欲而毁灭自身与毁坏一切的欲望"③。而且，李维正是为了"可以避而不见我们时代多年来的弊端，并免去即使不能使史家离开真实，也会使他心绪不宁的忧虑"④，而要"一心一意地追溯往事"写一部罗马的建城以来史。李维撰史，"心里无时不装

---

① 司马迁：《史记》，第 3295~3296 页。
② 白寿彝：《史记新论》，龚书铎主编《白寿彝文集》，河南出版社，2008，第 214 页。
③ Livy, *History of Rome*, prae., 9-12.
④ Livy, *History of Rome*, prae., 4-5.

着他的时代"。① 由此，我们不难发现他与司马迁相通的一种"承弊易变"的伟大史家之眼光，他们都是想通过研究历史来寻找国家或民族兴衰的密码，但不同的传统资源使李维观察历史角度与司马迁有异。

从哲学的角度看，李维同波利比乌斯一样，皆受到柏拉图及亚里士多德哲学等希腊传统的影响，"李维接受了一个可以追溯到亚里士多德（特别是在《修辞学》中）和修昔底德的传统，即用相关的人们的特性来解释历史事件。正如亚里士多德所说，'行动就是人的特性的标志'。因为人们就是他们是的那种人，他们从事着他们从事的事情，历史学家的责任就是阐述相关人物发生了什么"②。由此，我们不难看到一种来自希腊的"实质主义"或本质主义传统的影响，"事件的重要性主要是它们对永恒的和实质的整体投射了一道光明，而事件则只不过是它们的偶然表现"③。李维在追述罗马民族的历史中，执着于诸种"范例"的史学实践，已表现出这种传统因素的介入。而来自希腊 - 罗马传统中的斯多亚学派（这里指重伦理的新斯多亚学派）所宣扬的伦理观念，则恰好又从道德的角度对这种"实质主义"或本质主义传统做出某种解释。斯多亚学派认为，一个人幸福的唯一条件就是他或她过上一种有德性的生活，即有德性的生活是一个唯一的善，而不去过一种有德性的生活则是唯一的恶。善的生活永远是以一种顺从自然的方式生活，这是一种体现理性的生活④。只有智慧的人体现理性从而具备美德，他们为了国家或为了他的朋友，可以放弃自己的生命，或者遭受着难堪的痛苦、断肢或不治的病。⑤ 斯多亚哲学的代表人物西塞罗就说："要知道，没有哪一件事情，人类的德性在其中比在建立新国家或保卫已经建立的国家中与神意更接近。"⑥ 在李维的史学

---

① Hans Petersen, "Livy and Augustus," *Transactions and Proceedings of the American Philological Association*, Vol. 92 (1961), p. 452.
② R. M. Ogilvie, "Introduction," *Livy: Rome and Italy, Books VI – X of The History of Rome from its Foundation*, p. 12.
③ R. G. Collingwood, *The Idea of History*, Oxford, 1951, pp. 36 – 37. 相关中译文参见〔英〕R. G. 柯林伍德《历史的观念》，何兆武、张文杰译，商务印书馆，2007，第81页。关于"实质主义"论述，亦参见易宁《关于西方古代史学"实质主义"的思考》，《史学史研究》2008年第4期。
④〔挪威〕G. 希尔贝克、N. 伊耶：《西方哲学史》，童世骏、郁振华等译，上海译文出版社，2012，第129、182页。
⑤ 北京大学哲学系外国哲学史教研室编译《西方哲学原著选读》上卷，商务印书馆，2009，第182~185页。
⑥〔古罗马〕西塞罗：《论共和国论法律》，王焕生译，中国政法大学出版社，1997，第19页。

中，罗慕路斯、卡米卢斯乃至奥古斯都等都是这种智慧与美德兼具的完美形象，他不仅关注个人的德性，而且关注道德在罗马崛起中的作用，将个人的命运与国家的兴衰联系起来，其作品完整阐述了斯多亚学派的含义，展现了与斯多亚学派哲学观点一致的完整连贯的历史模式。① 另外，斯多亚学派对世界历史的发展持有一种循环的观点，认为任何事物都像四季那样重复自身②，显然这又与李维善恶轮回的循环史观具有相通之处。因此，在李维的史学中，既有希腊传统的影子，又有历史变化中的德性魅力。

此前的罗马史学传统同样给李维史学打上了道德史观的印记。早期罗马史学，往往将制度、习俗和家族荣誉等视为相对不变的东西，瓦勒里乌斯·马克西姆斯说："我们的祖先渴望通过下列规则使他们的宗教制度规范化：依据大祭司的学识来举行固定而又习惯的仪式；据占卜官的观察材料来保证各项义务的顺利进行；用预言家的书来揭示阿波罗神的预言，用埃特鲁里亚人的方法来避凶兆。"③ 在早期罗马的公共场中，置放与政治、军事活动有关的绘画、建功柱、雕像等，罗马人"通过这些纪念物来支撑他们的地位，通过宣扬祖先的光辉业绩而跻身官场"④。后来，罗马史学至少在撒路斯提乌斯和西塞罗时，已有将道德作为一种至善而与历史不断变化中的不变因素结合起来的尝试："我常常听说，克文图斯·马克西穆斯、普布里乌斯·西庇阿和我们的其他著名人物都惯于宣称，每当他们看到自己祖先的面具的时候，他们心中都会燃起追求美德的熊熊烈火。当然，他们的意思并不是说制造肖像的蜡对他们会有任何这样的力量，而只是说，由于回忆起祖先的丰功伟绩时他们的心情无法平静，直到他们以他们自己的勇敢精神也干出了无愧于他们祖先的声誉和光荣的事业。"⑤ 撒路斯提乌斯曾说罗马人"无论在家里还是在战场上，都在培养美德（virtue）；罗马

---

① P. G. Walsh, "Livy and Stoicism," *The American Journal of Philology*, Vol. 79, No. 4 (1958), p. 356.
② 〔挪威〕G. 希尔贝克、N. 伊耶：《西方哲学史》，第 135 页。
③ 瓦勒里乌斯·马克西姆斯：《值得纪念的言行》第 1 卷，第 1 章，参见《世界史资料丛刊·罗马共和国时期》（上），杨共乐选译，商务印书馆，1994，第 118~119 页。
④ T. J. Cornell, "The Formation of the Historical Tradition of Early Rome," *Past Perspective: Studies in Greek and Roman Historical Writing*, L. S. Moxon, J. D. Smart, and A. J. Woodman, eds., Cambridge University Press, 1986, p. 79.
⑤ 〔意〕莫米利亚诺：《罗马城邦的危机与罗马历史学家》，第 36~39 页。

人那里表现出最好的和谐，很少或是几乎没有贪欲"①。罗马人将道德作为相对不变的东西来考察不断变化的历史，是对早期史学传统的扬弃，表现出罗马史学的巨大进步。李维显然受到了这种观念的影响，在他的史学中，不仅罗马人的德性近似于神意，是罗马国家走向强大的保证，而且贯穿于罗马自起源以来的整个历史变化中，体现了希腊思想中的思辨传统与罗马重视历史经验的一种独特结合，所以有学者讲，在罗马史学的传统中，"唯一有独创性的发展来自李维"。② 基于此，我们说，正是缘于上述不同的社会基础和思想条件，司马迁和李维史学中的道德认同观念，才会同中有异，又在不同中体现着各自的传统文化特点，并分别对后世史学产生了重要影响。

---

① Sallust, *The War with Catiline*, Loeb Classical Library, Harvard University Press, 2002, XI.
② R. G. Collingwood, *The Idea of History*, Oxford, 1951, pp. 36 – 37. 中译文参见柯林伍德《历史的观念》，第 72 页。

《汉书》对《史记》优良传统的继承发扬[*]

陈其泰

(北京师范大学历史学院,北京 100875)

摘 要:将《史记》《汉书》这两部巨著联系起来评价,无疑是推进中国历史编纂学史研究的重要课题。从范晔、刘知幾、章学诚,至近现代多位史学名家,曾一再论述马班均有"良史之才",《史》《汉》同为有思想体系、有严密体例的杰作。这就启发我们:二者之间是交相辉映的关系,应理解其在不同时代条件下形成的不同特点,而不能形而上学地将之互相对立起来。《汉书》既继承了《史记》气魄雄伟、网罗丰富、诸体配合的体裁特点,同时又根据时代的需要,"断汉为史",并根据大量搜集的新史料,对汉初开国史实,对"文景之治"的史实都作了大量补充,使历史记载更加丰富完整。班固又自觉地继承了司马迁"通古今之变"的思想,重视历史记载的古今贯通、上下联系。这在"十志"中体现尤为突出。

关键词:班固 《汉书》 马班并称 "断代为史" "通古今"

一 交相辉映:贯彻《史》《汉》并举研究理念及其意义

班固所撰《汉书》[①],是一部 100 卷的巨著,起汉高帝元年(前 206),

---

[*] 本文为国家社科基金重点项目(09ZSA001)阶段性成果。
[①] 本论文所引《汉书》各篇原文,均据中华书局 1962 年排印本。

迄王莽地皇四年（23），记西汉一代230年史事。共包括十二纪、八表、十志、七十列传。全书气魄宏大，内容丰富，史实详核，体例严密，叙述生动，文字典雅优美，从著成之时即为学者们所宝爱，视为中国历史编纂学又一杰出的著作。

班固继承了《史记》的体裁，同时发扬了司马迁在构建史学体系上的创造精神，开创了纪传体断代史的格局。

《史记》成书以后，它的巨大成功吸引着许多学者继续司马迁的工作。人们对司马迁所载只止于汉武，太初以后没有记载，感到极大遗憾，希望一代代史家继续写下去，保持历史记载的连续不断。自司马迁之后一百余年间，续《史记》的作者，先有褚少孙，以后有刘向、刘歆、冯商、扬雄、史岑等十五人①，以及班固之父班彪。王充曾对班彪续作给予高度赞扬，称其"记事详悉，义浅理备。观读之者以为甲，而太史公乙"。②

从褚少孙至班彪，尽管在推进司马迁以后的史学上作出了不同程度的贡献，但是他们所做的却只限于"续作"。即是说，他们自觉或不自觉地把所做的工作置于司马迁巨大成就笼罩之下，只限于修修补补。他们并未意识到需要构建新的著史体系。而这个问题若果不能解决，则"保存历史记载连续不断"的目的，是不能达到的。试看：在众多续作者中，除褚少孙所补的若干段落由于附于《史记》，班彪所续的一些内容由于存于《汉书》，因而得到保存外，其他作者所续之篇，早已统统湮灭无闻，便是明证。若无一个构建起来的体系，再好的内容也无从依托，既不能流布于社会，更不能传留给后代，这是很明显的道理。班固却有气魄创立了著史的新格局。他"断汉为史"，在内容上提供了时代所需要的历史教材，在构史体系上则取得了重大突破，使史学从司马迁巨大身影的笼罩下走出来，向前跨进了一大步。司马迁在先秦史书规模比较狭小、形式比较粗糙的基础上，经过综合和改造，创立了气魄宏大的纪传体史书，在历史编纂上表现出了不起的创造活力，这对班固是很大启发。《汉书》的体裁，是对《史记》的继承，又是一个影响深远的创造，以后历代修史者对此沿用不改。今天我们考察这个问题，还应该比前人有进一步的认识：它意味着班固创立的断代为史的格局，恰恰符合中国封建社会演进久远行程中皇朝更

---

① 此据《史通·古今正史》。其余十人是卫衡、梁审、肆仁、晋冯、段肃、众丹、冯衍、韦融、萧奋、刘恂。此外，《通志·总序》还讲有贾逵。又，据《汉书·杨恽传》言，司马迁外孙杨恽"始读外祖《太史公记》，颇为春秋"，或者也有所补作。

② 《论衡·超奇篇》，中华书局诸子集成本（1954）。

迭的周期性特点，所以才被相继沿用垂二千年。

（一）马班并称"良史之才"

《史记》成书在西汉武帝末年，《汉书》成书在东汉章帝初年，两部巨著的问世相距不远。而《汉书》在体裁形式上和记载内容上又都与《史记》密切相关，《汉书》虽然变《史记》的通史格局为专记西汉一代的断代史体制，但却沿用了《史记》的纪、表、书、列传互相配合的体裁，也即采用司马迁的多维历史视野；又因为《史记》记载西汉历史尤详，故《汉书》中从陈涉起义、刘项之争到武帝时期的事件、人物制度等，与《史记》所载有许多重叠的地方。再加上两书都是父子相继成书，都是空前的杰作，这就必然引起历代史评家把《史记》《汉书》放在一起加以评论。其中有少数人持马优班劣的见解，如晋张辅著《班马优劣论》，认为《汉书》不如《史记》，第一项理由即为："迁之著述，辞约而事举，叙三千年史事唯五十万言；班固叙二百年事乃八十万言，烦省不同。"① 因此固不如迁。但早有学者指出其仅以字数多少论优劣明显不妥。② 更多的学者则将《史》《汉》并举，认为两书同为空前杰作，在中国历史编纂学史上一同占据重要地位，同时两位史家又有不同风格。其中最有代表性的是范晔、刘知幾、章学诚三人。

范晔认为《史记》《汉书》都是"大义粲然"的杰作，并称"二子有良史之才"："司马迁、班固父子，其言史官载籍之作，大义粲然著矣。议者盛称二子有良史之才。迁文直而事核，固文赡而事详。"他又高度评价班固的历史叙事才华："若固之序事，不激诡，不抑抗，赡而不秽，详而有体，使读之者亹亹而不厌，信哉其能成名也。"③ 范晔又褒彰司马迁、班固以纪传体取代先秦流行的编年体标志着中国史学的重大发展："《春秋》者，文既总略，好失事形，今之拟作，所以为短。纪传者，史、班之所变也，网罗一代，事义周悉，适之后学，此焉为优，故继而述之。"④

---

① 《晋书》卷60《张辅传》，中华书局排印本（1974）。
② 刘知幾《史通·杂说上》即驳曰："按《太史公书》上起黄帝，下尽宗周，年代虽存，事迹殊略。至于战国已下，始有可观。然迁虽叙三千年事，其间详备者，唯汉兴七十余载而已。其省也则如彼，其烦也则如此，求诸折中，未见其宜。班氏《汉书》全取《史记》，乃去其《日者》、《仓公》等传，以为其事烦芜，不足编次故也。若使马迁易地而处，撰成《汉书》，将恐多言费辞，有逾班氏，安得以此而定其优劣邪！"
③ 《后汉书》卷40（下）《班固传·赞》，中华书局排印本（1965）。
④ 《隋书》卷58《魏澹传》引，中华书局排印本（1973）。

刘知幾著《史通》，十分中肯地评价了《史记》网罗丰富、诸体配合的优点，称："《史记》者，纪以包举大端，传以委曲细事，表以谱列年爵，志以总括遗漏，逮于天文、地理、国典、朝章，显隐必该，洪纤靡失。"① 同时指出因其疆宇辽阔，年月遐长，所以著述难度太大。刘知幾又论述《汉书》的优点："如《汉书》者究西都之首末，穷刘氏之废兴，包举一代，撰成一书。言皆精练，事甚该密，故学者寻讨，易为其功。"从《汉书》著成之后历史编纂学的实践证明，自《后汉书》《三国志》以至《晋书》《隋书》等正史的撰著，无不效法、采用断代为史的办法，"自尔迄今，无改斯道"。但刘知幾强调指出，班固的创造性和《汉书》体制的优点，乃来源于《史记》："寻其创造，皆准子长。"② 在对编年、纪传二体的优劣作比较分析时，刘知幾正是将《史记》《汉书》视为一体，强调其特色："向使丘明世为史官，皆仿《左传》也，至于前汉之严君平、郑子真，后汉之郭林宗、黄叔度，晁错、董生之对策，刘向、谷永之上书，斯并德冠人伦，名驰海内，识洞幽显，言穷军国，或以身隐位卑，不预朝政，或以文烦事博，难为次序，皆略而不书，斯则可也。必情有所吝，不加刊削，则汉氏之志传百卷，并列于十二纪中，将恐碎琐多芜，阑单失力矣。故班固知其若此，设纪传以区分，使其历然可观，纲纪有别。"③ 唯其刘知幾从总体上把握《史记》《汉书》体裁体制的优点和特点，才能以充分的理由证明纪传体之取代编年体，乃是中国历史编纂学进步之必然。

清代史学评论家章学诚同样以马班二人并称的方式来论述《史记》《汉书》在史学上的地位，他指出司马迁、班固都是"各有心裁家学，分篇命意，不可以常例拘牵"的典范，二人"皆为纪传之祖"。④ 他又以"圆而神"和"方以智"来概括马班的不同风格，云："撰述欲其圆而神，记注欲其方以智"，"圆神方智，自有载籍以来，二者不能偏废也。……史氏继《春秋》而有作，莫如马、班，马则近于圆而神，班则近于方以智"。"然而班书本撰述而非记注，则于近方近智之中，仍有圆而神者以为之裁制，是以能成家而可以传世行远也。"⑤ 深刻地指出《史》

---

① 《史通》卷2《二体》，《史通通释》本，上海古籍出版社，1978。
② 《史通》卷1《六家》。
③ 《史通》卷2《二体》。
④ 《文史通义》外篇一《史篇别录例议》，中华书局，1956。
⑤ 《文史通义》内篇一《书教下》。

《汉》两书在总体上各有史识卓异、体例灵活变化和体例严整、能够贮存丰富知识的不同特点，但是《汉书》作为一部杰出的名著，在"方以智"之中，仍然有史识高明、能够灵活运用体裁体例作为其灵魂，这又是马班共同之处。

（二）近现代学者《史》《汉》并举的评论

近代学术的特点，是学者们研究视野更为开阔，更加重视从创造性、思想性和体系性来对以往学术进行评判和阐释，一些眼光锐敏的学者恰恰特别注重从创造精神和思想体系两个方面来评价《史记》《汉书》的成就。我们可以举出以下四位学者，一是梁启超，在其所著《中国历史研究法补编》（1926）中，评价《汉书》具有创造性，班固是断代纪传体史书的开山祖："司马迁以后，带了创作性的史家是班固。他做的《汉书》，内容比较《史记》还好，体裁半是创作。就在断代成书这点，后来郑樵骂他毁灭司马迁的成法，到底历史应否断代还有辩论的余地，但断代体创自班固则不可诬。从此以后，断代的纪传体，历代不绝，竟留下二十余部。称中国历史，必曰二十四史，二十四史除《史记》外，都是断代的纪传体，谈起这体的开山祖，必曰班固。所以班固须占史学史的一段。"[①] 二是刘咸炘，著有《汉书知意》，对《汉书》的历史地位予以高度评价："史家并称迁、固，以其创纪传之格，通古、断代，义法皆精也。六朝《汉书》之学盛于《太史公书》。"他严肃批评唐、宋以后许多学者不明了班氏著史宗旨，不推究班氏义法，有的只知摘词论事，有的只作史实名物的考订，其尤下者，只知重复别人讥评《汉书》的旧调，因而严重地掩盖了《汉书》的真价值。[②] 三是金毓黻，所著《中国史学史》（1944）论述班固著《汉书》，与《史记》一同标志着私家修史之高度成熟，对后代产生了极其深远的影响："私家修史之风，导源于孔子、左丘明，而大成于司马迁、班固，而魏晋六朝所修诸史，皆其支与流裔也。……自马、班二氏，发凡起例，创为纪传一体，后贤承之，多有名作，遂于魏、晋、南北朝之世，大结璀璨光华之果。"[③] 金毓黻又论《汉书·叙例》所言"该万方，纬六经，函雅故，通古今"，即为班固自定之史法，故云："《史记》、《汉书》未明言有

---

① 梁启超：《中国历史研究法补编》，《饮冰室合集》专集之九十九，中华书局，1989，第157～158页。
② 《刘咸炘学术论集·史学编上》，广西师范大学出版社，2007，第171页。
③ 金毓黻：《中国史学史》，商务印书馆，1999，第63～64页。

例，然《史记》有《自序》，《汉书》有《叙传》，而例即寓于《自序》、《叙传》之中。迁所谓究天人之际，通古今之变，成一家之言，厥协六经异传，整齐百家杂语，固所谓该万方，纬六经，函雅故，通古今，皆属言之有物，非好为大言者比，谓之史法也可，谓之史例也亦可。"① 四是刘节先生所著《中国史学史稿》，此书是以其在20世纪50年代中期于中山大学讲课讲义为基础而撰成的，列有"司马迁与班固"专章，论述《史记》《汉书》创立纪传体史书这一辉煌成绩在史学史上的巨大意义，肯定《史》《汉》都是有思想体系、有严密组织的巨著，同是中国史学的辉煌成就，论述班固虽然变《史记》之通史为断代史，但《汉书》中仍然贯穿了会通之义，指出光从通史和断代史上区分马班之高下优劣实为不当。其论云："中国史学界出现了司马迁与班固，真是要大书特书的事。……在这样早的年代，我们中国就有这样有思想体系、有具体计划和严密组织的著作，而且用光华灿烂的文字写出来，是一件很值得纪念的事。这是因为中国的史学，在先秦时代已经奠定了基础，《春秋》、《国语》、《国策》、《世本》，是先秦时期的四部大著。司马氏、班氏父子，就在这个基础上建立起辉煌的成绩来。从此以后，纪传体的所谓正史，就成为中国史学界的主要体制。不只是国内，就是东亚各国如《大日本史》、《三国史记》、《高丽史》、《大越史记》，这些日本、朝鲜、越南各国的正史，都是受他们影响的。这功劳不能不说是很巨大的！纪传体的创立是司马迁父子之功，断代为史的创例，是班固之功。……事实上，即使是断代为史，会通之义照样可以贯串在里面的，不一定上下古今，才能算是会通。所以郑樵之推崇司马迁是不错的，一定说断代为史就没有会通之义，就不正确了。照我们现在看来，为便于收集史料，断代修史，确乎有许多好处。不过司马氏与班氏的著作内容很丰富，若光从通史与断代上分优劣，还很不够的。"又说："班固《汉书》体制模仿《史记》，而改通史为断代，于二百三十年间史事之记述则甚整齐划一。所以刘知幾《史通·六家篇》中说他：'言皆精炼，事甚该密，故学者寻讨，易为其功！'至于《汉书》十志，远远超过司马迁。"② 当代史学史专家曾评价说，《中国史学史稿》在20世纪的史学史著作中，标志着重视对历史思想分析、评价之新风格开始出现，因而是传世之作，从上面举出的刘节对《史》《汉》

---

① 金毓黻：《中国史学史》，第65~66页。
② 刘节：《中国史学史稿》，中州书画社，1982，第55~56、62页。

的评论，即可见一斑。

（三）彻底摒弃"对立面斗争"的研究模式

总之，继司马迁《史记》之后班固著成《汉书》意义重大，将这两部杰出史著联系起来评价无疑是推进中国历史编纂学史研究的重要课题。《汉书》撰成当日即为世人所宝重，首先是大大巩固了《史记》所创立的纪传体地位。先秦时期，编年体是主要史书体裁，《春秋》《左传》以及《公羊传》《穀梁传》都是编年体，它有记载历史事件年月日清楚、线索分明、叙述简洁、无交叉重复的优点。司马迁撰成《史记》，采用纪、表、书、世家、列传五体配合的体裁，将原先的编年体放在"本纪"中运用，而又用"八书""三十世家""七十列传"来记载典章制度和人物活动，这是历史编纂学的新创造。班固《汉书》采用了《史记》体裁，再一次展现了纪传体气魄宏大、内容丰富，诸体各有分工而又互相配合，形成一个整体，灵活变化、伸缩自如的优势。《汉书》在规模、内容、体制和风格上都足以与《史记》相媲美，新的体裁用来反映客观历史的广阔性和生动性更加深入人心，在编年、纪传二体角力争先中更胜一筹，因而成为历代史书编纂的主要体裁。其次，班固《汉书》的成功，又为历史编纂中如何解决继承与创新树立了榜样。史学的发展是一条长河，后代史书的编纂不能凭空产生，它必须有所凭借，但史家又必须根据时代的需要实现再创造，不能墨守成规，一成不变。班固变《史记》的通史范式为断代史范式，又根据诸侯王势力不复存在的时代特点去掉"世家"，堪称为后人提供了一个既善于继承传统又善于超越传统的成功例证。最后，由于《汉书》的成功，解决历史记载的长期连续成为可能。中华民族自古有发达的民族意识，春秋时期各诸侯国都有国史。孔子修成《春秋》，被孟子评价为与大禹治洪水、周公兼夷狄有同样伟大的历史功绩！汉代司马谈将继《春秋》、撰成记载汉代贤君名臣事迹的史著视为神圣事业，临终时执着司马迁的手，嘱咐他说："孔子修旧起废，论《诗》《书》，作《春秋》，则学者至今则之。自获麟以来四百有余岁，而诸侯相兼，史记放绝。今汉兴，海内一统，明主贤君忠臣死义之士，余为太史而弗论载，废天下之史文，余甚惧焉，汝其念哉！"司马迁也将继承父业、著成《史记》视为神圣事业，俯首流涕郑重答应。[①]《史记》修成以后，褚少孙等众多续作者所

[①] 《史记》卷130《太史公自序》，中华书局排印本（1959）。

续补的片断文字均散失无存。这个情况突出地说明两个问题。一是，《史记》编纂的成功受到人们高度推崇，人们希望能通过"续补"的办法，将汉武帝以后的历史一代一代接续写下去，为后人留下记载。二是，《史记》的巨大成功又造成一种普遍的思想定势：只有《史记》这种上下贯通的写法，才是著史的唯一格局，至于还有其他什么著史体制再没有人去探求了。这样，就造成撰史工作始终笼罩在司马迁巨大身影之下，无法走出。班固勇于摆脱旧的格局，采取纪传体断代史的新体制，纂成《汉书》，就为历史编纂学的发展开拓了新路，这也是班固对中华文化史作出的巨大贡献！

从范晔以下至近代学者的中肯论述，对我们的深刻启示是，《史》《汉》是前后继起和交相辉映的关系，应理解其不同时代条件下形成的不同特点，不能形而上学地将这两部杰出史著互相对立。而以往曾经长期阻碍对《汉书》得出客观性评价的是套用"对立面斗争"的模式，为了赞扬司马迁史学的进步性、创造性，就需要寻找一个"对立面"作为反衬，班固和《汉书》不幸就成为贬低和苛责的对象，作为"正宗史学""神学体系""唯心主义"的代表，甚至被加上"封建皇帝忠实奴才"的恶谥。由于这种错误的思想框框的影响，造成一些论著中对《汉书》中保守性的片面夸大，而对其进步性和人民性的观点加以贬抑，甚至视而不见。到了改革开放的时代，这种在极"左"路线影响下形成的错误观点和思想框框终于被抛弃了，这就彻底破除了思想束缚，为一系列学术创新成果开辟了道路。我们应当继续在研究理念上正本清源，进一步清除"对立面斗争"模式的影响，自觉贯彻《史》《汉》并举的研究理念，紧紧抓住班固史学如何继承了司马迁的优良传统，又如何根据新的史料和新的时代智慧加以补充发展，并实现超越，就能有大量新的发现，将历史编纂学研究向前推进。

二 《汉书》对《史记》内容的出色补充

（一）"尽窃迁书"说正误

《汉书》武帝以前的大部分内容是直接采取《史记》的。南宋郑樵对此十分不满，由于郑樵是主张修撰"通史"，同"断代为史"的开创者班固旨趣不同，所以他对《汉书》存有很深的偏见，再加上他对《汉书》所作的补充、修正工作不作认真研究，所以轻率地得出《汉书》武帝以前

"尽窃迁书"① 的结论,这是极其不妥的。学术乃天下之公器,古人更把著史视为名山事业,他们所重视的是:只要有能力,就应该撰成有价值的著作,使之传留给后世,前人有用之文,可以采入书中;父辈未竟之业,应该继续完成。既然《史记》是一部成功的信史,班固撰《汉书》,有关汉代前期的内容直接采用司马迁的原文,在当时是很正常的事。假若班固将光彩焕发的《史记》原文丢开,自己另起炉灶,那倒是难以理解了。所以,班固采用《史记》原文,是对司马迁成就的肯定。范文澜对郑樵"尽窃迁书"说之误,曾有一段恰当的评论:"《廿二史札记》云:'《汉书》武帝以前纪传多用《史记》文,而即以为己作,未尝自引用史迁云云。所引《过秦论》及《战国策》、陆贾《新语》之文,亦即以为己作,未尝自言引用某人,盖古人著述往往如此,不以抄袭为嫌也。'择善而用,何必强事更张,潜精积思,二十年之久,始能成书,书成而当时学者莫不讽诵,绝无讥议之者,乃后人忽加弹论于千百载之下,徒见其无知谬妄耳。"②

再进一步说,即使对于武帝以前的史实,《汉书》也根据掌握的新史实作了大量补充,包括:①补充西汉开国重要史实;②评价"文景之治",补充大量史实;③详细记载武帝时期的历史。本文限于篇幅,仅对前两项加以申论,末一项俟另文论述。

(二) 对西汉开国重要史实的补充

首先,班固精心地在《高帝纪》篇末尾写了一段总结性的评论,说:"初高祖不修文学,而性明达,好谋,能听,自监门戍卒,见之如旧。初顺民心作三章之约。天下既定,命萧何次律令,韩信申军法,张苍定章程,叔孙通制礼仪,陆贾造《新语》。又与功臣剖符作誓,丹书铁契,金匮石室,藏之宗庙。虽日不暇给,规摹弘远矣。"班固所作的中肯概括,是书中对汉朝创业阶段全部记述的总纲。他正确地把刘邦的事业分为艰苦征战夺得天下和开创治国局面前后两段。他提出,刘邦夺得天下,主要依赖他豁达大度、富有谋略、善于用人,以及他实行安抚民心的政策,把民众从秦朝暴虐统治造成的灾难中解救出来。这些在《汉书》有关篇章中都有详尽而生动的记载。

---

① 《通志·总序》,商务印书馆"十通"本(1935)。
② 《正史考略》,《范文澜全集》第 2 卷,河北教育出版社,2012,第 27~28 页。

其次，补充从项羽分封到汉王还定三秦之间的重要史实。《汉书·萧何传》载，鸿门宴之后，项羽返回山东以前，他采取大封天下，恢复战国时期分裂局面的做法，一共封了18个王，自称"西楚霸王"。他一心要打击刘邦，违背原先楚怀王与诸将的共同约定，封刘邦为"汉王"，要把他赶到道路崎险、地处偏僻的汉中、巴、蜀，又"三分关中地，王秦降将以距汉王"，企图堵死刘邦的出路。此时，刘邦及其手下诸位勇将气愤不过，想要与项羽硬拼，唯独萧何眼光远大，及时阻止刘邦的蛮干，提出暂且委曲求全、积蓄力量，再还定三秦、与项羽争夺天下的战略设想：

汉王怒，欲谋攻项羽。周勃、灌婴、樊哙皆劝之，何谏之曰："虽王汉中之地，不犹愈于死乎？"汉王："何为乃死？"何曰："今众弗如，百战百败，不死为何？《周书》曰'天予不取，反受其咎'。语曰'天汉'其称甚美。夫能诎于一人之下，而信于万乘之上者，汤武是也。臣愿大王王汉中，养其民以致贤人，收用巴蜀，还定三秦，天下可图也。"王曰："善。"

于是刘邦接受萧何所定计策，动身到汉中就封。到汉中后，任萧何为丞相。随后，萧何举荐韩信，刘邦拜他为大将，韩信为刘邦具体谋划偷袭陈仓、还定三秦的计策，展开了刘邦东向与项羽争天下的新篇章。萧何的战略思想被历史进程所证明是正确的。《汉书·萧何传》是依据《史记·萧相国世家》写成，但是上述这段内容却是《史记》原本所无，而为班固所补充的。由于此，从项羽分封到汉王还定三秦之间重要的一环才补上，萧何深谋远虑的形象才更鲜明，嗣后刘邦称帝，论功行赏，萧何得第一，根据才更加充足。

与《萧何传》所增加的内容相照应，班固在《高帝纪》中也作了补充："**汉王怨羽之背约，欲攻之，丞相萧何谏，乃止**。夏四月，诸侯罢戏下，各就国。羽使率三万人从汉王，楚子、诸侯人之慕从者数万人，从杜南入蚀中。**张良辞归韩，汉王送至褒中，因说**汉王烧绝栈道，以备诸侯盗兵，亦视项羽无东意。""汉王既至南郑，诸将与士卒皆歌讴思东归，多道亡还者。**韩信为治粟都尉，亦亡去，萧何追还之，因荐于汉王，曰：'必欲争天下，非信无可与计事者。'于是汉王斋戒设坛场，拜信为大将军，问以计策。**……因陈羽可图、三秦易并之计。汉王大说，遂听信策，部署诸将。**留萧何收巴蜀租，给军粮食**。"（黑体字均为班固所增）显然，班固增添了这些内容，这一重要的局势转折才讲述清楚。

最后,《汉书·高帝纪》对刘邦开国前后的政令措施有一系列重要补充。概括来说有以下各项内容。

高祖二年(前205),"二月癸未,令民除秦社稷,立汉社稷。施恩德,赐民爵。蜀汉民给军事劳苦,复勿租税二岁。关中卒从军者,复加一岁。举民年五十以上,有修行,能帅众为善,置以为三老,乡一人,择乡三老一人为县三老,与县令丞尉以事相教,复勿徭戍。以十月赐酒肉"。这是刘邦为建立关中稳定的政治秩序而采取的重要措施。

同年六月,"汉王还栎阳。壬午,立太子,赦罪人。令诸侯子在关中者皆集栎阳为卫。引水灌废丘,废丘降,章邯自杀。雍地定,八十余县,置河上、渭南、中地、陇西、上郡。令祠官祀天地四方上帝山川,以时祠之。兴关中卒乘边塞。关中大饥,米斛万钱,人相食,令民就食蜀汉"。这是最后消灭掉项羽布置在关中的势力,划定了新的行政管理区域,以及为了防备北方匈奴和对严重的饥荒采取的应急措施。

同年八月,刘邦部署进攻魏王豹,先派郦食其前往劝降及探听消息。然后,班固写刘邦的果断决策,生动地写出他判断的敏锐和稳操胜券的信心:"汉王如荥阳,谓郦食其曰:'缓颊往说魏王豹,能下之,以魏地万户封生。'食其往,豹不听,汉王以韩信为左丞相,与曹参、灌婴俱击魏。食其还,汉王问:'魏大将谁也?'对曰:'柏直。'王曰:'是口尚乳臭,不能当韩信。骑将谁也?'曰:'冯敬。'曰:'是秦将冯无择子也,虽贤不能当灌婴。步卒将谁也?'曰:'项它。'曰:'是不能当曹参。吾无患矣。'九月,信等虏豹,传诣荥阳。定魏地,置河东、太原、上党郡。信使人请兵三万人,愿以北举燕赵,东击齐,南绝楚粮道。汉王与之。"

高祖五年(前202),刘邦即帝位后,下诏嘉奖故衡山王吴芮参加反秦战争有功,封为长沙王。又下诏改封故粤王亡诸为闽粤王。

同年,刘邦以洛阳为都城。五月,罢兵遣送回家。刘邦连续下诏令奖励从事农业生产,规定:一、入关灭秦的关东人愿意留在关中为民的,免徭役12年,回关东的免徭役6年。二、劝说原先因逃避饥饿自卖为奴婢的,恢复庶民的身份。三、所有军吏卒无罪的,凡是无爵者一律晋爵为大夫,原是大夫的晋爵一等,这些人并且一律免除本人及全家的徭役。

高祖十二年(前195)二月,连续下两道重要诏令。一是布告天下,朝廷立意要减少赋敛,指出由于各郡及诸侯王国向朝廷贡献未有作出规定,所以造成献礼过多,向民众征收赋敛过重。命令诸侯王等每年于十月朝献,并且规定数额。一是诏令各郡国荐举贤能之士,认为:古代圣王,最高的是周文王，最有声望的霸主，最高的是齐桓公，他们都是依靠贤人的帮助才获得成功。难道只是古代才有智能之士，而今天没有吗？问题出在君王不去结交他们，贤才又有什么进身之路呢？我借上天保佑，靠豪杰的辅佐而得天下，我希望能长治久安，现在多么需要贤能之士同我一起安天下啊！贤士大夫有肯协助我做事的，我要尊敬他，让他扬名。特此布告天下，让众人都明白我的意思。各郡守、诸侯相国要发现有德行、有才能的士人，立即上报，劝说他们，负责护送到京师。这两道诏令，体现了汉初轻徭薄赋的方针，并且成为汉代荐举人才的先导。

同年五月，下诏嘉奖南海尉赵佗治理有力，立为南越王。

十二年（前195）二月，下诏对被卢绾胁迫反叛愿意归附者予以宽大。

以上各项内容，都是《史记·高祖本纪》所缺，而为班固补充的。这些行政措施涉及汉朝开国奖励生产、稳定社会秩序、处理四方边境和选拔人才等，对今人考察西汉经济发展、民族状况、制度演变、社会习俗等项，都是非常值得珍视的。

《史记》没有《惠帝本纪》，惠帝年间事一概记在《吕太后本纪》中，司马迁的用意，是当时惠帝只有虚名，实权握在吕太后手中，故按照实际权力的归属处理。但篇中有关惠帝年间事却按惠帝纪年。班固觉得《史记》的处理有不尽恰当之处，故增设了《惠帝纪》，这从纪传体史书以"本纪"为大纲的性质来说，是有道理的。《史记》与《汉书》的不同处理各有根据，不必强论此是彼非。

（三）赞美文景之治

班固的原创性贡献，在于他从许多具体史实中概括出"文景之治"这一历史概念，详载这一时期的政绩，对后世产生了深远的影响。班固在司马迁的基础上继续前进，他搜集了更多的史实，并从汉初医治战争创伤到以后出现鼎盛局面的长过程中，恰当地评价了"文景之治"的历史地位。

司马迁《景帝本纪》赞云："汉兴，孝文施大德，天下怀安。至孝景，不复忧异姓，而晁错刻削诸侯，遂使七国俱起，合从而西乡，以诸侯太盛，而错为之不以渐也。及主父偃言之，而诸侯以弱，卒以安。安危之机，岂不以谋哉？"这篇论赞主要包括两层意思：认为文帝大力执行有利于国家和百姓的政策，包括文帝对同姓诸侯王不制的一些迁就的做法；批评景帝时晁错采取过火的削藩做法。司马迁的赞语，对文景时期的政绩和地位并未做出全面的评论。

班固不满意上述赞语,因而对《汉书·景帝纪》作了改写,说:"周秦之敝,罔密文峻,而奸轨不胜。汉兴,扫除烦苛,与民休息。至于孝文,加之以恭俭,孝景遵业,五六十载之间,至于移风易俗,黎民醇厚。周云成康,汉言文景,美矣!"班固是从由秦的暴政造成社会危机之后,历史前进的要求是需要扫除苛政,减轻百姓负担、发展生产这一总的趋势,来评价文、景时期的政治成就,并且把西周"成康之世"和西汉"文景之治"并列为历史上政治清明、人民安居乐业、前后映照的时期。显然,班固的视野更宽阔,站得更高,评论更加中肯。

由于形成了对文、景时期历史地位的总看法,班固认真地发掘了这一时期有利于民众、有益于社会发展的重要措施。这说明班固的补缺工作有自觉的目的,他所记载的史实又对赞语中的结论提供了有力依据。归纳起来,班固增补的史实,都属于文帝和景帝奖励生产和整肃吏治采取的措施。如:

文帝二年(前178)正月,下诏亲耕籍田;并赦免被论罪充送官府役作者回家务农:"诏曰:夫农,天下之本也,其开籍田,朕亲率耕,以给宗庙粢盛。民谪作县官及贷种未入、入未备也,皆赦之。"

文帝十二年(前168),下诏强调引导、教导民众的根本方针在于务农。向全国表明,皇帝本人对于十年来奖励农业所获得的效果颇不满意,责备各地方官对于督劝农桑、种树行动不力,劝民不力,劝民不明,要求切实改进;并宣布免去本年田租之半。诏曰:"道民之路,在于务本。朕亲率天下农,十年于今,而野不加辟,岁一不登,民有饥色,是从事焉尚寡,而吏未加务也。吾诏书数下,岁劝民种树,而功未兴,是吏奉吾诏不勤,而劝民不明也。且吾农民甚苦,而吏莫之省,将何以劝焉?其赐民今年田租之半。"

文帝诏书中又大力提倡力田和廉政的社会风气,说:孝悌(对父母孝顺和对兄弟亲爱)是根本的伦理,力田是民众生活的根本,廉吏是民众的表率,三老是百姓的老师。我极嘉奖这些人才和官员。凡是万户以上的县,都要尽力举荐,不准许有阻碍。现特派遣使者到各地慰劳孝悌、力田、三老、廉吏,每人送给丝帛。请他们讲出百姓感到不便之处。按户口数量规定的名额配备好这些基层吏官,让他们尽心地对民众实行教育、劝导。

十三年二月,下诏亲率天下农耕。六月,下诏免收天下田租。

后元元年(前163)春,下诏再一次反躬自问施政上存在许多过失,认为民众食用仍很缺乏。要求查出问题之所在,让丞相列侯二千石官员及博士讨论之后作出答复:"间者数年比不登,又有水旱疾疫之灾,朕甚忧之。愚而不明，未达其咎。意者朕之政有所失而行有过与？乃天道有不顺，地利或不得，人事多失和，鬼神废不享与？何以致此？将百官之奉养或费，无用之事或多与？何其民食之寡乏也！夫度田非益寡，而计民未加益，以口量地，其于古犹有余，而食之甚不足者，其咎安在？无乃百姓之从事于末以害农者蕃，为酒醪以靡谷者多，六畜之食焉者众与？细大之义，吾未能得其中。其与丞相列侯吏二千石博士议之，有可以佐百姓者，率意远思，无有所隐。"

景帝元年（前156）正月，下诏准许农民迁到地广人稀的地区从事生产，又下诏督令地方官务劝农桑，大量种树。

同年七月，对于官吏因公务外出而被吃请、贱买贵卖、收买贿赂者分别治罪。

后元元年（前143），颁发诏令称历来重视农业，减少徭赋，但百姓食用、蓄积缺乏。指出官吏中有诈伪、贿赂、侵夺百姓等劣行，要求二千石带头奉公守职，丞相切实对所有官员进行检查督察。

由于有效地执行这些措施，文景时期便奠定了汉朝国力强盛的基础。尤其是汉文帝，他一向被历代政治家和史学家所称道，是很有道理的。当然，汉文帝减轻刑罚有的只停留在诏令文字上，而实际上却每每轻刑重叛，所以受到班固的批评。文帝还宠爱佞臣邓通，赏赐每次都多达万万钱，还赐给他铜山，准许他自铸钱，所以邓氏钱布天下。文帝还一度迷信鬼神。景帝当吴楚乱起，错杀大臣晁错，这些又都是文景时期政治的阴暗面。

令人饶有兴趣的是，班固记载了蜀郡守文翁对远在西南的巴蜀地区发展经济文化事业的贡献。《史记·循吏列传》记载孙叔敖、郑子产等五人，均为春秋列国官员，未涉及汉代人物。《汉书·循吏列传》则首先记述文翁事迹。文翁原籍是庐江郡舒县（今安徽庐江县西南）人。他当过郡县吏，因通《春秋经》，被察举，景帝时任蜀郡守，成为中原先进文化大力推行者。在此之前，蜀地边远，文化低下，风俗落后。文翁决定通过提倡教育，来改变这种情况，于是，他从郡县选拔了十几个资质聪明的小吏，亲自召集起来加以鼓励，把他们派到京师，有的向五经博士学习经学，有的学习刑法律令。文翁尽量节约本郡费用，省出钱来购买布匹等一类蜀土特产让上计官吏带给京师的博士老师，请他们费心教育培养。"数岁，蜀生皆成就还归，文翁以为右职，用次察举，官有至郡守刺史者。"

文翁重视教育的又一措施，是在成都城内兴建本郡的学校，从各县招收子弟前来学习，免除他们的徭役，"高者以补郡县吏，次为孝弟力田"。文翁还经常让学生到衙门见习处理事务。他到各县督察，更从诸生中挑选一批学习与品行优良者随行，让他们向民众宣读政令，在县衙门进进出出。各县官吏百姓见了都认为这些年轻学生很荣耀，几年以后，各县父老都争着把自己的子弟送到郡中上学，富人家甚至不惜为此花费钱财。于是当地求学、受教、改变风俗的风气大盛，蜀郡派到京师的学生比一向文化发达的齐鲁地区还要多。由于文翁重视文化教育获得如此显著的成效，到汉武帝时，便下令在全国范围内推行州郡设立学校的制度。这生动地说明：文景时期中原地区有了良好的吏治风气而产生了像文翁这样出色的地方官，确实做到了政治上比较清明；又因为他办事得力，使得原来落后的边远地方反过来在教育上走到全国的前头，推动中原文化教育事业的发展。这些史实，今天读起来也仍然使人感到愉快。此后，巴蜀一再出现了司马相如、扬雄这样杰出的文学家，至班固的时代，巴蜀地区重视文化教育的风气更为深厚。所以文翁受到当地百姓久远的纪念。①

三 "断汉为史"与"通古今"

《汉书》的著史格局是"断汉为史"，而同时班固又自觉地以"通古今"为著史的宗旨，此项是考察马班史学紧密关联的重要视点，也是评价班固历史见识的重要尺度。《礼记·经解》所总结的："疏通知远，《书》教也。"认为《尚书》的精髓是启发人们行事要虑及未来的后果，观察时势的变迁应追溯到其久远的源头。这是华夏民族先民们对历史发展的"古"与"今"联系的含义深刻的表达。司马迁的"通古今之变"，明确提出要把"古"和"今"贯通起来，考察历史是如何演变的，堪称是总结了自先秦至汉初史学家、思想家观察历史变化的成就，并且达到了质的飞跃。班固对司马迁这一史学思想自觉地继承，《汉书》的记载虽然是包举一代之终始，但班固对历史的认识却是要贯通古今，故《汉书·叙例》揭示其著史宗旨是"纬六经，缀道纲，总百氏，赞篇章。函雅故，通古今"。特别是，记载历史事件、人物可以一个朝代为终始，而有关典章制度和社会生活的内容却必须上下贯通，不割断历史的联系。虽然班固并未能达到司马迁"通古今之变"的高度，但其著史的指导思想同样是要贯通古今。

---

① 《汉书》卷89《循吏传》。

这里可以举出十志的前三篇《礼乐志》《律历志》《刑法志》来作简要说明。

《史记》八书前面四篇原来的顺序是《礼书》《乐书》《律书》《历书》。班固将律、历两篇合并为《律历志》，并将之列为十志之首篇。这是因为，古人认为"六律"与"六吕"合起来的"十二律"，与全年十二月运行的阴阳消息相一致；音律不仅是国家制定礼乐制度的基础，而且是确定度、量、衡标准的基本单位。《史记·律书》序言："王者制事之法，壹禀于六律，六律为万事根本焉。"班固撰成《律历志》，并列为首篇，所遵循的正是司马迁的观点。《律历志》"序"先言上古律法的起源，历经三代及汉朝的演变，直至王莽时的大规模整理调整，云："《虞书》曰：'乃同律度量衡'，所以远近立民信也。自伏羲画八卦，由数起，至黄帝、尧、舜而大备。三代稽古，法度章焉。周衰官失，孔子陈后王之法，曰：'谨权量，审法度，修废官，举逸民，四方之政行矣。'汉兴，北平侯张苍首律历事，孝武帝时乐官考正。至元始中王莽秉政，欲耀名誉，征天下通知钟律者百余人，使羲和刘歆等典领条奏，言之最详。"① 然后一一详述如何依据六律来规定三统、三正和度、量、衡制度。此篇记载历法的部分，先追溯到远古传说时代"颛顼命南正重司天，火正黎司地"，并概述唐尧"敬授民时"，三代"创业改制，咸正历纪"，至秦和汉初对《颛顼历》的使用。然后才详载武帝时诏令大中大夫公孙卿、壶遂，太史令司马迁等人制定《太初历》，元帝元凤年间太史令张寿王与主历使者鲜于妄人之间关于历法的争论，以及成帝年间刘歆所作的《三统历谱》。《礼乐志》所载同样贯通古今，上溯周"监于二代，礼文尤具"，"礼经三百，威仪三千"，而至春秋战国"诸侯逾越法度"，礼制混乱。再重点记载汉初明堂、辟雍的讨论，直至东汉初，世祖"受命中兴，拨乱反正，……乃营主明堂、辟雍。显宗即位，躬行其礼，宗祀光武皇帝于明堂，养三老五更于辟雍"。

《刑法志》尤为班固精心撰写的篇章。班固十分懂得，为了讲清汉代刑律的变迁，必须向上追溯其来源。本篇开头即先论述刑法的起源，认为：在初民社会存在着"群"与"争"的矛盾。当时的人类为了战胜凶恶的野兽和艰苦的环境，必须利用集体的力量。但是由于群居的集体所能获得的生活品太少，故又引起"争"。当时，道德和能力最高的人受人们拥戴成为君长，他们为了维持社会的秩序，就一方面制定了"礼"，来确立

---

① 《汉书》卷21（上）《律历志上》。

尊卑的等级，另一方面又制定了"刑"，来表示威严和处罚。"故制礼以崇敬，作刑以明威也"，"制礼作教，立法设刑，动缘民情，而则天象地"。这就是刑法的起源。

然后班固论述了历代刑法的演变。周代施行法律的原则是"建三典，行五刑"："一曰，刑新邦用轻典；二曰，刑平邦用中典；三曰，刑乱用重典。五刑，墨刑五百，劓罪五百，宫罪五百，刖罪五百，杀罪五百，所谓刑平邦用中典也。"对于罪犯的处置是：杀头的押到街市取斩，刺面的可以把门，割鼻的送到边远地方守关防，处宫刑的在宫内使唤，砍脚的守卫园林，肉体未受伤残的罚他从事劳作，他们都是奴隶，男奴干苦力活，女奴罚去舂米或烧火。凡是受封有爵位的、年纪70岁以上或未换齿的儿童，都免除当奴隶。

班固还概述了：周末，因社会秩序混乱，刑罚增加到3000篇条文。春秋时，郑国子产向民众公布法律，把刑律条文铸刻在大鼎上，晋国贵族叔向写信反对这样做，认为对老百姓只能使他们感到害怕，加以驱使，如果让他们知道法律，会更加引起纷争。子产则态度坚定，回信说："吾以救世也。"到了战国，刑罚进一步加重，增加了株连三族、投入油鼎等极端残酷的刑罚。秦始皇时，更把严刑峻法视为治国的唯一手段。"专任刑罚，躬操文墨，昼断狱，夜理书，自程决事，日悬石之一。而奸邪并生，赭衣塞路，囹圄成市，天下愁怨，溃而叛之。"

显然，只有首先追述汉代以前刑罚的严酷，读者对于进入汉朝以后颁布"约法三章"、文帝废肉刑和有关各种论议的意义，才能有深刻的理解。《刑法志》篇末一直论述到东汉初年，狱吏残害平民百姓的种种险诈手段，堪称表现出班固高度的现实关怀。他指出，建武、永平间社会秩序虽有明显改善，每年判处的案件按人口计算，比起成、哀之间减少了十分之八，政治清明得多了，但刑狱不公的严重问题仍未彻底解决，"以其疾未除，而刑本不正"。正因为班固自觉地发扬了司马迁"通古今之变"的著述宗旨，因而撰成了记载翔实系统、兼具深刻思想性和鲜明批判性的出色篇章，并为后人提供了一部中国刑法史的雏形。

《史》《汉》交相辉映，还体现在班固对司马迁著史的"实录"精神大力弘扬，此项也需另再撰文专门讨论。

中国古代史学研究

范晔《后汉书》光武守业诸臣传的编纂

曲柄睿

(北京师范大学历史学院，北京 100875)

摘 要：范晔《后汉书》按照列传范式编纂列传。光武守业诸臣传呈现"理想官员—职吏—苛吏—儒生—理想官员"的结构，体现出范晔对东汉政治文化的认识。所谓"理想官员"，指那些本性仁恕，为政宽和之人。"职吏"则指任职奉公，擅长文法之人。"苛吏"指为政严猛，不容宽贷之人。光武诸臣传以"理想官员"始终，传达了范晔期待政治秩序向理想、宽和、融洽氛围的回归。但是"职吏"和"苛吏"的存在，却体现出东汉初年政治风气严酷的现实。通过列传编纂，范晔表达了自己对东汉政治的理解。

关键词：范晔 《后汉书》 光武守业诸臣传 列传编纂 政治文化

赵翼认为《后汉书》列传按人物生活时代或品行编纂，有如下论述：

> 卓茂本在云台图像内，乃与鲁恭、魏霸、刘宽等同卷，以其皆以治行著也。郭伋、杜诗、孔奋、张堪、廉范，皆国初人；王堂、苏章，皆安帝时人；羊续、贾琮、陆康，皆桓、灵时人，而同为一卷，

---

* 本文是中国博士后科学基金面上资助项目"先秦史论的形成及其影响"（2015M581014）及北京师范大学青年教师基金项目（中央高校基本科研业务费专项资金资助）"《春秋》三传及《国语》史论研究"的阶段性成果。2015年12月，本文提交至重庆大学人文社会科学高等研究院主办的"秦汉史青年学者研讨会"，得到了马怡、张荣强、孙闻博、田家溧诸位老师的宝贵意见，特此致谢！

亦以其治行卓著也。张纯，国初人；郑康成，汉末人，而亦同卷，以其深于经学也。张宗、法雄，国初人；度尚、杨璇，汉末人，而亦同卷，以其皆为郡守能讨贼也。王充，国初人；王符、仲长统，汉末人，而亦同卷，以其皆著书恬于荣利也。邓彪、张禹、徐防、胡广等同卷，以其皆和光取容，人品相似也。袁安、张辅、韩陵、周荣、郭躬、陈宠等同卷，以其皆明于法律，决狱平允也。班超、梁懂同卷，以其立功绝域也。杨终、李法、翟酺、应奉同卷，以其文学也。杜根、刘陶、李云同卷，以其皆仗节能直谏也。樊宏、樊儵、樊准、阴识、阴兴、阴就同卷，以其皆外戚，而有功绩可纪，故不入《外戚》，而仍列一卷也。苏竟、杨厚、郎顗、襄楷同卷，以其皆明于天文，能以之规切时政也。周燮、黄宪、徐稺、姜肱、申屠蟠同卷，以其皆高士也。此编次之用意也。①

此处有两点错误需要指出：第一，郭躬、陈宠并非与袁安、张辅、韩陵、周荣诸人同传；第二，"张辅""韩陵"应作"张酺""韩棱"，这两点王树民已揭示②。范晔《后汉书》本无《外戚列传》，所谓樊宏、樊儵、樊准、阴识、阴兴、阴就诸人不入《外戚》传，亦可以讨论。又如"杨终、李法、翟酺、应奉同卷，以其文学也"，此传标目为《杨李翟应霍爰徐列传》，除杨终等人外，另有霍谞、爰延、徐璆诸人不以文学闻名。

要之，赵翼主张《后汉书》合传"以类相从"，似未能反映列传的全部编纂秩序。范晔《后汉书》的列传编纂大体上符合《史记》《汉书》《三国志》以来的列传编纂范式：以人物登用时间为序，形成"某帝朝大臣"的结构单元；使用宗王传区分不同单元；同一单元内的诸臣，按照官职位次合传③。由于列传范式的存在，读者能够将同时代的多个列传作为单元或集团来分析，形成对某一时段的整体认识。实际上，这种自然而然形成的观感，毋宁说是史书作者刻意而为。

按照上述秩序编纂的"光武守业诸臣传"，交代了东汉初政治格局的基

---

① 赵翼著，王树民校证《廿二史札记校证》，中华书局，1984，第80~81页。
② 赵翼著，王树民校证《廿二史札记校证》，第97页。
③ 参考拙作《汉书列传编纂研究》，待刊。对范晔《后汉书》的先行研究情况，有小嶋茂稔《范曄〈後漢書〉の史料の特質に関する一考察——従来の諸説の検討を中心に》，《史料批判研究》创刊号，1998。

本面貌。所谓"光武诸臣传",是指传首人物登用在光武帝朝的诸列传。其中大体又可划分为"创业诸臣传"与"守业诸臣传"。自卷一五《李王邓来列传》至卷二四《马援列传》为止,诸传主从光武征伐开疆,建立东汉政权,可谓"创业诸臣";自卷二五《卓鲁魏刘列传》至卷四一《第五钟离宋寒列传》为止,诸传主或传首人物登用于光武帝朝,可谓"守业诸臣"。从人物的官职及行事风格来看,"光武守业诸臣传"的编纂明显体现出四类人物的整体面貌,分别为理想官员、职吏、苛吏和儒生。阅读"光武守业诸臣传",能够直接了解不同特点的光武诸臣,以及光武朝的基本政治格局。

如果考虑到列传编纂的时间因素,"光武守业诸臣传"理想官员、职吏、苛吏和儒生的排列顺序,既代表了各类型官员被光武帝任用的先后次序,又反映出光武朝各种政治势力此消彼长的历史事实,以及东汉初诸帝对不同政治路线的选择结果。列传范式影响下的"光武守业诸臣传",既能表现出静态的政治倾向差异,又能体现东汉初政治文化动态发展方向。

范晔以《第五钟离宋寒列传》为"光武守业诸臣传"的结尾,似乎透露出他对东汉初政治文化发展方向的期待。此传中诸人亦提倡宽和为政,与《卓鲁魏刘列传》中诸人同样是理想官员。传首人物第五伦在袁宏笔下本为文法职吏,经由范晔调整文字顺序,转而成为倡导宽政的典型。可以这样说,范晔笔下东汉初的政坛经职吏、苛吏、儒生先后登台角逐,终以宽和的理想官员代表东汉政治文化发展方向。不过,这种期待,只停留在范晔少部分的书写中。范晔《后汉书》描写政通人和的文字之间,不时出现的"苛细""严苛",暗示真正的东汉政治,仍以吏治严苛著称。在范晔的历史编纂中,现实与撰述之间强烈的反差,以近乎荒诞的形式存在。正是这种荒诞,提醒读者,史家、史著与史实的关系,不仅仅是"直书"或"曲笔"那么简单。于是,作为现实与撰述矛盾节点的历史编纂,成为理解范晔及其史著的关键所在。本文即以"光武守业诸臣传"为切入,讨论其编纂模式,探索范晔对东汉政治风格的基本态度,以及他试图通过列传编纂传达的深层意图[①]。

---

① 历史文本的叙事结构和形式是作者的创作,往往影响读者对历史事实的理解,这一点已经为诸多历史哲学家点明。海登·怀特表示:"相信某个实体曾经存在过是一回事,而将它构成为一种特定类型的知识的可能对象完全是另一回事。"海登·怀特著,陈新译,彭刚校《元史学:十九世纪欧洲的历史想象》之《中译本前言》,译林出版社,2004,第5页。至于当代西方学界对历史叙事在多大程度上影响了人们对历史事实的理解,亦可参考彭刚《叙事的转向:当代西方史学理论的考察》,北京大学出版社,2009。

一　宽恕为政：《卓鲁魏刘列传》的定位

范晔《后汉书》"光武守业诸臣传"始于卷二五《卓鲁魏刘列传》，传首人物卓茂是理解这一列传定位的关键。

光武帝为收买人心，安抚地方，将卓茂超迁至上公太傅。范晔论断此举"与周、燕之君表闾立馆何异哉"，已经点明了光武帝的用意。不过他又称道卓茂"厚性宽中近于仁，犯而不校邻于恕，率斯道也，怨悔曷其至乎"①，申明卓茂并非千金马骨，实有过人之处。卓茂"仁恕"之性为范晔所重，是统领本传的纲要。卓茂之后诸人，亦以性情温和清静，德行仁恕好让著称。

据本传，卓茂个性"宽仁恭爱"，"乡党故旧，虽行能与茂不同，而皆爱慕欣欣焉"②。紧随卓茂之后的鲁恭任职地方时，"专以德化为理，不任刑罚"③。魏霸，史称"世有礼义"，任太守"以简朴宽恕为政"④；《东观汉记》称魏霸"性清约质朴，为政宽恕，正色而已，不求备于人"⑤。刘宽，《东观汉记》与范书俱称他"温仁多恕"⑥。本传诸人，皆是宽恕为政，仁爱简朴之人，政治风格偏向清静。

值得注意的是，鲁恭出仕已在章帝时期，距离卓茂远甚，其间任公卿者另有范书卷二六所载伏湛、侯霸诸人。刘咸炘转述李慈铭认为此传诸人合传不妥的观点，理由是"史家立传，自宜以时代先后为主，傥任意分合，使时代错杂，次序易淆，究属不宜"。不过，时代先后应通过传首人物体现，本文不在此处多费笔墨⑦。刘咸炘认为卓茂诸人合传，乃是光武帝"欲使改节为儒柔……见世风由此变也"的结果，由此反驳李慈铭⑧。的确，范晔将卓茂诸人罗列于"光武守业诸臣"之首，符合

---

① 《后汉书》卷25《卓鲁魏刘列传》，中华书局，1965，第872~873页。
② 《后汉书》卷25《卓鲁魏刘列传》，第869页。
③ 《后汉书》卷25《卓鲁魏刘列传》，第874页。
④ 《后汉书》卷25《卓鲁魏刘列传》，第886页。
⑤ 刘珍著，吴树平校注《东观汉记校注》，中华书局，2008，第481页。
⑥ 刘珍著，吴树平校注《东观汉记校注》，第484页；《后汉书》卷25《卓鲁魏刘列传》，第887页。
⑦ 参拙作《汉书列传编纂研究》，待刊。
⑧ 刘咸炘：《后汉书知意》，《刘咸炘学术论集（史学编）》，广西师范大学出版社，2007，第269页。

列传编纂秩序。而卓茂虽位列公卿，然能谦冲自牧，忠恕爱人，体现出"宽恕为政"的行政风格，也确乎反映了光武帝对东汉施政方针的某种期许。此后的鲁恭、魏霸、刘宽诸人，便是东汉初倡导宽恕施政方针的遗泽余绪了。

此传以下，"光武守业诸臣传"出现了三个独立的由高到低的官员列传排序。分别代表了范晔心中东汉三种官员类型，即职吏、苛吏和儒生。

二 佳乎吏也：职吏的历史记载

东汉所谓"职吏"，指按照定额设立，从事具体行政事务之官吏①。由于他们负责既定的日常工作，又常常与文牍律令打交道，往往被贬称为"文俗吏"或"辨职俗吏"。这些官员的特点是清约自守，任职奉公，擅长文法，具备很高的行政素养和效率②。

范书卷二六《伏侯宋蔡冯赵牟韦列传》至卷三二《樊宏阴识列传》，罗列光武帝以后诸职吏。

卷二六《伏侯宋蔡冯赵牟韦列传》合传诸人虽为三公，但他们建立了东汉早期的行政制度。理事风格与卓茂不完全相同。

伏湛，"拜尚书，使典定旧制"。侯霸，"时无故典，朝廷又少旧臣，霸明习故事，收录遗文，条奏前世善政法度有益于时者，皆施行之。每春下宽大之诏，奉四时之令，皆霸所建也"。冯勤，"以图议军粮，在事精勤，遂见亲识。每引进，帝辄顾谓左右曰：'佳乎吏也！'"赵憙，明正藩王与太子尊卑等第，"整礼仪，严门卫"。牟融，"延谋政事，判折狱讼……善论议，朝廷皆服其能；帝数嗟叹，以为才堪宰相"③。

日常生活上，职吏往往立身清正，不贪财货。伏湛于两汉战乱之际，分俸禄赈乡里；宋弘将租俸分赡九族，家无资产；蔡茂在职清俭匪懈；赵

---

① 唐长孺：《魏晋南北朝时期的吏役》，《江汉论坛》1988年第8期。
② 《三国志·蜀志·李严传》称李严"少为郡职吏，以才干称"（《三国志》卷40《蜀志·李严传》，中华书局，1982，第998页），《晋书·熊远传》称"今当官者以理事为俗吏，奉法为苛刻，尽礼为谄谀"（《晋书》卷71《熊远传》，中华书局，1974，第1887页），则职吏为从事具体事务性工作之官员。
③ 《后汉书》卷26《伏侯宋蔡冯赵牟韦列传》，第894、902、909～910、915、916页。

意急人之难,将缣制资粮散于更始亲属。诸人均临财不惑,清洁身正。在时俗观念中,忘私尽公乃是为吏本分①,此传中诸人皆如此。光武帝对冯勤的评价"佳乎吏也",可以视作对本传中诸人的共同评价。

伏湛、侯霸诸人虽制定东汉初制度,但诸人在西汉末或新莽时最高不过郡太守,见识毕竟有限,又因袭王莽苛察之风,所构建的制度规模不够宏阔,为东汉初的吏治苛刻埋下伏笔。

此传以下至卷三二传首诸人亦按照官职高低、位次先后排列,基本上均为东汉初期职吏。

三 苛细为政:苛吏的历史记载

范晔《后汉书》卷三三、三四诸人呈现出比较明显的苛吏色彩。

朱浮,"性矜急自多""帝以浮陵轹同列,每衔之"。冯鲂,"为政敢杀伐,以威信称"。虞延执法不避贵戚,收捕王莽贵人魏氏宾客,"以此见怨,故位不升";后收捕阴氏客马成,"阴氏屡请,获一书辄加笞二百"②。梁统,"性刚毅而好法律",任武威太守时"为政严猛,威行邻郡";又"以为法令既轻,下奸不胜。宜重刑罚,以遵旧典"③。两传中诸人行事刚猛严切,重威仪,守法令,敢杀伐,是典型的苛吏做派。

苛吏不单威压豪强,即便面对高级官员也毫不手软。冯鲂于明帝时任司空,"坐考陇西太守邓融,听任奸吏,策免"④。《职官分纪》载邓融于狱中备受苦楚,据说"前后考验历岁",然而"融抵捍刑法,辞状不立"。明帝下三府遣精能掾属深入调查,唯独太尉掾盛吉获得实情⑤。邓融所犯何罪,史书未名,但是从冯鲂"听任奸吏"而言,司空掾属恐一如廷尉,对邓融施以严刑。则冯鲂施政倾向严苛应无疑问。

卷三三传中光武、明帝朝任公卿者另有一共同特点:任地方首长和执

---

① 郑均兄为县吏,收受礼遗。郑均称"物尽可复得,为吏坐臧,终身捐弃",即是当时为官操守朴素直接的观念。《后汉书》卷 27《宣张二王杜郭吴承郑赵列传》,第 946 页。
② 《后汉书》卷 33《朱冯虞郑周列传》,第 1137、1145、1148、1150、1152 页。
③ 《后汉书》卷 34《梁统列传》,第 1165、1166 页。
④ 《后汉书》卷 33《朱冯虞郑周列传》,第 1149 页。
⑤ 孙逢吉:《职官分纪》卷 5《掾属》,上海古籍出版社,1992,第 118 页。参拙作《谢承〈后汉书·风教传〉辨》,未刊稿。

法官吏时击杀豪强，无所回避；一登三事则无所作为，甚至触犯刑律。朱浮代窦融为大司空，坐卖弄国恩免；冯鲂为司空，听任奸吏免；虞延"历位二府，十余年无异政绩"①。这表明，诸人的政治眼光和统治风格并不与三公之位相匹配。

四 尊崇礼义：儒生的历史记载

卷三五《张曹郑列传》而后至卷四○《班彪列传》，基本是东汉光武朝的儒生列传。

建武年间，《张曹郑列传》传首人物张纯任大司空。本传称他"在位慕曹参之迹，务于无为，选辟掾史，皆知名大儒"②。且此前张纯"明习故事……自郊庙婚冠丧纪礼仪，多所正定"，正与侯霸、赵憙等人明习文法相对③。同传曹褒，即章帝时制礼作乐者，亦与文法之治不同。传末郑玄纯儒，以德化民。《赞》曰："富平之绪，承家载世。伯仁先归，鳌我国祭。玄定义乖，褒修礼缺。孔书遂明，汉章中辍。"据注"汉章中辍"指"曹褒礼不行也"④。若从制礼作乐的角度讲，只有张纯、曹褒为汉礼作了贡献，郑玄在经义上虽有作为，但不曾明礼乐。反过来说，张纯虽制作汉礼颇为尽力，于经义本身却并未有多少发明。唯有曹褒既制礼作乐，又"博物识古，为儒者宗"⑤。于是三人并不完全因申明经义和礼乐而合传。考察三人共性，更在于以儒生的身份参政，用经义施政而合传。

此卷以下直至卷四○，又是新一轮按照官职位次由高向低排列人物，而这些列传的共性同样是传主基本上都有儒生身份，且按照经义施政。只是卷三八《张法滕冯度杨列传》所列为平定内乱诸名将，似乎与儒生无关。不过范晔论曰："若夫数将者，并宣力勤虑，以劳定功，而景风之赏未甄，胙受之言互及。以此而推，政道难乎以免。"⑥"景风"者，《后汉书·冯异传》注引"《春秋考异邮》曰：'夏至四十五日景风至。'宋均注

---

① 《后汉书》卷33《朱冯虞郑周列传》，第1145、1154页。
② 《后汉书》卷35《张曹郑列传》，第1195页。
③ 《后汉书》卷35《张曹郑列传》，第1193~1194页。
④ 《后汉书》卷35《张曹郑列传》，第1213页。
⑤ 《后汉书》卷35《张曹郑列传》，第1205页。
⑥ 《后汉书》卷38《张法滕冯度杨列传》，第1288~1289页。

曰'景风至则封有功'也"①。"肤受"者，注曰："肤受谓得皮肤之言而受之，不深知其情核者也。孔子曰：'肤受之诉不行焉，可谓明矣。'"② 此说本诸滕抚、冯绲、杨璇有功不受封赏，致被诬陷事。就此看来，诸人虽非儒生，却被文法绳墨攀缘。范晔即从侧面批评文法误国，亦暗示以儒家方式处理政务的优长之处。

五　俗颇苛刻：东汉政治的现实轨迹

"光武守业诸臣传"虽然按照职吏、苛吏、儒生的顺序编次列传，实际上这三类人群的登用时间前后相差不大，基本同时活跃在东汉初的政治舞台上。按照政治规律，职吏如果过于按照文法行事，不讲变通，就很可能变成苛吏，此时又需要儒生救其弊；儒生如果拘泥礼法，导致行政效率低下，又需要职吏通其变③。职吏和儒生的势力最好平衡，方能保障政权稳固有序。

但是，东汉政权建立之初，就体现出重文法职吏的特色。"光武守业诸臣传"中职吏和苛吏列传的数量多于儒生列传就是一个证据。范晔对于东汉政治的最大诟病，恐怕是吏治苛细。

---

① 《后汉书》卷17《冯岑贾列传》，第652页。《后汉书·孝和孝殇帝纪》注引《春秋考异邮》曰："夏至四十五日，景风至，则封有功也。"（《后汉书》卷4《孝和孝殇帝纪》，第172页）此"则封有功也"为宋均注窜入，疑非《春秋考异邮》原文。赵在翰辑《春秋考异邮》作"夏至四十五日景风至，则封其有功也"，注载："《后汉书·和帝纪》，注《冯衍传》注引上九字。"又载："宋均注：'景风至，则封有功也。'《后汉书·冯衍传》注。"（赵在翰辑，钟肇鹏、萧文郁点校《七纬（附论语谶）》下册，中华书局，2012，第561页）按赵辑有两误：第一，《后汉书·孝和孝殇帝纪》无"其"字；第二，宋均注出自《冯异传》，非《冯衍传》。《孝和孝殇帝纪》可能混入宋均注的情况，赵在翰并未发现。
② 《后汉书》卷38《张法滕冯度杨列传》，第1289页。
③ 阎步克认为"就整个汉代的发展趋势而言，儒生文吏两大群体又处于相互渗透、相互融合之中"（阎步克：《察举制度变迁史稿》，中国人民大学出版社，2009，第54页）。进而他又将此观点详细阐释为"入仕之后，儒生事实上也就承担起了'吏'的责任，于日常政务中理解了文法律令对于帝国生存的意义之后，许多人就在努力掌握这些东西。公孙弘之兼长经术文法，实是开启了一个深刻变化，即儒生角色兼习文法，进而向文吏角色趋近"，"儒生的'文吏化'、'官僚化'，使得文法律令不再是文吏专擅的技能。这种'亦儒亦吏'的角色一经诞生，就显示了旺盛不竭的生命力……伴随着儒术独尊和儒生'文吏化'，又出现文吏转习经术、向儒生群体靠近和流动的趋势"（阎步克：《士大夫政治演生史稿》，北京大学出版社，1996，第442、449页）。

（一）任法唯苛：东汉政治的现实

范晔笔下的东汉政治风格以吏治苛细为最大特点，此风气本诸光武、明帝躬亲吏事。范书称光武帝刘秀为人严谨，"好吏事，动如节度，又不喜饮酒"①，《后汉纪》称其"勤吏治，俗颇苛刻"②。光武帝做人做事的风格遗传给明帝，范书称明帝"性褊察，好以耳目隐发为明"③。在如此治国理念的影响下，东汉的政治风气一直以严苛著称，仅在章帝时有所缓和。

前贤将苛吏理解为光武帝处理地方豪强的工具④。若进一步讨论，东汉吏治严苛并不仅仅表现在处理豪强问题上。文法吏治如疾风骤雨般遍布朝野内外，上至三公九卿，下至细民百姓，无不波及。下面即列举范晔《后汉书》中记载东汉初光武、明帝时期政治苛细的情况，以明晰范晔对东汉吏治的理解。

诏书切责公卿　光武帝切责侯霸。"崇山、幽都何可偶，黄钺一下无处所。欲以身试法邪？将杀身以成仁邪"⑤？

光武、明帝苛察三公。"而光武、明帝躬好吏事，亦以课覈三公，其人或失而其礼稍薄，至有诛斥诘辱之累"⑥。

改易公卿守长　光武时相位难居。"后千乘欧阳歙、清河戴涉相代为大司徒，坐事下狱死，自是大臣难居相任"⑦。

光武帝多改易郡守。"帝以二千石长吏多不胜任，时有纤微之过者，必见斥罢，交易纷扰，百姓不宁"⑧。

因度田不实，"诸郡守多下狱"⑨。

杖刑官吏，光武时风气。"时内外群官，多帝自选举，加以法理严察，职事过苦，尚书近臣，乃至捶扑牵曳于前，群臣莫敢正言"⑩。

---

① 《后汉书》卷24《马援列传》，第831页。
② 袁宏撰，李兴和点校《袁宏后汉纪集校》卷6《光武皇帝纪》，云南大学出版社，2008，第66页。
③ 《后汉书》卷41《第五钟离宋寒列传》，第1409页。
④ 陈苏镇：《东汉的豪族与吏治》，《文史哲》2010年第6期。
⑤ 《后汉书》卷26《伏侯宋蔡冯赵牟韦列传》，第910页。
⑥ 《后汉书》卷33《朱冯虞郑周列传》，第1146页。
⑦ 《后汉书》卷26《伏侯宋蔡冯赵牟韦列传》，第903页。
⑧ 《后汉书》卷33《朱冯虞郑周列传》，第1141页。
⑨ 《后汉书》卷29《申屠刚鲍永郅恽列传》，第1020页。
⑩ 《后汉书》卷29《申屠刚鲍永郅恽列传》，第1017页。

明帝时风气。"帝性褊察,好以耳目隐发为明,故公卿大臣数被诋毁,近臣尚书以下至见提拽。尝以事怒郎药崧,以杖撞之"①。

法令严苛,乐用文吏。建武十四年(38)群臣上疏:"古者肉刑严重,则人畏法令;今宪律轻薄,故奸轨不胜。宜增科禁,以防其源。"② 此议虽为杜林所驳,却表明光武朝大臣的普遍观点,即要以重典治世。

光武帝时非但法令苛刻,吏治亦严猛,选举乐用文吏。章帝时第五伦上疏称:"光武承王莽之余,颇以严猛为政,后代因之,遂成风化。郡国所举,类多辨职俗吏,殊未有宽博之选以应上求者也。"③ 华峤总结光武、明帝的政治风格道:"世祖既以吏事自婴,帝尤任文法,总揽威柄,权不借下。"④ 看来,东汉政治的苛细之风形成的一个重要因素在于君主重集权,并非仅仅针对豪强而设。

其实,前引光武诸职吏情况亦透露出吏治严苛的倾向。伏湛、侯霸于建武以前仕宦不过二千石,毕竟见识有限。他们设计的新王朝诸多规章制度,难免带有中低层行政运作的烙印。《汉官仪》引张衡回忆赵憙、郑均整治太尉府的情形,便可为参证:

> 明帝以为司马、司空府已荣,欲更治太尉府。时公赵憙也。西曹掾安众郑均,素好名节,以为朝廷新造北宫,整饬官寺,旱魃为虐,民不堪命,曾无殷汤六事,周宣云汉之辞。今府本馆陶公主第舍,员职既少,自足相受。憙表陈之,即见听许。其冬,帝临辟雍,历二府,光观壮丽,而太尉府独卑陋。显宗东顾叹息曰:"椎牛纵酒,勿令乞儿为宰。"⑤

赵憙、郑均欲为良吏,奉职守法,反而显得气度不足。这也一定程度上是光武帝促狭性格的反映。史称光武帝在田家时勤于稼穑,乡里目为"谨厚者",心中所想不过"仕宦当作执金吾,娶妻当得阴丽华"之

---

① 《后汉书》卷41《第五钟离宋寒列传》,第1409页。
② 《后汉书》卷27《宣张二王杜郭吴承郑赵列传》,第937页。
③ 《后汉书》卷41《第五钟离宋寒列传》,第1400页。《后汉纪》卷11《孝章皇帝纪》表述为:"光武皇帝承王莽之后,加严猛为政,因以成俗,是以郡国并举,皆多办职俗吏,不应宽博之选。"(张烈点校,中华书局,2005,第214页)
④ 《太平御览》卷91《皇王部·显宗孝明皇帝》,中华书局,1960,第436页。
⑤ 《续汉志·百官志一·太尉》,第3556页。

类粗朴志向。被更始任命为司隶校尉后，光武帝"使前整修宫府。于是置僚属，作文移，从事司察，一如旧章"①，也是采纳一套熟悉的文案工作流程。其实对比与光武帝争天下的公孙述，便能看到二人相同之处。公孙述初为郎，后任职地方，"政事修理，奸盗不发"，亦是典型的文吏做派。后来登基称帝，范晔形容他"性苛细，察于小事。敢诛杀而不见大体，好改易郡县官名。然少为郎，习汉家制度，出入法驾，鸾旗旄骑，陈置陛戟，然后辇出房闼"②。公孙述性情苛细，明习制度，讲究排场，等等行为都与刘秀颇为相似。马援同时见过公孙述和刘秀，他评价前者"修饰边幅，如偶人形"，评价后者"好吏事，动如节度"③，事虽不同，风骨却近似。

总之，光武帝刘秀囿于自身见识，以及受到两汉之际豪强迭起的政局影响，不得不任用吏治，从此奠定了东汉政治风气尚苛细的传统。

（二）变苛为宽：东汉政治路线的一度转向

东汉章帝一度试图扭转"苛细"的政治风气。

史称章帝"崇宽而多恕"④，登基伊始便下诏倡导"五教在宽"，重用司徒鲍昱临民任政。此举很快遭到地方抵制。仅七年以后，据说便有言事者"多言郡国贡举不以功次，养虚名者累进，故守职者益懈，而吏事陵迟"⑤。恐怕这是地方上抵制章帝改变统治风格故意夸大其词。

章帝亦希望以曹褒制礼乐为切入点，渐进地改变新莽、光武以来"俗

---

① 《后汉书》卷1上《光武帝纪上》，第9页。
② 《后汉书》卷13《隗嚣公孙述列传》，第541页。
③ 《后汉书》卷24《马援列传》，第829、831页。
④ 《后汉纪》卷11《孝章皇帝纪》，第214页。曹金华认为东汉初统治方略经历了由"柔道"到"严切"再到"宽厚"的变化。曹金华：《东汉前期统治方略的演变与得失》，《安徽史学》2003年第3期。类似的观点可能在他更早的一篇文章《汉明帝及其"严切"政治》（《扬州大学学报》1999年第3期）中便形成了。但是"柔道"和"颇以严猛为政"并存于光武帝的统治之中，很难说有先后演变的关系。对于史书中交代的政治方略、政治风气以及政治路线，不能单纯认为存在非此即彼的关系，必须通贯地梳理类似文句的出现语境以及频次，方能得出整体性的认识。相较而言，廖伯源在《试论光武帝之统御术四事：柔道、人质、遥控诸将与安置降卒、军事复员》（原刊《中研院历史语言研究所集刊》第61本第4分，1990，转引自《中研院历史语言研究所集刊论文类编（历史编·秦汉卷）》，中华书局，2009，第2409～2434页）中的评论颇为中和妥当。
⑤ 《后汉纪》卷11《孝章皇帝纪》，第221页。

颇奇刻"的重吏事传统，不过此举一直没有得到朝中大臣的支持。至和帝时太尉张酺、尚书张敏称曹褒"擅制《汉礼》，破乱圣术，宜加刑诛"。章帝判断东汉礼乐"多非经典"，张酺、张敏却以之为"圣术"，双方矛盾实在于秉持的治国理念不同。

二张因袭光武以来重吏治的政治主张。张酺虽传《尚书》，自称"少不更职，不晓文法"，然其治郡"下车擢用义勇，搏击豪强。长吏有杀盗徒者，酺辄案之"，打击豪强，绳墨长吏，一仍光武吏治之旧，实为汉代文法吏中典型代表。特别是在和帝朝任太尉后，张酺认为"三府辟吏，多非其人"①，将矛头指向三府。此说亦由来有自，据《后汉书·陈宠传》，陈宠辟司徒鲍昱府时，"三府掾属专尚交游，以不肯视事为高"②，则三府掾属亦从章帝宽舒为治，不以文法为务。

章帝时有《轻侮法》，宽贷因亲属受侮而杀人者，亦本诸从宽的统治路线而制定。和帝时张敏驳之，最终废除此法。而后在汝南太守任上，张敏"清约不烦，用刑平正，有理能名"③，亦是文法能吏。

二张不过是反对章帝转变政治路线的代表，朝中对章帝改革不满的大臣还有很多。章帝亦自知"群僚拘挛，难与图始"④。待章帝一死，他们便将矛头指向曹褒⑤。这场政治改革也彻底宣告失败⑥。

据陈苏镇考察，章帝以降，禁苛暴、尚宽厚成为东汉朝廷既定方针，但是风气既成，积重难返⑦。章帝以降诏书往往有"吏多不良"⑧"竞为苛暴""吏行惨刻"⑨ 字眼，安帝时竟有"其武吏以威暴下，文吏妄行苛刻，

---

① 《后汉书》卷45《袁张韩周列传》，第1529、1533页。
② 《后汉书》卷46《郭陈列传》，第1548页。
③ 《后汉书》卷44《郑张徐张胡列传》，第1504页。
④ 《后汉书》卷35《张曹郑列传》，第1202页。
⑤ 《后汉纪》载："贾逵明古学，曹褒制汉礼，酺常非之。"(《后汉纪》卷14《孝和皇帝纪》，第287页)此处张烈点校本《后汉纪》作"贾远"，误。张酺和曹褒的斗争表面上看是今古文经学之争，实则是政治路线的争斗。
⑥ 王夫之将东汉的衰弱归结于章帝尚宽厚，所谓"章帝之柔，柔以宫闱外戚也"(王夫之著，舒士彦点校《读通鉴论》卷8，中华书局，1975，第171页)。曹金华本诸此批评章帝应为东汉的衰弱负责。见氏著《"每事务于宽厚"的汉章帝》，《南都学坛》1994年第1期。不过从前文引文已知，章帝的宽厚没有形成多大的影响，东汉的政治风格依旧苛刻。
⑦ 陈苏镇：《〈春秋〉与"汉道"——两汉政治与政治文化研究》，中华书局，2011，第520~521页。
⑧ 《后汉书》卷3《肃宗孝章帝纪》，第140页。
⑨ 《后汉书》卷4《孝和孝殇帝纪》，第178、192页。

乡吏因公生奸"①，可见东汉朝廷上下吏治严苛，并未因章帝尚宽厚而有所改变。

虽然勾画出东汉政治文化的发展走向，但是范晔的工作似乎没有止步于此。"光武守业诸臣传"首的《卓鲁魏刘列传》刻画的诸多理想官员，并没有与职吏、苛吏和儒生相互重叠。他们在"光武守业诸臣传"中的定位应如何理解，范晔对东汉政治文化还有怎样的期待和细意，有待通过对这一单元中最后一个列传即《第五钟离宋寒列传》的分析来揭示。

六　回归宽和：历史编纂下的理想官员形象再描绘

范晔《后汉书》"光武守业诸臣传"呈现出，东汉成立之初，理想官员与儒生、职吏与苛吏的区别。光武守业诸臣勾画了立国的蓝图，也同时为东汉日后的政治冲突埋下伏笔。东汉政治的积弊和隐忧，都可以在"光武守业诸臣传"中找到影子。

前文已经指出，"光武守业诸臣传"的编纂，既表现出静态政治倾向差异，又体现东汉初政治文化的动态发展方向。范晔笔下东汉政治的主要矛盾，是行政作风上"宽"与"苛"的对立，东汉的政治文化走向，也无外乎"宽"与"苛"两条道路。历史的事实是，吏治苛细的政治风格最终主导东汉政坛，但是在"光武守业诸臣传"，代表历史发展方向的，却是提倡宽和为政的理想官员。

《后汉书》"光武守业诸臣传"最后一传是卷四一《第五钟离宋寒列传》。此传比较特殊。传首人物第五伦于建武末任会稽太守，秩二千石，已经高于任千石县令长的班彪。按照列传编纂范式，《第五伦传》本应出现在《班彪传》之前，要么单独列传，要么与人相合，比如将第五伦附于卷三一光武诸郡守传或卷二六光武诸公卿传中。《第五伦传》排列于《班彪传》之后，表明此传中诸人有特别之处值得单独合传。"光武守业诸臣传"结构见表1。

考传中诸人，第五伦"常疾俗吏苛刻"；钟离意"遗言上书陈升平之世，难以急化，宜少宽假"；宋均"性宽和，不喜文法"②；寒朗谏止楚狱。虽然第五伦和钟离意是文吏，宋均和寒朗是儒生，诸人学术、仕进背景不

---

① 《后汉书》卷5《孝安帝纪》，第227页。
② 《后汉书》卷41《第五钟离宋寒列传》，第1399、1410、1414页。

同，但是在范晔的记载中，他们同为宽容易直之人，强调宽和施政，排斥苛细琐碎的政治风格。

第五伦在光武朝的末期登上历史舞台。范晔将此传诸人单独立传，正是要利用列传范式的时间秩序做出编排，批评纯任文法的严苛政治。

更值得注意的是，在袁宏《后汉纪》中，第五伦本就是一个待人严苛的文吏；范晔遵循华峤《汉后书》的写法，通过调整史料顺序，将第五伦塑造成一个性格峭直，但倡导宽和、抨击文法俗吏的长者。历史形象的转变，无疑蕴含着范晔刻意用《第五钟离宋寒列传》与《卓鲁魏刘列传》呼应，点明东汉政治的另一种可能。

表1 "光武守业诸臣传"结构

卷次					
卷次	理想官员列传				
25	卓鲁魏刘列传				
卷次	职吏列传	卷次	苛吏列传	卷次	儒生列传
26	伏侯宋蔡冯赵牟韦列传	33	朱冯虞郑周列传	35	张曹郑列传
27	宣张二王杜郭吴承郑赵列传	34	梁统列传	36	郑范陈贾张列传
28	桓谭冯衍列传			37	桓荣丁鸿列传
29	申屠刚鲍永郅恽列传			38	张法滕冯度杨列传
30	苏竟杨厚郎顗襄楷列传			39	刘赵淳于江刘周赵列传
31	郭杜孔张廉王苏羊贾陆列传			40	班彪列传
32	樊宏阴识列传				
卷次	理想官员列传				
41	第五钟离宋寒列传				

东汉现实中政治风格宽和与苛细之间的矛盾，凝聚成范晔笔下理想官员与苛吏之间的矛盾。不同的是，现实中苛细的政治风格获得胜利，而史著中理想官员占据上风。

在"光武守业诸臣传"的编纂上，范晔将人物施政风格和官职位次熔冶一炉，使列传编纂既符合官职位次秩序的限定，又表现出传中人物官职之外的共性。他有意勾画这样一种状态，即文吏和儒生共同向"宽恕为政"靠拢。或者说，范晔希望呈现出这样一种状态：无论文吏还是儒生，都能在宽和的政治风格上找到共同点。而这种状况，并不完全是东汉政治的真实，更多的是范晔的想象。

回归宽和，描绘心中理想官员的形象，既是范晔对《第五钟离宋寒列传》的定位，也是《后汉书》"光武守业诸臣传"的落脚点，更是范晔期待的东汉政治的方向。折射到范晔生活的时代，"光武守业诸臣传"的历史编纂，实际表达了他对自己所处的刘宋政治的某种把握和期望①。

　　记述的历史与当下互相交织，想象的未来与残酷的现实彼此错落，构成范晔《后汉书》的编纂基调。解读、探讨历史，唯有保持入乎其中、出乎其外的警惕，方能更好地辨识史家笔下的历史和作为事实的历史真实。

---

① 至于范晔为何对东汉政治崇尚吏治严苛报以批评，又对宽恕为政抱有如此赞扬的态度，则与范晔修撰《后汉书》的缘起有关。东汉作为一个历史时代已经结束，范晔对它有所批判是可以理解的，为何还有所有期待？这实际上反映出范晔对刘义康政治风格的批评和期待。本文在此不多作展开。

魏晋南北朝时期史家实录观念的理论特征*

李传印

(华中科技大学人文学院历史研究所,湖北武汉 430074)

摘　要：在中国传统史学中,"实录"观念肇始于先秦的"书法不隐"。汉代史家围绕对于司马迁及《史记》的评论,明确提出了"实录"概念,中经魏晋南北朝时期史家的阐发申论,唐初形成了较为系统的实录论,并成为中国传统史学的核心观念和史学批评的重要范畴。虽然一般都认为实录就是如实载录史事,但综观魏晋南北朝时期史家有关"实录"的论述,我们认为此期史家所言"实录"与近现代史学中客观理性并不完全同义。魏晋南北朝时期史家的"实录"论包含有客观性和道德性二重属性,而且在这二重属性中,道德性始终居于上位。在一定意义上说,魏晋南北朝时期史家的实录观念呈现出亦经亦史、半经半史、以经为体、以史为用的理论特征。

关键词：实录　史学范畴　史学批评

魏晋南北朝时期,史学领域里直书与曲笔的斗争很激烈,既有善恶必书的直书实录,也有徇于世情、屈于权势的曲笔撰史。在这种较为特殊的时代环境下,"实录"①成为史家史学批评常用术语之一,并希望借此与各

---

* 基金项目：教育部人文社会科学研究规划基金项目"魏晋南北朝时期谱牒研究"（批准号：15YJA770008）。

① 在中国传统史学中,"实录"是一种重要的史学观念,也是中国古代史学批评的核心范畴之一。在史学批评过程中,由于人们在扬雄和班固的影响下,喜欢用"实录"一词来称赞史家的历史撰述,史家便直接用"实录"命名史书,以自我标示所撰史书的质量。故此,"实录"又成为历史著作的书名或体裁文类。从目前所知情况看,以"实录"来命名史书当始于西凉刘昞的《敦煌实录》,南朝梁武帝时周兴嗣撰《梁皇帝实录》,此后,专门记述皇帝事迹的"实录体"日渐成熟。

种曲笔现象做斗争。沈约批评一些有关南朝刘宋的史著"多非实录",并决心重撰宋史①。北魏高允说:"夫史籍者,帝王之实录,将来之炯戒。"他用"实录"来定义历史撰述的政治性质和资治鉴戒功用②。崔鸿自言其所著《十六国春秋》删正旧史差谬,"定为实录",用"实录"标示其历史著作的价值。"实录"虽然是魏晋南北朝时期史学批评的重要理论范畴,但对于"实录"的理论内涵及其相关问题史家却语焉不详,以致给我们理解魏晋南北朝时期史家实录观念带来了不少歧见和困难。自古迄今,人们一般认为"实录"就是史家在历史撰述过程中按"实"而"录",即如实载录史事,并把它作为我国传统史学的求真求实撰史原则和求真史学精神的经典表述。也正是在这层意义上,在传统史学中"实录"往往与求真、信史、直书等概念联系在一起,人们甚至还把这几种概念混而用之。魏晋南北朝是我国古代实录观念承上启下的关键时期,它渊源于先秦史家"书法不隐"的书事原则,承继了汉代班固史文要"直",史事要"核",史义要正("不虚美,不隐恶")的实录观念,对唐朝刘知幾较为完备成熟的实录理论的形成产生了较为深刻的影响③。我们注意到,魏晋南北朝时期史家所言的"实录",虽然有秉笔直书之义,但它与近代史学追求客观实证、强调客观理性的史学观念并不同义,较鲜明呈现出客观性和道德性二重属性,而且在这二重属性中,道德性始终居于上位。在理论内涵上,"实录"成为魏晋南北朝时期史家的载道之器,经学趣味浓厚,科学、客观的意涵略显不足。在一定意义上说,魏晋南北朝时期史家的实录观念呈现出亦经亦史、半经半史、以经为体、以史为用的理论特征。

一 实录观念的道德呈现性

众所周知,通过实证的方法进行史学研究和追求客观公正的历史撰述,努力客观呈现已经过去的历史事实是近代史学的主要思维路向和价值取向,客观精神是近代史学最鲜明的理论特征。魏晋南北朝时期史家所倡导的实录精神虽然与近代史学的客观精神有相通之处,但二者并不同义,因为此期史家所言的实录,虽然也有如实载录史事之意,但史家载录的史

---

① 沈约:《宋书》卷100《自序》,中华书局,1974年。
② 魏收:《魏书》卷48《高允传》,中华书局,1974年。
③ 参见许冠三《刘知几的实录史学》,(香港)中文大学出版社,1983;傅振伦《刘知几年谱》,中华书局,1963。

事却不是客观的历史本相,而是隐含在这些史事中的善与恶。在史家眼里,实录史事,既是历史之真实,也是道德之真谛,而道德之"真"始终居于历史之"真"的上位。

从观念演进角度看,"实录"观念当肇始于先秦史官的"书法不隐"的书事原则。《左传·宣公二年》说董狐"古之良史,书法不隐"。作为古代良史典范的董狐是因为没有隐匿什么东西而受到人们的称许吗?从历史记述看,董狐隐匿的恰恰是历史事实,没有隐匿的却是赵盾"为法受恶"的道德责任,历史记述的道德价值凌驾于客观价值之上。

汉代围绕对于司马迁及《史记》的评论,扬雄、班固明确提出了"实录"概念,但他们言之简略,"实录"的含义较为笼统和模糊,给后世理解他们的实录观念带来了很大困难和歧义。最早提出实录概念的是扬雄,他在《法言·重黎篇》中说:"或问《周官》,曰:立事。《左氏》,曰:品藻。太史迁,曰:实录。"扬雄在对《周官》《左传》和《史记》进行比较后认为《史记》的最大特点是"实录",但他并没有说明《史记》是实录的具体理由,因此,我们仅凭扬雄这一句话很难理解他所言实录的含义。值得我们注意的是,《汉书·扬雄传》记载:

> 雄见诸子各以其知舛驰,大氐诋訾圣人,即为怪迂,析辩诡辞,以挠世事,虽小辩,终破大道而或众,使溺于所闻而不自知其非也。及太史公记六国,历汉楚,讫麟止,不与圣人同,是非颇谬于经,故时人有问雄者,常用法应之,撰以为十三卷,象《论语》,号曰《法言》。①

以此来看,扬雄撰著《法言》的目的在于回应时人对于司马迁及其《史记》"不与圣人同,是非颇谬于经"的批评。依据这段材料我们可以推测的是,扬雄本来对于社会上一些"诋訾圣人"的言行很不满,认为这种言行有"破大道而或众"的严重危害。在扬雄看来,司马迁撰写《史记》不为尊者讳、不为亲者讳、不为贤者讳,历史认识不同于圣人,对历史人物的评价也与《春秋》经学相悖谬。按《春秋》经学的原则和精神,凡是有损历史上名君贤臣,尤其是汉初诸帝形象的事都要隐讳,但司马迁在撰写《史记》时都不加隐讳地说出来。对于司马迁不顾场合、不管对象、不

---

① 班固:《汉书》卷87《扬雄传》,中华书局,1962。

知讳饰、尽说些大实话①的历史撰述风格，扬雄称之"实录"，这或许是"实录"最初始的意义。若如是，扬雄所言的"实录"最符合近代史学的客观精神。

班固在写《司马迁传》时也用"实录"一词评价司马迁的《史记》，班固说：

> 自刘向、扬雄博极群书，皆称迁有良史之材，服其善序事理，辨而不华，质而不俚，其文直，其事核，不虚美，不隐恶，故谓之实录。②

班固也用"实录"一词评价《史记》，但班固所言的"实录"相较扬雄所言"实录"来说，意义有了很大变化，含义大大丰富了。班固笔下的"实录"，首先强调并明确了实录的主体性，即实录是良史所撰。其次，班固列出了判别一部历史撰述是否是实录的三个标准，即文"直"、事"核"和义正（不虚美，不隐恶）。最后，突出了《史记》"善序事理"的优长，实际就是肯定了"义"和"理"在史书的实录评价中的核心要素地位。虽然同为汉代史学家，班固却不同于司马迁：司马迁的思想和言行往往"不与圣人同，是非颇谬于经"；班固却是一个虔诚的儒家卫道士，思想上宗经矩圣。所以班固并不主张史家历史撰述最重要的是说实话、说真话，而是要区分和记述历史上的善、恶之理。相较扬雄来说，班固笔下的实录观念，史学的客观性淡化了，而道德性的价值取向得到加强。

魏晋南北朝时期"实录"一词常见于史家之口。虽然现存文献没有留下此期史家关于实录的详细表述，但从史家只言片语中，我们可以感知到魏晋南北朝时期史家的实录观念兼有历史事实呈现和道德呈现双重属性。

南朝齐史家崔祖思曾上书论修史，他说：

> 古者左史记言，右史记事。故君举必书，尽直笔而不污；上无妄

---

① 东汉卫宏《汉书旧仪注》言："司马迁作《景帝本纪》，极言其短及武帝过，武帝怒而削去之。"班固《典引序》引汉明帝诏书曰："（司马迁）微文刺讥，贬损当世，非谊士也。"范晔《后汉书·蔡邕列传》载东汉末王允言："昔武帝不杀司马迁，使作谤书，流于后世。"陈寿《三国志·魏书·王肃传》载王肃之言："汉武帝闻其述《史记》，取孝景及己本纪览之，于是大怒，削而投之。"因汉武帝削除《景帝纪》《武帝纪》，所以使得班固所见官本"十篇缺，有录无书"。
② 班固：《汉书》卷62《司马迁传》，中华书局，1962年。

动，知如丝之成纶。今者著作之官，起居而已；述事之徒，褒谀为体。世无董狐，书法必隐；时阙南史，直笔未闻。①

崔祖思认为直笔撰史是先秦以来的史学传统，正是这个直书传统，君举必书，把君王置于史家著史权力的监督之下，形成对君王言行的有效约束。但是，崔祖思对史学现状很不满意，一是负责记言、记行的著作郎只知道事无巨细地如实记述，不知道在记述之中还要申明义理。二是一些历史撰述的史家在叙述史事的过程中，屈服于权势或现实利益，阿谀奉迎，不辨善恶，大义不彰。崔祖思所推崇的"直笔"，既有史家撰史要详细真实地载录史事之意，也是对史家要不畏权势、不蔽于私利的刚直公正的德行要求。

崔祖思不是最早提出直笔概念的史家。在意义上与"实录"关系密切的"直书"一词较早出现于杜预《春秋经传集解·序》，杜预说：

故发传之体有三，而为例之情有五……四曰"尽而不污"。直书其事，具文见意。丹楹刻桷、天王求车、齐侯献捷之类是也。②

杜预在阐释《春秋》五例③的意义时，认为孔子在撰《春秋》时，对于各种违背礼制的行为没有隐讳，而是直书其事。这种直书虽然也是如实载录史事，但其出发点是维护礼制，而不是为了保存客观历史事实。同时，什么史事予以载录，什么史事不予载录，其选择和淘汰的标准是遵守礼制和违背礼制的言行，这样就给史家直书附加了一个外在条件，即对史义的追求高于对史实客观性的要求。

《三国志·魏书·王肃传》记载魏明帝与王肃的一次论争，这次论争是围绕对于《史记》的评论展开。

（魏明帝）又问："司马迁以受刑之故，内怀隐切，著《史记》非贬孝武，令人切齿。"

（王肃）对曰："司马迁记事，不虚美，不隐恶。刘向、扬雄服其善叙事，有良史之才，谓之实录。汉武帝闻其述《史记》，取孝景及

---

① 萧子显：《南齐书》卷28《崔祖思传》，中华书局，1972。
② 杜预：《春秋经传集解·序》，上海古籍出版社，1988。
③ 《左传》成公十四年"君子曰"：《春秋》"微而显，志而晦，婉而成章，尽而不污，惩恶而劝善。"

己本纪览之，于是大怒，削而投之。于今此两纪有录无书。后遭李陵事，遂下迁蚕室。此为隐切在孝武，而不在于史迁也。"①

魏明帝与王肃的这场论争，从一个侧面反映了二人对于史家撰史的态度的不同认识。魏明帝认为司马迁在撰《史记》过程中对于汉武帝没有讳饰美言，甚至多有批评，但这种"直书"史事是司马迁挟私报复。而王肃认为，司马迁既有良史之才，善于叙事，而且在叙事中能做到不虚美、不隐恶，堪称实录，这种直笔撰史是史家的本分，并不是挟私报复，挟私报复的恰恰是汉武帝。不难看出，王肃赞许司马迁的不是《史记》记述内容的丰富全面，也不是《史记》记述史事的真实可靠，而在司马迁善于道德评判和道德呈现，做到了"不虚美，不隐恶"。

班固称《史记》谓之实录，称赞之意溢于言表。但班固本人修撰的《汉书》却受许多人批评，傅玄说：

> 吾观班固《汉书》，论国体，则饰主阙而抑忠臣；叙世教，则贵取容而贱直节；述时务，则谨辞章而略事实，非良史也。②

在傅玄眼里，班固完全是一个趋炎附势、蝇营狗苟之徒，所撰《汉书》不是为了保存真实的史事，而是在于如何"饰主阙""取贵容"。虽然《汉书》辞章谨严，但不敢说真话实话，因此，班固及其《汉书》并非良史。司马迁和班固为何如此不同呢？晋代葛洪分析说：

> 班固以史迁先黄老而后六经，谓迁为谬。夫迁之洽闻，旁综幽隐，沙汰事物之臧否，核实古人之邪正。其评论也，实原本于自然，其褒贬也，皆准的乎至理，不虚美，不隐恶，不雷同以偶俗。刘向命世通人，谓为实录，而班固之所论，未可据也。固诚纯儒，不究道意，玩其所习，难以折中。③

很明显，葛洪批评班固，推崇司马迁，其推崇《史记》的理由是《史记》能够很好地臧否人物，区分邪正，对历史人物和历史事件褒贬适当，尤其是司马迁有自己主见，超脱现实利益的羁绊和权势的压制，做到"不雷同

---

① 陈寿：《三国志》卷13《魏书·王肃传》，中华书局，1959。
② 严可均辑《全晋文》卷49 傅玄《傅子》，中华书局，1958。
③ 葛洪：《抱朴子》卷10《内篇·明本》，上海古籍出版社，1990。

以偶俗"。道德呈现与道德判断仍然是葛洪评判《史记》的首要的价值取向。

正因为魏晋南北朝时期史家的实录观念包含鲜明的道德取向，所以，"不虚美，不隐恶"成为史家心中"实录"首要义旨，良史、辞直、实录这几个概念总是纠缠在一起，并成为衡量史家和史著的尺子。如北魏太武帝诏令崔浩撰修国史，令其"务从实录"①；东晋孙盛著《晋阳秋》，被时人称为"辞直而理正"的良史②；华峤修成《汉后书》，荀勖、和峤、张华、王济等人"咸以峤文质事核，有迁固之规，实录之风"③。

二 实录观念的经学味道

在中国古代史学批评史上，南朝刘勰一直以直笔撰史倡导者而为史家称道。《文心雕龙·史传》是中国古代最早的简明史学批评史，刘勰在该文中对于魏晋以前史学发展过程边叙边议，品评史家史著，阐发他的史学观念。在刘勰诸多史学观念中，直笔实录观念是其中最有价值的部分。

首先，在《史传》篇中，刘勰对于东汉史撰述中多见的诬妄曲笔提出严肃批评，他说：

> 至于《后汉》纪传，发源《东观》。袁、张所制，偏驳不伦；薛、谢之作，疏谬少信。若司马彪之详实，华峤之准当，则其冠也。及魏代三雄，记传互出。《阳秋》《魏略》之属，《江表》《吴录》之类，或激抗难征，或疏阔寡要。④

刘勰既谴责班固遗亲攘美、征贿鬻笔，又批评袁山松《后汉书》、张莹《后汉南记》"偏颇杂驳"；呵斥薛莹《后汉记》、谢承《后汉书》"疏谬少信"。至于孙盛《魏氏春秋》、鱼豢《魏略》，虞溥《江表传》、张勃《吴录》，刘勰认为都是些任情而作的产物，粗疏阔略，不足征信。对于史家在历史撰述过程中好奇猎异、牵强附会、屈于势力而抑扬失实的不良行为，刘勰更是深恶痛绝。

---

① 魏收：《魏书》卷35《崔浩传》，中华书局，1974。
② 房玄龄等：《晋书》卷82《孙盛传》，中华书局，1974。
③ 房玄龄等：《晋书》卷44《华峤传》。
④ 刘勰著，祖保泉解说《文心雕龙解说》卷4《史传》，安徽教育出版社，1993。

其次，刘勰通过对曲笔作史的批评指责，进一步申明他对于直笔实录的向往和尊崇。刘勰对于《史记》的评价，承袭扬雄、班固的观点，给出"实录无隐之旨，博雅弘辩之才"的评价。刘勰最看重《史记》的是司马迁叙事有法，做到内容实录无隐，文辞博雅弘辩。对于魏晋时期的史家史著，刘勰赞扬司马彪撰史内容的翔实，华峤史论的准当，陈寿叙事的文质辨洽，干宝体裁体例的审正得序，孙盛文笔的简约。从这些评论看，刘勰评价史家和史著的侧重点不在于史家的客观精神，也不在于历史撰述对于史事的客观叙述，而在于史家的撰史态度、史书体裁体例和文字辞章等方面。

最后，在对魏晋以前史家史著品评褒贬以后，刘勰提出史家撰史的基本要求和作史原则，倡导史家在撰史过程中要做到"文疑则阙""析理居正"，尽可能用一颗朴素纯洁的素心撰写信史，并将"良史之直笔"定为"万代一准"。在《史传》篇最后，刘勰呼吁"史肇轩黄，体备周孔。世历斯编，善恶偕总。腾褒裁贬，万古魂动。辞宗丘明，直归南董"。

综观《文心雕龙》中《原道》《宗经》《征圣》《正纬》《史传》诸篇，我们不难看出，刘勰虽然极力主张史家要直笔撰写信史，反对史家撰史过程中的诬矫回邪，鲜明举起直书实录的大旗，但刘勰直书实录观念有如下几个突出特点。

第一，经上位，史下位，史学原则从属于经学原则。《文心雕龙》开篇就是《原道》《征圣》和《宗经》。他在《宗经》篇中说"经也者，恒久之至道，不刊之鸿教也"，即经是最高的道，是一切撰述的总纲。从史学方面说，"《春秋》辨理，一字见义""纪传盟檄，《春秋》为根"，《春秋》既是儒家经典，也是史学之根，《春秋》五例是一切历史撰述的准绳。只有宗经，历史撰述才能做到事信义直。刘勰又在《宗经》篇中说："故文能宗经，体有六义，一则情深而不诡，二则风清而不杂，三则事信而不诞，四则义直而不回，五则体约而不芜，六则文丽而不淫。"在刘勰看来，直书、实录的前提是宗经，依经撰史，自然就能做到"事信而不诞，义直而不回"。

第二，史家撰史要依经附圣。虽然刘勰一再强调直笔撰史，但他又在《史传》篇中说：

> 原夫载籍之作也，必贯乎百氏，被之千载；表征盛衰，殷鉴兴废；使一代之制，共日月而长存；王霸之迹，并天地而久大。是以在

> 汉之初，史职为盛。郡国文计，先集太史之府，欲其详悉于体国也。阅石室，启金匮，抽裂帛，检残竹，欲其博练于稽古也。是立义选言，宜依经以树则；劝戒与夺，必附圣以居宗。然后诠评昭整，苛滥不作矣。①

刘勰的意思是说，因为史家的历史撰述有表征盛衰，殷鉴兴废的重要作用，因此受到统治者的高度重视。虽然史家尽可能用一颗素心撰写信史，但任何历史撰述必须首先确定修史义理；而修史的义理言辞须符合经义经法，是非评判，善恶权衡，劝诫与夺和褒贬原则都必须以圣人之言为准的，依儒家经典为指归，只有这样，才能有效防止历史撰述过程中烦琐不实现象发生。刘勰在《征圣》篇还说"是以论文必征于圣，窥圣必宗于经"。也就是说，包括史传在内的各种文体，其实都是"圣文之羽翮"，对历史著述的评价必须征诸圣人之言，检之以圣人的是非褒贬，从而构建起一条由经窥圣，由圣统文的逻辑顺序。

第三，刘勰认为史家撰史的终极目的不在于保存历史事实，也不在于客观认知历史，而在于求治和求善。刘勰说：

> 周命维新，姬公定法，紬三正以班历，贯四时以联事。诸侯建邦，各有国史，彰善瘅恶，树之风声。②

刘勰反复强调史籍对于政治"表征盛衰，殷鉴兴废"资治鉴戒作用，对于社会有彰善瘅恶，树之风声，维系世道人心的效果，并没有关注史家撰史的实证方法和对过去真相的客观揭示的学术取向。正是在这个意义上刘勰极力反对《史记》和《汉书》为吕后立纪，并认为为吕后立纪会"违经失实"③，这就不是近代史学所主张的客观记述过去真相的史学精神，而是在道德和偏见支配下的恣情。刘勰在反对为吕后立纪的同时，又主张史家作史要"尊贤隐讳"④，因为"尊贤隐讳"是孔子的圣旨，是《春秋》义法，绝对不可违忤。在孔子面前，历史的真实完全输给了对圣人的尊崇。

第四，刘勰认为史家撰述要通过属辞比事，寓褒贬于历史叙事之中。

---

① 刘勰著，祖保泉解说《文心雕龙解说》卷4《史传》。
② 刘勰著，祖保泉解说《文心雕龙解说》卷4《史传》。
③ 刘勰著，祖保泉解说《文心雕龙解说》卷4《史传》。
④ 刘勰著，祖保泉解说《文心雕龙解说》卷4《史传》。

简而言之，善恶褒贬是目的，史家叙述历史是工具和手段，通过史家的历史撰述，阐明史家对历史人物和历史事实是褒是贬的价值观点。刘勰说："昔者夫子闵王道之缺，伤斯文之坠，静居以叹凤，临衢而泣麟，于是就太师以正《雅》、《颂》，因鲁史以修《春秋》。举得失以表黜陟，征存亡以标劝戒；褒见一字，贵逾轩冕；贬在片言，诛深斧钺。"① 刘勰十分推崇《春秋》微言大义，著史也要依《春秋》之例，通过对善恶得失的记述和褒贬，让天下百姓知晓道义所在，礼义所向。

刘勰的直笔、实录观念在中国古代史学批评中占有重要地位，对中国传统史学发展产生了重要影响。但这种以经统史、史归于经的思想主张，使刘勰的直书实录思想具有明显的经学取向，即史家只能在遵循经学原则和圣人之言的前提下直书史事。魏晋南北朝时期史学虽然从学科分类上离经自立，但史学的内在精神仍然笼罩在经学的阴影之下。

当然，主张史家要宗经尊圣，历史撰述要以《春秋》经学为原则并不是刘勰一个人的史学主张，而是魏晋南北朝时期大多数史家的共同观念。司马彪曾说过："先王立史官以书时事，载善恶以为沮劝，撮教世之要也。"② 袁宏是较早提出在历史撰述上贯彻"名教"原则的。袁宏《后汉纪·序》云："夫史传之兴，所以通古今而笃名教也。"袁宏对《左传》《史记》《汉书》《汉纪》四书的评论中，着意指出《汉纪》未叙"名教之本"。袁宏的话，指明历史撰述的政治意义应包括两个方面，一是网罗治体，大得治功，这是从政治的得失上说的；一是扶明义教，阐明名教之本，这是从封建伦理上的是非上说的，③ 其根本宗旨是通古今而笃名教。袁宏是一个封建正统史家，他公开声称"夫史传之兴，所以通古今而笃名教也"。他用这一标准去评判以往的历史著作，竟没有一部令他满意。在袁宏之前，关于东汉史的著作已有多家，袁宏嫌其"烦秽杂乱，睡而不能竟也。聊以暇日，撰集为《后汉纪》"。④ 他著《后汉纪》就是要补救以往史书之失，"因前代遗事，略举义教所归，庶以弘敷王道"。借史以阐发名教，借史以敷陈王道，这正是袁宏史学观念的中心内容。

---

① 刘勰著，祖保泉解说《文心雕龙解说》卷4《史传》。
② 房玄龄：《晋书》卷82《司马彪传》。
③ 白寿彝：《史学论集》（下），北京师范大学出版社，1994，第927页。
④ 袁宏：《后汉纪·序》，中华书局，1985。

三 实录观念的价值实现上的当代意识

近代史学以实证的方法进行对于"过去"的研究，以揭示"过去"的真相（客观史事），并不太在乎史学对于当下的价值和意义，反映出近代史学的客观精神。而魏晋南北朝时期史家所宣扬和推崇的直书实录，从表面上看，也是主张史家以求真的态度、以直书实录的方法撰写信史。与近代史学不同的是，近代史学着眼的是史事的真实性、完整性，史家追求的是客观精神；魏晋南北朝史家直书实录的主张着眼的是所叙史事的当下的、现实的道德价值和政治价值，史家追求的是经世致用的史学意义。北周史官柳虬在大统年间给西魏文帝上书，对于过往史官密书善恶，未能达到惩恶劝善的效果提出严肃批评，要求史官当朝显言其状（史官记录），使善恶昭彰于朝。柳虬说：

> 古者人君立史官，非但记事而已，盖所以为监诫也。动则左史书之，言则右史书之，彰善瘅恶，以树风声。故南史抗节，表崔杼之罪；董狐书法，明赵盾之愆。是知直笔于朝，其来久矣。
> 而汉魏已还，密为记注，徒闻后世，无益当时，非所谓将顺其美，匡救其恶者也。且著述之人，密书其事，纵能直笔，人莫之知。何止物生横议，亦自异端互起。故班固致受金之名，陈寿有求米之论。著汉魏者，非一氏，造晋史者，至数家。后代纷纭，莫知准的。
> 伏惟陛下则天稽古，劳心庶政。开诽谤之路，纳忠谠之言。诸史官记事者，请皆当朝显言其状，然后付之史阁。庶令是非明著，得失无隐。使闻善者日修，有过者知惧。①

柳虬留存于今的著述不多，这篇关于史家撰史的疏文虽然文字简略，但具有重要的史学理论价值，较明确地体现了他对于史学的独到见解。其中最值得我们注意的是，柳虬虽然肯定史官应该直书于朝，但史家直书的落脚点不在于记述真实的历史，不在于对"过去"的客观叙述，而在于所记述内容的现实价值。

首先，柳虬认为史家进行历史撰述的最终目的不在于保存历史事实，而在于垂鉴后人。柳虬说："古者人君立史官，非但记事而已，盖所以为

---

① 令狐德棻等：《周书》卷38《柳虬传》，中华书局，1971。

监（鉴）诫也。"在柳虬看来，直笔撰史，并不是要保存历史事实，也不是要客观记述历史发展过程，更不是要科学客观地认识历史，而是要以道义为准绳，以辨善恶、正是非的旨趣载录史事，记功过，表兴衰，以为当世鉴戒，弘扬道义，为社会树立道德典范和伦理标杆。这种撰史目的与传统经学要求完全一致，经学味道浓厚。柳虬虽然主张直笔撰史，但这种直笔与近现代史学要求客观记述、保存历史真相，科学理性认知历史大相异趣。

其次，柳虬强调史家的人文主体性而非史事的客观性。柳虬提出无论是左史记行，还是右史记言，任何历史撰述都应该"彰善瘅恶，以树风声"。也就是说，史家的历史撰述虽然要记录过去的史事，但又不能仅仅满足于记录过去，必须鲜明地表达史家对于所叙述史事的价值判断和道德倾向，充分体现出史家的人文关怀。实际上，柳虬认为历史撰述的重点不在于历史记述的客观、全面和科学，而要通过惩恶劝善把历史撰述作为人类理性和社会良知的代表，对人性保持应有的关注和批判，为当世社会树立标杆，引导社会风气。

再次，柳虬肯定直书实录的史学传统，但他所推崇的直书并不是史家要说实话，说真话，而是史家的气节和史家的道德责任。故南史抗节，表崔杼之罪；董狐书法，明赵盾之愆。是知直笔于朝，其来久矣。在柳虬眼里，南史不畏权势和死亡而坚持记述的气节，董狐道德至上的作史书法就是直笔，就是实录，历史叙述的客观性并不是实录应有之义。

复次，柳虬很重视历史撰述的当下意义，认为史籍有益于当时才是最重要的。在柳虬看来，史官撰述有益于当时才是最重要的，董狐、南史勤于记注，敢于记注，直笔记述，但所记注君主言行并不是为了让记注文字流传和保存，而是应该为当下服务。史家通过撰述和记注为当代人呈现善恶的标准，为现在社会提供道德示范，为当下政治提供可资鉴戒的政治实例。在为后世保存历史的真相与为当世提供政治鉴戒和道德示范两种选择中，为当世彰显善恶、树立风声才是"实录"的首要义旨，史官应该通过历史撰述直接参与当代的政教风化。在这层意义上，史学已成为经学的工具。实际上柳虬涉及史学中一个重要的理论问题，即史家热衷于对人性和人类问题的思考，思考的答案是由"过去"给予的，但所要思考的问题却是由我们现在的兴趣、现在的道德需要和社会需要所提出和支配的，记述的"过去性"与问题的"现代性"在史家主体统摄下统一起来。

最后，柳虬认为由于史官密为记注的制度影响了直书作用的发挥，这也是曲笔产生的一个制度性根源。如何才能做到坚持直书、避免曲笔,更好地发挥史学的鉴戒作用呢?柳虬提出"史官记事者,请皆当朝显言其状,然后付之史阁"。柳虬认为,密书记注制度虽然客观上可以为后世留下一些珍贵的历史记录,但无益于当时,只有当朝显言其状,才能让记住的"过去"在当下人认识里形成感知、体验和反省,转化成当下人们的智慧和理性。

《周书·柳虬传》还记载柳虬撰有一篇《文质论》,史载"时人论文体者,有古今之异",柳虬却"以为时有古今,非文有古今,乃为《文质论》"。① 这篇《文质论》已经失传,学界对于柳虬《文质论》的思想主旨的认识存在诸多争议②。顾炎武在《日知录》卷十九《文人求古之病》中说:

> 《后周书·柳虬传》:时人论文体,有今古之异。虬以为时有今古,非文有今古。此至当之论。夫今之不能为二《汉》,犹二《汉》之不能为《尚书》、《左氏》,乃剽取《史》、《汉》中文法以为古,甚者猎其一二字句,用之于文,殊为不称。③

按顾炎武的理解,柳虬在文学主张上要求作者打破古今文体壁垒,既继承古文中好的传统,又不食古不化,不背离时代潮流,勇于追求当今风尚。这种文学主张的实质并不在于复古,而是着眼于当代,与其重视历史撰述的现实价值是一致的。若以近代客观史学来比照,魏晋南北朝史家所言的直书实录,虽然也是骚史家就实记录历史事实,但这个事实并非"过去"的本相,而是历史上依照儒家标准呈现的善事恶行。对这些善、恶之事如实记录,便是实录,这与近现代史学以保存客观史实,科学认知历史的治史目的和客观理性要求并非同义。这种依附于经学大义的实录观念,肇自扬雄、班固,经刘勰、柳虬等人的申述发论,到唐初刘知幾以史学牺牲自身独立性和客观性为代价,折中调和直书与曲笔的矛盾,并在《春秋》经学的道德性和史学客观性选择中,偏向经学一方,史学成为经学的忠实守望者和经学的工具。

---

① 令狐德棻等:《周书》卷38《柳虬传》,中华书局,1971。
② 关于柳虬《文质论》的思想主旨,张少康认为是倡导复古,张仁青认为是调和苏绰的复古与王褒、庾信之绮丽文学之间的冲突,顾炎武则认为是反对复古,追求创新。
③ 顾炎武:《日知录》卷19《文人求古之病》,上海古籍出版社,2013。

经学与刘知幾的史学批评

周文玖

(北京师范大学历史学院、史学理论与史学史研究中心，北京 100875)

摘 要：《史通》中的史学批评，与经关系密切。刘知幾在经学上有很深的造诣，具有明显的尊古文经抑今文经的倾向。在经史关系方面，他既把经当作史，又明确提出"经日史星"的主张。孔子言论和经书是他进行史学批评的重要根据。《史通》内、外篇表现出尊经和惑经的巨大反差，但外篇的惑经是为了更好的尊经。刘知幾对经的批评，与他以经衡史、以求"史义"纯正的史学批评目的，并没有矛盾，是一致的。

关键词：经学 经日史星 刘知幾 史学批评

刘知幾早年以文学知名，中年之后耻于以文士立身。他"年在纨绮，便受《古文尚书》。每苦其辞艰琐，难为讽读。虽屡逢捶挞，而其业不成"(《史通·自序》。本文所引《史通》，用的是上海古籍出版社2009年版《史通通释》本。为省版面，注释均采文中注，只注篇名)。这说明，他儿时对经书不甚喜欢。他自幼对史书兴趣浓厚，如饥似渴地阅读了大量史籍。中了进士、做官之后，更是利用余暇，对史书"恣情披览"，由此打下了深厚的史学基础。刘知幾"三为史臣，再入东观"，具有长期的修史经历，对史馆利弊深有体察。他以史学批评名垂于后世，实在是由他的才情和经历决定的。通观《史通》，内中的史学批评，多与经书联系紧密。刘知幾在经学方面具有很深的造诣。他的经学观念及其对史学批评的影响，值得探讨。

一　尊古抑今的经学倾向

自西汉晚期之后，经学就出现了今古文之争，历经近二百年，至东汉末，郑玄遍注群经，混淆今古文家法，双方的争论才算结束。东汉末黄巾起义、董卓叛乱、三国纷争、八王之乱、五胡乱华，中原动荡了一百五十多年，经籍也遭到大浩劫，学者流离失所，经学家派失传，西汉所立今文十四博士无一存在，今文经学断绝。到隋唐时期，经学进入了统一的时代，孔颖达的《五经正义》，可以说是经学统一的标志。虽然此时没有今古文经学家派的对垒和辩争，但今古文学的基本分歧没有消失，双方所尊奉的基本经典没有亡佚。因此，今古文经学的暗流依然涌动。造诣深厚的学者，总会有自己的经学观念。刘知幾也是如此，他有很明显的经学倾向。他的经学倾向可用四个字概括——尊古抑今，即尊崇古文经学，贬抑今文经学。

第一，他对经书的今古文家法是非常清楚的。刘知幾在《史通》外篇的《古今正史》，对《尚书》《春秋》的成书过程作了比较清晰的梳理。他说，《尚书》是孔子删定的；秦朝打击儒家，孔子之孙孔惠"壁藏其书"；西汉伏胜口传晁错，欧阳氏、大小夏侯传其业；宣帝时河内女子献《泰誓》篇，为汉、魏诸儒所疑。《古文尚书》就是孔惠藏在墙壁内的《尚书》，"蝌蚪之文字也。鲁恭王坏孔子旧宅，始得之于壁中。博士孔安国以校伏生所诵，增多二十五篇。更以隶古字写之，编为四十六卷"。以后，孔安国作训传，刘向校书，王肃注《今文尚书》，东晋初梅赜上孔传。"自是欧阳、大小夏侯家等学，马融、郑玄、王肃诸注废，而古文孔传独行，列于学官，永为世范。"（《古今正史》）刘知幾的这一说法，本之于陆德明的《经典释文叙录》。张舜徽先生《史学三书平议》早已指出这一点，他说："此处叙述《尚书》源流，全本《经典释文叙录》，惟稍有删节耳。"① 将《古今正史》述《尚书》部分与《经典释文叙录》进行比较，确实可以看出，陆德明的观点对刘知幾影响很大。有些文字基本录自《经典释文叙录》，只是个别地方做了精炼。如《经典释文叙录》对今文《尚书》的源流诸如欧阳氏尚书、大小夏侯尚书的产生，叙述得很详细，但刘知幾却是一带而过。而对古文尚书的流传，刘知幾则讲得比较细致。可见

---

① 张舜徽：《史学三书平议》，中华书局，1983，第106页。

在今文古文之间，他是有抑扬之分的。陆德明原仕南朝陈，其《经典释文》注音、释义多本之于南学，偏向古文经学十分明显。皮锡瑞说："《经典释文》，亦是南学。……《易》主王氏，《书》主伪孔，《左》主杜氏，为唐人义疏之先声。"① 《史通》中所讲的《古文尚书》，是被清代学者所证明的《伪古文尚书》。章学诚以《史通自叙》篇中的"其辞艰琐"推测刘知幾所读的古文尚书是孔安国的真古文尚书，恐怕不能成立。因为刘氏本人从没有怀疑过梅赜所"奏上"的孔传，刘知幾所说的《古文尚书》应该是孔颖达《五经正义》本中的《古文尚书》②。他对《尚书》书名的解释，也是采纳王肃的说法③。

而关于《春秋》的成书，刘知幾说："当周室微弱，诸侯力争，孔子应聘不遇，自卫而归。乃与鲁君子左丘明观书于太史氏，因鲁史记而作《春秋》。上遵周公遗制，下明将来之法，自隐及哀，尽十二公行事。经成以授弟子，弟子退而异言。丘明恐失其真，故论本事而为传，明夫子不以空言说经也。《春秋》所贬当世君臣，其史实皆形于传，故隐其书而不宣，所以免时难也。"（《古今正史》）这基本上采纳的是司马迁的观点。把孔子看作一个史学家，而非宣扬微言大义的素王。

第二，他用史的眼光来看待经，这也体现了古文家的经学主张。《史通》开篇是《六家》，这六家是按照史书体例划分的："一曰《尚书》家，二曰《春秋》家，三曰《左传》家，四曰《国语家》，五曰《史记》家，六曰《汉书》家。"作为经书的《尚书》《春秋》，刘知幾将之视作史书，没有将它们神化。他认为，《尚书》《春秋》是最古的史书。它们的出现，标志着史学的兴起，他说："历观自古，史之所载也，《尚书》记周事，终秦穆，《春秋》述鲁文，止哀公。"（《六家》）"观夫文籍肇创，史有《尚书》，知远疏通，网罗历代。"（《人物》）"洎夫子修《春秋》，记二百年行事，《三传》并作，史道勃兴。"（《人物》）同时，《尚书》偏于记言，《春秋》主于记事，它们还标志着中国史学基本体例的产生："古者言为《尚

---

① 皮锡瑞：《经学历史》，中华书局，2004，第146页。
② 《古文尚书》的真伪问题，近来仍为学者所关注。阎若璩《尚书古文疏证》出，《古文尚书》被认为是伪书，几成定谳。然近几十年来，又有一些学者为《古文尚书》翻案，认为它并非伪书。王肃、梅赜等人是《尚书》学的功臣。
③ 《史通·六家》："孔安国曰：'以其上古之书，谓之《尚书》。'《尚书璇玑钤》曰：'尚者，上也。上天垂文象，布节度，如天行也。'王肃曰：'上所言，下为史所书，故曰《尚书》也。'推此三说，其义不同。"刘氏把《尚书》作为记言体史书的代表，很显然采纳王肃的说法。

书》，事为《春秋》，左右二史，分尸其职。"(《载言》)著名经学史家周予同说：今古文的重要差异之一就是是否把孔子看成史学家。今文家把孔子作为政治家、哲学家、教育家，而古文家把孔子看成史学家。在《史通》中，刘知幾是把孔子作为史学家来尊重的。

第三，他对被今文家排斥的《左传》极其推崇。《左传》在今文家看来是刘歆伪造的一部书，其地位一向不被承认。刘知幾不同意这种看法。关于《左传》的成书，他赞同司马迁的说法，认为左丘明是与孔子同时代的人，《左传》是他为《春秋》所做的传。刘知幾在《史通》里批评史书几百部，被人指责为"多讥往哲，喜述前非"。但他对《左传》却情有独钟，很少批评。《左传》是除了《尚书》《春秋》之外被刘知幾评价最高的一部史书，称赞它"其言简而要，其事详而博，信圣人之羽翮，而述者之冠冕也"（《六家》）。如在具体的写作艺术方面，他评价说："左氏为书，不遵古法，言之与事，同在传中。然而言事相兼，烦省合理，故使读者寻绎不倦，览讽忘疲。""盖《左氏》为书，叙事之最。"(《模拟》)他把史家分成三种类型，说："史之为务，厥途有三焉。何则？彰善贬恶、不避强御，若晋之董狐，齐之南史，此其上也。编次勒成，郁为不朽，若鲁之丘明，汉之子长，此其次也。高才博学，名重一时，若周之史佚，楚之倚相，此其下也。"(《辨职》)这实际上是用德、才、学的标准对史家所做的分类。左丘明和司马迁是具有史才的史学家的代表。左丘明、司马迁作为同一类史学家，被刘知幾高度称赞："盖左丘明、司马迁，君子之史也。"(《杂说下》)在史书如何选取记载内容以达到劝善惩恶的目的方面，刘知幾列举了几个最有代表性的史家，认为左丘明做得更好。他说："礼云礼云，玉帛云乎哉？史云史云，文饰云乎哉？何则？史者，固当以好善为主，嫉恶为次。若司马迁、班叔皮，史之好善者也；晋董狐、齐南史，史之嫉恶者也，必兼此二者，而重之以文饰，其唯左丘明乎！"(《杂说下》)

不仅如此，他还写有专篇《申左》，为古文家所推崇的《左传》站台，而批评属于今文的《穀梁传》《公羊传》，比较《左传》与它们的优劣。他说："盖《左氏》之义有三长，而二传之义有五短。"所谓三长，就是以记述的内容看，《左传》符合周典，"传孔子之教，故成不刊之书，著将来之法"。以史料的完备性看，《左传》博总群书，重要典籍，莫不毕睹，记述范围广，记事翔实。以与孔子及其弟子的关系看，左丘明对问题的看法与孔子一致，受孔子之托而为《春秋》作传，与孔门弟子联系较多，又同在一国，询访方便，"凡所采摭，实广闻见"。与《左传》相较，《穀梁传》《公羊传》则有五短：作者生于异国，又与孔子不同时代；所采录的他人之言，"语乃龃龉，文皆琐碎"；记言载事，取诸胸臆，自我作故，无所准绳，理甚迂僻，言多鄙野；重复经文，没有增益；释义"违夫子之教，失圣人之旨，奖进恶徒，疑误后学"。最后他得出结论说："以彼三长，校兹五短，胜负之理，断然可知。""若无左氏立《传》，其事无由获知。然设使世人习《春秋》而唯取两传也，则当其时二百四十年行事，茫然阙如，俾后来学者，兀成聋瞽者矣。"（以上均自《申左》）在其他篇目，这一观点不断被重申："《春秋左氏》，《三传》之雄霸也。"（《鉴识》）"《膏肓》、《墨守》，乃腐儒之妄述；'买饼'、'太官'，诚智士之明鉴也。"（《鉴识》）

第四，他与司马贞关于经学的争论，更表明他的经学倾向。刘知幾有两篇文章，收在《全唐文》卷274，一是《孝经老子注易传议》，一是《重论孝经老子注议》。前者是刘知幾响应诏书，对《孝经》《老子》的注本以及《易传》发表意见，后者则是与作《史记索引》的司马贞关于《孝经》《老子》注本优劣的论辩。刘知幾认为，《孝经》的注，应废郑玄注而立孔安国注，《老子注》应采王弼的注而废除河上公的注，《易传》的作者不是子夏。司马贞不赞同刘知幾关于《孝经》注、《老子》注的意见，上书辩驳。于是两人展开了论争。唐时称孔安国注为古文，郑注为今文。从两人的论辩看，刘知幾力主古文，司马贞力主今文。刘知幾以大量证据，名曰"十二验"，辩驳《孝经》郑注是伪书，而认为"古文《孝经》孔传，本出孔氏壁中，语甚详正，无俟商榷"。刘知幾关于《孝经》注的古文家派色彩是很鲜明的，以致晚清的今文经学家皮锡瑞都对他很不满，著文驳之。但今文家的主观臆测，反而映衬出刘知幾论证的严谨①。

二 经日史星的经史关系论

刘知幾的经史关系论，有三个要点。第一，他认为经史有别，经是经，史是史。第二，他把经当作史，或者说，用史的眼光来看经。第三，尊经，提出经日史星的观点。

关于第一点所谓经史有别，比较容易理解。在《史通》中，多次出现

---

① 参见马铁浩《〈史通〉与先唐典籍》，人民出版社，2010，第38~43页。

"五经""六经""七经""三史""三传""三志"等词汇。如论《尚书》时,说道:"盖《尚书》古文,《六经》之冠冕也。"(《鉴识》)"夫《尚书》者,《七经》之冠冕,百氏之襟袖。"(《断限》)而在很多情况下,"五经"与"三史"对举、并列。如:"先曰《五经》,次云《三史》,经史之目,与此分焉。"(《叙事》)"或师范《五经》,或规模《三史》。"(《杂说下》)"盖精《五经》者,讨群儒之别义;练《三史》者,征诸子之异闻。"(《暗惑》)等。他明确地指出"经史之目"的分别,同时又提出治经学与治史学是不同领域的学问。他说:"至若郑玄、王肃,述《五经》而各异,何休、马融,论《三传》而竞爽。欲加商榷,其流实繁。斯则义涉儒家,言非史氏,今并不书于此焉。"(补注)也就是说,郑玄、王肃对经书的注释,何休、马融对《春秋三传》的解释等,关乎儒家义理,属于经学的范畴,不是史学讨论的内容。

关于第二点把经当作史,上面论述刘知幾的经学倾向时已有论述,此不赘论。值得注意的是,刘知幾不仅将《尚书》《春秋》作为最早的史书,而且在论述史书的体例时,多与经书相联系。如纪传体史书中的书志,他认为渊源于《礼经》:"夫刑法、礼乐、风土、山川,求诸文集,出于《三礼》。及班、马著史,别裁书志。考其所记,多效《礼经》。"(《书志》)《诗》《春秋》《易》《书》是孔子从事史籍整理的结晶:"昔仲尼以睿圣明哲,天纵多能,睹史籍之繁文,惧览者之不一,删《诗》为三百篇,约史记以修《春秋》,赞《易》道以黜《八索》,述《职方》以除《九丘》,讨论《坟》《典》,断自唐、虞,以迄于周。其文不刊,为后王法。"(《自叙》)也就是说,经过孔子删定整理的《诗经》《春秋》《易》等,是记载上自唐、虞,下迄于周的历史之典籍。关于《诗经》的史学价值,他在《载文》中写道:"夫观乎人文,以化成天下;观乎国风,以察兴亡。……若乃宣、僖善政,其美载于周诗。""夫国有否泰,世有污隆,作者形言,本无定准。故观猗与之颂,而验有殷方兴;睹《鱼藻》之刺,而知宗周将殒。"(《载文》)即《诗经》的篇章,也反映了当时的社会现实。可见,明清之时,学者们所高唱的"六经皆史",在刘知幾的思想中,已经非常明显了。

第三,刘知幾明确提出了"经日史星"的看法。这个看法是在《叙事》篇提出的。他说:

昔圣人之述作也,上自《尧典》,下终获麟,是为属词比事之言,疏通知远之旨。子夏曰："《书》之论事也，昭昭若日月之代明。"扬雄有云："说事者莫辨乎《书》，说理者莫辨乎《春秋》。"然则意指深奥，诂训成义，微显阐幽，婉而成章，虽殊途异辙，亦各有差焉。谅以师范亿载，规模万古，为述者之冠冕，实后来之龟镜。既而马迁《史记》，班固《汉书》，继圣而作，抑其次也。故世之学者，皆先曰《五经》，次云《三史》，经史之目，于此分焉。

尝试言之曰：经犹日也，史犹星也。夫杲日流景，则列星寝耀；桑榆既夕，而辰象粲然。故《史》《汉》之文，当乎《尚书》《春秋》之世也，则其言浅俗，涉乎尾巷，垂翅不举，戢鳞无闻。逮于战国已降，去圣弥远，然后能露其锋颖，倜傥不羁。故知人才有殊，相去若是，校其优劣，讵可同年？自汉已降，几将千载，作者相继，非复一家，求其善者，盖亦几矣。夫班、马执简，既《五经》之罪人；而《晋》、《宋》杀青，又《三史》之不若。譬夫王霸有别，粹驳相悬，才难不其甚乎！(《叙事》)

从这段文字可知，刘知幾把经比作太阳，把史比作星星。太阳比星星耀眼明亮。所以，在白天有太阳的时候，看不见星星，只有在太阳落山后，星星的光辉才粲然可见①。《史记》《汉书》在《尚书》《春秋》的时代，会暗淡无光，战国以后，离圣人时代越来越远，才显露出其锋芒和生气。《史记》《汉书》比不上五经，而晋、宋以后的史书，又连《三史》也比不上。可见，在刘知幾的观念中，经是经典的史，是史的典范，如他说的："(《尚书》《春秋》)谅以师范亿载，规模万古，为述者之冠冕，实后来之龟镜。"这说明，尽管刘知幾没有否定经具有史的性质，但他认为，经与普通的史书具有层次的不同，它们是高于普通史书的典范之作。

虽然如此，但刘知幾反对史简单地模仿经，如他批评在文字上仿照经文的做法，说："夫天地长久，风俗无恒，后之视今，亦犹今之视昔。而作者皆怯书今语，勇效昔言，不其惑乎！苟记言则约附《五经》，载语则依凭《三史》，是春秋之俗，战国之风，与两仪而并存，经千载其如一。奚以今来古往，质文之屡变者哉？"(《言语》)"盖语曰：世异则事异，事

---

① 刘知幾有时也用月亮与星星来描述史书的高下："盖语曰：'众星之明，不如一月之光。'历观自古，作者著述多矣。虽复门千户万，波委云集。而言皆琐碎，事必丛残。固难以接光尘于《五传》，并辉烈于《三史》。古人以比玉屑满筐，良有旨哉！"(《杂述》)

异则备异。必以先王之道持今世之人，此韩子所以著《五蠹》之篇，称宋人有守株之说也。世之述者，锐志于奇，喜编次古文，撰叙今事，而巍然自谓《五经》再生，《三史》重出，多见其无识者矣。"(《模拟》)在模仿的问题上，他主张貌异而心同，而反对貌同而心异，说："盖貌异而心同者，模拟之上也；貌同而心异者，模拟之下也。"(《模拟》)

刘知幾的经史关系主张，本身就是一种悖论：经是经，又是史；经是史，又不是史。这种主张也必然导致一个带有悖论学术现象的出现：一方面提高史的地位（在经史子集系统中，与子、集相比，史的地位相对提高），另一方面强化经尊史卑的观念。这就从根本上反映了刘知幾史学思想的矛盾性、复杂性。

三 以经为衡准的史学批评

《史通》是一部史学批评著作。那么，它批评的目的和依据是什么？

刘知幾在《史通·自叙》中说明了它的旨趣："若《史通》之为书也，盖伤当时载笔之士，其义不纯。思欲辨其指归，殚其体统。夫其书虽以史为主，而余波所及，上穷王道，下掞人伦，总括万殊，包吞千有。……夫其为义也，有与夺焉，有褒贬焉，有鉴诫焉，有讽刺焉。其为贯穿者深矣，其为网罗者密矣，其所商略者远矣，其所发明者多矣。"这就明确表明，《史通》的史学批评，是通过"辨其指归，殚其体统"而解决史义不纯的问题。也就是说，回归史义纯正，是《史通》史学批评的目的所在[①]。而要做到这一点，刘知幾必须拿出标准来。他的标准是什么？是经。在刘知幾看来，经就是经典的史；从史的源头、史的功用、史的体裁、史的文字表述，经都是史的楷范。"五经""三史"代表了经典史学的时代，所以，他不断用"五经""三史"来批评和衡量后世的史学[②]。而"三史"又居于"五经"之下，所谓"班马执简，既《五经》之罪人；而《晋》《宋》杀青，又《三史》之不若"(《叙事》)。因此，经书就是史学批评的最高之衡准。

在如何看待经的地位问题上，他同意班固对司马迁的批评，接受

---

① 参见拙文《刘知幾史学批评的特点》，《史学史研究》2007年第2期。
② 《史通》中经常出现"上古"、"中古"（或称中世、中叶、中代）、"近古"（或称近世、近代）等概念，其时间范围虽不完全固定，但中古大致是指魏晋南北朝时期，近古是指隋至唐初。

《文心雕龙》的观点。班固对司马迁"先黄老而后《六经》"的批评,在《史通》中被引用过三次:"若乃先黄、老而后《六经》,后外戚而先夷狄,……如斯舛谬,不可胜纪。今略其尤甚者耳,故不复一一而详之。"(《编次》)"又迁之纰缪,其流甚多。夫陈胜之为世家,既云无据;……若先黄老而后六经,进奸雄而退处士,此之乖剌,复何为乎?"(《探赜》)"但自古作者,鲜能无病。苟书而不法,则何以示后?盖班固之讥司马迁也,'论大道则先黄老而后《六经》,序游侠则退处士而进奸雄,述货殖则崇势力而羞贫贱。此其所蔽也。'"(《书事》)这些都能反映他对经的尊崇。刘勰《文心雕龙》有《征圣》《宗经》篇,《征圣》就是以圣人为验,向圣人学习,学习圣人如何"垂文"。《宗经》是宗法经书,即学习经书怎样"明道"①。刘知幾对《文心雕龙》非常熟悉:"自《法言》已降,迄于《文心》而往,固以纳诸胸中,曾不蒂芥者矣。"(《自叙》)他受《文心雕龙》的影响很大。傅振伦说:"知几之书多出于刘勰,故其书亦全模拟之,立意亦多取之也。"并列举十七条《史通》与《文心》史学思想相同之处。②

《史通》大致论述了五个类型的问题:①关于史学渊源、流别;②关于史学功用;③关于史书编著;④关于史学主体;⑤关于史学批评。③ 它分为内篇和外篇。二者相较,内篇相对严谨,外篇除了《史官建置》《古今正史》外,其他诸篇带有学术札记的特点(当然这些篇目也肯定经过了作者的修改和定稿)。内篇的结构一般是首先对题目做出解释,或者先提出原则,从而引出对主题的讨论,然后评论关于这个主题的历代史书之得失,进而表达作者的观点或希望。作者所运用的论述方式有归纳,有演绎,有连类列举。其中,演绎在这几种论述方式中占据主导地位。演绎必须有定理定义,刘知幾的定理定义主要是从儒家经典中来——或者引用孔子的话或经书上的话,或者根据经典的史作(包括经)概括出原则。然后根据这个定义或定理衡量史作的是非长短。据统计,仅《论语》,《史通》就引用了34条,分布于20篇中。例如,为了说明史书断限的重要性,批评《汉书》的表志不守断限,他引用孔子的话说:"夫子曰:'不在其位,不谋其政。'若《汉书》之立表志,其殆

---

① 参见周振甫注《文心雕龙注释》,人民文学出版社,2002,第15页。
② 参见傅振伦《刘知幾年谱》,中华书局,1963,第21~27页。
③ 参见瞿林东《论刘知幾〈史通〉关于史学构成的思想》,《苏州大学学报》2016年第2期。

侵官离局者乎?"(《断限》)为了说明称谓的重要性,他引孔子的话:"孔子曰:'唯名不可以假人。'又曰:'名不正则言不顺'、'必也正名乎!'是知名之折中,君子所急,况复列之篇籍,传之不朽者邪!"(《称谓》)其他经类书被用作论据的也很多。

《史通》以经为衡准进行史学批评,表现在以下四个方面。

第一,论史义。如他为了说明史书的文辞要注意包含褒贬的表达,他把孔子裁经作为楷模:"昔尼父裁经,义在褒贬,明如日月,持用不刊。"(《浮词》)为了说明维护名教而未据事直书的做法不属于曲笔,他搬来了《论语》:"肇有人伦,是称家国。父父子子,君君臣臣,亲疏既辨,等差有别。盖'子为父隐,直在其中',《论语》之顺也;略外别内,掩恶扬善,《春秋》之义也。"(《曲笔》)为了说明史书的功用,他也是以《尚书》《春秋》作论据:"古者刊定一史,纂成一家,体统各殊,指归咸别。夫《尚书》之教也,以疏通知远为主;《春秋》之义也,以惩恶劝善为先。"(《忤时》)

第二,论史书编次。编次是史书对人物、事件如何编排的技术性问题,涉及归类是否恰当,名实是否一致,排列次序是否合适,善恶尊卑是否得到准确的体现等。刘知幾在这方面纠正错误做法,就要树立正确的标准。这个标准来自经书,所以《编次》开篇即云:"昔《尚书》记言,《春秋》记事,以日月为远近,年世为前后,用使阅之者,雁行鱼贯,较然可寻。"接着便是对《史记》以后的史书进行评论。至于对某部史书本纪设立的不够恰当之批评,他也往往以经书为依据。如他批评吴均《齐春秋》设立《郁林王》之不当,说:"《春秋》嗣子谅闇,未逾年而废者,既不成君,故不别加篇目。是以鲁公十二,恶、视不预其流。及秦之子婴,汉之昌邑,咸亦因胡亥而得记,附孝昭而获闻。而吴均《齐春秋》乃以郁林为纪,事不师古,何滋章之甚与!"(《编次》)

第三,主张史文之简要。"尚简"是中国史学的一个优良传统。这一传统的确立,与刘知幾的坚定主张和大力宣扬是分不开的。刘知幾强调史文"简要",也是以经书来立论的。他说:"昔古文义,勿却浮词。……夫经以数字包义,而传以一句成言,虽繁约有殊,而隐晦无异。夫国史之美者,以叙事为工,而叙事之工者,以简要为主。简之时义大矣哉!历观自古,作者权舆,《尚书》发踪,所载务于寡事;《春秋》变体,其言贵于省文。……然则文约而事丰,此述作之尤美者也。"他以《春秋》"陨石于宋五"作为省字范例,说五个字都有意义,"夫闻之陨,视之石,数之五。加以一字太详,减其一字太略，求诸折中，简要合理，此为省字也。"(《叙事》)"《易》以六爻穷变化，《经》以一字成褒贬，《传》包五始，《诗》含六义。故知文尚简要，语恶烦芜，何必款曲重沓，方称周备。"(《表历》)而要做到简要，必须删除文字表达中的"浮词"。故《浮词》篇指出："昔夫子断唐、虞以下迄于周，翦截浮词，撮其机要。故帝王之道，坦然明白。"

第四，对于历史撰述的继承和创新，刘知幾主张因时而变化。《史通》有《因习》篇，就是探讨这个问题的。刘知幾说："盖闻三王各异礼，五帝不同乐，故传称因俗，《易》贵随时。况史书者，记事之言耳。夫事有贸迁，而言无变革，此所谓胶柱而调瑟，刻舟以求剑也。"(《因习》)《周易》主张变通，根据形势随时而变化。所以，《周易》成为论证这个观点的理论依据。《史通》多次强调"时"，诸如"随时""相时""从时""顺于时""拘时"等，认为"从时"与"拘时"，结果会大不一样。如"至孙盛有《魏氏春秋》，孔衍有《汉魏尚书》，陈寿、王劭曰志，何之元、刘璠曰'典'。此又好奇厌俗，习旧捐新，虽得稽古之宜，未达从时之义。"(《题目》)"拘时之患，其来尚矣。"(《覈才》)"夫为于可为之时则从，为于不可为之时则凶。"(《直书》)这些都说明《周易》对他的影响是很深的。

刘知幾以经为衡准，阐发史学原则，进行史学批评，在大多数情况下都是成立的，这增强了他的批评力度，取得了良好的效果。但他对《尚书》《春秋》在编纂学方面的典范之树立，很难说是符合实际的。因为二书作为中国史学萌芽时期的作品，在体裁、体例方面都有其不够完备处。刘知幾对此视而不见或故意忽略不论。经过刘知幾的过滤、诠释和塑造，经书具有史学批评的典范价值，而这种典范应从象征的意义上来理解，不必过于较真。

在没有引经据典的篇目，刘知幾往往运用自己总结出来的概念进行评论，导致批评的偏差。如他批评司马迁为项羽立本纪，说"诸侯而称本纪，求名责实，再三乖谬"(《本纪》)。批评司马迁为陈涉立世家是"自我作故，而名实无准"(《世家》)。这是因为，在刘知幾看来，本纪"以列天子行事"为根本；"纪者，既以编年为主，唯叙天子一人"(《本纪》)。"世家之为义也，岂不以开国成家，世代相续"(《世家》)？刘知幾给"本纪""世家"范畴的规定一是不符合司马迁的原意，二是他的定义没有司马迁立意高远，所以他对司马迁的某些批评不可避免地失之偏颇。刘知幾以经论史，是他征圣、宗经思想在史学批评方面的反映。

四 对经的批评与史义纯正之追求

《史通》的内篇与外篇在论经方面存在巨大的反差。内篇基本是褒扬和尊崇①，外篇则有《疑古》《惑经》篇，分别批评《尚书》《春秋》。由此，刘知幾与儒学的关系就引起了人们的争论。有人说他是儒家，有人说他是杂家，"文革"时更是把他说成法家。

其实，刘知幾对孔子是非常尊崇的。《惑经》篇一开始，就表达了他对孔子的无限景仰，以不能穿越时空成为孔门弟子、亲聆孔子教诲为遗恨："昔孔宣父以大圣之德，应运而生，生人已来未之有也。故使三千弟子、七十门人，钻仰不及，请益无倦。……嗟夫！古今世殊，师授路隔，恨不得亲膺洒扫，陪五尺之童；恭奉德音，抚四科之友。而徒以研寻蠹简，穿凿遗文，菁华久谢，糟粕为偶。遂使理由未达，无由质疑。是用握卷踌躇，挥毫悱愤。倘梁木斯坏，魂而有灵，敢效接舆之歌，辄同林放之问。"（《惑经》）刘知幾尊敬孔子却没有神化他，认为孔子与普通人一样，也会犯错误的。"尺有所短，寸有所长，其间切磋酬对，颇亦互闻得失。何者？睹仲由之不悦，则矢天厌以自明，答言偃之弦歌，则称戏言以释难。斯则圣人设教，其理含弘，或援誓以表心，或称非以受屈。岂与夫庸儒末学文过饰非，使夫问者缄辞杜口，怀疑不展，若斯而已哉？"（《惑经》）在刘知幾笔下，孔子是一个有血有肉、有感情、有个性的生命体。在受到别人误解时，也会对天发誓，做出表白等。就是说，虽然孔子主义是绝对正确的，但孔子本人或儒家经典著作中也会有错误。他把孔子主义与孔子或儒家经典区分开来，要用孔子主义指出和纠正孔子本人或经书中存在的错误。

《疑古》《惑经》对《尚书》《春秋》的批评，贯彻的还是"经是经典的史"的原则。也就是说，既然经是经典的史，那就要用史的标准来衡量经（即以史衡经）。《疑古》篇对《尚书》提出的"十疑"，《惑经》篇表达的"十二未谕""五虚美"，都充满理性主义精神，是以信史的标准对经提出的质疑和批评。

刘知幾在外篇对经的批评，与内篇对经的尊崇，表面看起来是对立的，

---

① 之所以说是"基本"，是因为也有个别地方指出《尚书》的缺点。如《六家》批评《尚书》，"《尧》《舜》二典，直序人事；《禹贡》一篇，唯言地理；《洪范》总述灾祥，《顾命》都陈丧礼，兹亦为例不纯者也"。

但从本质上说，二者是统一的。俗语说："爱之深，责之切。"他自己在《惑经》中也说"苟爱而知其丑，憎而知其善，善恶必书，斯为实录"。他大胆指出《尚书》《春秋》存在的问题，初衷即在于此。刘知幾是一个真诚的孔子主义者①。正因为这一点，他才严格地以儒家的准则来衡量儒家经典，责备其中的错误。他这样做，不仅不是对孔子主义的背叛，恰恰相反，是对孔子主义的维护。《史通》的内、外篇，应该说，内篇是正文，属于正论；外篇类似附录，属于杂论。写作顺序很难判断谁先谁后②。但可以肯定地说，内篇中的有些篇目是在外篇学术札记的基础上进一步提炼写成的。也许是学术札记的原因，外篇总的来看，思想较为大胆，更加直抒胸臆，以致对经典的不满都毫不避讳地写出来了。给人的感觉，似乎内篇是写给外人看、可以公开的，外篇是留给自己用，乃至个别篇必须隐藏的。但刘知幾既然在内篇中明确说道："外篇言之备矣"，说明内、外篇的这种编排是他有意而为，绝非像有人怀疑的，外篇是后人违背作者意愿编进去的。③ 外篇对《尚书》《春秋》的批评，意在解决纯洁孔子主义的问题，内篇是用孔子主义来解决"史义不纯"的问题。也就是说，外篇解决的是内篇评史的指导思想问题，是为内篇服务的，二者在逻辑上有一种递进的关系。

由此可见，在对经的问题上，内篇与外篇既相反又相成。前者表现正统，后者表现激进。但激进不是离经叛道，而是对经的更加固守。刘知幾很有个性和批判精神，但这种个性和批判精神没有使他成为正统史学的异类，而是令他成为封建官方史学更加坚定的守护者④。刘知幾于外篇中对经的批评，是为了他的"史义"纯正之追求，与他的辨正史义的批评旨趣⑤，没有矛盾，是一致的。

---

① 他在内篇对众多史书的批评，反映了他在坚持孔子主义方面的坚定。只是有时坚定过头，显示出教条化、僵化的气息。
② 许多人认为，《史通》先成外篇，理由是内篇的《六家》有云"自古帝王编述文籍，外篇言之备矣"。但外篇中也有参见内篇的情况。如《史官建置》："陈寿评云'蜀不置史官'者，得非厚诬诸葛乎？别有《曲笔》篇，言之详矣。"《点烦》："夫史之烦文，已于《叙事》篇言之详矣。"
③ 参见马铁浩《〈史通〉与先唐典籍》，人民出版社，2010，第73页。
④ 朱维铮说："《史通》编成后，他的好友徐坚说'居史职者，宜置此书为座右'，便反映了刘知幾当初确想将它写成史官教科书的隐衷。"（见氏著《中国史学史讲义稿》，复旦大学出版社，2015，第206页）笔者对这一看法亦有同感。
⑤ 拙文《刘知幾史学批评的特点》内有一目"辨正史义的批评旨趣"，可参看，见《史学史研究》2007年第2期。

程颐对《春秋》经传的认知、诠释及其理学

姜海军

(北京师范大学历史学院，北京 100875)

摘　要：程颐是宋代理学的奠基人，他借助经学诠释的形式建构并丰富、完善了自己的思想体系。《春秋》学作为其经学的重要组成部分，程颐一方面继承并发展了中唐以来经学解释的思想与方法，提出了以"四书"解经、以理解经、以例解经等新方法，由此开启了新的《春秋》解释模式；另一方面，他还借助《春秋》诠释的形式，丰富完善了理学思想体系，并提出了自己对当时政治文化秩序建设的重要思想。此后，程颐的《春秋》学被胡安国、朱熹、吕祖谦等人所继承和发展，并进而成为中国近世颇有影响的经学典范。

关键词：二程　《春秋》学　宋代经学　宋代理学

作为宋代理学的建构者程颐，借助经典解释建构了理学思想体系。就《春秋》来说，程颐有独到的认识，他一方面将之视为圣人传道、明道、行道的重要载体与体悟"天理"的重要路径，如其所谓"观《春秋》，亦可以尽道（理）"。另一方面，程颐在解释《春秋》过程中继承、延续了中唐以来批判、否定《春秋》三传及其汉唐注疏体系的思想，提出了以《春秋》为主、三《传》为辅的思想，对汉唐以来的注疏之学进行扬弃，并基于理学建构了新的《春秋》学思想与方法。不仅如此，他还借助《春秋》解释进一步丰富完善了他的理学思想，并为当时的政治文化建设提供了很多建设性意见。对于程颐的《春秋》学，以往

学者已经做了一定的探析①，但还不够深入系统，本文在前贤时哲的基础上进一步研究，以就教于方家。

一 《春秋》"可明道"与经传关系

《春秋》是儒家的重要经典，对于二程尤其是程颐而言，它是孔子传承圣人之道（天理）的重要载体。而与之相关的《春秋》三传则是对《春秋》所蕴含的圣人之道的再诠释、创造，由于两者是经、传之关系，所以程颐认为应当以《春秋》经为根本，以三《传》为辅助，探讨圣人之道。

就《春秋》为何作？它的价值和意义到底是什么？程颐推尊孟子，他在孟子观点的基础上进一步提出了自己的看法：

> 夫子当周之末，以圣人不复作也，顺天应时之治不复有也，于是作《春秋》，为百王不易之大法。②

> 后世以史视《春秋》，谓褒善贬恶而已，至于经世之大法，则不知也。《春秋》大义数十，其义虽大，炳如日星，乃易见也。惟其微辞隐义，时措从宜者，为难知也。③

程颐认为"知《春秋》者，莫若孟子"④，尽管后人多"以史视《春秋》"，但实际上《春秋》是孔子吸收夏商周治国理念的优长，因革损益，为后世所立的"经世之大法""百王法度之中制"。可以说，程颐认为孔子作《春秋》的目的既不是对历史史实的简单记述，也不只是为了褒善贬恶、宣扬《春秋》礼教，而是在于借助这些"史实""书法"，因事以明义，兼综三代治道之优长，为后世百王立法，即根据时代的变迁与社会情况的变化，对先王礼制加以调整，"时措从宜"，为百王立"不易之大法"，以期兴复三代之治，即《春秋》蕴含着孔子重建王道的政治理想。

---

① 赵伯雄：《春秋学史》，山东教育出版社，2004；戴维：《春秋学史》，湖南教育出版社，2004；李建军：《宋代〈春秋〉学与宋型文化》，中国社会科学出版社，2008；〔日〕斋木哲郎：《程伊川的〈春秋〉学》，载姜广辉主编《经学今诠四编》，辽宁教育出版社，2004，第336~362页；蔡方鹿：《程颢程颐与中国文化》，贵州人民出版社，1996，第202页。

② 《程氏经说》卷4《春秋传序》，第1125页。《程氏经说》载《二程集》，中华书局，1981，以下《程氏遗书》《程氏外书》《程氏文集》《程氏粹言》皆出自此版本。

③ 《程氏经说》卷4《春秋传序》，第1125页。

④ 《程氏遗书》卷25，第327页。

程颐认为孔子《春秋》为后世确立了"经世之大法",即基本的价值原则与政治规范,不只是为了"褒善贬恶"。在程颐看来,这个普遍的"大法"就是"道","大抵圣人以道不得用,故考古验今,参取百王之中制,断之以义也"①,"学者不观他书,只是观《春秋》,亦可尽道"②。即《春秋》乃是圣人之王道、天理之理的展现。正是因为如此,程颐在解释《春秋》时,将其中合乎礼义或悖逆礼义的思想行为的最终判断标准代之以"理"或"天理"。在程颐的思想体系中,"道"与"理",异名同实,是最高的哲学范畴,而礼只是理或道的外在体现。程颐曾说:"视听言动,非理不为,即是礼,礼即是理也。"③ 可以看出,程颐对礼赋予了本体的意义,将"理"视为"礼"的内在本体性根据,这就使人们遵守礼制成为理所当然的事情。也就是说,程颐将"春秋笔法"的价值依据,由传统的"礼"转换为"理"或"道"。

对于《春秋》经传关系的认识,《程氏遗书》所记载的程颐与其弟子的一段对话作了明确提示:

> 棣问:"看《春秋》如何看?"先生曰:"某年二十看《春秋》,黄聱隅问某如何看?某答曰:'以传考经之事迹,以经别传之真伪。'"④

程颐对《春秋》经传关系的观点是:经传互证,以三传来疏通《春秋》经文,当遇到传中有真伪的时候,以《春秋》经文来辨别三传的真伪。实际上就是以经为主、传为辅,如其所云:"《春秋》,《传》为案,《经》为断。"⑤ 程颐将《春秋》经文作为圣人之道、天地之理的载体,而三传只不过在于阐明《春秋》中蕴涵的圣人之道、天地之理而已。

当然,对于三传的价值,程颐也并非一视同仁。他在借助《春秋》三传来疏通《春秋》大义的时候,更多的是借助《左传》,而不是《公羊》《穀梁》。三传之中程颐比较偏信《左传》,根本的原因在于,程颐希望借助《左传》疏通《春秋》经义的同时,因事明义,能够发挥经文大义,来表达自己的思想学说;而《公》《穀》所言之义具有确定性,这无疑限定

---

① 《程氏遗书》卷18,第245页。
② 《程氏遗书》卷15,第157页。
③ 《程氏遗书》卷15,第144页。
④ 《程氏遗书》卷22上,第279页。
⑤ 《程氏遗书》卷15,第164页。

了《春秋》这种特殊文体所具有的含混性和多义性，同时这对于"以己意说经"的程颐来说，自然是不利的。所以，程颐批驳三传，尤其是《公》《穀》所言大义，并在《左传》所提供史实的基础上断以己意，建构出新的价值体系和思想观念。正如四库馆臣所言："汉晋以来藉《左氏》以知经义，宋元以后更藉《左氏》以杜臆说。"① 当然，程颐虽然重视《左传》，但不迷信《左传》，他在解说《春秋》基本上依据《左传》所言，对于其中不可信的史实便求助于《公羊》《穀梁》，以期尽可能地洞知《春秋》本意。

总之，程颐根据自己建构思想体系的需要，认为《春秋》作为五经之一，承载着"道"或"理"，或者说孔子借助历史史实的形式来展现"道""理"。所以，程颐解经并不仅仅只是疏通《春秋》经文，更为主要的是将其理学思想融入《春秋》的解释之中，以期最大限度地发挥《春秋》的价值和意义。另外，在具体解释《春秋》史实的时候，程颐更多地采纳了《左传》而非《公羊》《穀梁》，究其原因，除了《左传》"博采诸家，叙事尤备。能令百代之下，颇见本末，因以求意，经文可知"外②，更为主要的是，《公》《穀》中的很多义理在程颐看来，甚是乖谬，且与他要发挥的"道""理"相悖。所以批驳《公》《穀》二传，尤其是其所言大义，成为程颐对待《公》《穀》二传的基本态度。程颐不仅对《春秋》三传不尽信，而且对汉魏以来注疏家之说也不盲从，甚至大胆地进行怀疑，并经过考证，进而得出自己的结论，这无疑反映了程颐对汉唐以来价值观念和理论体系的鄙薄和否定。

二　程颐《春秋》学之解经方法与思想

程颐对于《春秋》的解释，具有自己的特色，如会通三传、以理解经、以"四书"说解《春秋》、注重"春秋笔法"等，这些都为后来理学家解释《春秋》，即理学化《春秋》学的发展提供了一个典范。可以说，程颐《春秋》学在宋代经学解释学史上具有突出的里程碑式的学术意义。

首先，就程颐以"四书"：解读《春秋》来说。程颐认为《春秋》

---

① （清）纪昀：《四库全书总目》卷26《春秋类·春秋左氏正义》解题，河北人民出版社，2010，第681页。
② （唐）陆淳：《春秋集传纂例·三传得失议》，文渊阁《四库全书》影印本，商务印书馆，1986，第3页。

所反映的乃是理、道，而这个"道"或"理"就是《论语》《孟子》等"四书"中所蕴含的圣人之道，所以他认为先读"四书"，然后再看《春秋》，"常语学者，且先读《论语》、《孟子》，更读一经，然后看《春秋》。先识得个义理，方可看《春秋》。"① "学《春秋》可以尽道矣。然以通《论语》、《孟子》为先。"② 程颐认为先对"四书"所蕴含的天地之理、圣人之道进行体悟，然后以此为依据来解读《春秋》乃至其他儒家经典。

不仅如此，程颐在其《春秋传》中对很多人事是非的决断，都是他从"四书"等经典中所体悟出的圣人之道的展现，即其所谓"学《春秋》可以尽道"。可以说，程颐注重从"四书"中体悟到的圣人之道来解读《春秋》，并将其中的"道"或"理"作为《春秋》历史史实的价值依据，这较之前杜预、孔颖达、孙复、刘敞等人对《春秋》中"礼"的强调，无疑是一种新的思路。与中唐以来《春秋》学家们相比，程颐继承了先儒之解经成果。但他所言大义，或价值评判之依据，是从《论语》《孟子》《中庸》等"四书"中所体悟的圣人之道，而非汉唐之际甚至中唐以后《春秋》学名家们所依傍的《公》《穀》大义。

其次，程颐以《春秋》"例"来解读《春秋》。在程颐《春秋传》有大量以"例"说解《春秋》的例子，如：

> 凡盟，内为主，称"及"；外为主，称"会"。在鲁地，虽外为主，亦称"及"，彼来而及之也。两国以上则称"会"，彼盟而往会之也。③
>
> 卿者，佐君以治国，其卒，国之大事，故书于此，见君臣之义矣。④
>
> 凡将尊师众曰某帅师，将尊师少曰某伐某，将卑师众曰某师，将卑师少曰某人，不知众寡将帅名氏亦曰某人。⑤

在以例说解《春秋》的过程中，程颐对很多《春秋》学者所津津乐道的"日月之例"之法最为重视，阐发也最多，对于其中可以发挥义理之处的

---

① 《程氏遗书》卷15，第164页。
② 《程氏粹言》卷1《论书篇》，第1200页。
③ 《程氏经说》卷4《春秋传》，第1087页。
④ 《程氏经说》卷4《春秋传》，第1088页。
⑤ 《程氏经说》卷4《春秋传》，第1089页。

更是极力强调、诠释，如《程氏遗书》记载师徒问对：

> 问："桓四年无秋冬，如何？"曰："圣人作经备四时也。如桓不道，背逆天理，故不书秋冬。《春秋》只有两处如此，皆言其无天理也。"①

这是《程氏遗书》中所载程颐师徒的一段对话，程颐对弟子所问"桓公四年"为什么"无秋冬"的原因作了自己的解释，认为桓公弑君而立，对当时的礼制无疑是最大的破坏，所以程颐认为"不书秋冬"四时季节，就是表明"桓不道，背逆天理"。在程颐看来，四时与天理表里为一，"不书秋冬"就是借此表明桓公悖逆了天理，他在其《春秋传》中也说"人理既灭，天运乖矣；阴阳失序，岁功不能成矣，故不具四时"②。程颐对日月之例的重视，其实就是对天命、天理的重视。毕竟，季节时序在上古被认为是天命意志的体现，也是人间宗教礼仪乃至一切社会活动的依据。《礼记·月令》说天子"命大史守典奉法，司天日月星辰之行，宿离不贷，毋失经纪，以初为常"，故其所记载的周天子祭祀活动之前一般都列有四季时序。程颐此处依旧例强调日月时例，无疑是在强调遵从天命、天理的重要性。

最后，以"理"代"礼"解《春秋》，也是程颐解经的重要特征。程颐作为理学的奠基人，他将自己的理学观念贯注于《春秋》的解释中，将"道"或"理"作为《春秋》历史史实的价值依据，这与杜预、孔颖达、孙复、刘敞等人对"礼"的强调，无疑是一种新的思路。如程颐在其《春秋传》中多次提到"理""天理"：

> 桓公无王，而书王正月，正宋督之罪也。弑逆之罪，不以王法正之，天理灭矣。督虽无王，而天理未尝亡也。③
>
> 二国为会，约言相命而不为盟诅，近于理也，故善之。④
>
> 天子成妾母为夫人，乱伦之甚，失天理矣。不称天，义已明。称叔，存礼也。"王使召伯来会葬"，天子以妾母同嫡，乱天理，故不称天。⑤

---

① 《程氏遗书》卷22下，第298页。
② 《程氏经说》卷4《春秋传》，第1103页。
③ 《程氏经说》卷4《春秋传》，第1101页。
④ 《程氏经说》卷4《春秋传》，第1102页。
⑤ 《程氏经说》卷4《春秋传》，第1114页。

程颐将《春秋》中君臣不敬守礼法规范，而做出不礼、不义的行为，以宇宙的最高法则——"理"或"天理"进行批判。相反，对于那些能够守礼的行为予以表彰，认为是有"理"。这种将"礼""义"上升为宇宙法则"理"的高度，无疑是对礼法规范的重视，在一定程度上继承和发扬了孔子《春秋》学的真精神。所以，作为孔子《春秋》中所宣扬的礼制，被程颐视为"理"的重要内涵与体现，这在一定程度上强调了孔子礼制思想的神圣性与合理性。这与汉唐以来，学界流行的以春秋《公羊传》《穀梁传》作为《春秋》大义的规范有根本的不同。

总的来看，程颐解读《春秋》大义，既不会为了实现《春秋》的实用性而忽视真实性，也不因为是历史真实就不顾《春秋》经世致用的精神。他对于《春秋》大义的阐明和发挥，大体是建立在客观真实的历史史实基础之上的，具有很强的时代性。最为主要的是，他对于《春秋》大义的发明，开始跳出《公》《穀》的束缚，借助《论》《孟》《中庸》等"四书"所言的圣人之意，可谓是以经断经，而非先儒以传断经。故如程颐所说"《春秋》，《传》为案，《经》为断"①。经乃是"四书"中所蕴含、程颐所体悟出来的圣人之意，三传只不过是为这"圣人之意"提供具体而又形象的史实依据而已。由此可见，程颐《春秋传》在思想境界上较以往《春秋》学者更高一等。当然，我们也看到，由于程颐对于"四书"中圣人之意的体悟注重"以意逆志"，所言之意并非圣人之本意，所以在注解《春秋》的过程中，必有主观臆断性存在，何况其《春秋》学只不过是其理学的基础，从而使《春秋传》成为自己思想体系的注脚而已。无论如何，程颐《春秋传》仍然是啖赵学派之后，《春秋》学发展史上的又一个里程碑。后来私淑弟子胡安国又继承程颐解说《春秋》之思想和理路，将《春秋》学发展到一个新的阶段。

三 二程《春秋》学旨趣及其理学化

孔子作《春秋》，寄托了他毕生的理想，通过具体的历史史实和"春秋笔法"，详细地阐发了儒家的政治道德规范和做人的基本道德准则，在

---

① 《程氏遗书》卷15，第164页。

六经中最为重要，所以后世的君臣父子不可不读《春秋》，《春秋》为万世法典。"《诗》《书》载道之文，《春秋》圣人之用。"①"《诗》《书》如药方，《春秋》如用药治疾，圣人之用全在此书。"程颐认为《诗》《书》是圣人之道的记载，而《春秋》则是圣人之道在现实中的运用，如同《诗》《书》是药方，而《春秋》则是具体的用药治病。总之，二程尤其是程颐希望通过诠释《春秋》来阐明和发挥圣人的"微言大义"，来表达自己的思想观点，为宋代治国提供新的思想指导，最终目的是解决宋初以来的社会危机。二程《春秋》学的思想大体主要分为三个方面：一是突出华夏、夷狄之别；二是社会政治秩序的重建和稳定；三是伦理道德的敦化。更为主要的是，为了应对佛老之学的挑战，程颐还借助《春秋》诠释建构并完善了其理学思想体系，由此实现了《春秋》学的理学化。

就明《春秋》"尊王攘夷"之旨来说。宋代立国以来，内部面临着严重的社会政治危机，外部也面临着北方、西南西夏、契丹、吐蕃、大理等民族与政权的威胁，这样"华夷之辨"成为北宋经学的一个重要话题。这正如牟润孙所说："发明'尊王攘夷'之义为宋人《春秋》学之主流，余事皆其枝节耳。"② 程颐在其《春秋传》中也极力突出"尊王攘夷"之旨。

程颐的"尊王"，首先将王权与其理学融为一体，强调王权的存在具有本体性、自然性，所谓"王者奉若天道，故称天王，其命曰天命，其讨曰天讨。尽此道者，王道也。"③"王道存则人理立，《春秋》之大义也。"④ 程颐宣扬君权天授，是理之本然，旨在论证君权的神圣性，消除人们对君权的觊觎之念。但由于宋朝改变了中古时期的贵族体制，王权空前独大。为了限制君权，服务于社会民众，程颐在其《春秋传》中就说："王者奉若天道，故称天王，其命曰天命，其讨曰天讨。尽此道者，王道也。后世以智力把持天下者，霸道也。《春秋》因王命以正王法，称天王以奉天命。"⑤ 程颐认为，人君既然受命于天，就要替天行道。如政治的稳定、制度的完善等。可以看出，他并不仅通过君权神授的思想来尊王，同时还有借助天命、天理的观念来制约王权的意味。当然，程

---

① 《程氏遗书》卷2上，第19页。
② 牟润孙：《两宋春秋学之主流》，载《注史斋丛稿》，中华书局，1987，第142页。
③ 《程氏经说》卷4《春秋传》，第1088页。
④ 《程氏经说》卷4《春秋传》，第1091页。
⑤ 《程氏经说》卷4《春秋传》，第1088页。

颐《春秋》的旨趣中制约王权本身也是为了王权稳定的存在，所以尊王还是最终目的。

程颐在极力强调"尊王"的同时，对"攘夷"之义更是不遗余力地进行阐发与宣扬，如在解释隐公二年春"公会戎于潜"一句时云：

> 周室既衰，蛮夷猾夏，有散居中国者，方伯大国，明大义而攘斥之，义也；其余列国，慎固封守可也，若与之和好，以免侵暴，非所谓"戎狄是膺"，所以容其乱华也，故《春秋》华夷之辨尤谨。居其地，而亲中国、与盟会者，则与之。公之会戎，非义也。①

程颐严辨华夷之别，反对和少数民族的和盟，认为"《春秋》华夷之辨尤谨"，如果结盟就会乱华，故对盟会之类予以坚决抵制。程颐此态度与当时北宋王朝面临西夏、契丹的侵扰有很大的关系，可以看出程颐采取的是对抗的态度，而不是绥靖或妥协。

另外，程颐在其《春秋传》中强调"正名"与伦理政治的建设。二程尤其是程颐强调"正名"，此正名与以往注重礼仪有一定的不同。在程颐看来，社会政治秩序的重建是以道德伦理为基础的，故他所言的"正名"，其内涵主要指向是道德伦理的敦化。程颐认为，夫妇是社会伦常敦化的根本，所以必当给予高度重视。如程颐在解释隐公元年秋七月"天王使宰咺来归惠公仲子之赗"时云：

> 《春秋》因王命以正王法，称天王以奉天命，夫妇，人伦之本，故当先正。②

对夫妇关系的强调，认为它是人伦道德的根本。"君子之道，造端乎夫妇"，可见二程此言实则是对宗法伦理思想的强调，并将之作为社会政治秩序重建之基础。不仅如此，程颐对个人、家庭的重视进一步延伸，将民众安乐视为治国安邦之基础，由此展现了程颐"民本"之思想，如在解释隐公七年夏"城中丘"时说道："为民立君，所以养之也。养民之道，在爱其力。民力足则生养遂，生养遂则教化行而风俗美，故为政以民力为重也。"③ 程颐认为，"为政以民力为重"，这是为君的一个基本要求。如他所

---

① 《程氏经说》卷4《春秋传》，第1089页。
② 《程氏经说》卷4《春秋传》，第1088页。
③ 《程氏经说》卷4《春秋传》，第1096页。

说"《春秋》之文,莫不一一意在示人,如土功之事,无小大莫不书之,其意止欲人君重民之力也"①。又如隐公八年,"螟",程颐说,"为灾也。民以食为命,故有灾必书",强调民生。程颐的民本思想,和他的尊君思想遥相对应,他将君和民的关系视为一种紧密不可分之关系,"夫王者,天下之义主也。民以为王,则谓之天王天子;明不以为王,则独夫而已矣"②。突出了"民"的主体地位,这是对传统"民为邦本"思想的一种继承与发展。

当然,民本只不过是为治的起点,其落脚点在于君本。加上宋王朝所推行的君主集权体制,决定了当时的政治思想必须维护以皇帝为核心的政治秩序的稳定。故在二程看来,君臣阶层尤其君主是社会政治稳定及运行的关键所在,他们道德境界的高低直接关系到社会政治状况的好坏,所以提升他们道德的境界,无疑具有重要的现实意义。因此,程颐不仅在其《春秋传》中,还在其《易传》《诗解》等经解中多次强调作为君主一定要提升自己的道德。总之,程颐面对宋朝政治、军事、文化、信仰等诸多"危机",努力借助经典诠释来建构全新的儒学思想体系,希望继续发挥儒家伦理所标榜的"仁政""德治",以实现用道德制约、调节政治权力、维护社会政治秩序稳定的目的。

此外,在程颐看来,《春秋》是明理、行道的重要经典,不仅如此,他还利用《春秋》学来丰富、完善其理学思想体系。比如在天人之际的问题上,程颐极力宣扬天人合一、与理合一的思想:"桓弑君而立,逆天理乱人伦,天地之气为缪戾,水旱凶灾,乃其宜也。"③这种天人感应的思想和汉儒一脉相承,不过与汉儒不同的是,程颐和汉儒的理论出发点不同。程颐所言天人感应的理论出发点乃是"下学而上达",即内在心性道德的修行与外在超越的天理的合一,而抛弃了汉儒主要是董仲舒"天人感应"的神学体系。正如李泽厚先生所言:"如果说,汉儒的'天人合一'是为了建立人的外在行动自由的宇宙模式,这里'天'在实质上是'气',是自然,是身体的话;那么宋儒的'天人合一'则是为了建立内在伦理自由的人性理想,这里的'天'则主要是'理',是精神,是心性。所以前者是宇宙论即自然本体论,后者是伦理学即道德形而上学。"④

---

① 《程氏遗书》卷17,第179页。
② 《程氏遗书》卷21下,第273页。
③ 《程氏经说》卷4《春秋传》,第1103页。
④ 李泽厚:《新版中国思想史论》,天津社会科学出版社,2008,第253页。

总的来说，汉儒董仲舒借助《春秋》学所建构的哲学体系是儒家思孟学派和邹衍阴阳五行之学的混合物，他对于天人之际的探讨，虽然也强调天人之间的互动，但是更突出天的意志和主体地位。相比较而言，程颐所言的天人之际虽然和董仲舒有一致之处，但是他更强调人的主体作用和意义。程颐宣扬《孟子》人性本善的说法，希望人人都扩充内心所固有的仁义礼智信，积极地维护社会政治秩序、道德伦理，进而实现王道理想社会。也正是因为如此，程颐对《春秋》所记载的"春秋弑君三十六，亡国五十二"等各种不"善"、不合天理之事进行批判，以期发扬人性所固有之"善"，进而实现社会的整体之"善"，毕竟，在程颐看来"道（理）即性也"。可以说，董仲舒与程颐作为儒家学说中非常有影响力的两位学者，他们都希望借助经典诠释来重建新的社会政治秩序，尽管他们的学说根基都在人性，但汉儒所言人性与程颐不同，以至于政治治理的进路不同，从而形成了两种不同的政治架构与思想方法。

结　语

二程尤其是程颐的《春秋》学的思想渊源可以远溯到孟子、《史记》，近可以说源于中唐啖赵学派及孙复《春秋》之学，不过二程同时代的《春秋》学者们对他的影响更为直接。程颐注解《春秋》，采用的方法与汉唐的注疏之学有很大的不同，汉唐学者注重对经传之义的疏通，而程颐则侧重对经传中圣人之意的发掘，但是所言之"意"，亦即对《春秋》所蕴含的天理之体认。不仅如此，程颐还以此为基础，更加注重《春秋》的现实取向性。程颐对《春秋》的诠释，改变了汉唐诸儒对经典人物、地理、典制等的重视，也摒弃以往依靠文字训诂烦琐考证等方式来阐释《春秋》"大义"的方式，更多的是在同现实紧密联系的基础上，对《春秋》经义的阐释和发挥。这无疑为"微言大义"的阐发树立了新的研究模式。程颐在阐明《春秋》大义的同时，注重发挥己意，"以意逆志"，即根据自己的需要来阐发自己的见解和观点，以此来强化理学在《春秋》诠释中的运用与渗透，其目的就在于为《春秋》所宣扬的纲常名教、人伦道德进行抽象论证，以便发挥《春秋》在现实政治中的价值与意义，这一点与孙复所云"尽圣人之心在《易》、尽圣人之用在《春秋》"的经学旨趣一样。随着二程洛学成为南宋的主流学派，二程《春秋》基本上也就成为学者研习《春秋》学的基本路径与方法。

南宋初年，私淑二程的胡安国，传承并发扬二程《春秋》学的思想。稍后又有吕祖谦撰的《春秋集解》，集此前心学、理学化《春秋》学之大成。可以说，就宋代《春秋》学而言，程颐《春秋》学具有承上启下的重要地位，尤其是他以理学解读《春秋》，确立了《春秋》学的新范式：一方面改变了汉唐之际章句训诂之学的解经模式，另一方面将借助"四书"、《周易》等经典诠释所建构起来的理学运用到《春秋》诠释之中，使得《春秋》学的核心范畴由"礼"转向了"理"，这对后来《春秋》学产生了深远的影响。二程之后，其《春秋》学思想为弟子们所继承，宋人李明复对此曾作了梳理，他在《春秋集义》一书中认为，范祖禹《唐鉴》便是"尽用程颐之意"，杨时"与程颐往来书，讲论《春秋》之学极详。又尝语学者：昔闻之师云：'若经不通，则当求之传；传不通，则当求之经。'又其所著书，如《三经义辨》、《论语孟子解》，多有及于《春秋》之说"①。另外，还有谢良佐、侯仲良、尹焞、刘绚、谢湜等人多习程氏《春秋》学。可以说，二程《春秋》学从理学的角度出发进行诠释，不仅改变了汉唐以来注重以"礼"来解读《春秋》的局面，更是改变了汉唐之际注重章句训诂、门户有别的经典诠释模式；另外，二程借助《春秋》诠释，从宇宙本体天理的高度，进一步肯定了儒家纲常名教、人伦道德的价值与意义，更是从人性出发，为纲常名教、人伦道德的践行提出了一系列可资利用的路径，由此进一步丰富完善了汉唐以来的《春秋》学及其思想。后随着理学的官学化，理学化《春秋》学也得到了朝野的基本认可，并将以传承二程《春秋》学思想的胡安国《春秋》学作为官学必修经典，由此进一步强化了二程理学在中国近世经学史上的主导地位。

---

① （宋）李明复：《春秋集义·诸家姓氏事略》，文渊阁《四库全书》影印本，（台北）商务印书馆，1986，第219页。

苏辙《古史》初探*

李 哲

(周口师范学院文学院，河南周口　466001)

摘　要：《古史》一书是代表苏辙历史成就的著作。苏辙撰述此书的缘起在于对《史记》的不满，有探索历史成败兴衰之故和保存历史文献的需要。此书卷帙浩繁，有六十卷之多，着力于上古史研究，总结出"势""礼义"与"德"对历史的影响，其所增六篇列传皆贤臣明君，贯穿其中之义更是反映出宋代重义轻利的时代特征。《古史》的史学地位也多为后世所认同，朱熹于其中之"理"表示赞赏，但对其援佛、老入儒的学说持批评态度，这也引起了后世对此的关注。

关键词：苏辙　《古史》　《史记》　史学

宋代是我国古代史学的繁荣时期。陈寅恪曾说过："中国史学莫盛于宋"，"华夏民族之文化，历数千载之演进，造极于赵宋之世。"① 这一时期的确出现了许多有分量的史学著作：纪传体史书有《旧五代史》《新五代史》《新唐书》《东都事略》和《通志》，编年体史书有《资治通鉴》《续资治通鉴长编》《建炎以来系年要录》和《三朝北盟会编》，典志体史书有《唐会要》《五代会要》《西汉会要》和《东汉会要》等著作。这些史著的出现无一不印证着宋代史学的发达。苏辙的《古史》正是在这样的大

---

* 本文系周口师范学院高层次人才科研启动经费资助项目"苏辙史学思想研究"（项目号：ZKNU2014204）；周口师范学院校本项目"宋代与启蒙时代的史学思想"（项目号：zknuB1201609）；河南省教育厅人文社会科学研究一般项目"宋代文化视域下的苏轼史学思想研究"（项目号：2015 - QN - 233）的阶段性成果。

① 陈寅恪：《金明馆丛稿二编》，上海古籍出版社，1980，第240、245页。

背景下出现的，值得一提的是，不仅仅是《古史》，这一时期还有许多历史著作集中于上古史的历史记载，[1] 司马光的《稽古录》、邵雍的《皇极经世》、刘恕的《通鉴外纪》、胡宏的《皇王大纪》、黄震的《古今纪要》、张栻的《经世纪年》以及金履祥的《资治通鉴前编》等著作也都将着力点放在了上古史的研究上。而苏辙的《古史》与以上著作的不同之处在于：第一，《古史》全书都在研究上古史，并无论述其他历史时期，可以说是一部专门的上古史著作；第二，上述诸书的体裁或为编年，或为本末，只有《古史》是以纪传体通史的形式卓然于世。

一 苏辙《古史》的撰述旨趣

《史记》自问世以来就广受历代学者的重视，汉朝时即有十几家续写《史记》之书问世，南朝刘勰在《文心雕龙》中对《史记》又作了较为全面的评论，唐代"《史记》三家注"最终成型，到了宋代，欧阳修、司马光和苏轼等人都对《史记》有过较高评价，由此可见《史记》影响之大。苏轼曾评价其弟苏辙道："其为人深不愿人知之，其文如其为人，故汪洋澹泊，有一唱三叹之声，而其秀杰之气，终不可没。"[2] 如此沉稳之人为何会想比照《史记》写作《古史》？这要从苏辙的作史原因开始分析。

司马迁作《史记》百三十篇，后人或有不满者。三国谯周曾认为司马迁"书周秦以上，或采俗语百家之言，不专据正经"，于是作《古史考》二十五篇，"皆凭旧典，纠迁之谬误"[3]。西晋司马彪"复以周为未尽善也，条《古史考》中凡百二十二事以为不当，多据《汲冢纪年》之义，亦行于世"[4]。苏辙正是针对《史记》所存在的问题而作《古史》："司马迁作《史记》，记五帝三代，不务推本《诗》《书》《春秋》，而以世俗杂说乱之，记战国事，多断缺不完，欲更为《古史》。"[5] 书成之后，受到史家的

---

[1] 由于我国史学界对历史分期问题，尤其是奴隶制社会与封建制社会的划分没有形成统一的认识，兹按照白寿彝先生著《中国通史》的标准将上古史约等同于先秦史。白寿彝先生说过："从历史发展顺序上看，这约略相当于一般历史著述中所说的奴隶制时代。但在这个时代，奴隶制并不是唯一的社会形态。我们用'上古时代'的提法，可能更妥当些。"（白寿彝：《中国通史》卷3《题记》，上海人民出版社，1989，第1页）
[2] 苏轼：《苏轼文集》卷49《答张文潜县丞书》，中华书局，1986，第1427页。
[3] 房玄龄：《晋书》卷82《司马彪传》，中华书局，2011，第2142页。
[4] 房玄龄：《晋书》卷82《司马彪传》，中华书局，2011，第2142页。
[5] 苏辙：《苏辙集》卷12《颍滨遗老传上》，中华书局，1990，第1017页。

重视。例如，南宋朱熹曾评价《古史》切中《史记》弊端："子由《古史》言马迁浅陋而不学，疏略而轻信，此二句最中马迁之失。"① 当然也有为《史记》辩护者，《四库全书总目》中就曾对苏辙所作《古史》提出了批评，但同时又不完全否定其作用，认为其与《史记》共存可相得益彰："平心而论，史至于司马迁，犹诗至于李杜，书至于钟王，画至于顾陆，非可以一支一节比拟其长短者也。辙乃欲点定其书，殆不免于轻妄……其去取之间，亦颇为不苟。存与迁书相参考，固亦无不可矣。"② 由此可见，四库馆臣并不是真正否定《古史》的作用，最后一语反而将《古史》置于与《史记》平等的地位，也是承认其在史学上所做的贡献。苏辙认为：古之帝王都是圣人，"其道以无为为宗，万物莫能婴之。其于为善，如水之必寒，如火之必热；其于不为不善，如骀虞之不杀，如窃脂之不谷"③。由于苏辙的思想杂糅儒、释、道三教的思想，所以在此他用道家的无为之道来形容古之圣人"不学而成，不勉而得"，是为"帝王以无为宗"④。接着他又借孔子的话来阐发其中庸之道："喜怒哀乐之未发谓之中，发而皆中节谓之和。中也者，天下之大本也；和也者，天下之达道也。致中和，天地位焉，万物育焉。"苏辙认为正是由于"中和"是天地万物之本，所以在此才需要将其道"推之以治天下者，有不可得而知也"。由此可知，《古史》一书是想用"中和"之道来推天下治乱兴衰之本，是一本探索历史成败兴亡之故的书。

"自三代之衰，圣人不作，世不知本而驰骋于喜怒哀乐之余，故其发于事业日以鄙陋，不足以睎圣人之万一"⑤，春秋时期，虽然周王之道仍存在于世，且士人皆熟于礼义，但是管仲、晏子、子产及叔向之流皆不足以

---

① 朱熹：《朱子全书·朱子语类》卷122《吕伯恭》，上海古籍出版社，2010，第3853页。
② 永瑢：《四库全书总目·史部·别史类》卷50《古史》，中华书局，1965，第448页。
③ 苏辙：《古史》《古史原叙》，《影印文渊阁四库全书》（第371册），（台湾）商务印书馆，1986，第207页。
④ 朱熹曾就此评价道："论子由《古史》言'帝王以无为宗'。因言：'佛氏学，只是任它意所为，于事无有是处。'德明云：'杨敬仲之学是如此'。"先生曰："佛者言：'但愿空诸所有，谨勿实诸所无。'事必欲忘却，故曰'但愿空诸所有'；心必欲其空，故曰'谨勿实诸所无。'杨敬仲学于陆氏，更不读书，是要不'实诸所无'；已读之书，皆欲忘却，是要'空诸所有'。"朱熹于此对苏辙这一句话的来龙去脉做出了自己的解释，他认为无为之语起源于佛家，杨氏治学皆本于此语，学而无术，忘却所有已知之物。实际上是批评苏辙"帝王以无为宗"中的佛学思想（朱熹：《朱子全书·朱子语类》卷124《陆氏》，上海古籍出版社，2010，第3895页）。
⑤ 苏辙：《古史》《古史原叙》，《影印文渊阁四库全书》（第371册），第207页。

知之，孔子知圣王之道而未尝言之，孟子知其一二告于世人而未被之信；至于秦、汉之际，皆以功利为首要之事，还在研究圣王之道者寥寥无几。"儒者留于度数，而智者溺于权利，皆不知其非也"①。正是在这种情况下，司马迁始于《春秋》的编年体史书之后创造性的开创了纪传体史书的先河，"记五帝、三王以来，后世莫能易之"②。苏辙接着深入分析《史记》所存在的问题：第一，汉景、武二帝之时，《古文尚书》《毛诗》《春秋左传》不列于学官，世间读其者少。他认为用这样不常用的书籍作为史料来源记尧、舜、三代之事，不会得到圣人之道。第二，战国之际，诸子辩士各自著书，有时增损古事以使自己的说辞看起来更加可信。这些说法，司马迁大多数都信而传之，有的地方采世俗相传之语，来改变古文旧说。第三，秦始皇焚书坑儒之后，原六国所著国史皆毁坏殆尽，司马迁阙略不录，其记战国之事，有数年不书一事的情况。

正是由于苏辙想探寻历史兴衰之故以及对《史记》存在问题的关注，所以才著《古史》以明志："余窃悲之，故因迁之旧，上观《诗》《书》，下考《春秋》，及秦汉杂录，记伏牺、神农，讫秦始皇帝，为七本纪、十六世家、三十七列传，谓之《古史》。追录圣贤之遗意，以明示来世。至于得失成败之际，亦备论其故。""幸其犹有存也，而或又失之，此《古史》之所为作也。"③ 由此可知《古史》的史料来源为：《诗》《书》《春秋》以及秦汉间的书籍；著书范围是：上古历史；史书体例为纪传体史书；撰述目的是：原始察终，彰往知来，以及担忧史书的再度阙失，从这个意义来说，《古史》一书也有保存历史文献的功用。

二 《古史》补阙《史记》之功

苏辙所著《古史》共六十卷。其中本纪七卷：《三皇本纪》《五帝本纪》《夏本纪》《殷本纪》《周本纪》《秦本纪》以及《秦始皇本纪》。世家十六卷：《吴太伯世家》《齐太公世家》《鲁周公世家》《燕召公世家》《蔡叔曹叔世家》《陈杞世家》《卫康叔世家》《宋微子世家》《晋唐叔世家》《楚世家》《郑世家》《越世家》《赵世家》《魏世家》《韩世家》和

---

① 苏辙：《古史》《古史原叙》，第207页。
② 苏辙：《古史》《古史原叙》，第207页。
③ 苏辙：《古史》《古史原叙》，第207页。

《田敬仲世家》。列传三十七卷:《伯夷列传》《管晏列传》《柳下惠列传》《曹子臧吴季札列传》《晋范文子列传》《晋叔向列传》《郑子产列传》《孔子列传》《孔子弟子列传》《老子列传》《孟子孙卿列传》《伍员列传》《孙武吴起列传》《范蠡大夫种列传》《叶公列传》《商君列传》《苏秦列传》《张仪列传》《樗里子甘茂列传》《穰侯列传》《白起王翦列传》《孟尝君列传》《平原君列传》《魏公子列传》《春申君列传》《范雎蔡泽列传》《乐毅列传》《廉颇蔺相如列传》《田单列传》《屈原列传》《虞卿鲁仲连列传》《吕不韦列传》《李斯列传》《蒙恬列传》《扁鹊列传》《刺客列传》和《滑稽列传》。

《古史》既然是纪传体的史书,又是针对《史记》而作,所以在篇目设计上,也要与《史记》相比对才能看出其特点。① 其中,《三皇本纪》的提出将中华民族的历史提前到三皇时期,这比《史记》的《五帝本纪》断限提前了。司马迁虽在《秦始皇本纪》提到"古有天皇,有地皇,有泰皇,泰皇最贵",② 但他并未为三皇立本纪,这样看来,苏辙明确为三皇立本纪实是一大进步。当然司马迁和苏辙关于三皇五帝的定义并不相同,但这并不妨碍苏辙《古史》为三皇立本纪的贡献。另外,苏辙将《管蔡世家》改为《蔡叔曹叔世家》其源有自,《史记》虽然载管叔,但其篇幅甚小,且其中大多都在论述蔡叔及其后代之事,因为管叔被周公诛后没有后代,蔡叔虽被流放至死,后代连绵不绝,所以苏辙改记管叔为曹叔也是取其大端之举。《古史》没有如《史记》一般为孔子在世家中留有一席之地,将其降格为列传,此举为历代史家所诟病。③ 《古史》将《史记》中的《孔子世家》降为《孔子列传》,将《史记》中的《老子韩非列传》的并传形式升格为《老子列传》的独传形式,确实有些抑孔扬老之意。但是平

---

① 因为《史记》的断限是从五帝时期一直到汉武帝时期,而《古史》则是专门描写上古史的史书,为了同中见异,所以这里仅就《古史》与《史记》中的上古部分进行比较。
② 司马迁:《史记》卷6《秦始皇本纪》,中华书局,2011,第236页。
③ 黄震曾针对此事批评道:"太史公作《孔子世家》,以次三代诸侯之列,若曰古昔圣王之彼,以德显者如此,故本所自来而表异之也。孔子虽不待此而尊,而太史公之知尊孔氏为可知。苏子乃降之为列传,以居叔向、子产之后,则ععف乎太史公之心矣。"黄震的此番评论用对比司马迁与苏辙对待孔子的态度说明苏辙于孔子不公,为孔子鸣不平。至于《古史》将孔子与老子同为列传,黄震也指出:"盖苏子虽假夫子之说以发身,而实则老子之学,故其失若此。"表达了自己对于孔子与老子同为列传的不满,所以说苏辙阳为孔子之学,阴为老子之学(黄震:《黄氏日抄》卷51《读杂史一·苏子古史·孔子传》,《影印文渊阁四库全书》(第708册),(台湾)商务印书馆,1986,第356页)。

心而论，孔子其实没有封王封侯，在当时并没有受到当权者的重视，后来经过独尊儒术以及儒学神化的一系列过程才最终使孔子以圣王的形象存在于后世。根据知人论世的原则，孔子与老子其实都是春秋时期的诸子，据传，孔子还曾请教过老子问题，二者类似于师生关系，① 所以，苏辙将二者并为列传也是符合史实的。更何况苏辙还保留有《史记》关于孔子弟子的列传《孔子弟子列传》，也是从另一个方面显示出对孔子的尊重。当然，据此的确可以反映出苏辙提高道教地位的意图，这也与宋代统治者对老子的神化轨迹同步。与《史记》相比，《古史》删去了《司马穰苴列传》，② 增加了《柳下惠列传》《曹子臧吴季札列传》《晋范文子列传》《晋叔向列传》《郑子产列传》以及《叶公列传》。至于删去《司马穰苴列传》，苏辙认为："事既不信，故删穰苴"，亦即《史记》所记其事并不可信，故删之。对于《古史》增立诸传，黄震也曾评价道："《柳下惠》《曹子臧》《吴季札》《范文子》《叔向》《子产》诸传，于《史记》无之，皆苏子据《左氏传》增立，始末备具，不以年隔，殆《左氏》类书之要者，可观也。""叶公，《史记》无传，苏子采《左传》而增立之，叶公有存国之功，而不享存国之利，是不可以不传。"③ 柳下惠的高尚道德，曹子臧、吴季札和叶公的礼贤让国，范文子的以死易乱，叔向的礼威并重，子产的礼法行惠。这些人物列传的选取标准无外乎一个

---

① 据《史记·老子韩非列传》记载："孔子适周，将问礼于老子。老子曰：'子所言者，其人与骨皆已朽矣，独其言在耳。且君子得其时则驾，不得其时则蓬累而行。吾闻之，良贾深藏若虚，君子盛德，容貌若愚。去子之骄气与多欲，态色与淫志，是皆无益于子之身。吾所以告子，若是而已。'孔子去，谓弟子曰：'鸟，吾知其能飞；鱼，吾知其能游；兽，吾知其能走。走者可以为罔，游者可以为纶，飞者可以为矰。至于龙，吾不能知其乘风云而上天。吾今日见老子，其犹龙邪！'"（司马迁：《史记》卷63《老子韩非列传》，中华书局，2011，第2040页）《礼记正义》中也曾有孔子问礼于老子的记载："昔者吾从老聃助葬于巷党，及土恒，日有食之。老聃曰：'丘！止柩就道右，止哭以听变。'既明反而后行。曰：'礼也。'"（阮元校刻：《十三经注疏·礼记正义》卷19《曾子问》，中华书局，2009，第3032页）"子夏问：'三年之丧，既卒哭，金革之事无避，礼与？初有司为之乎？'……孔子曰：'吾闻诸老聃曰：鲁公伯禽有为为之也。今以三年之丧从利者，吾弗知也。'"（《百子全书·孔子家语》卷9《曲礼子夏问》，岳麓书社，1993，第80页）今人据此认为：即使后代学者怀疑司马迁借孔子问礼于老子之事是抬高道家的地位而杜撰的，《礼记正义》和《孔子家语》作为儒家经典又怎会以讹传讹记载此事，所以孔子问礼之事当时史实无疑（参见黄梓根、张松辉：《关于孔子问礼于老子的几点认识》，《湖南大学学报》2005年第4期）。
② 苏辙：《古史》卷36《孙武吴起列传》，第513页。
③ 黄震：《黄氏日抄》卷51《读杂史·苏子古史·叶公传》，第356、358页。

"义"字,也就是这些人都在不同程度上践行着儒家礼教,在宋代重义轻利的背景下,苏辙正是以"义"作为撰写《古史》的重要参考标准。下面将分别对苏辙新增的人物传记进行分析,看苏辙如何"寓义于事""寓论断于叙事"的。

孟子曰:"伯夷,圣之清者也;伊尹,圣之任者也;柳下惠,圣之和者也;孔子,圣之时者也。"① 孟子将柳下惠与伯夷、伊尹、孔子等贤人并称为圣人,可见其道德之高,这样杰出的历史人物在《史记》中没有记述,可能是囿于材料所限。的确,有关柳下惠的历史资料很少,散见于《左传》《国语》《论语》《孟子》等书中。《论语·微子》中曾有过对柳下惠的记载:柳下惠由于性情耿直得罪于鲁国贵族,于是接二连三地被黜免,但因其道德学问名满天下,所以受到各国的争相聘任,但最后均被其一一拒绝,"直道而事人,焉往而不三黜?枉道而事人,何必去父母之邦?"② 这番话入情入理,没有托词,不仅显示出柳下惠怀念故土的情感,而且入木三分地指出各国均存在枉道事人的情况。一只名叫"爰居"的海鸟在鲁国停留了三日,鲁卿臧文仲使国人祭祀这只鸟,柳下惠批评道:"'越哉,臧孙之为政也!夫祀,国之大节也,而节,政之所成也。故慎制祀以为国典。今无故而加典,非政之宜也。今海鸟至,已不知而犯之,以为国典,难以为仁且知矣。夫仁者讲功,而知者处物。无功而祀之,非仁也;不知而不问,非知也。今兹海其有灾乎?夫广川之鸟兽,恒知而避其灾也。'是岁也,海多大风,冬暖。文仲闻柳下季之言,曰:'信吾过也。季子之言,不可不法也。'"③ 这段材料可以反映出柳下惠不迷信、不盲从的处世态度与坚持礼法正统性的政治原则,最终海鸟因为自然原因而停在鲁国的事实也使得鲁国执政不得不接受其批评。苏辙对柳下惠的评价是:"伯夷、叔齐,不降其志,不辱其身,义不事武王;而柳下惠,降志辱身,三黜于鲁而不去,行若冰炭之异。而圣人皆取之者,其心一也。心苟不然,则伯夷必陷于狷,柳下惠必陷于乡原,而孔子奚取焉?"④ 苏辙依据孔子对柳下惠的评价为标准,认为柳下惠的道德品行之高令时人佩服。由于没有确凿史料证明其"坐怀不乱"的事情确实发生,所以在《柳下惠列传》中不见此事记载,于此更

---

① 阮元校刻:《十三经注疏·孟子注疏》卷10《万章章句下》,第5962页。
② 阮元校刻:《十三经注疏·毛诗正义》卷18《微子》,第5494页。
③ 徐元诰:《国语集解》,中华书局,2002,第161~162页。
④ 苏辙:《古史》卷26《柳下惠列传》,第453页。

可见苏辙选取史料的审慎。① 苏辙同样没有将"叶公好龙"的传说放到《叶公列传》中,② 而是将叶公平定白公胜叛乱一事着重记载了下来,最后给予叶公的评价是:"叶公子高于白公之未乱也,知其不可近;及其既乱也,举兵而入,罪人斯得,而楚国以定,可以言知矣。使叶公因惠王之复,而身为令尹,以行楚国之政,楚岂有间言者哉?然叶公追念子西、子期之功,以其子为令尹、司马,而身老于叶,有存国之劳,而不享存国之利,于是可以言仁矣。"这是苏辙对叶公一生功绩进行的盖棺定论,在他看来,叶公是一位对国家社稷有功劳的仁者,而非心口不一的虚伪之人。

春秋时期是一个争名逐利的时代,齐桓晋文皆是争国争名之人,至于曹子臧和吴季札的礼贤让国,苏辙认为,子臧对于曹国、季子对于吴国来说都是有可取之义,本来应属于自己的国家都礼让他人,更别提争国之事了。"予高二子之义,欲考其行事,而子臧反国而致事,事不复见。季子事吴九十余年,观其挂剑于墓,不以死背其心。葬子嬴、博,不以恩累其志。引兵避楚,不以名害其德。盖其所以养心者,至矣!"苏辙于此高度赞扬了二人的行为,认为其道德高尚,始终如一。同样的

---

① 据今人杨朝明考证,柳下惠"坐怀不乱"的传说源于《荀子·大略》说:"'子夏家贫,衣若悬鹑。'人曰:'子何不仕?'曰:'诸侯之骄我者,吾不为臣;大夫之骄我者,吾不复见。柳下惠与后门者同衣而不见疑,非一日之闻也。争利如蚤甲,而丧其掌。'"卢文弨注《荀子》认为此段记述应与《诗经·小雅·巷伯》毛亨传中的记载同义:"鲁人有男子独处于室,邻之釐妇又独处一室。夜,暴风雨至而室怀,妇人趋而说之。男子闭户而不纳。妇人自牖与之言曰:'子何为不纳我乎?'男子曰:'吾闻之也,男子不六十幼,吾亦幼,不可以纳子。'妇人曰:'子不若柳下惠然,妪不逮门之女,国人不称其乱。'"可以说《荀子》与毛亨传并无关联之处,其滥觞本于《荀子·大略》篇,从这篇文章中没有看出任何"坐怀不乱"的痕迹,毛亨传只是说明在西汉末年有了柳下惠"坐怀不乱"的传说而已,这两者都不能算作是确实的史料支持。通过现在史家的考证,此事的来龙去脉一览无余,苏辙没有选取这件事情作为其理论依据,应当说是谨慎而又明智的(王先谦:《荀子集解》卷19《大略》,中华书局,1988,第513页;阮元校刻:《十三经注疏·毛诗正义》卷12《巷伯》,第978页)。

② 西汉刘向曾有此事的记载:"叶公子高好龙,钩以写龙,凿以写龙,屋室雕文以写龙。于是天龙闻而下之,窥头于牖,施尾于堂。叶公见之,弃而还走,失其魂魄,五色无主。是叶公非好龙也,好夫似龙非者也。"这应是"叶公好龙"的出处,但在此段话之前有这样一句话:"子张见鲁哀公,七日而哀公不礼。"刘隆有认为子张看出鲁哀公好士是假,怕事是真,所以托人转告鲁哀公"叶公好龙"的故事,实际上是子张在影射鲁哀公。苏辙也曾就"叶公好龙"做出自己的解释,他指出,"龙"其实指的就是孔子,楚昭王将用孔子,令尹子西知孔子之能而不用之,所以是在影射子西,而非叶公(刘向著,石光瑛校释:《新序校释》卷5《杂事》,中华书局,2001,第764~767页)。

赞美之词苏辙也曾用于叔向："乐王鲋言于君无不从，欲为叔向请，以其同也，弃而不应。祁大夫老矣，无位于朝，以其觉也，知其必为己言。何其明哉！不然，晋、楚之际亦多故矣。同盟有衷甲之变，交聘有司宫之祸，苟明不足以应之，身受其辱而国被其患，可胜言哉！然平丘之会，齐人不服，叔向诘之以礼，威之以众，攘臂而仍之，仅乃得之。"① 栾盈之难时，叔向关于祁奚和乐王鲋的评价确实能够令人佩服其知人之能；弭兵之会后，叔向的杰出表现令对手也不得不说："宜晋之伯也！有叔向以佐其卿，楚无以当之，不可与争。"平丘会盟时，叔向礼威并向使于齐，迫使齐国就范。这几件事使苏辙认为如果没有叔向，春秋时期的历史或将改写也未可知，这也是对叔向重要性的评价。对于范文子的作为，苏辙认为其贤于前任执政范武子：晋国攻打齐国胜利之后，范文子在队伍的最后才进城，为的是不想走在前面引人注目，将荣誉让给前面之人。晋国在鄢陵之战胜利后，范文子没有高兴反而求祝宗将自己祈死，为的是不想看见因为君主骄纵而使国家堕入万劫不复之地。从这两件事可以看出范文子居安思危、忧国忧民的爱国情怀，这也是苏辙将其人其事作为一列传而单独撰写的原因。"子产善因事而行义，宽猛无常，曲直无固，惟义所在"，这是苏辙纵观子产一生的评价。郑子产有疾，谓子大叔曰："我死，子必为政。唯有德者能以宽服民，其次莫如猛。夫火烈，民望而畏之，故鲜死焉；水懦弱，民狎而玩之，则多死焉。故宽难。"② 这就是有名的"子产论政宽猛"，可以说子产是第一位提出要用怀柔和暴力两种手法来治理国家的政治家。孔子曾在《论语·宪问》篇中称子产为"惠人"，苏辙补充其是以礼法行惠事者，可以说是对其执政能力的赞扬。

三 《古史》中影响历史三因素

苏辙探索历史成败兴衰之故的成就主要集中在发掘出了影响历史的三个因素，即"势""礼义"与"德"，这三个关键词所反映出的正是历史变局、历史人物的评价以及历史上的国家盛衰问题，这三个方面构成了一个有历史内涵的历史论，苏辙也正是通过"未尝离事而言理"的叙事方式完

---

① 苏辙：《古史》卷29《叔向列传》，第520、457页。
② 阮元校刻：《十三经注疏·春秋左传正义》卷78《襄公》，第4335、4549页。

成了对其影响历史因素的论述。

（一）认为历史变局由"势"所定

"势"的提法古自有之，春秋战国时期论"势"之风日盛。"所谓'势'，在历史理论的语境中，是指人类活动的客观形势或事物演变的趋势"①。"势"在春秋战国大多数语境中往往表现为不可抗拒和不可逆转的形势和趋势的意义。苏辙继承了这一观念的内涵，他认为历史的转折点往往由"势"引导，并且认为君臣关系亦由"势"所定。

苏辙批评那些议论秦国因为没有恢复分封制而导致灭亡的人，是没有看到历史发展的趋势，如果秦果按分封制而行，"十数年之间，随即散灭，不获其用，岂非惑于其名，而未察其势也哉"！他认为古代贤人在制定国策的时候必须具有察觉历史走向的战略眼光，"势"同时具有不可逆转性，"古之圣人，立法以御天下，必观其势，势之所去，不可强反"。秦朝废分封、行县制，是顺应了历史发展趋势的②。唐代柳宗元著名的《封建论》一文就是集中论述秦废分封、行县制之举是由客观历史形势所定，"非圣人之意也，势也"③。明末清初的王夫之也曾说过："郡县之制，垂两千年而弗能改矣，合古今上下皆安之，势之所趋，岂非理而能然也。"④"暗乱之道废，而聪明之势兴也。故善任势者国安，不知因其势者国危。"⑤这里的"势"指的是形势，韩非子强调因势利导的重要性，认为当权者要充分认识到具体历史形势的重要性。吴国争霸而后灭亡的原因，苏辙将此归结为："地远而民劳，势不顺也。"这里的"势"可以归结为"形势"，与此相对的是越国争霸后，"越王勾践既克夫差，虽号伯王，而实敛兵自守，无大征伐。分吴故土，以畀楚、宋、鲁，遂以保国传世"。这是因为"彼亲见其害，知所以自监矣哉"！楚国也是"势不顺"争霸而失败的又一例证，昔日楚庄王克陈、宋、郑，力能取之而不取，诸侯安之，而楚遂以兴。反观"灵王大城陈、蔡、不羹，经营中夏，贪而不止，则身受其咎"。苏辙由吴、楚正反二例指出"盖东南之常势，于是可见矣"，意即"势顺"而不取则享国长久，"势不顺"而逆取之则亡国

---

① 瞿林东：《中国古代历史理论》，安徽人民出版社，2011，第111页。
② 苏辙：《古史》卷7《秦始皇本纪》，第267页。
③ 柳宗元：《柳河东集》卷3《封建论》，中华书局，1979，第70页。
④ 王夫之：《读通鉴论》卷1《秦始皇》，中华书局，1975，第1页。
⑤ 陈奇猷：《韩非子集释》卷4《奸劫弑臣》，上海人民出版社，1974，第247页。

迅速①。

　　苏辙还从"人势"的角度出发将秦灭六国的原因归结为人心不和。"彼韩、魏、赵、楚,与秦壤地相接,虽欲勉力抗秦,而干戈日至,势不可矣。如燕齐负海,前有四国之限,燕弱不足言,如齐之强,使与四国合从,推其有余以补不足,时出而拯其亟,虽秦之暴亦安能遂灭诸侯乎?"苏辙认为韩、魏、赵、楚四国与秦接壤,仅凭四国很难阻挡秦国进攻,此谓"势不可"。齐国靠海且国力强盛,与四国连横或许可以扭转颓势,秦未必可以速亡六国。之所以六国灭亡,苏辙也将其归结为"势",只不过这里更多的是从人和的角度对其进行阐释。他说,齐湣王为了一己私利取宋破燕,没有考虑到秦国的威胁,齐王建偷安自守随五国而亡亦未考虑合力抗秦。苏秦连横之计随着公孙衍说齐、魏而"不能期年以坏","众志之不一,其势固难成哉""盖诸侯异心,譬如连鸡,不能俱飞,势固然矣"②。这里的"势"指的是众志成城,亦即人和之意。除六国不能连横抗秦的原因外,苏辙认为六国之亡也与各自国君不能守国有关,"虽使秦寇不作,其势亦不能久安矣,而况秦乘其弊乎"③!苏辙认为乐毅与田单相持于莒、即墨五年而不决胜负与廉颇拒王龁于长平、司马懿拒诸葛亮于岐山都是同样的道理:"智均力敌,虽有小负,莫肯先决,而要之以久。""此非战之罪,勇智相敌,势固然耳。"这里的"势"指的是力量,是势均力敌、不相上下的意思。苏辙进而指出,假使燕惠王没有中齐反间计,以重兵围困二城,"磨以岁月,虽田单之智,将何能为乎?其势如燕将之守聊,愈久而愈困耳"④。"愈久而愈困"即为苏辙所言之"势",他将"势"引入这段评论之中,使人能够更深刻地理解乐毅伐齐之动态过程。

　　《商君书》中曾描述过"异势"的情况:"圣人不法古,不修今。法古则后于时,修今则塞于势。周不法商,夏不法虞,三代异势,而皆可以王。"⑤ 这说明在"势"发生变化时要及时改弦更张,根据不同的情况从而做出相应的调整,如此才能长存于世。苏辙引用赵奢论兵之语来说明古今之"势"不同,所采取的策略也应不同。"古者四海万国,城大不过三百丈,人虽多无过三千家。则以三万距之足矣。今取古万国分为战国七,兵

---

① 苏辙:《古史》卷19《越世家》,第394~395页。
② 苏辙:《古史》卷40《苏秦列传》,第538页。
③ 苏辙:《古史》卷23《田敬仲世家》,第444页。
④ 苏辙:《古史》卷50《乐毅列传》,第600页。
⑤ 商鞅著,章诗同注:《商君书》卷2《开塞第七》,上海人民出版社,1974,第31页。

能具数十万,食能支数岁。千丈之城,万家之邑相望也。"针对古今"势"之不同,赵奢认为将兵三万以御强敌在古代可也,在当下无异于以卵击石,所以他说:"君非徒不达兵,又不明时势矣。"苏辙肯定赵奢的论断,认为:"老将之言不妄也。"他引用赵奢之语实际表达出自己对"势"的敏锐认识,认为"势"于兵为先,只有判断出正确之"势",在战场上才能无往不利,百战百胜①。"异势"的情况还存在于君臣关系之中,而君臣关系的变化也是左右历史形势的重要因素。"人君之所以为君者,势也。故人君失势,则臣制之矣。势在下,则君制于臣矣,势在上,则臣制于君矣。故君臣之易位,势在下也。"这里的"势"实际上就是指的现实政治实践,这也是自古以来所讨论的君臣之"势"与君臣之位实际对应的问题②。苏辙认为君臣关系实际是由"势"所定,当其力量对比发生改变时,"势"会通过另外一种形式来确保这种关系回归正常。从鲁隐公到鲁昭公有十世之久,在这期间由三桓掌握政权,从鲁宣公到鲁定公有五世之长,在这期间虽然由阳虎掌握政权,但三桓和阳虎可谓是僭君之臣。这时,君臣的力量对比已经发生了变化,但"虎不逾世而败,自是三桓微,散没不复见。而鲁公室虽微不绝,遂与战国相终始"。苏辙认为这些僭臣"不义而得民,要以其力自毙。君虽失众,而其实无罪"。最后民众将哀而复归君,这些都是"势"在其中所起到了关键作用,"其势固当然哉"③!

(二) 以"礼义"为准评价历史人物

从孔子的"非礼勿视,非礼勿听,非礼勿言,非礼勿动"④,到荀子的"法先王,统礼义,一制度"⑤,可见儒家是以"礼"为行为准则的,而提倡"礼"的作用就是尊王和强调伦理的重要性,"故圣人化性而起伪,伪起而生礼义,礼义生而制法度"⑥。苏辙继承了这一传统并赋予其新的内涵,他通过具体的历史事件阐发自己关于"礼义"的思想,认为"礼"包含着"义","义"可以决定"礼",二者是相辅相成的关系,并且认为"礼义"为评价历史人物的标准,正面的历史人物必须同时具备:行为合

---

① 苏辙:《古史》卷44《白起王翦列传》,第566页。
② 参见杨国荣《说"势"》,《文史哲》2012年第4期。
③ 苏辙:《古史》卷10《鲁周公世家》,第299页。
④ 阮元校刻:《十三经注疏·论语》卷11《先进》,第5436页。
⑤ 荀况著,王天海校释:《荀子校释》卷4《儒效》,上海古籍出版社,2005,第315页。
⑥ 荀况著,王天海校释:《荀子校释》卷17《性恶》,第942页。

乎"礼",意义符于"义"。

舜和禹是古代之圣人,舜宗尧而置瞽叟,禹郊其父而忘舜,苏辙从"礼义"的角度出发对此进行阐释:"舜、禹皆有所从受天下者也。其所受天下者不可忘也,故舜宗尧而置瞽叟,此天下之大义也。至禹不独废尧,而且忘舜,鲧虽得罪,以父故,得祭于郊。从舜之义,则禹为忘其君;从禹之义,则舜为忘其亲。二者皆圣人之所不为也。"苏辙认为舜忘其亲和禹忘其君都不是圣人应该做的事情,但为什么这种事情还是发生在了圣人身上呢?他认为是由于"礼之所行,义之所许也。故礼虽先王未之有,可以义起也"。原来无礼之事只要合乎"义"之范畴皆可以行之而成"礼",这就从思想层面上打破了遵循儒家礼法的教条做法,也就是说,不必遵循儒家经典,要联系实际之"义",即可为"礼",这在宋明理学兴盛的宋代,可谓是独树一帜。苏辙接着说:"舜禹之有天下,则先王之所未有也。"他认为先王的天下与舜禹的天下不同,先王制礼作乐的时代变了,"礼"的具体做法也要跟着改变,这实际是用一种发展的眼光看待历史问题。就舜禹君亲问题,苏辙接着解释道,尧虽然不是舜的父亲,但是他的德行被后世所铭记,所以舜应该宗尧。瞽叟虽然是舜的父亲,但其无功于世,所以置叟之事也就成为可以理解的事情了,"二者皆义也"。苏辙认为同理可以说明禹的后代宗鲧而置舜的原因。鲧虽然治水不利被舜治罪,但鲧所从事的事业乃是有功于社稷的事情,"非瞽叟可比也",所以,"卒为夏郊,而三代祀之。三代犹以其功祀之,而其子孙顾可以它人废之乎?故夫虞、夏之祀,皆义之所予也"①。

苏辙以是否遵循"礼义"作为其评价贤臣的标准。管仲和晏子都是齐国的名相,但苏辙认为二者有高下之分,"管子以桓公伯,然其家淫侈,不能身蹈礼义。晏子之为人,勇于义,笃于礼,管子盖有愧焉"。姚崇和宋璟皆为唐朝中兴名相,然而二者也皆有不同,"元崇好权利,事武后,立于群枉之中,未尝有一言犯之;及事明皇帝,时亦有所纵弛,太庙栋毁,巡游东都,以为无害",姚崇在武后时的独断专行和在唐玄宗时的纵容之过在苏辙看来都是不能合乎"礼义"之事。"至于宋璟,介絜特立,于武后世,排斥权幸,身危者数矣;其于明皇帝,亦未尝有取容之言",反观宋璟在武后时的铁面无私和在唐玄宗时的刚正不阿都是合乎"礼义"之事,与姚崇形成了鲜明对比,所以苏辙认为:"故世尝以

---

① 苏辙:《古史》卷3《夏本纪》,第219页。

元崇比管仲，璟比晏子，或庶几焉。"① 从而突出了"礼义"是评价历史人物的重要标准。而且，管仲由于放任齐桓公内嬖夫人者六人导致在桓公晚年产生长庶之争，"夫使桓公妻妾适庶之分素明，家事素定，则太子一言立矣。而他人何与哉"，苏辙认为这都是没有依照"礼义"而造成的结果，"夫古之圣人，为君臣父子夫妇之礼，皆有本末，不徒设也""以旧礼为无益而去之者，必有乱患"。② 他通过具体的事例分析即使像娶妻这样的事情也要依"礼"而行，否则必有祸乱，而管仲没有做到这一点，所以不能称之为贤臣。反观，蔺相如负和氏璧使秦言行举止皆合乎"义"，对于廉颇的故意挑衅又表现出足够的"礼"，正所谓"以死行义，不屈于强秦；以礼为国，不校于廉颇"。苏辙对蔺相如的评价是："其处刚柔进退之际，类学道者，使居平世，可以为大臣矣，非战国之士也。"③ 他认为蔺相如刚柔并济，进退有度，一张一弛之间颇有黄老之术，在太平盛世可以为贤臣，非战国之士可比也，由此可以看出苏辙对合乎"礼义"之士的褒扬。

苏辙还对普通的历史人物给予关注，并将"礼义"贯穿到其评价体系之中。他以《春秋》中的刺客为例进行逐个解析，突出了"礼义"作为一条评价标准在其中的重要作用。苏辙认为，正是由于周朝衰落，"礼义不明，而小人奋身以犯上，相夸以为贤"，这是孔子对刺客的事情持批评态度的原因。齐豹以卫司寇杀卫侯之兄絷，蔡公孙翩以大夫弑其君申，"《春秋》皆以'盗'书而不名，所谓求名而不得者也"。苏辙接着举出《史记·刺客列传》中所举刺客五人"失《春秋》之意矣"。孔子是因为小人不明"礼义"而以下犯上，所以对刺客采取批评的态度，而《刺客列传》中豫让和曹沫不应存在其中，因为二人皆是知晓"礼义"之人，豫让为报智伯知遇之恩历尽千辛万苦刺杀赵襄子，不应将其归入"刺客"之列，因为豫让"有古复仇之义"，是有孔子所提倡的"礼义"在其中的。他不像荆轲刺秦王之事，虽然当时人得秦王诛而后快，但"要以盗贼乘人主不意，法不可长也"，所以说荆轲刺秦无礼无义，归为"刺客"在情理之中。至于曹沫在鲁庄公十年论战时，询问庄公御齐之道时的"以小惠小信不足恃，唯忠为可以一战"可知"沫盖知义者也，而肯以其身为刺客之用乎？"④ 通过以上对君

---

① 苏辙：《古史》卷25《管晏列传》，第451页。
② 苏辙：《古史》卷9《齐太公世家》，第284页。
③ 苏辙：《古史》卷51《廉颇蔺相如列传》，第606页。
④ 阮元校刻：《十三经注疏·礼记正义》卷60《大学》，第3631、3635页。

王、臣子以及普通历史人物的三类评价，可以说明孔子所倡导的"礼义"在苏辙看来已经成为评价历史人物的重要标准①。

（三）以"德"为国家兴亡之本

"大学之道，在明明德""德者本也，财者末也"。孔子将良好的德行放在了其理论体系的最重要的位置并作为要实现的最终目标，"古之欲明明德于天下者，先治其国。欲治其国者，先齐其家。欲齐其家者，先修其身。欲修其身者，先正其心。欲正其心者，先诚其意。欲诚其意者，先致其知。致知在格物，物格而后知至"。② 这奠定了儒家学术的核心思想，即以"德"治国。汉朝独尊儒术，将这一思想发扬光大，确立了重要的"察举制"，这一制度以"孝"和"廉"作为选任官吏的重要标准，实际上是将孔子以"德"治国的理念加以实践化，将"德"的重要性更直接地突显了出来。苏辙继承了儒家重视"德"的衣钵，通过对具体历史事件的论述使人能够更直观地了解，同时也更有说服力证明"德"在历史中所起到的决定性作用。

孟子曾说过："以力假仁者霸，霸必有大国，以德行仁者王，王不待大。汤以七十里，文王以百里。以力服人者，非心服也，力不赡也；以德服人者，中心悦而诚服也，如七十子之服孔子也。"③ 苏辙继承了孟子关于"力"与"德"的思想，举出了与孟子所提到的"德"与"力"有关的三种类型：齐桓公和晋文公皆因有"德"于天下，"因大国之资而后有成"，是为"有德有力"者；而其后的齐襄公和楚灵王集全国之力，"无德而求诸侯，国未可亡而身死之"，是为"无德有力"者；曹伯阳和宋王偃，"国小德劣，而图伯之事，身死而国随以灭"，是为"无德无力"者。苏辙接着分析道，王者以德服人，霸者以力服人，这就是王、霸之道的根本区别，"以德服人，凡有知者莫与之较；以力服人，力之所不胜则殆"，最后申明自己的主张，认为德胜于力④。范祖禹曾就"德"与"力"的问题指出："故凡有德则与，无德则废。君人者勤于德，以待天下之归而已。至于后世有天下者，其德不足，而以势力劫持之，天下之人，非心服也，力不能胜也，故天下易离。"⑤ 欧阳修也曾说过："盖自古为天下者，务广德

---

① 苏辙：《古史》卷59《刺客列传》，第648页。
② 阮元校刻：《十三经注疏·礼记正义》卷60《大学》，第3631页。
③ 阮元校刻：《十三经注疏·孟子注疏》卷3《公孙丑章句上》，第5849页。
④ 苏辙：《古史》卷12《蔡叔曹叔世家》，第309页。
⑤ 范祖禹：《唐鉴》卷24《昭宣帝》，商务印书馆，1937，第217页。

而不务广地；德不足矣，地虽广莫能守也。"① 这些观点都与苏辙的论断一致，显示出古代史家普遍重视"德"的传统。

"自古受命之君，非有德不王。"② 苏辙在论述晋文公称霸一事时也认为"德"在其中起到了重要作用。晋文公在晋国混乱危难之际肩负起晋国振兴的重任，"无尺土之赂、一金之费，而晋人戴之，遂霸诸侯。彼其处利害之计诚审哉"！这与夏、商衰落时商汤和周文王兴起于诸侯之间相似，"积德深厚，天下归之"。晋文公虽然德行没有汤文一样深厚，但"待其自至，则庶几王者之事也，是以主盟中夏几二百年"。③ 由此可见，苏辙认为晋文公的德行积累到了一定程度才使得其霸业成功，"德"是其成功的关键因素。苏辙在评价魏文侯的功绩时说道："魏文侯非战国之君也，内师卜子夏，友田子方、段干木，被服儒者，身无失德。用吴起、西门豹、李悝，尽力耕战，民赖以富，而敌不敢犯。外以礼与信交接诸侯，与韩、赵无怨。"苏辙在此将"无失德"作为魏文侯的首要功绩，突出了"德"在君主治国中的重要作用，正是因为魏文侯重"德"，所以"终其身，魏人不知战国之患"④。而"力"代表的国力强盛连同"礼"代表的礼信外交与"德"所代表的以德治国相比则退居次席。

四 《古史》的影响

《古史》在文献的保存和辑佚方面有贡献，这一点已得到历代史家的认同。宋代陈振孙也曾说过："因马迁之旧，上观《诗》《书》，下考《春秋》及秦汉杂录，为《本纪》《世家》《列传》。盖汉世古文经未出，战国诸子各自著书，或增损故事，以自信其说，迁一切信之，甚者或采世俗相传之语，以易古文旧说，故为此史以正之。"晁公武曾评价此书："国史讥苏氏之学皆权谋变诈，今观此书盖不然，则知子由晚节为学益精深云。"⑤《古史》一书据《左传》《尚书》《国语》《战国策》等书订正和增补了《史记》的上古史部分，在整理文献方面确有不刊之功。具体的贡献已由明代学者何乔新列举："苏子由之《古史》所以正迁史之讹舛也。迁

---

① 欧阳修、宋祁：《新唐书》卷37《地理志一》，中华书局，2011，第960页。
② 欧阳修、宋祁：《新唐书》卷1《高祖本纪》，第20页。
③ 苏辙：《古史》卷16《晋唐叔世家》，第355页。
④ 苏辙：《古史》卷21《魏世家》，第426页。
⑤ 马端临：《文献通考》卷195《经籍考》引，中华书局，2011，第5657~5658页。

纪首于黄帝而遗伏羲、少昊，《古史》则增之；迁传孔门弟子而略琴牢、陈亢，《古史》则载之；荆轲客之靡尔，迁有不欺其志之美，《古史》则辨之；西门豹循吏之流也，迁史抑于滑稽之列，《古史》则正之；迁谓宰我从田常，《古史》则订其误；迁谓子贡变易五国，《古史》则辨其非传；穰苴而不知考据之年次，古史则删之而不存；记虞卿而不知履历之先后，《古史》则考之而不舛。"① 他通过具体比较《古史》与《史记》的优劣，得出《古史》在上述诸传的处理上要高《史记》一筹的结论。王士禛也曾就此说道："史事自十七史外，如《史记》外则有苏氏《古史》……凡此诸书，皆当兼收并采，不可以其不列学官而偏废之。"② 前述四库馆臣也认为《古史》有补《史记》之功，与《史记》参互对照，有补阙之功。

真正对《古史》有所研究的古代学者是朱熹。他作《古史余论》专篇论《古史》，可谓是此书成书之后的第一次长篇专论，再加上朱熹作为理学集大成者的特殊身份，因此，有必要通过此论一探《古史》对后世的影响。朱熹首先开宗明义地承认《古史》接近理学所倡导的"存天理"："秦汉以来，史册之言近理而可观者，莫若此书""近世之言史者，唯此书为近理，而学者忽之。"这说明之前鲜有学者议论此书成就，所以朱熹作专文以正之。《古史》中的"古之帝王其必为善，如火之必热，水之必寒；其不为不善，如驺虞之不杀，窃脂之不穀"也被朱熹加以褒扬，认为此语"非近世论者所能及"。《古史》论司马迁的《史记》的缺点，朱熹亦颇为认同，"窃以为于此有以识之，则其达于圣贤不远矣"，可见朱熹对《古史》的评价之高。但是朱熹对苏辙的"古之帝王，皆圣人也。其道以无为为宗，万物莫能婴之"一语也提出了批评，认为应将"以无为为宗，万物莫能婴之"换成是"其心浑然，天德完具，万事之理无一不备，而无有一毫人欲之私焉"，因为朱熹认为"存天理，灭人欲"才是圣人之道，而苏辙之说是用道家和佛家的学说阐释圣人之道，脱离了以儒论儒的规范，"非能知是圣人之所以圣人也"③ "惜其从初为学功夫本无次序，不曾经历，

---

① 何乔新：《椒邱文集》卷2，《影印文渊阁四库全书》（第1249册），（台湾）商务印书馆，1986，第24页。
② 王士禛：《分余甘话》卷1，《影印文渊阁四库全书》（第870册），（台湾）商务印书馆，1986，第553页。
③ 朱熹：《朱子全书·晦庵先生朱文公文集》卷72《古史余论》，上海古籍出版社，2010，第3496~3497页。

不能见得本末一一谛当，只其资质恬静，无他外慕，故于此大头段处窥测得个影响，到此地位，正好着力，却便堕落释老门户中去，不能就圣贤指示处立得修己治人正当规模，以见诸学业，传之学者，徒然说得此个意思，而其意之所重，终止在文字言语之间"。① 苏氏之学的特点是融合儒、释、道三教于一家之学，"三教会一是蜀学的主要的宗旨"，② 这种思想在苏辙的身上体现得比较明显③，这就为严格区分儒、释、道的朱熹所不能容忍，所以他对苏辙三教会通的思想持批评态度，认为其圣学即儒学不精且杂，影响了《古史》一书的纯粹性。朱熹的这种情绪一度延续到《古史余论》中："而其所未合犹若此，又皆义理之本原而不可失者，岂其学之所从入者既已未得其正，而其所以讲磨体蹈之者又有所未精，是以虽既其文而未既其实，虽闻其号而未烛厥理也欤？呜呼，圣学不传，其害可胜言哉！"④ 黄震继承了朱熹此说思想："苏子之志则大矣，而苏子之说则尚有可疑者，且道以无为为宗，此战国处士好高无实之言，圣人未尝以是言道，姑勿论也。苏子正惟不以圣人之施于治者为道，而必欲他求其道于荒忽无形之中；不以太史公载圣人之治为足，而必自指其荒忽无形者为得圣贤之遗意。"⑤ 他着重对道家的"无为为宗"进行批评，主体思想与朱熹一脉相承，同样是针对苏辙治学特点及《古史》中所反映的三教融合思想提出批评，这种看法直到明代才得以改善，因为明代不如宋代对释、道区分这般严苛，焦竑称《古史》："发明圣人之无为，尤非群史所可及，子固有言史者，所以明夫治天下之道也。"⑥ 他为苏辙鸣不平，肯定了苏辙三教合

---

① 朱熹：《朱子全书·晦庵先生朱文公文集》卷54《答赵几道》，第2574页。
② 侯外庐：《中国思想通史》第4卷（上），人民出版社，1959，第585页。
③ 苏辙曾叙述了与僧人道全论道的经过："予告之曰：'子所谈者，予于儒书已得之矣。'全曰：'此佛法也，儒者何自得之？'……予曰：'孔子之孙子思，子思之书曰中庸，中庸之言曰：喜怒哀乐之未发谓之中，发而中节谓之和……盖中者佛性之异名，而和者六度万行之总目也。致中极和而天地万物生于其间，此非佛法，何以当之？'全惊喜曰：'吾初不知也，今而后始知儒、佛一法也。'予笑曰：'不然，天下固无二道。'……是时予方解老子，每出一章，辄以示全，全辄叹曰：'皆佛说也！'"苏辙将儒学经典与佛家学说相糅合，再将老子之说用佛学阐释，于此可见其儒、释、道的融合路径［苏辙：《老子解》卷下《题老子道德经后》，《影印文渊阁四库全书》（第1055册），（台湾）商务印书馆，1986，第236页］。
④ 朱熹：《朱子全书·晦庵先生朱文公文集》卷72《古史余论》，第3497～3498页。
⑤ 黄震：《黄氏日抄》卷51《读杂史·苏子古史》，第346～347页。
⑥ 焦竑：《焦氏澹园续集》卷3《刻子由〈古史〉序》，《续修四库全书》（第1364册），上海古籍出版社，2011，第584页。

一的学术思想。

综上所述,《古史》的确取得了相当的史学成就,以至苏辙自己对《古史》也颇为自负,他对《古史》所言之圣王之道,史实的描写以及补阙文献之功还是很有信心的。诚然,《古史》在诸多方面无法超越《史记》的成就,但是就苏辙所言的三个方面而论,《古史》在中国史学史上终究还是能够占有一席之地的。

修史与政治：清代帝王的政治需要与官方当代史的书写

王记录

(河南师范大学历史文化学院，河南新乡　453007)

摘　要：在皇权专制社会，史学与政治的关系极为密切，尤其是帝王控制的官方修史，直接被纳入权力话语体系中。有清一代，由于帝王的政治需要，官方当代史的书写始终与政治纠葛在一起。帝王巧妙地把史学的经世观念转化为统治者的权谋手段，其表现形式主要有三种：一是把史学当作政治倾轧的借口，官方修史活动本身充满了现实的血腥争斗；二是把修史当作树立纲常、整饬人心、施行教化的工具，借修史推行帝王的思想观念，实行文治；三是通过删改史书和材料取舍来美化帝王形象，掩盖政治丑闻。理解清代史学的完整性以及史学与政治的关系，必须考虑"帝王史学"所起的作用，这是认识中国传统史学本质的根本所在。

关键词：修史　政治　清代　帝王　当代史　帝王史学

史学与政治关系密切，这已为学界所共知。但是，史学与政治的密切关系是通过什么形式表现出来的，换言之，史学和政治通过什么方式结盟，二者如何相互推动和影响，史学怎样直接参与政治活动，政治又怎样利用史学为其服务，却是需要深入探讨的问题。有清一代，官方修史活动连续不断，帝王通过修史——尤其是修纂当代史——来辅助自身的政治活动、满足自身的政治需要。细绎清代官方修史与帝王政治需要之间的相互作用，我们发现主要有三种形式，一是修史直接与统治者内部的相互倾轧联系在一起，修史成了统治者滥施刀斧的借口；二是把修史当作帝王实行文治的工具，直接为树立纲常、整饬人心服务；三是通过篡改史书、取舍材料来形成对帝王有利的历史书写，实现统治者对历史话语权的控制。

一

清代，统治者内部的残酷争斗往往与修史有着这样那样的联系，史学被卷进政治斗争的旋涡。在你死我活的政治角逐中，修史成了统治者相互倾轧的借口和工具。这种情况在顺治、康熙两朝的表现尤为突出，顺治朝刚林之狱和康熙朝铲除鳌拜这两件关乎清朝历史命运的政治事件，都与修纂清朝当代历史纠缠在一起。

顺治七年（1650）十二月初九日，口衔天宪、权势熏天的摄政王多尔衮病逝于边外喀喇城。顺治八年正月，备受欺凌、形同傀儡的十四岁顺治帝亲政，多年积聚的愤懑终于爆发，将多尔衮定为"谋逆"，籍没家产，平毁坟墓。有意思的是，在顺治八年闰二月议定多尔衮依附势力刚林、祁充格、范文程、宁完我等人的罪行时，竟然多处涉及史书修纂。统治者内部你死我活的权力争夺与当代史书修纂纠缠在一起，以修史罗织罪名，其背后蕴含的政治意图值得探讨。

据《清世祖实录》卷五十四，刑部尚书固山额真公韩岱审理刚林等人依附睿亲王多尔衮，历数罪状八条，其中第四条和第七条罪状都与当代史修纂有关。"以擅改国史一案讯刚林，据供：睿王取阅《太祖实录》，令削去伊母事，遂与范文程、祁充格同抹去。""擅改实录，隐匿不奏，罪四。""又将盛京所录太宗史册在在改抹一案讯之刚林。据供：纂修之时，遇应增者增，应减者减，删改是实，旧稿尚存，罪七。"① 由于刚林"陷附睿王，一切密谋逆迹皆为之助"，处死，籍没，妻子为奴。祁充格因与刚林一起谄附多尔衮，"擅改《太祖实录》，隐匿睿王罪状，又私自补载，及共议推崇功德，移驻永平各案，无不与刚林同预逆谋"②，亦被处死。范文程等人与刚林同改《太祖实录》，"讯之范文程，据供：前睿王令改，不能争执，然本意原欲启奏，曾告之宁完我、王文奎，后因病乃止"③。范文程、宁完我、王文奎等人以身负罪，仍留原任。"这是一次全面的清算，由世

---

① 《清世祖实录》卷54，顺治八年闰二月乙亥，中华书局，1985。
② 《清世祖实录》卷54，顺治八年闰二月乙亥。
③ 《清世祖实录》卷54，顺治八年闰二月乙亥。

祖主谋，对多尔衮集团进行了无情的摧毁，特别是以实录修纂作为重要的清算内容，表明实录修纂与清代政治斗争已发生了密切的关系"①。

多尔衮指使刚林等人擅改史书以树立己威、贬低政敌，其原因可以追溯到清入关以前。清太宗皇太极之母叶赫纳喇氏孟古姐姐与多尔衮之母乌拉纳喇式阿巴亥同为努尔哈赤嫔妃，但多尔衮之母为大妃，皇太极之母既非原配，地位亦低。可是，皇太极登基以后，为了进一步抬高自己的政治地位，在修纂清太祖努尔哈赤的实录时，指使史官诬蔑贬低多尔衮之母大妃阿巴亥，抬高其生母孟古姐姐，并将实录定名为《太祖太后实录》，把自己的生母当作"太后"宣传，美化生母的品德及其与努尔哈赤的感情②，借修史掩盖真相，极力说明自己乃嫡出，使自己获得正宗嫡传的正统地位。实际上"皇太极生母地位，未必如实录所载之隆……后其地位独尊，无外母因子贵。皇太极、福临于实录中倒因为果……殊不足据"③。

可是，三十年河东，三十年河西。皇太极死后，年仅六岁的福临即位，睿亲王多尔衮辅政。顺治元年（1644）四月，清军入关，定鼎北京，确立对全国的统治。是年十月，顺治帝在北京举行了第二次登极大典，时年七岁。因顺治年幼，多尔衮自称"皇父摄政王"④，代摄皇权。不仅"使用仪仗、音乐及卫从之人，俱僭拟至尊，盖造府第，亦与宫阙无异"，而且，"凡一切政事及批票本章，不奉上命，概称诏旨，擅作威福，任意黜陟"⑤。他已经成为实际上的统治者，而顺治帝则形同傀儡。少儿天子与摄政王之间的矛盾十分尖锐。顺治帝在亲政以后曾说："于时睿王摄政，朕惟拱手以承祭祀，凡天下国家之事，朕既不预，亦未有向朕详陈者。"⑥ 多尔衮摄政期间，势焰张天，党羽众多，刚林、祁充格以及汉族知识分子范文程、洪承畴、宁完我、宋权、冯铨等，均依附多尔衮。多尔衮不仅把持朝政，还垄断修史大权，任命这些依附于自己的满汉知识分子为总裁官，主持修纂《明史》和《太宗实录》，为他借修史树立权威创造条件。多尔衮对皇太极所修《太祖太后实录》厚诬其生母阿巴亥非常不满，令实录馆

---

① 谢贵安：《清实录研究》，上海古籍出版社，2013，第482页。
② 《太祖武皇帝实录》卷2，癸卯年九月，故宫博物院1932年铅排本。
③ 徐丹俍：《努尔哈赤实录考源》，《满学研究》第1辑，吉林文史出版社，1992，第166页。
④ 赵尔巽：《清史稿》卷218《多尔衮传》，中华书局，1977，第9025页。
⑤ 《清世祖实录》卷53，顺治八年二月己亥。
⑥ 《清世祖实录》卷88，顺治十二年正月戊戌。

馆臣刚林等人修改《太祖太后实录》,把皇太极生母的"太后"名号去掉,更名为《太祖武皇帝实录》。同时让他们删除了《太祖太后实录》中对其生母阿巴亥的不利记载,删去的内容主要有"心怀嫉妒,每致帝不悦"以及为努尔哈赤殉葬等①。所谓"睿王取阅《太祖实录》,令削去伊母事,遂与范文程、祁充格同抹去"就是指的这件事情。此外,刚林等人主持修纂《太宗实录》时,对记述清太宗的史料任意删改,"为睿亲王削匿罪愆,增载功绩"②。多尔衮"命令负责编纂《太宗实录》的大学士们利用一切机会在他们正在撰写的编年史中为摄政王的武功粉饰润色。范文程、刚林、祁充格、洪承畴、冯铨、宁完我和宋权等大学士们并不打算维护传统认可的史馆的独立性,乖乖地照办了"③。

由于《太宗实录》总裁刚林、祁充格等人被处死,《太宗实录》的纂修工作也就处在停止状态。顺治九年(1652)正月,清世祖重组《太宗实录》馆,以大学士希福、额色黑、范文程等人为总裁官,继续编纂实录④。实录等史书编纂大权回到顺治帝手中。在此后的若干年中,顺治帝自编《资政要览》《劝善要言》等书,设馆修纂《顺治大训》,将"历代经史所载,凡忠臣义士、孝子顺孙、贤臣廉吏、贞妇烈女及奸贪鄙诈、愚不肖等,分门别类,勒成一书,以彰法戒"⑤。又仿《贞观政要》等书,设馆修纂太祖、太宗两朝《圣训》,编纂《通鉴全书》等。所有这些,都是为了巩固自身的统治,借修史以固帝位。顺治帝还将御制之《资政要览》《范行恒言》《劝善要言》《儆心录》各一部颁赐异姓公以下、三品以上文官⑥,让他们吸取历史经验,约束自身言行。可以说,顺治帝在与多尔衮的斗争中看到编纂史书的重要作用,并付诸实施,自觉运用,把设馆修史当成政策实施的一部分。

然而,顺治时期对多尔衮等人所下的"谋逆"的结论到乾隆时期又得到了翻案,并被写进《宗室王公功绩表传》等史籍中。乾隆四十三年(1778)正月,清高宗评价多尔衮"定国开基,以成一统之业,厥功最著"。他在阅读《实录》时,看到多尔衮能够号召诸王忠于顺治皇帝,"自

---

① 《太祖武皇帝实录》,天命十一年八月庚戌,中华书局,1985。
② 赵尔巽:《清史稿》卷245《刚林传》,第9630页。
③ 魏斐德:《洪业:清朝开国史》,江苏人民出版社,1995,第827页。
④ 《清世祖实录》卷62,顺治九年正月辛丑。
⑤ 《清世祖实录》卷88,顺治十二年正月辛亥。
⑥ 《清史编年》第1卷,顺治十二年九月二十五日,中国人民大学出版社,1985。

今以后，有尽忠皇上者，予用之爱之，其不尽忠、不敬事皇上者，虽媚予，予不尔宥也"，感慨万端，认为这是"深明君臣大义，尤为史册所罕睹"。定多尔衮"谋逆"，不是顺治本意，乃"肖小奸谋，构成冤狱"①。于是修葺其坟茔，追复睿亲王封号，补入《玉牒》，其生平事迹，"原传尚有未经详叙者，并交国史馆恭照《实录》所载，敬谨辑录，添补《宗室王公功绩传》，用昭彰阐宗勋至意"②。顺治时定多尔衮"谋逆"，以私改《实录》为名扫除多尔衮党羽，是出于政治的需要。乾隆帝替多尔衮翻案，承认其开国时的功绩，写入《宗室王公功绩表传》，其目的是"令其子孙承袭者，各能溯勋阀以宣伟绩，不失故家乔木之遗"，从而"顾名奋效"③，为巩固清朝统治而尽心尽力，同样是出于政治的考虑。

无独有偶，顺治朝与修史纠缠在一起的政治争斗在康熙朝再次上演。康熙六年（1667）九月，康熙帝以班布尔善为监修总裁官，修纂《世祖实录》④。康熙初年的这次修史，是在非常激烈的政治斗争下进行的，并且成为这场政治斗争的重要组成部分。

清朝入关以后，仿效中原文化，采取了一系列"汉化"措施，曾引起保守的满洲贵族的不满。顺治帝亲政以后，保守势力一直比较强大，但顺治帝仍能排除干扰，重用汉族官吏，提倡汉族文化，注重阅读经史，改革满洲旧制。可是，顺治帝去世后，康熙以八岁冲龄即位，朝政把持在索尼、苏克萨哈、遏必隆、鳌拜四辅臣手中。四大臣是满洲贵族中的保守势力，他们对顺治时期一系列的"汉化"政策极为不满，合伙制造所谓"清世祖遗诏"，让已经死去的顺治皇帝"自责"犯了十四项过错，其中就有不能遵守满洲旧制，过多任用汉官等⑤。提出"率祖制，复旧章"⑥，将顺治朝仿从明制的典章制度全部恢复为满洲旧制，同时还制造了"哭庙案""奏销案"以及"庄廷钺明史案"，打击汉族官僚、绅士和文人。官僚集团内部满汉矛盾变得异常激烈。依靠康熙的汉族官僚，试图在最具优势的经史文化方面影响康熙帝，抵制守旧势力。康熙二年（1663），福建道御史王熙上疏请求皇帝举行经筵日讲，"将经史有关治道之言，采集翻译，以

---

① 《清高宗实录》卷1048，乾隆四十三年正月庚午，中华书局，1986。
② 《清高宗实录》卷1048，乾隆四十三年正月庚午。
③ 《国朝宫史续编》卷88，北京古籍出版社，1994，第845~848页。
④ 《清圣祖实录》卷24，康熙六年九月丙午，中华书局，1986。
⑤ 《清世祖实录》卷144，顺治十八年正月丁巳。
⑥ 赵尔巽：《清史稿》卷249《索尼传》，第9675页。

备进讲。并请早修三朝实录，撮其旨要，编为《祖训》一书，每次同经史进讲"①。康熙六年，熊赐履上书指责鳌拜集团把持下的朝政腐败，请求皇帝"隆重师儒，兴起学校"，特别希望康熙"征诸六经之文，通诸历代之史，以为敷政出治之本"②。康熙七年，熊赐履又上疏，继续抨击鳌拜。代表"汉化"势力的皇权与代表守旧势力的辅臣之间的矛盾进一步激化，《清世祖实录》就是在这种政治背景下开始编纂的。

康熙六年（1667）七月，康熙帝亲政，礼部尚书黄机立即奏请修纂《清世祖实录》，康熙遂下谕旨云："皇考世祖章皇帝励精图治，敬天法祖，无事不以国计民生为念。鸿功伟业，载在史册，理宜纂修实录，垂示永久，以昭大典。"③纂修实录，目的就是要对世祖朝政治进行新的评价，而评价的目的就是要向以鳌拜为首的守旧势力发起攻击，实施自己的治政纲领。

为配合实录修纂的顺利进行，康熙帝在思想上定下修纂实录的基调，那就是要充分肯定顺治朝"汉化"政策的合理性。为此，他还撰写"孝陵神功圣德碑"④，逐条驳斥鳌拜等人制造的"清世祖遗诏"中的言论，特别提到其父顺治"勤学好问，择满汉词臣充经筵日讲官于景运门内。建直房令翰林官直宿，备顾问。经书史册，手不释卷"。充分肯定顺治帝积极学习汉文化和亲近汉官，同时也预示自己崇儒学、用汉官的施政方针。可以说，修实录、撰碑文，就是康熙皇帝对付鳌拜集团的重要一步，是他达到政治目的的舆论工具。"为顺治帝树碑撰文乃与纂修实录的活动相配合，实际上是向鳌拜等守旧势力发动的一场政治攻势，它向所有文武大臣显示了皇帝的思想意旨与政治取向，其政治影响及舆论作用应是十分巨大的。"⑤

乔治忠等研究了"《清世祖实录》纂修中政治斗争的复杂性"⑥，指出就在《世祖实录》纂修之时，鳌拜等人的势力依然非常强大。实录馆监修总裁班布尔善也是鳌拜的同党，由于他的阻挠，康熙的意旨很难完全在

---

① 《清圣祖实录》卷9，康熙二年四月壬子。
② 《清圣祖实录》卷22，康熙六年六月甲戌。
③ 《清圣祖实录》卷23，康熙六年七月己未。
④ 碑文内容载《清圣祖实录》卷25，康熙七年正月庚戌。
⑤ 乔治忠、侯德仁：《〈清世祖实录〉的纂修及康熙初期的政治斗争》，《清史研究》2000年第4期。
⑥ 乔治忠、侯德仁：《〈清世祖实录〉的纂修及康熙初期的政治斗争》，《清史研究》2000年第4期。

《世祖实录》编纂中贯彻下去。由于实录修纂乃宫廷秘事，编纂细节，并无文献记载，这里只能通过纂修官的零星追记来窥知一二。据纂修官申涵盼记载，实录纂修之初，既没有先定条例，纂修也没有章法，所谓"人各为事，事各为文，文既不贯融，事亦多舛错，稿出而复毁者屡矣。久之条例乃定。忽执政者以纂修员数不足，有借才别署之请，复增数员，大率皆拔自闲曹及起废诸官也"①。说明监修总裁没有认真对待此事。经过一年时间的修纂，草稿粗具，但"冗复遗漏者尚多，其讨论润色之功百倍于起稿时"，需要仔细修订，可是"执政者"却突然下令撤销经费，裁减人员。紧接着班布尔善又提出停止修纂《世祖实录》，重修《太宗实录》。康熙八年（1669）正月果然在内院开设《太宗实录》馆，重修《太宗实录》，《世祖实录》馆从此搁笔，人员多被抽调出去②。从这些记述可以看出，鳌拜、班布尔善等人已经看到康熙编纂《世祖实录》的意图，于是利用种种借口，进行百般阻挠，不欲《世祖实录》修成。他们丝毫不尽心力，所修草稿质量低下，其中贬抑世祖朝政的内容也必然不少。

康熙八年（1669）五月，康熙帝逮捕鳌拜，其党羽均受到惩处，班布尔善也被处以绞刑③。六月，令重开《世祖实录》馆，以大学士巴泰为监修总裁官，重新改修，着意美化顺治朝政治。康熙十一年五月，《清世祖实录》最后告成。通过考察可以看出，《清世祖实录》的修纂直接与康熙、鳌拜之间的政治斗争联系在一起。双方除通过种种政治手段对决之外，还利用修纂《实录》进行斗争。史学的作用在这里已经不是抽象的借鉴或垂训，而是实实在在的政治斗争的工具。

通过以上两个例子，可以看到，统治者为了自身利益，把修史当作相互倾轧的重要工具。在这样的政治争斗面前，史学没有任何尊严，它只不过是一种政治活动的借口而已。

二

通过修史，把统治者的治国理念和教化思想潜移默化地渗透到人们的心中，是清代帝王实行文治的重要手段。在这方面，乾隆的做法可谓登峰

---

① 申涵盼：《忠裕堂集·纂修两朝实录记》，畿辅丛书本。
② 申涵盼：《忠裕堂集·纂修两朝实录记》，畿辅丛书本。
③ 《清圣祖实录》卷29，康熙八年五月戊申。

造极。

乾隆在位期间，专制皇权的稳固已前所未有，国家也出现了所谓"盛世"的局面。在这样的背景下，乾隆帝开始大兴文治，把专制主义向各个领域扩展，渗透到社会生活的方方面面。他按自身设计的君臣之道和伦理道德，包裹上儒家纲常的外衣，以文治的名义来统一人心，为清朝统治世代延续制造坚实的社会文化基础。在这一过程中，乾隆充分发挥官方修史的政治教化功能，通过指导官方修史把自己的思想观念渗透到对历史的阐释和评判之中，以此来达到转移人心、扶植纲常的目的。

乾隆倡导文治，涉及的问题很多，其中很重要的一条就是提倡君臣纲常之道，希望建立一个和谐的君臣关系。而在君臣关系中，乾隆对臣节问题的思考最多。之所以如此，是因为当时虽为"盛世"，但盛极而衰，各种社会问题也日益暴露出来，诸如统治阶级奢侈腐化，大小官吏贪污成风，土地集中不断加剧，阶级矛盾愈加尖锐，农民起义时有爆发，貌似强大的清王朝已经开始孕育危机。这些不能不使乾隆深感忧虑。在这样的背景下，他希望大小臣民以儒家纲常规范自己的行为，心安理得地做清廷的"忠臣"和"顺民"。在他看来，从历史的深层和儒家君臣价值观念的角度来扶持纲常，风励臣节，教育民众，倡导忠君，是确保大清基业的根本之图。于是"扶持纲常"，风励臣节，就成了乾隆帝文治建设的重要内容。

乾隆帝风励臣节，借助的仍然是史学。他通过官方史书修纂，对一些重要历史现象进行重新审论，褒贬忠奸，做出符合清朝根本利益的理论解释。其入手之处，就是从对明末清初历史人物的重新认识开始的。

清初，为了尽快消灭抵抗势力，清朝统治者站在狭隘的朝代立场，出于巩固政权的眼前之需，以"明顺逆"来评论是非，裁断人物。凡叛明降清者称为顺天应人之举，凡忠于明室、抗清死难者则视为"梗化"，罪在必诛。随着清朝已进入承平时期，转移人心，敦厚世风，激励臣节，宣扬对本朝的忠诚，逐渐被统治者所认识。康熙帝作《君臣一体论》，雍正帝作《朋党论》，强调的都是"为人臣者义当惟知有君""与君同好恶"的君臣之义。及至乾隆时期，清廷已经不再满足于简单地从理论上提倡君臣之义。清高宗为激励臣子忠君，从儒家忠义立场出发，利用官方修史这一有力武器，谕令史馆编纂《胜朝殉节诸臣录》和《贰臣传》，毅然对明清之际的历史人物进行全新的裁断。

乾隆从臣必忠君的角度出发，指出"胜国殉节之臣，各能忠于所事，

修史与政治：清代帝王的政治需要与官方当代史的书写　135

不可令其湮没不彰"①。明末抗清义士众多，于清朝虽为抵抗势力，但他们"各为其主，义烈可嘉"②，忠君节义行为必须肯定。对于清初被称为"伪官"的史可法等人，清高宗进行了重新评价，指出："史可法之支撑残局，力矢孤忠，终蹈一死以殉。又如刘宗周、黄道周等之立朝謇谔，抵触奸壬，及遭际时艰，临危受命，均足称一代完人，为褒扬所当及。其他或死守城池，或身殒行阵，与夫俘擒骈僇，视死如归者，尔时王旅徂征，自不得不申法令以明顺逆。而事后平情而论，若尔人者，皆无愧于疾风劲草，即自尽以全名节，其心亦并可矜怜。虽福王不过仓猝偏安，唐、桂二王并且流离窜迹，已不复成其为国，而诸人茹苦相从，舍生取义，各能忠于所事，亦岂可令其湮没不彰。"③ 史可法"支撑残局，力矢孤忠"，刘宗周、黄道周等人"遭际时艰，临危受命"，南明诸臣跟随小朝廷"茹苦相从，舍生取义"，这些都必须在史书中大力彰扬。清初，把忠于明室的人斥之为"伪"，是为了"一耳目而齐心志"④。杀死那些抗节之士，也是因"混一之初，兵威迅扫，不得不行抗命之诛"⑤。总之是受当时历史环境所左右。如今情况发生了变化，从儒家忠义角度来看，史可法等人都是"疾风劲草""一代完人"。这种评价与清初相比，可说是来了一个一百八十度的大转弯。在这样的思想指导下，清廷采取议谥、立传的方法，崇奖忠烈。

乾隆四十年（1775）十一月初十日，清高宗令为明季殉节诸臣议谥⑥，四十一年正月初七日又令为建文革除之际殉节诸臣议谥⑦。紧接着"以钦定《明史》为主，而参以官修《大清一统志》、各省通志诸书"，命史官将议谥之明朝殉节之臣"胪列姓名，考证事迹，勒为一编"⑧，成《胜朝殉节诸臣录》12卷，交武英殿刊刻颁行。该书记载专谥诸臣26人（附入祠士民18人）；通谥忠烈诸臣113人（附入祠士民8人）；通谥忠节诸臣107人（附入祠士民18人）；通谥烈愍诸臣573人（附入祠士民62人）；通谥节愍诸臣842人（附入祠士民87人）；入祠职官495人（附入祠士民37

---

① 《胜朝殉节诸臣录》卷首，御制序，文渊阁四库全书本。
② 《胜朝殉节诸臣录》卷首，乾隆四十一年正月初七日上谕。
③ 《胜朝殉节诸臣录》卷首，乾隆四十年十一月初十日上谕。
④ 《清高宗实录》卷761，乾隆三十一年五月甲午。
⑤ 《清高宗实录》卷995，乾隆四十年闰十月己巳。
⑥ 《清高宗实录》卷996，乾隆四十年十一月癸未。
⑦ 《清高宗实录》卷1000，乾隆四十一年正月己卯。
⑧ 永瑢等：《四库全书总目》卷58，《钦定胜朝殉节诸臣录》条，中华书局，1965。

人）；入祠士民1494人；建文殉节诸臣128人（附入15人）。共3778人，附入245人①。对于那些不知姓名而能慷慨轻生者，无法议谥并写进史书，则"令俎豆其乡，以昭轸慰"②。

　　对于这次修纂《胜朝殉节诸臣录》，表彰忠烈，乾隆非常得意，他曾为此书题诗云："信史由来贵瘅彰，胜朝殉节与襢芗；五常万古既云树，潜德幽光允赖扬；等度早传辽及宋，后先直迈汉和唐；诸臣泉壤应相庆，舍死初心久乃偿。"③乾隆如此大张旗鼓地崇奖忠贞，当然有明确的政治目的，所谓"崇奖忠贞，所以风励臣节"④"褒阐忠良，风示来世"⑤。重写历史、表彰忠烈都是手段，目的是移风易俗，将历史记载转化为现实的道德评判，为清朝臣子忠于清朝树立榜样。乾隆的做法产生了明显的效果，四库馆臣认为《胜朝殉节诸臣录》表彰忠臣，意义重大，"权衡予夺，衮钺昭然，不独劲节孤忠，咸邀渥泽，而明昭彰瘅，立千古臣道之防者，《春秋》大义亦炳若日星"⑥。该书刊布后，对后世官私史学的影响都很大。各地所修方志，凡涉明末清初史事及诸人谥号，均以此书为准。道光年间李瑶撰《南疆绎史勘本》、李聿求撰《鲁之春秋》，更频频征引该书，甚至肉麻地称赞乾隆："予夺之至公，实以启万世之宏规，树皇极之彝训矣。"⑦

　　就在《胜朝殉节诸臣录》完成后不久，清高宗又诏令在国史修纂中特立《贰臣传》，对明季降清诸臣进行贬斥。"一褒一贬，衮钺昭然，使天下万世共知朕准情理而公好恶，以是植纲常，即以是示彰瘅。"⑧褒扬忠义，贬斥失节，目的仍是植纲常、示彰瘅，进一步扭转人心。

　　如前所述，清入关之初，为壮大统治队伍，尽快统治中原，遂招降纳叛，规劝明朝官员将领"投顺"，对那些"抒诚来归"的明朝大臣，认为"良可嘉悦"，给予"一体优叙"⑨。像降清的洪承畴、冯铨、钱谦益等人，

---

① 此数字系笔者据《胜朝殉节诸臣录》统计而成。
② 《胜朝殉节诸臣录》卷首，乾隆四十年十一月初十日上谕。
③ 《胜朝殉节诸臣录》卷首，御制序。
④ 《胜朝殉节诸臣录》卷首，乾隆四十年十一月初十日上谕。
⑤ 《胜朝殉节诸臣录》卷首，乾隆四十一年正月初七日上谕。
⑥ 永瑢等：《四库全书总目》卷58，《钦定胜朝殉节诸臣录》条。
⑦ 李聿求：《鲁之春秋》卷1《王师平定浙闽表上·小序》，浙江古籍出版社，1994，第1页。
⑧ 《钦定胜朝殉节诸臣录》卷首，乾隆四十年十一月初十日上谕。
⑨ 《清世祖实录》卷17，顺治二年六月己卯。

都受到清廷优待。他们的行为被雍正帝称为"应天顺时，通达大义"①。可是，到乾隆时期，这种评价发生了根本性变化。乾隆三十四年（1769），清高宗评价钱谦益等人"大节有亏，实不足耻于人类"②，给予严厉斥责。乾隆诏令国史馆馆臣在国史中设立《贰臣传》，就是要把那些"在明已登仕版，又复身仕本朝"的"大节有亏"的人物统统收入此类，钉在历史的耻辱柱上。乾隆指出："我朝开创之初，明末诸臣望风归附……盖开创大一统之规模，自不得不加录用，以靖人心而明顺逆。今事后平情而论，若而人者，皆以胜国臣僚，乃遭际时艰，不能为其主临危授命，辄复畏死悻生，觍颜降附，岂得复谓之完人？即或稍有片长足录，其瑕疵自不能掩……此等大节有亏之人，不能念其建有勋绩，谅于生前；亦不因其尚有后人，原于既死。今为准情酌理，自应于国史内另立《贰臣传》一门，将诸臣仕明及仕本朝各事迹，据实直书，使不能纤微隐饰，即所谓虽孝子慈孙，百世不能改者……此实朕大中至正之心，为万世臣子植纲常，即以是示彰瘅。昨岁已加谥胜国死事诸臣，其幽光既为阐发，而斧钺之诛，不宜偏废，此《贰臣传》不可不核定于此时，以补前世史传所未及也。"③乾隆帝要求在国史中创立《贰臣传》这一前所未有的类传来贬斥失节，可谓用心良苦。

由于清廷设立《贰臣传》的目的是"为万世臣子植纲常"，故在进行"斧钺之诛"时颇费思量。清高宗曾多次诏令变更该传体例，以示慎重。乾隆四十三年（1778）二月命国史馆将《贰臣传》分为甲、乙两编，因为"诸人立朝事迹，既不相同，而品之贤否邪正，亦判然各异"，所以必须严加区别。如洪承畴、李永芳等人降清后，或"宣力东南，颇树劳绩"，或"屡立战功，勋绩并为昭著""虽不克终于胜国，实能效忠于本朝"，故列为甲编。而钱谦益等人归命清廷后，又"敢于诗文阴行诋毁，是为进退无据，非复人类"，龚鼎孳等人先降李闯王，后又降清朝，"并为清流所不齿，而其再仕以后，惟务觍颜持禄，毫无事迹足称"，故列于乙编④。乾隆五十四年十二月，又命国史馆将吴三桂、耿精忠、李建泰、王辅臣、薛所蕴等人从《贰臣传》中析出，另立《逆臣传》。在乾隆看来，吴三桂等人"或先经从贼，复降本朝，或已经归顺，复行叛逆，此等形同狗彘，觍颜

---

① 清世宗：《大义觉迷录》卷1，《清史资料》第4辑，中华书局，1983.
② 《清史列传》卷79《钱谦益》，中华书局，1987，第6577页。
③ 《清高宗实录》卷1022，乾隆四十一年十二月庚子。
④ 《清高宗实录》卷1051，乾隆四十三年二月乙卯。

无耻之人,并不得谓之贰臣"①。其行为连"贰臣"都不如。由此可见,在"贬失节"这个问题上,乾隆的裁断相当严格。他从清王朝的立场考虑问题,把降清明臣分为"能效忠本朝""靦颜持禄,毫无事迹足称""已经归顺,复行叛逆"三类,表明其贬斥叛降的目的同表彰忠臣一样,都是要激励清朝臣子效忠清廷。

乾隆皇帝在国史中设立《贰臣传》,在当时产生了不小的影响。三通馆馆臣就认为"国史创立《贰臣传》,出自睿裁,于旌别淑慝之中,寓扶植纲常之意,允昭褒贬之至公,实为古今之通义"②,编纂《续通志》,也增设《贰臣传》,"皇上于国史别编《贰臣》,所以树臣道之大防,为古今之通义。今则于《通志》依例立《贰臣传》,其奸臣、叛臣、逆臣,名本《唐书》,义昭斧钺,并为增辑,以正彝伦。此皆郑《志》所无而增补者"③。

总之,乾隆时期,政局稳定,官方已不用担心汉人的异志和明室的复兴,完全可以用明末清初的那段历史来"风励臣节"了。清高宗为了政治上的需要,通过编纂《胜朝殉节诸臣录》和《贰臣传》,适时地将其对清初历史人物的评价做出调整,把纲常准则贯彻于历史评判之中,明确在史书中绳以臣节,通过褒扬忠于明朝之臣来鼓励清朝之臣忠于本朝。清高宗清楚地知道,中国人特别看重身后的历史评价,流芳百世还是遗臭万年,对受过经史教育的中国人来讲不亚于斧钺之诛。清高宗从提高忠君意识、维护清朝统治的根本利益出发,通过官方修史来彰显"殉节",贬斥"贰臣",从正反两个方面入手,对历史重新解释,阐发自己的君臣关系论,提醒臣民以史为鉴,自觉砥砺臣节,意在宣扬忠君则流芳百世,叛君则遗臭万年的思想。这种将史书修纂与现实政治结合起来,巧妙地通过修史来配合现行统治的做法,"足以为世道人心之劝"④,其作用不可低估。

三

刘知幾在《史通·曲笔》中指出:"史氏有事涉君亲,必言多隐

---

① 《清高宗实录》卷1344,乾隆五十四年十二月庚申。
② 嵇璜等:《续通志》凡例,光绪二十八年石印本。
③ 嵇璜等:《续通志》卷首,纪昀等序。
④ 《清高宗实录》卷995,乾隆四十年闰十月己巳。

讳。"① 同时又指出曲笔之人"用舍由乎臆说，威福行乎笔端"②。以此来观照清代官方修史，我们发现刘知幾真是目光敏锐的史学家，他的言论在千年后竟然再次得到验证。清代帝王为了达到某种目的，或通过篡改史书，或通过取舍材料，在官方控制的史书修纂中大行威福，任意取舍，为君亲和当朝者隐讳。篡改史书和取舍材料的原因比较复杂，有帝王提高自身地位的需要，有统治者内部相互斗争的需要，也有统治者与被统治者之间斗争的需要。总之，只要是不利于当权者的历史内容，都可能会遭到篡改和删削。

在官方修史的过程中，统治者往往标榜据实直书，就像顺治帝敕《太宗实录》馆总裁希福所言："毋浮夸以失实，毋偏执以废公，毋疏忽以致阙疑，毋怠玩以淹岁月。敬成一代之令典，永作万年之成宪。"③但实际上，修史"失实""偏执"的情况在官修史书中时时可见。康、雍、乾三朝对太祖、太宗和世祖三朝《实录》内容改窜，从而直接掩盖清朝开国史的真面目的行为，就是典型例证。

孟森先生曾言："清改《实录》，乃日用饮食之事也。"④此说看似夸张，实乃历史真实。就前三朝《实录》而言，《太祖实录》初修成于崇德元年（1636），多尔衮摄政时曾修改过，福临亲政后又重修，顺治十二年（1655）成书，康熙二十一年（1682）至二十五年又重修，雍正十二年（1734）至乾隆四年（1739）又作三修；《太宗实录》初修于顺治六年（1649）多尔衮摄政时，顺治九年福临下令继续修纂，康熙十二年（1673）至二十一年重修，雍正十二年（1734）至乾隆四年（1739）又作三修；《世祖实录》初修于康熙六年（1667）至十一年，雍正十二年（1734）重修。这种公开的大规模对实录的修改，在中国古代官方史学发展史上也是少见的。

清统治者篡改实录，往往打着划一人名、地名、字句的幌子，以掩盖其篡改和删削史实的政治用心。雍正十二年（1734），雍正帝以"三朝实录内，人名、地名、字句，与《圣祖仁皇帝实录》未曾画一"为理由，设三朝实录馆，钦命鄂尔泰、张廷玉、徐本为总裁官，对三朝实录进行酌

---

① 刘知幾：《史通》，上海世纪出版集团，2008，第143页。
② 刘知幾：《史通》，第143页。
③ 《清世祖实录》卷62，顺治九年正月辛丑。
④ 孟森：《读〈清实录〉商榷》，载《明清史论著集刊》（下册），中华书局，1959，第622页。

改,并要求纂修官"按日进呈,亲为阅定"①。雍正帝是这次纂改实录的总策划者,纂改的内容必须是他"钦定"的。可见,划一体例等只不过是一个借口,事实是,三朝实录的纂改、校正、删削之处,大多是清最高统治者认为会有损其祖先之"圣德""功业"或对其统治不利的史实。

据谢贵安研究,清代帝王在指使史馆改修前三朝《实录》时主要做了三个方面的工作:讳饰女真后金政权对明朝的隶属关系;讳饰后金政权对蒙古部落的欺压;粉饰清帝及清室的形象②。下面就略举几例以说明问题。

入关前后金与明朝的关系,是清朝文献中最敏感而隐讳极深的问题,也是三朝实录中极力讳饰的地方。在天聪到崇德初修成的《太祖实录》(当时称《武皇帝实录》)中,基本上以明之属国自居,对明始终称"大明",明帝为"天下共主",对明之文书称"奏大明",明之来谕为"诏下",承认是同辽东边将"各守皇帝边境"。但是,在康熙年间修改过的《太祖实录》中,则改为对等的称呼,称为"明国",对明之文书称"告明国""谓明",明之来文为"明覆""明答",谓与辽东守将是"各守两国边境"。到雍乾间再改《太祖实录》,则将明之来文称"遣使谢曰",努尔哈赤对明称"传谕""往诘"。更进一步抬高自己,隐饰原来的臣属关系③。所谓"旧本于明多敬词,改本均改作平行语"④。改修过的实录对后金、努尔哈赤极尽溢美和赞扬,特别是增加了崇德本《太祖实录》所没有的,太祖训诫子侄诸贝勒及大臣们的五十三道上谕,全是为了显示努尔哈赤治国施政之能,爱民恤人之德⑤。历史事实是,兴起于东北边陲的后金政权曾长期处于明中央政府的有效管辖之下,向明称臣纳贡。努尔哈赤只不过是女真族建州部的一个首领。这与入关后清统治者所宣扬的爱新觉罗祖先的光辉形象形成了鲜明的对比,特别不利于自身在中原地区的统治。于是,入主中原后的清朝诸帝开始竭力否认、掩盖其先祖曾臣属于明皇朝的历史事实,将后金说成是与明政府处于平等地位的邻国,并通过修改实录的方式来"重塑"这段开国历史。以达到树立自信心、稳固政治统治的目的。

除了讳饰后金与明朝的关系这一涉及满族自尊心的史实外,对于有损

---

① 《清太祖实录》卷首,乾隆序,中华书局,1985。
② 谢贵安:《清实录研究》,上海古籍出版社,2013,第441~457页。
③ 薛虹:《〈清太祖实录〉的史料学研究》,《东北师大学报》1988年第2期。
④ 方甦生:《〈清太祖实录〉纂修考》,《辅仁学志》第7卷第1、2期合刊,1938年12月。
⑤ 薛虹:《〈清太祖实录〉的史料学研究》,《东北师大学报》1988年第2期。

帝王形象的事件，也极尽粉饰之可能。据孟森研究，"逃人、圈地、开捐等事，在清代帝王，亦自知非善政，当时则威福自专，后世以为惭德而去之"①，很多内容都借改修之名从实录中删除。另从方甡生研究中可以看出，旧本《太祖实录》中涉及落后、野蛮行径的内容，在康熙、雍乾时皆删改，如万历二十七年（1599）杀孟革卜卤和刚盖事，旧本记："太祖欲以女莽姑姬与孟革卜卤为妻，放还其国。适孟革卜卤私通嫔御，又与刚盖通谋，欲篡位。事泄，将孟革卜卤、刚盖与通奸女俱伏诛。"改本云："其后上欲释孟格布禄归国，适孟格布禄与我国大臣噶盖谋逆，事泄，俱伏诛。"删去了太祖将女儿嫁给孟革卜卤以及孟革卜卤与嫔御通奸之影响太祖形象的丑事。再如旧本记太祖中宫皇后薨："太祖爱不能舍，将四婢殉之，宰牛马各一百致祭，斋戒月余，日夜思慕，痛泣不已，将灵停于院内三载，方葬于念木山。"改本作："上悼甚，丧殓祭享仪物悉加礼，不饮酒茹荤者踰月。越三载，始葬尼雅满山冈。"删去了满洲早期人祭殉葬的野蛮风俗。又如记载天命四年（1619）六月十六日攻克开原之事，旧本云："将士论功行赏毕，毁其城郭，焚公廨并民间房屋，遂回兵。"改本作："于是论贝勒大臣及将士等功，赏赉有差，乃班师。"删除了烧杀毁掠的凶残内容②。像这种通过改动语句而进行的删改，多次出现。另外，有学者通过研究，发现改修的《实录》中在涉及满蒙史事时，对蒙古人多有贬低，以抬高自己的地位③。

　　入关前，满族在政治、经济、文化发展水平上都远远落后于中原地区的汉族，存在一些极为落后、野蛮的风俗习惯和生活方式，各种制度也很不完善。入关后，随着汉文化影响的加强和汉化程度的加深，清统治者开始对祖先的落后文化讳莫如深。于是他们开始依据儒家政治的君王理念来修饰美化和隐讳清开国史事，而对实录的一再改修，使得这种倾向越来越明显。总之，清统治者为了在中原地区树立自己的形象，加强自身的统治，把自己打扮成王道所归、仁义所在、文明程度甚高的王朝，不惜篡改实录，歪曲历史，"将清朝入关前一些有关老祖宗粗暴和不名誉的事情统统删掉，去真存伪"④。其政治用心，可谓良苦。

　　从某种意义上讲，清统治者篡改实录达到了自己的政治目的。雍正以后修纂其他官书时，往往提供改本实录作为资料。这样，改本的记载早经

---

① 孟森：《读〈清实录〉商榷》，载《明清史论著集刊》（下册），第620页。
② 方甡生：《〈清太祖实录〉纂修考》，《辅仁学志》第7卷第1、2期合刊。
③ 齐木德道尔吉：《关于康熙本〈三朝实录〉》，《内蒙古大学学报》2002年第3期。
④ 陈象恭：《谈〈清实录〉和〈清史稿〉》，《历史教学》1951年第1期。

各种官书及私人著作如《开国方略》《东华录》等书，一再录出，已深入各项史学著作中，其中的记载也为人们所认同。如果不是旧本残稿的发现，这种被篡改的历史岂不就成了真正的历史？

清代帝王除了有意改窜史书外，还在资料取舍上做文章，即在作史时通过取舍资料的方法来掩盖历史真相，从而达到自己的政治目的。众所周知，修纂史书，选取资料至关重要。从不同的立场出发，可能会有不同的资料选择方式，从而形成不同的历史叙述内容。

冯尔康曾经比较过《雍正朝起居注》《上谕内阁》以及《清世宗实录》纪事的异同，发现了不少问题。三书所记都是雍正朝事迹。《雍正起居注》最先编纂；其次是《上谕内阁》，雍正七年（1729）由庄亲王允禄主持，开馆始编，九年完成，乾隆即位后又续编；《清世宗实录》修成于乾隆六年（1741），最晚编成。从清代史馆修史的基本规则来看，《雍正起居注》《上谕内阁》是《清世宗实录》的资料来源。将《实录》与《起居注》《上谕》一比较，就能明显看出史馆是怎样通过取舍资料来歪曲历史事实的。比如，《起居注》曾记载马尔齐哈拉拢当时还是藩王的雍正帝加入允禩党，这段资料《上谕》和《实录》都没有采用，目的是隐讳雍正曾经结党的事实。再如，年羹尧、隆科多先为雍正帝宠臣、重臣，后为罪人，君臣间关系非常复杂。关于他们的记载也颇有意思。《起居注》曾记载雍正二年（1724）雍正帝讲为君难、为臣也难的话，云："即如年羹尧建立大功，其建功之艰难辛苦之处，人谁知之；舅舅隆科多受皇考顾命，又谁知其受顾名之苦处。"这段话《上谕》及《实录》都舍弃了。年、隆案发以后，雍正帝曾于三年五月二十二日讲自己宠信年羹尧太过，引咎自责，《上谕》及《实录》也没有采用这一资料。另外，在对宗室成员处分的记载上，在对雍正帝权术的记载上，《实录》都没有照搬《起居注》的记载，而是有意舍弃一些内容①。这样的故意舍弃资料，目的就是隐讳君主的不良品德和弊政，树立明君贤臣的形象，粉饰太平。总起来看，《实录》取舍资料遵循的是为皇帝讳、为尊者讳及丑化政敌的原则。因此关于雍正参加储位斗争，允禩、允禟党人的活动，年羹尧、隆科多的活动，雍正帝处理政事的得失等在《起居注》中记载较全面的资料，在《实录》中都被精心过滤掉了。

---

① 冯尔康：《〈雍正朝起居注〉、〈上谕内阁〉、〈清世宗实录〉资料的异同》，中国第一历史档案馆编《明清档案与历史研究》（下册），中华书局，1988。

光绪年间,义和团运动风起云涌。为此,清廷发布了一系列上谕,说明自己对义和团、教民以及外国帝国主义的基本态度。但是,编纂《清德宗实录》时,大部分上谕没有被选录,使人们无法看出清廷对待义和团由镇压变为利用和欺骗、由利用和欺骗再变为出卖和屠杀的真正面貌和全部过程。

林树惠曾把《清德宗实录》与《义和团档案史料》进行比较,指出《清德宗实录》对档案资料,特别是皇帝上谕的篡改比较严重,致使历史真相被掩盖①。但他使用的《清德宗实录》是伪满洲国"满日文化协会"据盛京崇谟阁藏本影印本,即伪满本。该伪满本在影印时就对崇谟阁藏本进行了挖改②,很多与《义和团档案史料》文字不同的上谕,都是伪满本影印时挖改的,而不是当初修纂《清德宗实录》的纂修官改动的。据此论断纂修《清德宗实录》时就篡改上谕档案,没有说服力。查中华书局影印北京大学所藏定稿本《清德宗实录》,凡涉及与《义和团档案史料》相同的内容,均没有在文字上做改动。但是,《清德宗实录》在取舍资料时却大有文章,很多有关义和团的重要上谕舍弃不用,使人看不出清政府对待义和团的真实面目。比如光绪二十六年(1900)五月二十五日,"军机大臣面奉谕旨:著派左翼总兵英年、署右翼总兵载澜会同刚毅办理义和团事宜"。这是清廷控制义和团的第一步。同月二十七日,"内阁奉上谕,义和团民众分集京师及天津一带,未便无所统属,著派庄亲王载勋、协办大学士刚毅统率,并派左翼总兵英年、署右翼总兵载澜会同办理,印务参领文瑞著派为翼长。该团众努力王家,同仇敌忾,总期众志成城,始终勿懈,是为至要"。这是全面控制和支配义和团。六月初一日命令"统兵王大臣暨统率义和团王大臣等,谕令将领及义勇,遇有勇丁及冒充勇丁之土匪抢掠,立即拿获,送交各该王大臣等询明,即行正法"。初四日,又命令载勋等对"所有业经就抚之义和团民……严加约束,责成认真分别良莠,务将假托冒充义和团借端滋事之匪徒,驱逐净尽"③。这是完全控制和打压义和团。这些重要的上谕,《清德宗实录》都舍弃,没有使用。纂修《清德宗实录》诸臣删掉这些上谕,当然有它的政治目的,"删掉这些上谕,就

---

① 林树惠:《〈清德宗实录〉和〈拳时上谕〉与〈义和团档案史料〉》,《历史档案》1984年第1期。
② 《清实录·影印说明》,中华书局,1986。
③ 以上四条资料均见《义和团档案史料》,中华书局,1959,第164、176、197、207页。

免掉清政府对义和团进行控制的责任"①。

　　清朝帝王把编纂史书作为其积累和传播统治经验的手段之一。史书在他们手里就是政治斗争的辅助工具。不同的历史时期和不同的政治环境,清廷设馆修史的目的会有一些差异,但维护帝王根本利益是永远不变的主题。无论是删改史书,还是舍弃资料,无非都是为了掩盖政治丑闻,丑化敌手,美化自己。只要能够对自身统治有利,那就不择手段,对历史记载横加篡改。当史学被置于政治斗争的"刀俎"之上,其独立品格也就不复存在了,它只能成为"鱼肉",任人宰割。这是我们在分析清代官方修史与清廷政治斗争关系时要予以充分注意的。

四

　　行文至此,尚需啰唆几句。在中国古代专制社会中,统治者之所以重视修史,其中一个重要原因就是想牢牢掌握历史话语权,以便任意裁量古今人物,为现时政权服务。修史本身被赋予了一种政治功能。也正因为此,修史便常常被卷入政治斗争的旋涡之中。以帝王政治需要为关节点考察官方当代历史的书写,可以清楚地看到帝王如何把史学的经世观念转化为统治者的权谋手段,也可以让我们更加深刻地领会史学与政治的深层的关系。

　　有清一代,专制政体登峰造极,帝王对史学极为关注,不断通过设立史馆来编纂史书②,把官方历史书写纳入自己的权力世界之中,并把它变成一种权力符号。帝王有什么样的政治需要,官方便有什么样的历史书写,史学被玩弄于政治的股掌之上。这种政治角逐中急功近利的以史辅政,必然导致官方历史书写的排他性,缺乏宽容的精神和求真的器量。正因为此,清代史学的进路和发展颇受制于帝王,专制帝王的史学好尚与相关举措,均直接作用于政治的走向和士林史学的发展。清朝帝王清楚地认识到,现实的政治争斗和各项军国大政,最终都要以文字记载的形式凝固在历史之中,都要垂诸史册,这是事关当事者流芳百世还是遗臭万年的大事。这样的一种"历史自觉",就使得居于权力金字塔尖顶的专制帝王无

---

① 林树惠:《〈清德宗实录〉和〈拳时上谕〉与〈义和团档案史料〉》,《历史档案》1984年第1期。
② 清代史馆修史的情况可参见拙著《清代史馆与清代政治》,人民出版社,2009。

限膨胀自己的权力私心，干预史书编纂，从而极大地扭曲历史书写的真实性和公正性。清代帝王直接把官方史学纳入权力话语体系中，就充分显示了权力玩弄史学的蛮劲。

笔者以为，理解清代史学的完整性以及史学与政治的关系，必须考虑"帝王史学"对诱导和制约官、私史学发展以及在沟通史学与政治方面所起的作用。在此，笔者提出"帝王史学"这一概念，认为研究清代史学，帝王和士林两方面都是重要的观察视角。但是，以往史学研究的视野，总是偏向于士林一面，对于居于支配地位的"帝王史学"，还没有引起足够的重视，因而在说明清代史学演进以及史学与政治关系的问题上，便显得不够全面和系统。

如果把"帝王史学"纳入传统史学的视野内进行观照，中国传统史学之受制于权力的一面便昭然若揭。主宰官方史书修纂的帝王既是人君又是史家，历史书写无疑会深刻烙下统治者的意志。如果研究传统史学而置"帝王史学"于不顾，那传统史学的整体面貌便不能如实地得到反映。笔者认为，以"帝王史学"为观察视角，是在更高层次上通观中国史学发展的格局，也是认识中国传统史学本质的根本所在。有关"帝王史学"的内涵、特征、影响等诸多问题，笔者将另文论述。

中国近现代史学研究

论晚清历史教育

尤学工

(华中师范大学历史文化学院,湖北武汉 430079)

摘 要:晚清历史教育开启了中国历史教育走向现代的开端。它主要沿着两条道路展开:一是以学科化为基础的学校历史教育体制的确立与发展,二是以现代报刊与出版为主要媒介的社会历史教育的蓬勃展开。清廷制定的"壬寅癸卯学制"从制度上奠定了历史教育学科化的基础,使学校历史教育能够以现代、稳定、系统的方式确立自己在中国现代教育体系中的位置。虽然清廷力图将学校历史教育控制在官方意识形态的范围内,但以"新史学"为理论基础、以救亡图强为宗旨的历史教育思想还是通过编纂历史教科书等途径,突破了它的限制,并逐渐取得了在历史教育领域的主导权。晚清社会历史教育已经具备了一定的规模,形成了以现代报刊和出版业为主要传播途径的教育模式,出现了一个以文化界爱国人士为核心的历史教育群体。历史教育的内容与形式丰富多样,影响范围也相当广泛,展现了中国历史教育由古代走向现代过程中特有的朝气蓬勃的局面。晚清历史教育奠定了学校历史教育和社会历史教育并立的基本格局,提出了一些重大问题,说明了史学在社会中应有的位置。

关键词:晚清 学校历史教育 社会历史教育

晚清是中国社会由古代向现代转型的一个关键时期,此前的社会变

---

* 本文是教育部人文社科重点研究基地重大项目"近世知识群体的专业化与社会变迁"(项目批准号:12JJD770018)的阶段性成果。

动已经基本完成量变的积累，形成了一股相当强大的变革力量，变革的趋向已经明晰，整个社会的现代转向已不可逆转，新旧中西的冲突也表现得更为激烈。在这股时代洪流中，历史教育也开始了由古代向现代的历史性转折：历史教育思想突破了传统意识形态的控制，救亡图强、民族精神和爱国主义成为其思想核心；建立了以现代学科体制为基础的学校历史教育，奠定了历史学科在教育体系中的地位；很多史学家、思想家、政治家投入历史教育活动，现代报刊、出版等传播媒介成为社会历史教育的主要途径，有效地推动了现代历史教育思想的传播。经过晚清的变革和民初的发展，中国现代历史教育形成了自己的基本格局和发展模式，有力地回应了时代主题，充分体现了史学在历史发展中的重大作用。

一 学校历史教育体制的建立

以学校为历史教育的载体和组织，古已有之，并不始于晚清，但以现代学术分科为基础的学校历史教育体制确乎是晚清教育变革的一个成果。现代学术分科不同于中国传统的四部分类法，它的建立意味着知识的生产与传播有了全新的机制，意味着知识形态和学术模式发生了根本性转变。这不能不对历史教育产生重大影响。

中国现代学校历史教育的酝酿和准备，是从19世纪学堂的分科教育和课程设置、教材编纂等方面开始的①，而1902～1904年的"壬寅癸卯学制"起了奠基作用。在这个学制中，分科教育的模式被正式确认，历史学科成为一个与其他中学和西学学科并立的学科。这在中国历史教育发展史上还是第一次。

按照"壬寅癸卯学制"，从蒙学堂到大学堂的各级学堂之中都设有历史科，并规定了具体的教学目标和教学内容，以及课时分布，体系比较完整。不过，清廷虽然建立了具有现代意义的新学制，但"新"体制却没有带来"新"思想。1901年，光绪帝下诏将书院改为学堂，其诏曰："当以'四书''五经'纲常大义为主，以历代史鉴及中外政治、艺学为辅，务使心术纯正，文行交修，博通时务，讲求实学，庶几植基立本，成德达材，

---

① 马执斌：《中国历史教材近代化概述》，《历史教学》1997年第12期。

用副朕图治作让人之至意。"① 这种以"纲常大义"为主、"务使"学生"心术纯正"的教育宗旨一开始就使晚清的教育改革蒙上了浓厚的官方意识形态色彩,影响着教育改革的方向。这一宗旨在新学制中得到了继承和体现。"癸卯学制"规定:"立学宗旨,无论何等学堂,均以忠孝为本,以中国经史之学为基,俾学生心术一归于纯正,而后以西学瀹其智识,练其艺能,务期他日成材,各适实用,以仰副国家造就通才、慎防流弊之意。"② 1906年,学部上《奏陈教育宗旨折》,进一步把教育宗旨确定为忠君、尊孔、尚公、尚武、尚实。从这些教育宗旨可以看出,经学在晚清教育体系中被赋予中心地位,而历史教育及西学教育则成为经学之辅助。这种"经主史辅"的关系反映了当权者要固守官方意识形态的决心。史既为"辅",自然不能脱离"纲常大义"这个中心。那么,历史教育如何才能辅助"纲常大义"呢?一是通过对历朝兴衰成败的历史过程之记述,以及对兴亡治乱的历史经验之总结,为当权者提供实践性很强的历史借鉴,以改善统治,延长其政治生命;二是通过"史鉴",建立以"纲常大义"为基础的历史认识和评价标准,进而使"纲常大义"成为人们在现实中的认知标准和行为准则。这些在清廷规定的历史教学目标上有明显的体现。如"癸卯学制"规定初小历史科的教学目标是"略举古来圣主贤君重大美善之事,俾知中国文化所由来及本朝列圣德政,以养国民忠爱之本源"③;高小要求"多讲本朝仁政,俾知列圣德泽之深厚,以养成国民自强之志气,忠爱之性情"④;中学堂历史科之中国历史,"当专举历代帝王之大事,陈述本朝列圣之善政德泽,暨中国百年以内之大事;次则讲古今忠良贤哲之事迹"。而历史科总的要求是"端正趋向,造就通才"⑤。所谓"端正趋向",就是使学生的思想和行为按照他们所指定的方向发展,其实就是符合所谓的"纲常大义";所谓"通才",就是一个"中学"和"西学"的混合体,即在"心术"上,能够"以忠孝为本,以中国经史之学为基",而在"智识"和"艺能"上则接受西学教育。这是"中学为体,西学为

---

① 《光绪二十七年八月初二日谕于各省、府、直隶州及各州、县分别将书院改设大、中、小学堂》,璩鑫圭、唐良炎:《中国近代教育史资料汇编——学制演变》,上海教育出版社,1991,第6页。
② 璩鑫圭、唐良炎:《中国近代教育史资料汇编——学制演变》,第289页。
③ 璩鑫圭、唐良炎:《中国近代教育史资料汇编——学制演变》,第295页。
④ 璩鑫圭、唐良炎:《中国近代教育史资料汇编——学制演变》,第310页。
⑤ 璩鑫圭、唐良炎:《中国近代教育史资料汇编——学制演变》,第339页。

用"思想在教育领域的一个反映,仍然没有超出传统意识形态的框架。按照这样的教育思想,历史教育不过是一个"纯正"学生"心术"的工具罢了。虽然清廷也说要使学生"省悟强弱兴亡之故,以振发国民之志气"①,但毕竟要服从于"纯正心术""忠孝为本"这一主旨。这种情况说明,以意识形态灌输为主的教育思想仍然占据着学校历史教育的主导地位。

从课程设置看,"壬寅癸卯学制"大致将历史课程分为中国历史和外国历史(世界历史)两大类,并对这两类课程所占比重有明确的规定②。从总体上说,"壬寅学制"中的中国历史无论是课时比重还是学习年限,都超过了外国历史。比如寻常小学堂和高等小学堂历史科周课时所占比重较大,分别达到 16.7% 和 11.1%,这是学习中国历史大略的阶段,可见中国历史比较受重视。而外国史的比重最高达 8.1%,低则到 7.9%,普遍低于中国历史。从学习年限看,从蒙学堂到中学堂的 14 年中,学习中国历史的时间有 10 年,学习外国历史的时间有 4 年,高等学堂 3 年中外历史皆有。而在"癸卯学制"中,中国历史在基础教育阶段受到重视,世界历史则在师范教育和高等学堂教育阶段占有较大比重。小学阶段的教学内容主要是中国历史。从中学堂开始,中国史和外国史兼设,第二年始设亚洲各国史和东西洋各国史,高等学堂、师范学堂、译学馆大较与此相类。进士馆则以世界史为主,还专门开设"泰西近时政治史"和"日本明治变法史"课程,突出了其实用性。从学习年限看,自初小到高等学堂的 17 个学年中,中国史占 11 个学年,中国史和世界史合占 2 个学年,世界史占 4 个学年。而在初级师范学堂、优级师范学堂分类科第二类(以历史、地理为主)、译学馆和进士馆的总共 16 个学年中,中国史占 3 个学年,中国史和世界史合占 5 个学年,世界史占 7 个学年(进士馆第三学年无历史科)。"壬寅癸卯学制"还大致勾勒出了现代历史学科的知识范围。它规定的大学堂课程,除目录学、金石文字学、"通鉴学"、地理沿革和典章制度史等传统的知识范围,以及中国、世界历史大略之外,还特别补充了人类学、生物学、公益学、教育学、外国科学史等原来的知识范围所不能涵盖的新内容。还有,新学制比较注重历史学科对其他学科的作用,比如在大学堂的各个分科大学中,除经学

---

① 璩鑫圭、唐良炎:《中国近代教育史资料汇编——学制演变》,第 321 页。
② 具体内容和课时分配可参见附表 1~4。

科本身就与史学有密切关系外,其他各科也多有历史的内容①。这说明,历史教育对于其他学科知识体系的完善具有重要意义,是整个中国教育现代化过程中不可缺少的重要一环。

  有了新式学堂和新式课程,自然需要与之相配合的教科书。"壬寅癸卯学制"规定,教科书只能由官设编书局编纂或自行编纂后呈学务大臣审定。事实上,晚清政局混乱,当权者自顾不暇,根本无法完成编纂教科书的任务。各地学堂的历史教科书,一则依靠教员自编,一则依靠现代出版机构编纂、出版。由于现代出版机构,如商务印书馆等独具的编纂和传播优势,遂逐渐成为历史教科书的主要来源。出版机构编纂历史教科书,一方面要依据官方颁布的课程标准等要求,另一方面也有自己的自主性。正是这种自主性,使得历史教科书能够吸收"新史学"思想,突破学校历史教育中官方意识形态占据主导地位的格局,推动学校历史教育中新知识、新观念的传播。可以说,正是这种独特的教科书编纂体制,给"新史学"进入学校历史教育体系提供了难得的契机,也给当时的学校历史教育注入了活力,推动了学校历史教育走向现代的脚步。在这些历史教科书中,夏曾佑编写的《最新中学中国历史教科书》广为后人称道,并对此后的历史教科书编纂产生了很大的影响。这部教科书的特点,一是以历史进化的世运说,分析中国历史过程,把整个中国历史分为上古、中古、近古三个时期;二是以生存竞争、优胜劣败的学说解释社会发展,并将之作为世界之公例;三是提出了"总以发明今社会之原为主"的编纂原则,在材料采择和史书编写中贯穿了反对君史、提倡民史的观点;四是采用新式章节体裁作为教科书的主要形式,成为此后教科书体裁的典范②。此后,历史教科书的编纂日益丰富和成熟,"新史学"思想通过这些教科书转化为学生的思想观念,真正在思想上推动了中国历史教育走向现代的进程。此外,各级学堂中的不少历史教师由留学生担任,还有一些留学生创办新式学堂,大力推行新学教育。他们具有现代教育理念和历史观念,以开启民智、培

---

① 如政治科有中国古今历代法制考、各国理财史、各国理财学术史、各国近世外交史、各国政治史等主课,文学科之中外地理学门有历史地理、殖民学及殖民史等主课,中国文学门除有讲授中国历史大略与传统学术源流的主课外,还有世界史、西国文学史、外国科学史等主课,英国文学门有英国近世文学史、英国史等主课,工科之建筑学门则有建筑历史,应用化学门有化学史等主课,商科有商业历史、各国产业史等主课。

② 夏曾佑:《中国古代史·前言》,河北教育出版社,2000。另外,陈其泰对夏曾佑的思想及其在通史撰著方面的成就有更为详尽的分析。参见陈其泰《中国近代史学的历程》,河南人民出版社,1994,第304页。

育新民为宗旨，对打破学校历史教育中的意识形态桎梏也起到了重要作用。

面对新思想的冲击，清廷无力应对，只好搬出"孔子之道"作挡箭牌。他们说："自泰西学说流播中国，学者往往误认为西人主进化而不主保守，至事事欲舍其旧而新是图；不知所谓进化者，乃扩其所未知未能，而补其所未完未备，不主保守者乃制度文为之代有变更，而非大经大法之概事放弃。狂谬之徒误会宗旨，乃敢轻视圣教，夷弃伦纪，真所谓大惑矣。"这就将社会进步、新必胜旧的历史必然性从进化论中剥离出来，而只将其视为人的知识结构的一种完善，并将之简化为"舍旧图新"，从而使进化论失去了社会革命之具的意义。在这个认识基础上，他们才提出"尊孔"的主张，认为"孔子之道大而能博，不但为中国万世不祧之宗，亦五洲生民共仰之圣"①。这就将以"孔子之道"为代表的中国传统伦理思想体系看成了一种普遍而且"万世不祧"的知识系统。他们坚持要在教育中贯彻这套知识系统，从而达到"国教愈崇，斯民心愈固"的目的。从根本上说，这是一种站在当权者立场上制定的教育理想，与当时的社会要求并不合拍，最终在与新历史教育思想的竞争中败下阵来。

"壬寅癸卯学制"对历史学科的宗旨、课程设置、讲授内容、教学方法与要求等都做了明确的规定，形成了一个比较完整的教学体系，从而使历史学具备了成为一个独立学科的基本条件，正式确立了历史学在现代学科体系中的地位。虽然它还有很多的局限，但其对历史教育学科化的奠基作用是应当肯定的。不过，一种新体制的建立不是一蹴而就的，除了制度设计之外，教师和学生还需要一个较长的适应过程。对于这一时期的新式学校教育，顾颉刚回忆说："十余年来在新式学校中过的上课生涯，使得我一想着就要叫屈。学校教员的知识大都是不确实的，他们自己对于学问也没有什么乐趣，使我看着他们十分的不信任，几乎没有在课业中得到什么""所学的只有一些模糊影响之谈，内既非情，外亦非物，为的只是教员的薪金和学生的文凭，大家假借利用，捱延过多少岁月。他们各有所为而捱延，却害苦了真正愿意自己寻求学问的我，把我最主要的光阴在无聊的课堂上消磨掉了！"他愤愤地说："他们在那

---

① 璩鑫圭、唐良炎：《中国近代教育史资料汇编——学制演变》，第535~536页。

里杀青年真可恨，青年们甘心给他们杀也可鄙！"①顾氏所言，一方面说明教育改革的效果并未如预期那么令人满意，不能以制度性的进步掩盖实践中的问题；另一方面也说明历史教育从传统形态转向现代形态的艰难，说明改革的成功不仅需要好的制度设计，还需要教师、学生等教育要素的共同变革与作用。

二 社会历史教育的勃兴

如果说晚清的学校历史教育还深受官方教育宗旨的制约，那么社会历史教育则在努力突破这种制约，显示出富有时代特色的生机与活力。

晚清社会历史教育的思想基础是以"新史学"为代表的史学理论体系。它始于"新史学"和"史界革命"的提倡，而自命为"新思想界之陈涉"②的梁启超也因此成为中国现代历史教育的开拓者。由于这种历史教育思想诞生在清廷颁布新学制之际，使得它从一开始就与官方提出的教育宗旨针锋相对，并在斗争中逐渐成为历史教育的主导思想。于是，"新史学"成为晚清历史教育向现代转变的一个重要标志。这种历史教育思想的根本宗旨在于救亡图强，具体而言，则是"新民"和"提供国民资治通鉴"。历史教育的这个宗旨，是梁启超最早提出来的。他认为一般中国人还不具备现代国民的资格，欲振兴中国，必先"新民"，而历史教育就是一条重要的"新民"之道。他的基本思路是实行"史界革命"，以"革命"后的史学教育民众，使之成为理想之新国民。由此可见，将历史学由"养成士大夫君臣之学"改造为"养成国民之学"③，以历史教育养成"新民"，是梁启超的一个重要教育目的。而提供"国民资治通鉴"是上一目的的延伸，它包含两层含义：一是从内容上说，提供的是"国民之史"；二是从对象上说，是供"国民之鉴"。他说："今日所需之史，则'国民资治通鉴'或'人类资治通鉴'而已。""史之目的，乃为社会一般人而作，非为某权力阶级或某智识阶级而作，昭昭然也。"④ 在梁启超看来，这正是旧史所缺。"旧史中无论何体何家，总不离贵族性，其读客皆限于少数特

---

① 顾颉刚：《〈古史辨〉第一册自序》，《顾颉刚古史论文集》卷1，中华书局，2010。
② 梁启超：《清代学术概论》，《饮冰室合集》专集之三四，中华书局，1989，第65页。
③ 江湄：《梁启超"民族主义"历史教育观的一点启示》，《学术研究》2002年第12期。
④ 梁启超：《中国历史研究法》，《饮冰室合集》专集之七三，第3~4页。

别阶级",内容上则多"无用之事实",缺乏"人生日用饮食之常识的史迹"和"一般民众自发自进的事业",故"往往有读尽一卷,而无一语有入脑之价值者",其效果也只能是"助成国民性之畸形的发达"。这些批评,从反面提出了史学应有之内容和应服务之对象。这就把历史教育的对象和目的说得比较明确了。无论是"新民",还是提供"国民资治通鉴",都是为了救亡图强。正因为历史教育如此重要,所以梁启超才说它是"学问之最博大而最切要者也。国民之明镜也,爱国心之源泉也",所有国人"皆当从事""一刻不容缓""悠悠万事,惟此为大"①。

晚清社会历史教育的主体力量是当时寻求变革和突破的社会群体,其中既包括相对温和的立宪派,也包括比较激进的革命派,还有开明士绅等其他求变的社会力量。梁启超等人宣扬"新史学"和进化史观,试图从历史观念和史学理论上对中国史学进行根本性改造,而其指向则是中国社会与文化的改造。邹容和陈天华等人在救亡图存的总体目标上与梁启超并无太大不同,只不过在救亡方式等方面存在很大分歧,借助历史教育宣扬革命主张是他们的突出特点,体现出了他们思想的激进性。对于大多数求变的社会力量而言,"开民智,作民气"是他们投身历史教育的重要目的,历史教育在相当程度上具有了思想启蒙的意义。他们虽然政治立场各异,但都非常重视利用历史教育为其政治、文化和社会变革思想张目,因此这一时期的社会历史教育往往与政治运动有着密切的联系。这种情况也招致了其后史家的批评,认为史学和历史教育被利用为工具,损害了其学术性与独立性。这种批评立足于"学术独立"和"学术自由"的基本理念,主张以学术为目的而不以为手段,有其合理性。但是,这种批评在强调历史教育的学术性和独立性的同时,无形中忽视了史学的社会性,忽视了历史教育是史学与社会之桥梁的特点。当我们把史学和历史教育的社会属性放在晚清的时代环境之中进行考察时,就会发现正视史学和历史教育的社会属性、充分发挥其社会功能,不但是当时社会变革的迫切需求,而且并未对史学和历史教育的现代转型造成批评者所担心的损害,反而有力地推动了"新史学"和新的学术理念的传播与发展。这说明,兼顾史学和历史教育的学术性与社会性是可能的,也是必要的。

当时,社会历史教育的方式和途径是多样的,其中现代报刊与出版是

---

① 梁启超:《新史学》,《饮冰室合集》文集之九,第1~7页;《中国历史研究法》,专集之七三,第28页。

它的两个主要途径。晚清是中国现代报刊兴起的一个关键时期，而这些报刊的创办者多受新学熏陶，具有求变革新的思想倾向。这种特点无疑直接影响着这些报刊的办报宗旨和宣传内容，使得报刊成为晚清新思想传播的利器。晚清报刊十分注重总结中外历史发展的经验教训，发表了大量的关于中外历史和史学的著述。这使得历史教育也能够借助报刊这种现代思想传播方式加入历史变革的洪流之中，并发挥自己的作用。对此，已有学者进行了比较深入的研究①。值得注意的是，这些现代报刊中有相当部分设置了历史专栏，而且这些设有历史专栏的报刊地域分布广泛②。历史专栏的设置，反映了主办者自觉的历史教育意识，说明他们已把历史教育视为现代报刊不可缺少的一个部分，并把对公众进行历史教育作为自己的一个重要责任。这些历史专栏，有的重史事，有的重人物，有的重专门领域，有的重教育方式，可谓各有侧重，各具特色。而这些历史专栏的主办者和撰稿人，有爱国的文化界人士，有大量的留学人员，有外国学者及其译介者，有学术团体和出版机构，等等。这种情况说明，历史教育确已在相当的社会范围内受到重视，并形成了一定的社会氛围。这一点对于当时社会历史教育的发展是至关重要的。这些历史专栏的内容及其包含的思想，反映了晚清社会的发展要求，也反映出当时社会历史教育丰富多样的面貌。它具有如下基本特点：一是以进化史观为历史教育的思想基础，使进化史观成为人们普遍接受的社会公理，而救中国于此弱肉强食的世界，则成为

---

① 如俞旦初有《二十世纪初年中国的新史学》《二十世纪初年中国的爱国主义史学思潮》《二十世纪初年中国的反帝爱国史学》《中国近代爱国主义与"亡国史鉴"》等文（这些文章被收入《爱国主义与中国近代史学》一书，中国社会科学出版社，1996）。张越、叶建：《近代学术期刊的出现与史学的变化》（《史学史研究》2003年第3期）一文考察了专门性史学期刊与高校学报类期刊的基本情况，指出其对于历史学科的发展具有重要影响。刘兰肖的《晚清报刊与近代史学》（中国人民大学出版社，2007）着重研究了近代报刊在西方史学观念传播、史学的学科化与大众化，以及强化史学社会功能等方面的影响，探讨了近代报刊与近代史学的双向互动关系。其他相关研究，不再一一列举。这些研究的共同特点是利用大量的近代报刊资料，注意到了近代报刊在历史学科发展、历史教育尤其是爱国主义教育中的重要作用。

② 《中国近代期刊篇目汇录》所收495种近代期刊中，有百余种期刊设有历史专栏，占总数的20%。这些设有历史专栏之近代报刊的创办地，覆盖范围甚为广泛，国外至日美，以日本为多，国内则包含北京、上海、天津、重庆、浙江、江苏、福建、河北、湖北、安徽、广东、广西、湖南、四川、山西等十余个省市，可以说，覆盖了国内的大部分地区，尤其是一些经济文化比较发达的地区。其中，上海是最为集中之地，有38种之多，为国内之首，其他比较集中的地方还有北京（9种）、广州（6种）、武昌（4种）等地。这说明当时社会历史教育有比较广泛的影响范围。

国人的共同追求；二是注重以中国的英雄人物和优秀历史文化激发民族自尊与自信，振奋民族精神；三是注重世界意识与现代文明意识的培养，以"交通"解救"闭塞"①，教育国人以开放的心态认识世界，学习西方，以丰富思想，开阔眼界；四是始终关注时代主题，并对现实中的重大事件做出回应，这是历史教育之现实性特点的反映；五是历史教育主体来源广泛，且具有良好的史学修养和高度的自觉性，这保证了晚清社会历史教育具有较高的水平和思想境界。这些特点彰显出的时代主题，就是救亡图强、民族精神和爱国主义。这些特点，加上报刊这种快捷的现代传播方式，使它能够在晚清社会历史教育中发挥较大的影响。蔡元培回忆他在《安徽俗话报》时期的活动时说："那时候，我们所做的都是表面普及常识，暗中鼓吹革命的工作。"②柳亚子说他在少年时读了梁启超的《意大利三杰传》和《新罗马传奇》，"排满革命的感情，是不期然会油然而生的"③。这种情况，在晚清要求进步的青年中具有代表性。当时的报刊大多以"开民智、作民气"④为宗旨，价格低廉，内容丰富，形式活泼，语言浅显，各地的俗话报注重以当地的乡土语言行文，适应了不同层次读者的需要，便于大众接受，其影响所及，连清廷官员也不得不为之所动⑤。这些情况说明，现代报刊有力地推动了历史教育的大众化和社会化，极大地开拓了社会历史教育的深度和广度，使历史教育成为推动思想进步和社会发展的一个重要途径。

除了报刊外，社会历史教育还有出版这个强大的传播渠道给予支持，作为现代中国最大的私营出版企业，商务印书馆可以说是其中的一个代表和缩影。它以"一面发扬我国旧文化，一面介绍西洋文化，使中西沟通，

---

① 《论童子世界之缘起并办法》，《童子世界》第8号。
② 蔡元培为《独秀文存》写的前言，转引自丁守和主编《辛亥革命时期期刊介绍》第2集，人民出版社，1982，第163页。
③ 柳亚子《五十七年》，转引自俞旦初《爱国主义与中国近代史学》，中国社会科学出版社，1996，第111页。
④ 《谨告阅报诸公》，《杭州白话报》第1年第33期。
⑤ 如绩溪县知事就因为《安徽俗话报》"门类极多，言词极浅，近来时政以阅此报为宜"，而利用它来开化民众，并"捐廉购办，随同官报发行，听人采取"。它的发行量，仅在其开办的半年内就由一千份增至三千份（《安徽俗话报》第7期）。《外交报》的"史传"等栏目被外务部称为"堪为课吏造士参考之助"，各省督抚也赞它"采择详明，洵足开风气而资考镜"，并批示所属"筹款购买"，"分送司局道府暨各属印委阅看，以广见闻"（丁守和主编《辛亥革命时期期刊介绍》第3集，人民出版社，1983，第6~7页）。

促进祖国整个文化的发展和光大"① 为基本方针,对历史教育的贡献很多。如它对中国古籍的整理、影印,出版国内外的史学著作,以小丛书形式推出各种历史通俗读物等,对历史文化的保存和传播都有很大贡献。而商务版历史教科书对历史教育的推动最为人们所乐道,它在清末新学制颁布后推出的《最新教科书》,"全国欢迎,风行一时""教学风气为之一变"②。所以,蒋维乔不无得意地说:"教科书之形式、内容渐臻完善者,当推商务印书馆之《最新教科书》""在彼一时期,能完成教科书之使命者,舍《最新教科书》外,固罔有能当之无愧者也。"③ 同时,它还成为其他书局"模仿"的对象,在不知不觉间产生了一种示范作用,这对历史教科书的发展是很有意义的。此后,商务印书馆不断根据学制和历史教育思想的变化推出新的历史教科书,使历史教育能够紧跟时代要求④。商务印书馆出版的这些历史教科书,固然以学生为主要对象,但并未限于学校,而是作为通俗的历史读物在社会上得到了广泛的传播。如果结合对商务版历史通俗读物的考察,可以清楚地看出商务印书馆在社会历史教育方面具有高度的自觉意识,其影响也不可小觑。在这些历史读物中,进步的价值取向得到彰显,新型价值观念和道德观念被广为阐扬。进步的历史观和历史教育思想也在这些历史教科书中得到了体现,如1904年出版的《最新历史教科书》还包含着不少被视为"正统"的所谓尊君保大清的内容,但随着清王朝土崩瓦解,反对封建专制,主张民主共和,强调注重民本、实用,增添人类文明发展、文化演进、文物制度以及民众生活等内容,不再以政治事件及政治人物作为历史叙述主体,就成为此后商务版历史教科书的一个重要思想。教科书中对历史事件与人物的评价,同样表现出了20世纪以来中国史学的进步。如太平天国起义从被视为"倡乱"到将其称为"民族革命""宗教革命",并且开始平心静气地讨

---

① 顾廷龙:《回忆张菊生先生二三事》,《商务印书馆九十年》,商务印书馆,1987,第13页。
② 曹冰严:《张元济与商务印书馆》,《商务印书馆九十年》,第21页。
③ 蒋维乔:《编辑小学教科书之回忆》,《商务印书馆九十年》,第56页。
④ 作为编纂人之一,庄俞对商务印书馆的教科书编纂特点作了一个总结:"一、学制修改一次,教科书跟着变更一次,往往一部还未出全,又要赶编第二部,我馆对于此点向来是很注意很敏捷的;二、教育研究,日新月异,最初主张日本学说,后来参以欧美学说,或又崇拜美派,又采行法派,参互错综,是否完全适合我国国民,迄无定论。我馆编辑各书,都是折衷办理,舍短用长的;三、教科书的营业,要算是高尚的营业;四、教科书愈出愈多,内容则愈出愈浅,从提倡语体文以后,修辞格外不讲究。"参见庄俞《谈谈我馆编辑教科书的变迁》,《商务印书馆九十年》,第63~67页。

论其失利的原因，前后不过 30 年的时间①。所有这些，都使商务版历史教科书和通俗历史读物表现出与时俱进的活泼特色。诚如其所言，商务印书馆是将出版当作一种"高尚的营业"看待的，它不仅是一种商业行为，更是一种文化行为。这反映出商务印书馆推动中国文化建设和教育发展的自觉心，也说明它是一个富有社会责任心的现代出版企业。正因为如此，蔡元培才赞其为编辑、出版中国历史教科书的"创始者""大受教育界欢迎""书肆之风气为之一变，而教育界之受其影响者大矣"②；胡适才称赞它是"一个支配几千万儿童的知识思想的机关"③；冯友兰才褒扬它"对中华民族的精神文明做出了很大的贡献"④；周谷城才肯定它"对中国之现代化的功绩"⑤。将文化出版事业提到"精神文明"和"现代化"的高度，既是对商务印书馆所做贡献的褒扬，也是对整个出版业在文化建设和历史教育中之作用的肯定。

面对来自社会不同层面的汹汹大潮，清廷无法找出有力的理论反制武器，只好用强力的政治手段来压制新思想的传播，《苏报》案就是当时清廷与革命派之间的一场历史观念和政治思想冲突。1903 年，《苏报》因发表邹容、章太炎的《革命军》和《驳康有为论革命书》，以及《读〈革命军〉》《序〈革命军〉》《介绍〈革命军〉》等文章而名噪一时，也因此而遭到清廷的忌恨。1903 年 6 月 29 日，上海公共租界工部局应清政府要求，以鼓吹革命的罪名拘捕钱允生、陈吉甫、陈叔畴、章太炎、邹容、龙积之等 6 人，清廷要求工部局将章、邹等人引渡，解送南京审讯。但是，由于"沈荩案"的直接影响（记者沈荩因披露了"中俄密约"的内幕，被清廷下令杖毙），清廷的引渡要求被拒绝。最后经租借会审公廨开庭审理，章太炎被判监禁三年，邹容被判监禁两年。后来，邹容因不堪虐待于 1905 年 4 月 3 日死于狱中，章太炎曾在狱中绝食七天不死，三年后出狱，出狱当天即东渡日本。这场文字狱和清初文字狱一样，目的都是钳制思想，但结果却迥然不同，这也说明清廷在当时思想文化格局中的失控和无力状态。

---

① 参见史春风《商务印书馆近代教科书出版探略——从国文（语）和历史教科书谈起》，《北京师范大学学报》2003 年第 6 期。
② 蔡元培：《夏瑞芳传》，高平叔编《蔡元培史学论集》，湖南教育出版社，1987，第 152～153 页。
③ 胡适：《高梦旦先生小传》，《商务印书馆九十年》，第 51 页。
④ 冯友兰：《商务印书馆和我是老伙伴》，《商务印书馆九十年》，第 315 页。
⑤ 周谷城：《商务印书馆与中国的现代化》，《商务印书馆九十年》，第 415 页。

不过，这种通过控制舆论渠道来掌控社会历史教育主导权的做法却给后人留下了经验，袁世凯当政时期就曾通过制订各种报律来控制舆论导向，其后的北洋政府也利用这种方式来控制社会历史教育，比如顾颉刚在商务印书馆编辑《中学用本国史教科书》时，尽管只是隐晦地表达了对中国传统古史观念的怀疑，其书也被视为离经叛道，禁止发行[①]。

三 对晚清历史教育的认识

晚清历史教育的发展是与中国社会和史学的现代转向保持同步的，其间展现出的传统与现代的矛盾与交融就是一个时代的缩影。虽然它还带有不少旧时代的色彩与惯性，但开启了中国历史教育走向现代的进程。

首先，晚清历史教育奠定了中国现代历史教育的基本格局。晚清形成了学校历史教育和社会历史教育并立的局面，这一格局一直得到了延续，成为中国现代历史教育的基本格局。虽然晚清学校历史教育的思想宗旨是守旧的，但体制上的"新"确立了它的现代性，而作为其基础的现代学科体制则对中国史学和历史教育的发展影响深远。这种体制确立了历史学在现代学科体系中的位置，使历史知识的生产与传播有了一种全新而稳定的机制，从根本上改变了中国史学的存在形态，为其后中国史学和历史教育走向职业化、学院化和独立化奠定了基础。不过，晚清的学校历史教育和社会历史教育从思想取向上是对立和竞争的，学校历史教育偏向守旧，而社会历史教育则偏于趋新。革新求变的力量不但活跃在社会历史教育的各个领域，而且还通过编纂历史教科书等多种方式，力图突破清廷对学校历史教育的控制并最终成功了。这种情况说明，历史教育的宗旨和目标一定要适应时代发展的需求，历史教育功能的发挥是与这种适应度成正比的。

其次，晚清学校历史教育提出了意识形态与历史教育的关系问题。清廷一直想在学校历史教育中推行官方意识形态，并将之作为学校历史教育的主要目标。这从前文所述光绪颁布的书院改学堂的诏书，以及"壬寅癸卯学制"规定的教育宗旨之中皆有鲜明的体现。由于清廷所代表的政治势力的落后性，后人常对清廷此举持否定态度。我们当然要批判清廷所坚持的教育宗旨是逆历史潮流而动，但也应客观理性地思考国家职能与学校教

---

① 顾颉刚：《我是怎样编写〈古史辨〉的》，《我与古史辨》，上海文艺出版社，2001，第204页。

育的关系问题。对于一个政权来说，建立学校、教育国民既是它的责任，也是它的国家职能。在推行教育的过程中，它要求学校历史教育贯彻自己坚持的意识形态，塑造学生的历史观念，形成政治认同、国族认同和文化认同，其实是一种国家职能的体现。事实上，任何国家的学校历史教育几乎都承担着同样的意识形态职能，我们不能仅仅因为清廷的失败而否认这种国家职能的存在及其合理性。问题在于，如何在学校历史教育的学术性、独立性与意识形态使命之间取得平衡与和谐。晚清朝廷采取的是固守旧的意识形态、排斥新思想的态度，结果失败了。这种结局给后人留下了无尽的思考空间。

最后，晚清社会历史教育说明了史学在社会中应有的位置。晚清社会历史教育的蓬勃发展，一是由于它能因应救亡与启蒙的时代主题，确立了"开民智、作民气"、救亡图强的教育宗旨，获得了很多人的认同和支持。二是由于教育主体的多元化，既有开明士绅，也有新派学人，既有立宪派，又有革命家。他们不但具有良好的史学素养，更具有崇高的社会责任感与历史使命感，这是晚清社会历史教育的质量保障和活力来源。广泛的社会参与既能反映不同社会阶层的诉求，也能把新思想新观念及时传播到不同的社会阶层，形成良好的舆论氛围，产生很大的社会影响。三是由于教育方式的多样化与教育渠道的现代化。晚清社会历史教育的特点是能针对不同受众的特点与需求，提供不同的历史教育方式，既有针对文化精英和社会上层的学术论著，也有面向贩夫走卒的通俗读物和文艺作品，以喜闻乐见的方式使历史教育浸润人的思想于无声。现代报刊与出版业的发展为社会历史教育提供了畅通而得力的渠道，使新的历史知识和观念得到快速而广泛的传播，改变了人们接受信息和知识的方式和习惯。晚清的历史经验启示我们，社会历史教育需要正确认识和把握时代发展的方向与需求，需要多元化、高素养的主体参与，需要多样化和迅捷通畅的教育渠道。史学应当充分发挥其社会属性，史家应当勇于承担其社会责任，避免分科体制所带来的小众化倾向，努力推动历史教育的大众化和社会化。

附 表

表1 1902年《钦定京师大学堂章程》各馆史学科周课时及内容简况表

单位:%

学堂系统	课程名称	学年	周课时数	讲授内容	所占比重
豫备科	中外史学	一年	政科：3 艺科：2	政科：中外史制度异同 艺科：同政科	政科：8.3 艺科：5.6
		二年	政科：3 艺科：2	政科：中外史治乱得失 艺科：同政科	同上
		三年	政科：3 艺科：2	政科：中外史治乱得失、商业史 艺科：同上学年，入工农科者授工农业史	同上
仕学馆	史学	一年	2	中国史典章制度	5.6
		二年	3	外国史典章制度	8.3
		三年	3	考中外治乱兴衰之故	8.3
师范馆	中外史学	一年	2	本国史典章制度	5.6
		二年	1	外国上世史、中世史	2.8
		三年	2	外国近世史	5.6
		四年	2	外国近世史并授以教史学之次序方法	5.6

表2 1902年《钦定学堂章程》各级学堂史学科周课时及内容简况表

单位:%

学堂系统	课程名称	学年	周课时数	讲授内容	所占比重
蒙学堂	史学	一年	6	历代国号、帝王世系	8.3
		二年	6	历代帝王年数、建元	8.3
		三年	6	历代兴亡之大事	8.3
		四年	6	历代疆域及分割之情状，兼授地图	8.3
寻常小学堂	史学	一年	12	上古三代之大略	16.7
		二年	12	秦汉之大略	16.7
		三年	12	两晋南北朝之大略	16.7
高等小学堂	史学	一年	10	唐五代之大略	13.9
		二年	8	宋辽金元之大略	11.1
		三年	8	明之大略	11.1

续表

学堂系统	课程名称	学年	周课时数	讲授内容	所占比重
中学堂	中外史学	一年	3	外国上世史	8.1
		二年	3	外国中世史	8.1
		三年	3	外国近世史	7.9
		四年	3	外国史法沿革之大略	7.9
高等学堂	同京师大学堂豫备科				

说明：蒙学堂和小学堂之周课时以十二日为一周。

表3 1904年《奏定学堂章程》各级学堂史学科周课时及内容简况表

单位：%

学堂系统	课程名称	学年	周课时数	程度	所占比重
初等小学堂	历史	一年	1	讲乡土之大端故事及本地古先名人之事实	3.3
		二年	1	同前学年	3.3
		三年	1	讲历朝年代、国号及圣主贤君之大事	3.3
		四年	1	同前学年	3.3
		五年	1	讲本朝开国大略及列圣仁政	3.3
高等小学堂	中国历史	一年	2	中国历史之大要	5.6
		二年	2	续前学年	5.6
		三年	2	续前学年	5.6
		四年	2	补习中国历史，前三年所未及讲授者	5.6
中学堂	历史	一年	2	中国史	8.3
		二年	2	中国史及亚洲各国史	5.6
		三年	2	中国本朝史及亚洲各国史	5.6
		四年	2	东西洋各国史	5.6
		五年	2	同前学年	5.6
高等学堂	历史	一年	3	中国史	8.3
		二年	3	亚洲各国史	8.3
		三年	3	西洋各国史	8.3

续表

学堂系统	课程名称	学 年	周课时数	程 度	所占比重
初级师范学堂	历史	一年	3	中国史	8.3
		二年	3	中国史、亚洲各国史	8.3
		三年	3	中国本朝史、亚洲各国史	8.3
		四年	1	东西洋各国史，兼讲教授历史之次序方法	2.8
		五年	1	同前学年	2.8
优级师范学堂分类科第二类（以历史、地理为主）	历史	一年	12	中国史、亚洲各国史、西洋史	33.3
		二年	10	同上	27.8
		三年	10	同上	27.8
译学馆	历史	一年	2	中国史	5.6
		二年	2	同前学年	5.6
		三年	2	亚洲各国史	5.6
		四年	2	西洋史	5.6
		五年	2	西洋史	5.6
进士馆	史学	一年	5	世界史	20.8
		二年	2	泰西近时政治史、日本明治变法史	8.3
		三年		无	

说明：1. 高等学堂学科分三类：第一类为预备入经学科、政法科、文学科、商学科等大学者治之，第二类为预备入格致科、工科、农科大学者治之，第三类为预备入医科大学者治之。只有第一类设有历史科。2. 优级师范学堂之学科分三类：公共科、分类科与加习科。其中只有分类科之第一类（以中国文学、外国语为主）的第一学年每周有2课时历史课（讲授中国史），第二类（以历史、地理为主）开设历史课。3. 中等农业学堂、中等工业学堂、中等商业学堂、中等商船学堂之豫科、本科设有历史科，各高等实业学堂则无。

表4 1904年《奏定大学堂章程》文学科史学门课程设置表

门 类	主 课	第一年	第二年	第三年	随意科
中国史学门	史学研究法	3	3	3	辨学
	御批历代通鉴辑览	2	2	2	各国法制史
	各种纪事本末	5	5	5	中国文学
	中国历代地理沿革略	1	0	0	人类学

续表

门 类	主 课	第一年	第二年	第三年	随意科
中国史学门	国朝事实	2	2	1	公益学
	中国古今外交史	0	1	2	教育学
	中国古今历代法制考	1	2	3	金石文字学
	补助课				古生物学
	四库史部提要	1	0	0	全国人民财用学
	世界史	1	1	0	国家财政学
	中外古今地理	1	1	1	法律原理学
	西国科学史	1	1	1	交涉学
	外国语文（英、法、俄、德、日选习其一）	6	6	6	
	合计	24	24	24	
万国史学门	史学研究法	2	3	4	中国文学
	泰西各国史	6	6	6	辨学
	亚洲各国史	3	2	2	教育学
	西国外交史	2	2	0	公益学
	年代学	1	0	0	人类学
	补助课				金石文字学
	御批历代通鉴辑览	2	2	2	国家财政学
	中国古今历代法制史	0	1	2	人民财用学
	万国地理	2	2	2	交涉学
	外国语文（英、法、俄、德、日选习其一）	6	6	6	法律原理学
					外国法制史
	合计	24	24	24	外国科学史

《泰西新史揽要》译作的变通与重构

郭蔚然

(北京师范大学历史学院、史学理论与史学史
研究中心,北京 100875)

摘 要:鸦片战争之后,由传教士李提摩太主持译介的西方史学著作《泰西新史揽要》对当时的社会产生了较大影响。在译介过程中,译介者并非直译原著内容,而是通过对语言的翻译与运用和对史事叙述的详略轻重进行了变通,并借鉴中国传统史学的观念和形式,对原作进行了体例与内容上的创设性重构,使译作的价值超越了原著,更利于传播和为社会现实服务。

关键词:泰西新史揽要 李提摩太 蔡尔康

1860年《北京条约》签订之后,西方传教士们获得了在中国内地自由传教的特权。他们介入晚清中国的政治、经济和思想变革中,成为中国近代化的重要推动力,他们依托广学会和《万国公报》等媒介,出版和译介了大量西学书籍,其中包括许多外国史志。其中,英国浸礼会传教士李提摩太主持译著的《泰西新史揽要》引起了清政府上层的赞赏,并被列入晚清新式学堂历史教科书。

该书原名为 The Nineteenth Century: A History,作者为英国人麦肯齐[①](Robert Mackenzie),1894年以《泰西近百年来大事记》在广学会机关刊物《万国公报》上连载,次年更名为《泰西新史揽要》,以单行本出版发行,其译作者为广学会总干事李提摩太和时任广学会记室的清人蔡尔康。

---

① Robert Mackenzie 并没有统一的译名,根据《英语姓名译名手册》(商务印书馆,2004)以及《英语姓名辞典》(外语教学与研究出版社,2002)统一翻译为麦肯齐。常见的译名还有马垦西、麦肯锡等。

1892年，李提摩太初到上海，萌发了翻译西方书籍以"饷华人"的想法，于是"延访译书之人"，因"蔡君芝绂于中外交涉之事，久经参者"，"遂以礼聘之来""晴几雨窗，偶得暇晷，即共相与绅绎……始克卒业"。①

《泰西新史揽要》出版之后风靡晚清，不仅使得中国民众得以了解19世纪西方各国的历史沿革和发展情况，更为这时期先进的知识分子和改革派们提供了借鉴，为后来的维新变法提供了思想上的启蒙。最重要的是，李提摩太基于中国的实际和需求选择了这部史书进行译介，并在此过程中赋予了它新的生命力，使得它更加适应晚清中国社会的现状，适应近代中国的文化需求。《泰西新史揽要》的译作，讲究的是对原作的变通与重构，即适应与选择，用现代诠释学家伽达默尔的理论来分析，此书的译作过程，是一种全新的诠释，在此过程中所遵循的"既不是符合论，也不是融贯论，而是新意义的开启，其真理并不在于它忠实于文本的原始意义或作者的意见"。②

一 《泰西新史揽要》译作的变通性

"译者首先必须适应翻译生态环境，才能在这个环境中得以生存，逐步实现自己的需求，否则就有可能被翻译生态环境淘汰。"③ 翻译是一种跨语言、跨文化的交际活动，不同文化之间有着不同的思想基础、世界观和价值观，尤其是在对这样一部西方学说进行翻译的过程中，文化的差异是无法忽视的沟壑。

因此，在译介《泰西新史揽要》（简称《泰》）的过程中，李提摩太与蔡尔康首先牢牢把握住"语言中国化"的方针，大量运用了古汉语修辞和表达，以更适应中国读者的阅读习惯。以章节命名为例，该书中多次出现了"世家"一词，如第一卷中的"法国世家小记"和"法国世家暴虐其名"，第十九卷的"彼得大帝世家"，原本中为"The French nobles" "The exaction of the great lord" "Peter the Great"，④ 分别记载的是法国路易十五及贵族和彼得大帝的史事。"世家"一词在中国古汉语中意为"世代

---

① 李提摩太、蔡尔康：《泰西新史揽要·译本序》，上海书店出版社，2002，第3页。
② 伽达默尔：《诠释学 I：真理与方法》，洪汉鼎译，商务印书馆，2010，第236页。
③ 胡庚申：《翻译适应选择论》，湖北教育出版社，2004，第128页。
④ Robert, Mackenzie, *The Nineteenth Century: A History*, T. Nelson and Son, 1880, p.1.

显贵的家族或大家",①《孟子·滕文公下》中有云:"(陈)仲子,齐之世家也。"②《史记》中,"世家"又被作为一种史书的体例,主要记载皇室王侯和为大一统做出过贡献的人的史事。很明显,《泰》书中的这几处"世家"的运用,是基于汉语的含义。"教化"一词在各章节名中也出现了很多次,如第十卷"教化广行"和第十六卷中的"教化学校",原本中分别为 "Christian Mission" 和 "Religion and education",③ 前者记述了欧洲基督教的发展历史、传教过程和主要教义,后者则记载了德国19世纪的基督教与天主教概况。在古汉语中"教化"有两层含义,一为政教风化,二为教育感化。《法言·先知》中说"君子为国,张其纲纪,议其教化",《汉书·礼乐志》中有"是故古之王者莫不以教化为大务,立大学以教于国,设庠序以化于邑"。所以古汉语中的"教化"并不等同于《泰》书中的宗教之义,李提摩太将宗教的作用扩大为"教育感化"大众,因而在记载宗教事宜时用了"教化"一词。

除了卷名之外,《泰》书译本对古汉语的运用在正文中更是随处可见。例如,第一卷在记载19世纪法国知识分子对政局和民众思想的影响时用到了"法儒"一词称呼这时期的几位代表人物,在原本中,则用了 litterateur、writer 等词称呼。"儒"出现于周代,在汉语中指代那些掌握诗书礼乐射御等知识技艺、担任教育、礼仪等职务的人,后来泛指读书人。在作为人的称呼时也作"儒士",《论语·雍也》中称"女为君子儒,无为小人儒",刘禹锡的《陋室铭》中也说"谈笑有鸿儒,往来无白丁"。译者在翻译时用"儒"指代法国的知识分子,说明文中所列的几位代表不仅是单纯的读书阶层,更是对法国的政局和民众的思想产生着的极大影响力,是国家的统治阶层,用一个"儒"字,既免去了翻译其具体职务的麻烦,也能恰到好处的反映其社会地位。再如《泰》书第九卷"郅治之隆"中,记载了英国工业的发展和制度的改革给人民生活和社会治安带来的改善,"英国既得养民诸新法,昔日之贫民皆易而为饶裕,不但从前诸苦趣不由其堕入,且礼义生于富足,衣食足而后廉耻生,违条犯法者亦绝无而仅有,今已数十年矣"。可以明显地看出译文引用了中国古语"仓廪实而知礼节,衣食足而知荣辱"的典故。细究《泰》书全文不难发现,译者对各

---

① 古代汉语词典编写组:《古典汉语词典》,商务印书馆,2003,第1430页。
② 阮元:《十三经注疏·孟子注疏》卷六(下),中华书局,2009,第5905页。
③ Robert, Mackenzie, *The Nineteenth Century: A History*, p.1.

类汉语典故的使用十分常见。

除了斟酌用词,译者在许多句法的处理上也遵循古汉语的语法结构进行了变通,使之合乎汉语的表达,便于读者理解。例如,第十六卷"德意志国",在回顾普鲁士1815年之前的历史时记载:"一千八百六年法兵攻节拿,又攻阿五二四,皆普境之精华所聚者也,普王遣将两御之,而师徒挠败,几不能军。"这句在原文中为"At Jena and Auerstadt her armies were so utterly broken that for seven years she held no higher place than that of seven years she held no higher place than that of a subjugated and tributary country"①。可谓平淡无奇,而在译文中,"之""者""也"等结构助词屡次被运用。"普境之精华所聚者也"中"者"在谓语之后构成者字短语,与前面的名词性短语"普境之精华"构成复指关系,而"也"在句末作为虚词,即表明这句话是对前面所述史事的补充说明;"普王遣将两御之"的"之"则作为代词指代前文所说的"法兵"。这种运用古汉语语法词对原文进行变通性翻译的事例不胜枚举,译者将平铺直叙的英文句子一分为多,加入汉语语法的表达,更具可读性。

对不同文化与语言进行译介时,"译者要做出成千上万次选择与处理的决定,以适应另一种文化,适应另一种语言,适应不同的编辑和出版商,最后还要适应读者群。"② 晚清时期的中国,虽然有了西方文化的传入,但中西文化之间的差距仍是译介《泰》书不可忽视的问题,加上鸦片战争之后西方列强的屡次欺侮,中国民众普遍对西方国家存有敌意,所以在处理某些字句的翻译时,必须加以变通,才能被大多数中国民众尤其是知识分子阶层所接受。

原书 The Nineteenth Century: A History 先被译作《泰西第十九周大事记》,后改为《泰西新史揽要》,"西例以耶稣降世后每百年为一周,今适在十九周中也"③。直译为《泰西第十九周大事记》显然更为准确,而译者却以"新史"一词代替了"第十九周大事",是用"新史"一词来区别于中国古代的史书,并强调其史学价值。笔者认为,最主要的原因是译者在表明对中西文化地位的态度。中国传统的"中国中心主义"观念在国人心中,尤其在大多数知识分子心中根深蒂固,将书名译为《泰西第十九周大

---

① Robert, Mackenzie, *The Nineteenth Century: A History*, p. 354.
② 胡庚申:《翻译适应选择论》,第36页。
③ 李提摩太、蔡尔康:《泰西新史揽要》,第5页。

事记》，以西方历法为标准，则会忽略中国沿用数千年的历法，该书便有了以"欧洲文化为中心"的嫌疑，这就会引起中国知识分子的不满，引起文化上的冲突。李提摩太译介《泰》书最想影响的是中国的知识分子阶层，而且他也想借此书改观国人对西方国家的印象，因此他更改译名，采用"以西顺中"的翻译策略，既便于中国民众理解书名，也表明了自己对中国传统文化的尊重，为该书能被大多数中国人接受打下了基础。

除了这类"变译"之外，出于传教的目的，李提摩太为了将基督教义糅合进《泰》书中，也对某些内容进行了增译。如第三卷第一节"各国未乱前情形"中介绍日耳曼的情况时："日耳曼全境有自主之地三百，较之意大利更觉零星，其三百君之中有所谓文王者，有所谓教王者，又有可权立以为皇帝之王，与夫有名无实之王，皆王也。其自主之通商镇集亦颇与意大利相似，而奥地利阿国、普鲁士国迭为雄长，有时奥王更僭称为皇帝之尊，以辖治日耳曼，自言其权势位望皆罗马教皇之所给予，遇有战事可檄召诸小国抽调额兵以为臂助。"① 而在原文中，这段实为："Germany was composed of nearly three hundred independent powers. There were prices civil and princes ecclesiastical; there were electors; there were free towns; there were some kings of secondary importance; there were also the great Austrian and Prussian monarchies. Over this constituency the king of Austria exercised the authority of emperor, representing in a shadowy way the old Caesars, whose dignities he was supposed to have inherited. Each of the petty states might be required to contribute troops for the defense of the empire."② 从原文得知，译者以"皇帝之尊"翻译"the old Caesars"，是为 Caesars 做了一个解释性的前缀，方便中国读者了解西方的王权制度，而 "自言其权势位望皆罗马教皇之所给予"，在原文中并未提及，李提摩太在此处将罗马教皇的地位提升至皇帝之上，是为了向读者表明教皇的神圣性，以抬高基督教的地位，便于他传教工作的进行。

译介《泰西新史揽要》的时期，晚清中国内忧外患，摆在人们面前的，是国家的救亡图存问题，民众必须正视现实，学习西方先进的知识和制度。因此，译者企图以史学作为启蒙中国人的工具，并通过借鉴西方改革的过程来推动中国社会变革，就在此过程中充分体现了出来。为了突出

---

① 李提摩太、蔡尔康：《泰西新史揽要》，第47页。
② Robert, Mackenzie, *The Nineteenth Century: A History*, p. 2.

这一点，《泰》书在史事的记载上对原作进行了变通。

首先是在译作中有机融合了许多旧学新知，用以强调西方国家制度的先进性，而这些史实在原文中的记载并未夹杂作者的评判。李提摩太和蔡尔康在译作《泰》书时，并非沿用原作者"寓论断于叙事"式的记述方式，而是带有明显的个人情感。这一点，在对基督教的史事记载进行翻译时尤为突出，例如，《泰》书第十卷"教化广行"中有对基督教传播之初的记载："当教会人士初到远方传道之时，欧人多藐视之，谓以区区一小会而欲变化诸大邦，多见其不知量耳。其不甚崇信者，则视为无足重轻，任教士之或去或留不之顾问。"这一段历史在原文中的表述为："Their beginning were so small as generally to avert hostility by securing the contemptuous indifference of of those who might have been unfriendly."① 可见，所谓欧人说教会"欲变化诸大邦，多见其不知量耳"，认为其"无足重轻，任教士之或去或留不之顾问"的史事是译者后来加入进去的，原文所表达的情形虽与译文无异，但译文将这一史实补充进去，更加强调了基督教传播之初所经历的艰辛，这是受李提摩太作为一名基督教徒的个人情感所影响而产生的记事上的变通。

原本 The Nineteenth Century：A History 在记载人物历史时往往会加入叙事，与中国史书不同，西方史学家在"记人"时更重视对其语言、行为的描述，而不是对人物体貌特征的描写。《泰》书在记载法国大革命时期的史事时这样记叙当时的革命领袖："法人有旦吞者，高谈雄辩，口若悬河，遇事敢作为，遭此变故挺身而出，号于众曰：'外兵之来，实王党召之以害我辈也，害我辈者即仇人也，今宜威逼王党使不敢逞，以绝内应，不然殆矣。如以余言为不谬，惟余马首是瞻。'法人闻其耸听之言，无不跃跃欲试。"② 而原文对这段史事的记载则是："Danton, with a fierce energy and boundless audacity of speech, which roused a fury unknown before in the Parisian heart, urged the necessity of putting the royalists in fear. They must paralyze by terror who still favored monarchy. Not otherwise could the machinations of wicked persons be baffled, and the country saved."③ 对比后可知，译文将旦吞④的言

---

① Robert, Mackenzie, The Nineteenth Century: A History, p. 227.
② 李提摩太、蔡尔康：《泰西新史揽要》，第15页。
③ Robert, Mackenzie, The Nineteenth Century: A History, p. 24.
④ 旦吞，即乔治·雅克·丹东（Georges - Jacques Danton）（1759~1794）法国政治家、法国大革命领袖，18世纪法国大革命时期著名活动家，雅各宾派的主要领导人之一。

行改编成一段演讲,用以号召众人革命,用"害我辈也""即仇人也""不然殆矣""惟余马首是瞻"等语言,将一个极其符合中国传统所推崇的英雄主义形象塑造的淋漓尽致,"史家追叙真人实事,每须遥体人情,悬想事势,设身其中,潜心腔内,忖之度之,以揣以摩,庶几入情合理……记言,而实为拟言,代言"①。而这种揣摩和变通,使得这一史事更传神地呈现在读者眼前。

《泰》书中还夹杂了译者的个人评论,与中国古代史学《春秋》的记事方法有着异曲同工之处,即注重对人物的褒贬评议。例如,在记载法国贵族权力被削弱的历史时叙述道:"巴黎城中即有愚鲁懒惰之民,谓国会中人既定无分贵贱皆可服官之制,我辈印累绶若直指顾问事耳,遂有妄思效昔日之世家者,不事生计,不甘耕作,平时征逐嬉游,横议国政,或追论夙昔王与世家苛待之苦,以自炫其才能,不知人生天地间,士农工商各有专业,若不躬自勤苦,何以资生养而获盈宁?"② 再看原文,"The people of Paris were too much elated to return to vulgar toil. They were wandered about the streets, engaged in heated debate upon the rights of man and the iniquities of kings and nobles"。从原文中无法判断出作者的态度,而译文对法国贵族被夺权之后无力维持生活的境况进行了叙述,并对其原来衣食无忧,全靠人民供养的腐朽生活进行了贬斥,带有明显的批判意味。

除了叙事上的变通外,《泰》书在内容上的详略调整,也因其译作动机而与原作有着很大的不同。这一点在章节选取的内容上有着最明显的表现,也最能从中直观地看出主译者李提摩太的译作思想。

从对原作章节的选取上,对比《泰》书与 The Nineteenth Century: A History 各卷的内容不难发现,译者将原书中的许多章节在翻译时刻意删去了。笔者在对比原本与译本后发现,被删除的章节达十余处之多,删去的内容,大致有如下三种:一是西方各国家的内部战争或矛盾,例如,英国19世纪的议会改革、宪章运动、爱尔兰问题、妇女改革、政府工作改革和党派斗争。二是西方国家之间的矛盾,如1853年因争夺巴尔干半岛的控制权而在欧洲大陆爆发的克里米亚战争,西方国家之间的战争反映了19世纪欧美各国之间为了攫取利益而不惜使用武力的史实。三是西方各国的"新

---

① 钱钟书:《左传正义·杜预序》,《钱钟书集·管锥编(一)》,三联书店,2007,第272页。
② 李提摩太、蔡尔康:《泰西新史揽要》,第12页。

疆域"的状况，这部分内容实际是记载欧美各国在开辟殖民地时对印度等国家的压迫政策。

而译者增加的最后一卷内容实际是前一卷中的附记，在原作中没有被单列出来，仅作为补充式的说明出现。《泰》书中用"会党""欧洲新政""欧洲学校"的译名将这三节内容单列成卷，是想将西方政治制度的特点与优势进行突出。前文提到过，李提摩太对西方的制度文化有着高度的自信，他认为西方的政党制度、民主制度和教育是促使西方诸国成为强国的最重要原因，他在"附记"中说："查欧洲各国民间既有举官以治国之权，即永无设会以害国之事，今各处大会党不在欧西而在欧东，如俄罗斯一国仍以权势治其民，故即有尼希利会党，十余年来不但愚人入其会，明人亦乐此不疲。会中之意则谓民间受苦过深，全欲去其旧而谋其新，俟其铲除净尽，民间重联相爱相助之欢，国之大兴必远胜于曩日云云。故俄能去其专恃权势之旧习，而学贴民情，自可上下胥安矣。"于是，他将欧西之体单列一卷，希望中国人读后也能学习这些制度，来实现国家的兴盛。

伽达默尔曾说："文本并非只是文学研究的对象领域的名称，而诠释也远远不仅仅是对文本的科学解释的技术……文本所具有的'被递交性'使得唯有从解释概念出发，文本才能够被构造为一个语言性结构中的中心概念；文本概念只有在与解释的关系中并且从解释出发，才表现自身为真正被给予的东西，要理解的东西。"① 这种用哲学诠释学的观点来解释《泰西新史揽要》被译介时在语言文本上进行的变通最恰当不过了。从 *The Nineteenth Century：A History* 到《泰西新史揽要》的过程，实则是一种二次诠释的过程，是加入了译者对原作的理解，而这种理解体现在译作的文本中，使得原作的文本具有了"被递交性"，当这些文本再以《泰西新史揽要》的面貌呈现在中国读者的面前时，这种通过文本将原作者的思想转换为译作者思想的过程便完成了。伽达默尔说："从诠释学的立场出发，文本纯粹是中间产品，是理解事件中的一个阶段。"② 所以，我们分析这一诠释过程的中间环节——文本的变通，实际上是通过其推测译者对原作的理解和二次诠释的意图。

---

① 伽达默尔：《诠释学Ⅰ：真理与方法》，洪汉鼎译，第 337~340 页。
② 伽达默尔：《诠释学Ⅰ：真理与方法》，洪汉鼎译，第 341 页。

二 《泰西新史揽要》译作的重构性

"翻译本身是一个在不同文化的意义系统里操作的杂合体,它跨越文化界限、调解文化冲突、操纵文化差异,它的无穷生命力就来自于自我重构和不断整合。"① 晚清西学在中国的传播,与以往的西学东渐不同,在纷争社会环境下的学术选择,没有仅仅立足于西方原本。在《泰西新史揽要》的译作中,主译者李提摩太努力采取了与中国史学家对话的方式,借鉴中国传统史学的观念和形式,运用中国史籍中既有的认知结构和史书体例,对原作进行了形式与内容上的创设性改造,完成了对这一西方史书的重构,这一再次诠释的过程超越了原文本,其内涵亦得到了进一步引申。李提摩太所做的重构,主要是在体例的创设与思想内容的改编上。

原本 The Nineteenth Century:A History 全书共三卷,以 Book first、Book second、Book third 简单划分,每卷各自包括几章内容,以 ChapterⅠ、ChapterⅡ、ChapterⅢ……作为序列,每章有详细标题来突出主题,而在每一章中,一般有十至二十节内容,也是有标题的。例如,在 Book third 这部分中,ChapterⅠ的标题为 France:the restored monarchy,这一章有二十五个小节,其中包括 Condition of France after Waterloo、Louis XⅧ、Ordinance which invade the public liberties、The body of Napoleon restored to France 等。但每一章这些多达几十个的小节,并没有以序列号进行排列,甚至在文中也并没有明显的标识,也就是说,目录中所列的这些章节标题,在正文中并没有出现。正文被划分为三卷后,仅仅对各章的标题进行了注明,每章中的小节标题,仅仅是在目录中出现,并未在文中体现,各章内容一以贯之。这种史书的叙述结构有着很大弊端,给阅读带来诸多不便,读者对章节文章的主要内容也不易形成结构化的认识,有囫囵吞枣之感。

李提摩太和蔡尔康二人在《泰西新史揽要》中对原作的这一缺点进行了弥补。他们采取中西合璧的方式,将中国传统史书的体裁"纪事本末体"与西方卷、章、节合成的史书体例相糅合,创设出一种新的"卷节体",去掉了原文体例,将原来的每一章设为一"卷",共二十四卷,各卷名为原来的章题,并将原来各章中没有序列的小节进行了排序。此外,在

---

① 欧阳东峰、穆雷:《从西方"最乏味的残余99到中国"最风行的读物"——探究〈泰西新史揽要〉的译介》,第18届世界翻译大会论文,2008。

正文中也继续用卷和节划分内容，使得《泰》书的结构非常清晰，既便于阅读，也利于理解。经过与"纪事本末体"的糅合，《泰》书每卷以一历史事件或历史时期为卷名，每一节虽各有标题，但叙述上是以时间为顺序进行的，这样就能把西方历史上的大事件过程，详其首尾，集中叙述了出来。因此，这种新创制的"卷节体"能够将纵横交错的各类历史事件分篇综述，也能更清楚地表述错综复杂的历史进程在动态发展中的前因后果。

除了创设新的体例外，李提摩太与蔡尔康还在译作的具体形式上进行了重构。"是书所纪全系西事，在西人之习闻掌故者自各开卷了然，及传译华文，华人不免有隔膜处，故间采华事以相印证，原书则无是文也。"为方便中国人阅读，李提摩太和蔡尔康二人结合中国社会实际，在西方特有名词和度量衡的叙述中以中国的解释和标准进行印证，并在西历后辅以中国历法，以强调某些重要的时间节点。

在第一章第十二节"美国易民主之局"中，"法王知之，命赛哥儿爵臣如中国之男爵严行禁止，而拘拉发叶忒，然尚有人私自乘舟逃往美国者。"[①] 用中国古代的"男爵"来解释英国的"爵臣"一词。在第五卷第一节"英伦、苏格兰两省治民情形"中，"有地名呢子者，中西人衣服等所用之呢，西人本无其名，以其物织自呢子，即以其地名名之，华人对音而译作呢也。"[②] 此处用中国"呢子"的含义作为西方地名的注释。第六卷第十一节"整顿邮政"讲到英国资产阶级改革时期的邮政改革，"以英京寄信至北来吞海口而论，每封需英金八辨尼约中国制钱一百六十文，然不过相去华程一百五十余里耳，若寄信至外者每封须纳英金十六辨尼，于是俭约之家固不能常通鱼雁。"[③] 在记载英国钱币"辨尼"时，以中国的"制钱"进行注释。第四卷第一节"工价"中记载道，"各国纷争之际，英国之北省曰苏格兰，其民人能为粗工者，每一礼拜七日所得佣值仅英金八先令约合华银二两七钱……若辈思以勤补拙，每日操作自十六点钟一周时凡二十四点钟至十八点钟，而所得者约不足英金一先令，驯至贫不能支。"[④] 分别对"礼拜""先令"等西方专有名词以中文的含义进行注释。第十二卷第一节"大商局原始"记载英国在印度开辟殖民地的历史，"一千六百四十年明崇祯十二年，商局初于印度之东马特拉司海岸筑立营寨，

---

① 李提摩太、蔡尔康：《泰西新史揽要》，第7页。
② 李提摩太、蔡尔康：《泰西新史揽要》，第71页。
③ 李提摩太、蔡尔康：《泰西新史揽要》，第90页。
④ 李提摩太、蔡尔康：《泰西新史揽要》，第52页。

募印人以为防守之兵,是时所用兵器亦不过弓箭、矛盾之属耳……"① 每提到重要的时间点,译本总以中国的时间历法做注释进行印证。专用词汇与历法的中西对照印证,减少了中国人在阅读时产生的迷惑,同时,又形成了中西社会现状的强烈对比。

"读他国书莫苦于人地诸名记忆不清,且钞胥偶讹,或有以一人而误作两人、一地而误分两地者,故此书卒业而后别作人地诸名表一卷,以冠诸首,书中前后字样偶有歧出者即注表中,庶几循环浏览,豁然贯通。"②人地诸名表附在书的最后,与正文卷数对应,共二十四卷,每卷长短不一,内容为正文中出现的地名、历史人物及其分类。人地诸名表中的词,除了被列出其原文单词、音译词和性质之外,对于其出现的小节也进行了标注。人地诸名表的使用,使得初次涉及此书的中国读者能初步熟悉地名、人名及各种事件的具体性质,从而便于更好地理解原文。

在某些历史人物、史事的记载上,"华人不免有隔膜处",于是译者采取了用"华事相印证"的方式,以中国人所熟悉的事物解释原文抽象陌生的名词、句子。例如,第一卷第二十四节"拿破仑俄国木司寇都城之败"中记载了俄国与法国的战争史事,"俄兵生长朔方,严寒又非所畏,一闻法国退兵之信,四路追袭其后,法兵急欲归家,各无斗志,虽以拿破仑之善于将兵,亦遂束手无策……未及数日,寒信大至,雨雪载途,法军之冻死者又不知其数按:俄国地居东北严寒之际,其寒暑针降至尽处尚须短缩三十度,中国以北京为最寒,然北京之寒暑针仅降至尽处为止耳。"③ 此处按语中,用北京的气温寒冷程度对比俄国的寒冷,比北京的最低温还要低上三十摄氏度,便于读者想象当时的战争情形。第八卷第一节"法皇欲显救世教之大权于犹太国"中记载:"欧洲各大国近方辑睦于法,即使与之挑衅,各国或甘心退让,终致师出无名,其奈何?继而憬然曰:土耳其按:华边突厥之种类迁徙至欧洲仍其本名,今译西事者类称之曰土耳其,盖突厥一声之转耳。国有小罅隙,可试我新得之势力,我若设词以强逼之,彼或不遵,则我有辞矣,法、土之衅既构,他国必有坦之者,然后以此祸钟降而为欧洲之大祸……'即遣使语于土耳其王曰:'犹太国旧地,贵国之所属也,昔者我救主耶稣生于是,居于是……朕又欲铸一银神及法

---

① 李提摩太、蔡尔康:《泰西新史揽要》,第184页。
② 李提摩太、蔡尔康:《泰西新史揽要·凡例》,第6页。
③ 李提摩太、蔡尔康:《泰西新史揽要》,第15页。

之国徽按：如中国以龙为旗之类。藏诸圣穴，以表光荣，王无逆朕命。'"① 这段首先用中国的突厥族迁徙解释土耳其国，还用"龙旗"解释法国国徽。第十卷第三节"贾利至印度设教"中记载了传教士在印度传教的艰难过程，"印度英大商局闻之遽下逐客令，贾利正在惆怅之际，印度有属邑曰隔辣苦忒者，丹墨国人于此租得一隅地，诸事由丹官执掌按：此如英、法、美诸国在中国之天津、上海等处设立租借相似。"② 19世纪的印度，实际上已经沦为资本主义发展的殖民地，文中所说的"一隅地"，与中国的天津、上海等地的"租界"相似，均由西方国家派遣官员掌管。所以，此处的按语用以英、法、美诸国在中国的租借地对比印度当时的情形。

  清代是中国封建社会的转折时期，身处社会变革之中的晚清中国学者，有感于国家外患内乱，时局倾危，掀起了"经世致用"的学术思潮。这股思潮很快就影响到政治文化等多个领域，凡是具备进步观点的学者，无不讥议朝政，入古出今，力图改革时弊，抵御外侮。作为文化传播的重要媒介，作为一部史学著作，《泰西新史揽要》无法摆脱晚清史学经世的基本风貌，作为李提摩太旨在启迪华人、力促改革的西学著作，它更是将经世致用作为指导思想，从而实现其史学价值与社会意义。

  18世纪至19世纪的西方国家，社会达尔文主义影响下的历史进化观已经开始对西方学术界产生影响。作为一种理论体系，它主张社会演化受规律支配，理性和科学的进步是推动社会进步的动力。英国传教士李提摩太，对历史进化观有着深刻的认识，同时，他对晚清中国的社会现状也有着切身体会。他试图通过让中国人了解西方国家在物质、制度和文化等方面的发展历史，掌握社会发展的规律，用理性的方式推动社会变革，顺应历史的进化趋势。原作 *The Nineteenth Century: A History* 就是在历史进化观指导下写成的一部史学著作，记述了英、法、美等国在走向现代化过程中的曲折历史，而与原作相比，《泰西新史揽要》将历史进化观体现得更为显著和清晰。这一点在《泰》书的体例重构上尤为突出，将中国传统史书的体裁"纪事本末体"与西方卷、章、节合成的史书体例相糅合的"卷节体"史书编纂体例，使得《泰》书"以国为经，以事为纬"，③ 这样的处理方法，将各个国家的历史沿革清晰的展示在读者眼前，其治乱兴衰的过

---

① 李提摩太、蔡尔康：《泰西新史揽要》，第121页。
② 李提摩太、蔡尔康：《泰西新史揽要》，第169页。
③ 李提摩太、蔡尔康：《泰西新史揽要·凡例》，第5页。

程也一目了然。这一看似细微的体例重构，使得西方各国从初时穷困衰落、变乱不断到后来的治乱革新以致兴盛的整个历史进程全面地展现出来，也突出了社会变革在整个过程中的重要作用。

以对英国历史的记载为例，《泰》书先是专列一章记载 18 世纪英国的境况，"留心时事者咸谓英国之富强冠于万国，庸讵知百年以前英民之困苦又几甲于五洲乎？……然英民当积困未苏之后，更困之以锋镝，通计一国中壮佼之男子约四五百万，而戮力行间退守进攻者乃一百万，既尽抛其本业，复日蹈于危机，其苦已不可思议，况乎英廷以战争为重，其于救民之政日久未遑兼顾，浸假而乱离溃散，民情迫而思变，其为祸亦不可思议……今将一百年前英民之情事胪列于后，所愿谋国者奉法而引为戒也。"① 然后用了大量篇幅记载英国"除积弊"的过程，"一千八百三十二年既改制度，凡昔之所定律法，专利于一业及一门一家者悉予删除，而以平等视众人，不论为富为贫、为主为友，酌定新律，无畸轻畸重之病，所谓分利于众人也。且凡旧律之大害于小民者，自一千八百三十二年为始，垂四十年逐渐删改厘定，务俾小民皆获盈宁之乐。盖自与法兰西大战而后，遍国人心皆已深明利弊，皆思重新整顿，直至一千八百三十二年甫立，除弊以利民之根云。"② 改革之后的英国发展迅速，《泰》书用"郅治之隆"两章从农工商业、交通运输、文化发展、科技进步等各个方面记载了英国 19 世纪的兴盛图景。如此一来，从 18 世纪的民不聊生到 19 世纪初期的改革，再到改革后的国富民强，英国历史的治乱兴衰就清晰地展现了出来。历史进化观强调国家的兴衰更替有着其内部规律，人们应该把握这种规律，推进科技和政治的进步，从而得到发展。所以《泰》书将各国从弱到强的历史过程作为叙述框架，将历史进化观贯穿其中，让中国的读者明白，国家若要改变积贫积弱的面貌，必须立足现实、进行适应性改革，必须符合社会发展的规律，推动政治上的改革。将各国的历史沿革按照经纬进行重新梳理整合，创立新的编纂体例，是译者对该书在观念上进行的史学重构，是在历史进化观指导下进行的，同时也传递和体现着历史进化观。

晚清社会发生的深刻变化，无论是统治阶层、知识分子、当朝民众，甚至西方来华的传教士，都对其有着切身的体会，也有着各自的思考，救

---

① 李提摩太、蔡尔康：《泰西新史揽要》，第 51 页。
② 李提摩太、蔡尔康：《泰西新史揽要》，第 81 页。

亡图存的任务迫在眉睫,而救亡之法却不知路在何方。身在其中的李提摩太与蔡尔康,既是晚清中国危难的亲历者,又是西方学说的传播者,在译介西方各国历史的过程中往往会代入中国的实际情况;欧美各国的历史对中国社会有着启示,译者也想将这些启示展示在读者眼前,因此在书中有着许多的历史评论,实际上是借助历史经验来为中国的改革提供借鉴。这些历史评论往往出现在正文的前段,以引出下文的具体史实;也有的是在章节的结束部分,用以归纳点评。

例如,在第一卷"欧洲百年前情形"开篇就说道:"欧罗巴洲百年以前之风气,较诸今日仁暴之判不可以道里计。当时各国之君长皆有穷兵黩武之心,日寻干戈,几不知玉帛牺牲为何物。"① 第四卷"英吉利国"的卷首说道:"留心时事者咸谓英国之富强冠于万国,庸讵知百年以前英民之困苦又几甲于五洲乎?……然英民当积困未苏之后,更困之以锋镝,通计一国中壮佼之男子约四五百万,而戮力行间退守进攻者乃一百万,既尽抛其本业,复日蹈于危机,其苦已不可思议,况乎英廷以战争为重,其于救民之政日久未遑兼顾,浸假而乱离溃散,民情迫而思变,其为祸亦不可思议。所幸英民各奋坚忍之志,虽值艰难困厄而同仇敌忾,不以挫败隳其操,不以贫窭动其心。"② 第七卷"英除积弊"的卷首说道:"今之论时事者无不曰:此百年中英国加惠于民为他国之所不及者,合一千八百三十二年改制度之外莫与属也……夫天下治国之法有二,其一则一人为政,或一族为政,发号施令,专便身图。上古类然,不以为怪。"③ 这些在原作中不曾出现的历史评论,既能使读者拉近中国历史与西方国家历史的距离,也能引发对中国社会现实的进一步思考。如果说原作仅仅是将西方各国改革的历程记载下来的话,那么《泰》书则是将社会改革在历史发展中的作用进行了理论提升,将这部西方史书的思想内涵重新进行了建构,用变革观充实和丰富历史事实,使其更具启蒙意义和经世价值。

三 《泰西新史揽要》变通与重构的意义

经过细致的变通和重构形成的《泰西新史揽要》,一经出版便风靡全

---

① 李提摩太、蔡尔康:《泰西新史揽要》,第1页。
② 李提摩太、蔡尔康:《泰西新史揽要》,第51页。
③ 李提摩太、蔡尔康:《泰西新史揽要》,第80页。

社会，成为当时的热门书籍，广学会首印的3万余部很快售罄，出版商只好一版再版，市面上也是盗版盛行，一时洛阳纸贵。学界文人也纷纷注目，争相传阅，广为议论。士绅文人阶层更是大加赞扬，连光绪皇帝也"上置御案，日规披览"。《泰西新史揽要》的风靡，标志着李提摩太和蔡尔康在西书译介工作上所做的变通与重构取得了初步成功，至于是否真如李提摩太所言成为"救民之良药，保国之坚壁，疗贫之宝玉"，就要通过其引发的思想变革来考量了。而可以肯定的是，变通和重构之后的《泰西新史揽要》满足了晚清中国的社会需求，具备广泛的社会价值。

首先，符合了晚清社会的改良思潮。晚清时期的改良思潮发生在19世纪中期到20世纪初期，资产阶级改良派为了实现中国的近代化，在维护原有封建专制统治的基础上掀起的一场社会变革。鸦片战争的失败，唤醒了当时朝野一部分有识之士睁眼看世界的意识，提出了"向西方学习"的要求，并逐渐从器物层面扩大到文物制度层面。《泰西新史揽要》出版的时期，正是中国人将"向西方学习"的目光从器物层面向文化制度层面过渡的时期，其内容反映西方强国的历史进程、制度变迁、社会变革，这些恰恰是当时的中国人所关注和探讨的主题。

在光绪皇帝称赞《泰》书使得"于万国之故更明，变法之志更决"的同时，许多改良派的士绅、文人也对其趋之若鹜。美国传教士何德兰（Isaac Taylor Headland）曾经撰文说："读光绪所读书籍的热潮极为汹涌，港口城市的印刷商的供应能力达到了极限。有些印刷协会的领导人担心已经出现了一种他们毫无准备的状况……在皇上研读这些外国书的三年里，这个国家里也在研读的年轻学者何止成千上万，都已为皇上在学习研究之后可能提出改革的紧急情况作好了准备。"① 1896年梁启超在《读西学书法》中向中国读者推荐此书，称《泰西新史揽要》为"述百年以来欧美各国变法自强之迹，西史中最佳之书也"②。晚清桐城派文人吴汝纶在1896年给贺松坡的信中说："今新出之书，有《泰西新史揽要》，西人李提摩太所编，而华人为之润色者。其书皆百年以来各国转弱为强之事迹，最为有益于中国。"③《泰西新史揽要》中，对各国政治制度改革的记载尤为详致，全书贯穿着的进化观更契合了资产阶级改良派的思想。

---

① 何德兰：《慈禧与光绪：中国宫廷中的生存游戏》，晏方译，中华书局，2004，第83页。
② 梁启超：《读西学书法》，夏晓虹辑《〈饮冰室合集〉集外文》下册，北京大学出版社，2005，第1162页。
③ 吴汝纶：《吴汝纶全集》，《安徽古籍丛书》，黄山书社，2002，第121页。

第二，推进了晚清西学东渐的进程。15世纪到17世纪的地理大发现以后，伴随着欧洲的殖民主义的扩张，许多耶稣会士东来，揭开了传教士在中西文化交流中担当重任的新篇章。19世纪中叶，西方传教士再度大批进入中国，引发了新一轮的西学东渐。《泰西新史揽要》的出现，是迎合19世纪末中国社会需求的产物，从一定意义上，它也催生了其他同类书籍的出版发行。《泰西新史揽要》出版之后，在清末中国出现了各种不同形式的史书翻译热潮，英国雅各伟德译著的《泰西十八周史》《泰西十八周史揽要》，季理斐著、任廷旭译的《大英本周兴盛纪略》，林乐知著、任保罗译的《十九周长进释放略论》，麦鼎华译的《欧洲十九世纪史》，吴铭译的《十九世纪大势变迁通论》，张相译日本平田久著的《十九世纪外交史》，钱增译日本矢也太郎著的《十九世纪亚美利加之风云》等。仅广学会在1900年前已出版的258种图书中，史地书就有近60种，占总数的五分之一。① 西学的译介者们在19世纪末对史书的编译逐渐重视，到20世纪初史书编译活动达到了高峰，1901年至1911年短短十年间，世界史比1900年以前出版的种数增加了23种，专门史增加了175种，地区史、国别史增加了86种，历史传记增加了76种，总数相当于1900年以前出版总数的5倍还要多。② 正是因为认识到历史类书籍更能够引发中国人的关注，结合历史、结合中国的实际情况，能收到更好的效果，于是西学东渐的主流从介绍西方物产风俗、自然科学和科技方法变为介绍西方近代改革历程，为中国社会提供借鉴。从这一点上，《泰西新史揽要》有着开先河之作用，因其良好的社会反响，才引得西学传播者们纷纷效仿，将西学东渐的内容推进到了一个新的历史阶段。

第三，满足了士人阶层的文化需求。清政府于1902年和1904年先后颁布了《钦定学堂章程》和《奏定学堂章程》，即"壬寅学制"和"癸卯学制"。讲授中国史、亚洲各国史和欧洲、美洲史，旨在"省悟强弱兴亡之故，以振发国民之志气"。除此之外，在"以端正趋向，造就通才为宗旨"的"大学堂"中还设有"万国史学门"③，西洋史正式被列为清代教育的内容。1897年梁启超为湖南时务学堂所订的《湖南时务学堂学约》

---

① 李思伦白·约翰：《万国通史·广学会书目》，上海广学会，1903。
② 潘喜颜：《清末历史译著研究（1901—1911）——以亚洲史传译著为中心》，复旦大学博士学位论文，2011。
③ 璩鑫圭、唐良炎编《中国近代教育史资料汇编：学制演变》，上海教育出版社，2007，第43页。

中,曾将《泰西新史揽要》与《日本国志》等作为第一年溥通学的史学教材。辛亥革命以前,汉译西洋史教科书曾被官方审定通过的只有八本,其中就有《泰西新史揽要》。《泰西新史揽要》被新式学堂列为教科书,是作为晚清士人了解世界的窗口,同时也作为维新派进行变法的参考。

晚清士人阶层,身处国家民族饱受欺凌的危机中,而中国传统的学术和观念不能为现实提供借鉴,因此亟须从西方强国那里汲取历史经验。以康、梁为代表的维新派人士很少有亲身游历欧美的机会,更少有进入西式学校学习的经历,他们的西学多是从阅读西书中获得的,只能借助西方书籍了解社会改良应该遵循的历史规律。而《泰西新史揽要》对各国改革细节上的记载恰能满足这一需求,为士人阶层的改革填补内容上的空白。康有为曾向香港《中国邮报》编辑说:"我信仰维新,主要归于两位传教士,李提摩太牧师和林乐知牧师的著作。"梁启超在中日甲午战争之前曾任过李提摩太的中文秘书,而且他阅读了很多李提摩太的著作,他在《读西学书法》中言道:"《泰西新史揽要》述百年以来欧美各国变法自强之迹,西史中最佳之书也。"[①] 清末中国的开明有识之士,均将《泰西新史揽要》作为必读之书,经过李提摩太和蔡尔康变通重构之后的这部书,不仅能够满足士人阶层了解西方各国历史、"开眼看世界"的需要,还能够为他们提供全新的文化内容,满足其对西方政治、经济改革过程的了解,同时,该书强烈的进化史观和变革思想也是先进知识分子社会改良的精神鼓励。

---

① 梁启超:《读西学书法》,夏晓虹辑《〈饮冰室合集〉集外文》下册,第1167页。

困境与应对：试论近代中国的历史教育

李孝迁

（华东师范大学历史系，上海　200241）

摘　要：近代以来，废科举兴学校，大中小学校皆有历史科，但与传统社会相比较，历史知识受重视之程度，不仅没有提高，反而减弱。1920年代以来，时人关于中小学生历史程度之低，批评反思之声不绝于耳，对大学历史教育不满时有所见。历史教育之失败已成为时人普遍的共识，究其原因：首先，近代教育"重理轻文"，历史知识被视为无足轻重，这是历史教育不振的根本原因；其次，历史课程标准制定不够完善，重知识轻伦理，详文化略政治，重事轻人，混淆历史教育与历史研究的界限；再次，历史教材编写出版，多系商业性质，杂凑乱拼，精品鲜见；最后，中小学历史教员缺乏专门人才，中文教员教中国史，英文教员讲外国史，成为中小学校相当普遍的现象。1930年代末，国共两党最高领袖有感于抗战需要，皆呼吁加强历史学习，统一认识，凝聚力量，但两者所取得的成效截然不同。

最近十余年来，不论在社会还是学术界，有关民国时期的人和事，大多成为人们关注的焦点，"民国范"这个新名词应运而生。"距离产生美"，平心而论，今人对民国的总体印象，怀有一种念旧的情结，想象多于真相，理想压倒现实。就教育论，民国时期出版的各种课本教材，封尘已久，但在"民国热"的驱动之下，纷纷再版[①]，据说很受读者欢迎，销量

[①] 2010年陕西师范大学出版社出版吕思勉《中国通史》，推介"最经典最权威流传最广的中国通史，史学大师吕思勉精心之作，史学大师吕思勉的传世之作，一书在手，中国历史全知道"；2012年中国国际广播出版社出版周予同《民国老课本——开明本国史》，（转下页注）

困境与应对：试论近代中国的历史教育

极佳。历史教科书编著的好坏，应是反映历史教育良否的指标之一。如果这些历史教科书确实很优秀，那么推断民国时期历史教育的状况，大概不至太差。然而，如果我们翻检彼时数量惊人的讨论历史教育文章，发现与今人的观感相差之大，犹如云泥之别。故本文试图对近代中国的学校历史教育状况作一番检视，一方面为破除今人对民国的"迷思"提供一个例证，另一方面可为当下历史教育提供借鉴。

一　历史教育之失败

近代以来，中国在历史研究方面，名家辈出，著作满目，成绩斐然，那是否意味着历史教育亦成功？不然，从1920年代到1940年代，时人关于中小学生历史程度之低，批评反思之声不绝于耳，对大学历史教育不满时有所见。如果我们只看到近代史学大师成群结队地产生、政府反复制定课程标准、各种各样的历史教材铺天盖地出版，以为近代的历史教育理所当然是成功的，那我们的视界就被这些表象光环所遮蔽，不能接触到一幅真实鲜活的画面。

我们以同时代人的叙述，说明当时历史教育的状况。1924年，章太炎批评学校史地教育之失败，他说："吾尝在京师，闻高等师范有地理师，见日本人书严州宋名睦州，因记方腊作乱事，其人误以方腊为地名，遂比附希腊焉。而大学诸生，有问朱元晦是否广东人者，有问《段氏说文注》是否段祺瑞作者，此皆七八年前事，不知今日当稍进邪？抑转劣于前邪？近在上海闻有中学教员问其弟子者，初云孟子何代人，答言汉人，或言唐宋明清人者殆半。"① 1926年，北大历史系教员陈翰笙披露当年投考北大来应历史考试的几百位中学毕业生，110份试卷中及格的不过25份，占总

(接上页注①)称"本国史中的翘楚之作，教育史、史学大师周予同修撰，史鉴清末民国时期的风骨与人称心"；2013年中国工人出版社出版顾颉刚、王钟麒合著《中国史读本》，谓"民国时代最具有个性的国史教科书，中国古史辨派大师顾颉刚传世之作，启迪民智，传播新知，胡适亲自校订"；2013年北京理工大学出版社推出一部《大全球史》，即是傅运森《新学制历史教科书》再版，改了一个醒目的书名，编辑推荐称"文笔犀利，视角独特，观点新颖，民国时期第一部中外历史混编著作，打破传统历史局限性"；2015年新星出版社出版王伯祥、宋云彬编《开明中国历史讲义》，编辑推荐"功底扎实，表述精准，评价客观，文字典雅，老先生写的书就是靠谱，风靡民国的老开明讲义，绝版八十年后重新出版"。

① 章太炎：《救学弊论》，《华国》1924年第1卷第12期。

数 23% 犹弱，80 分以上的只有 2 份。410 份预科试卷中能称及格的只是 55 份，占总数 13% 稍强，80 分以上的只有 3 份。他列举一些啼笑皆非、无奇不有的答案。有的学生说"工业革命首起于法，兴于英，旁及欧美各国"。有的学生说卢梭是英人，有以为他是德国文豪，虽有人知道他的国籍，不说他是法国宰相，便认他是著《论法的精神》之人；中国史在学生的记忆里更是荒谬，居然有"马可波罗仕于明"和"明代欧人来中国传佛教"等妙语。因为痛恨国耻便将伊藤博文当作提出二十一条的外交官，不下十余份试卷。还有说伊藤氏是"一大文豪，鼓吹社会革命"的，更奇特的说，"伊藤博文，朝鲜人，曾运动朝鲜独立"①。

1930 年代，民族危机愈发严峻，历史教育格外受人注意。1934 年，吴晗在《独立评论》发表《中学历史教育》一文，对当年报考清华大学的四千余考生历史试卷进行统计分析，最后"能具有本国通俗历史常识的高中毕业生寥寥可数"，"题目全部是极简易的常识测验，是每一个人都应知道的事"，但"及格以上的只有四分之一"。能答"九一八"发生在哪一年不到一半，"二十四史试举八种"全对的不到一半，"考生大部分没有弄清楚朝代的顺序"②。1935 年，聂崇岐《现在一部分高中毕业生的社会科学常识》一文谓是年某大学招考新生时，历史试题中有一题是将中国朝代依次写下，结果 500 份答卷中，全对的不过 16 人，约占全数 3%。有的把禹认为是朝代而与夏并列，有的把汤也认为是个朝代而与商并列，有的把西汉列于东汉之后，有的把隋唐列于两晋之前，颠倒错乱。他感慨："以高中毕业生而本国史的常识乃至如此，试问谁能梦想得到！"③ 吴、聂二氏之文，颇引起教育界人士的共鸣。中学生历史程度之低，令人触目惊心。1942 年，郭树幹指出各级学校虽有历史一门学科之设置（小学有专设历史一科，或合历史地理于社会一科），然而实际上学生的历史知识之贫乏，实有令人不堪想象者。除一般报章杂志所披露中学学生历史成绩之恶劣消息不计外，他本人曾参加评阅某次入学试卷（考生相当高中毕业程度），试题有"汉唐之对外发展"一则，而答卷将三宝太监下西洋之事实列于唐

---

① 陈翰笙：《呜呼中学的历史程度》，《新教育评论》1926 年第 2 卷第 12 期。
② 吴晗：《中学历史教育》，《独立评论》1934 年第 115 号。
③ 聂崇岐：《现在一部分高中毕业生的社会科学常识》，《大公报·史地周刊》第 48 期，1935 年 8 月 18 日。

代对外发展者有半数以上,此种显著之错误,苟非亲身经历,实在不敢置信①。中学历史教育的一线教员,也认为中学生的历史程度太低了,"记得去年暑假,北平某中学招考新生,高一历史,有'何谓五胡?'一题,有的学生居然写出洞庭湖、太湖、兴凯湖……名词来"②。

不仅中小学历史教育问题多多,而且大学的历史教学亦不乐观,在师资、图书设备方面都相当匮乏,课程设置失当亦复不少。1947年,蒋孟引不无嘲讽地说:"中国是历史最悠久的国家,大学历史系又可毫无设备而开场,所以请看今日之域中,何所大学无此系?然师资贫乏已极,有些大学还能拉得几位,有些大学连基本的必修课都无法开出。就是勉强开起来,恐怕也未必比中学的历史课高明多少。至于书籍设备,许多大学无可说等于没有,但有些大学如北京大学、辅仁大学、浙江大学、四川大学、中央大学,都还储藏着一点儿,而且南京及北平的大学更有储藏丰富的公私图书馆可供利用。"所以他建议有兴趣或有志从事历史研究的学生,首先要注意选择学校③。长期在各著名大学历史系任教的雷海宗,对大学历史教育亦不满意,他说:"近年来时常得机会与各大学比较熟识的历史学系毕业生谈话,他们都表示,回想已往四年的工作,觉得对史学的园地,并没有得到一个清楚的认识,他们都很客气,不肯把责任归到各位教授身上,总是说他们自己未曾用心读书。但事后自省,我们这些教历史的人,实在不能摆脱责任,并且大半的责任在我们方面,学生当负的责任甚少。"认为教师对学生选课没有充分加以指导,课程设置颇多不合理④。同样在大学历史系任教的黎东方对大学师资有所检讨,他说:"至于大学,则问题更为严重。症结在于师资来源之缺乏,以大学毕业生而即教大学,虽尚不多,经过两三年的国内外研究院之生活,而即行执鞭主讲者,可谓十居其八。应该责备的不是贸然延聘,或贸然应聘的人,而是整个大学制度的不健全,与一百年来知识界的贫乏。由于老辈先生之日益凋零,或虽存而不能胜任,各大学才不得不急切于'青年学者'中求补充。青年学者以其四五年的听讲,与两三年的看书,储藏的'材料'既少,教书或演讲的经验更少,于是大学的史地内容,就每况愈下。新的名词与新的公式,虽时

---

① 郭树幹:《中学历史教学问题几个具体的讨论》,《中等教育季刊》1942第2卷第3、4期合刊。
② 刘焱:《略谈历史教学的极点经验》,《文化与教育》1936年第110期。
③ 蒋孟引:《历史知识与历史科学》,《学识》1947年第1卷第5、6期合刊。
④ 雷海宗:《对于大学历史课程的一点意见》,《独立评论》1936年第224期。

见稗贩，而中国已有大学四十年之久，迄未产生堪与他国相颉颃的汉学家，甚至尚无一部可读之中国通史与中国地理概论。"在大学各专业中，银行会计的地位最高，工农医各科次之，数理化又次之，政法经更次之，而文史地的地位最低①。受教育者历史程度如此之差，而在旧中国占总人口最多的则是文盲，不能读书，他们的历史世界充斥着传说、迷信、谣言，只从旧戏鼓词得知关公、曹操、岳飞、秦桧等，满脑子都是什么真龙天子之类的知识。这样历史素养的国民如何能鉴往知来，在一个内忧外患的时代，又如何发扬民族精神，凝聚民族力量，以克服种种困难。正如钱穆所言："我们这一时代，是极需要历史知识的时代，而又不幸是极缺乏历史知识的时代。"②

二 历史教育失败之原因

近代中国历史教育之所以失败，探寻原因固然不限于一端，跟经济、政治、社会诸方面皆有勾连，是各种因素促成的结果。若要具体寻找线索，大体有以下四个方面。

首先，历史课程地位。

废科举兴学校以来，从小学到中学、大学，都有历史课程，国家的教育政策对于历史一科不可谓不注意。但认为凡受过学校教育者，皆应系统地学习过中国史和西洋史，从学校出来的学生，历史知识应当很丰富，历史教育应当比传统社会更加有效，实在大谬不然。

在传统科举时代，历史虽然没有被列为专科，但一般读书人对历史知识相当重视。政府以文取士，文不离史，史文并重，此种风气，直至清季，未曾改易。一般士子熟读《左传》《国语》《史记》《汉书》等，几乎人人必读，且人人爱读，百读不厌，所以旧文人对于春秋、战国、秦汉间史迹，皆熟习如流。《史》《汉》以下如《资治通鉴》也是人人所喜读，因此，但凡一个读书人，除帖括家外，对于历史总不至隔膜，且极丰富③。就传统书塾与现代学校对历史知识的掌握来说，"旧式的教育有若干人熟读古史，今日的学校却没有人熟读古史。在史学的立场上看起来，现在的

---

① 黎东方：《历史地理之教与学》，《教与学》1941年第5卷第11、12期合刊。
② 钱穆：《历史教育几点流行的误解》，《教育杂志》1941年第31卷第11期。
③ 梁园东：《历史程度低落问题》，《教与学》1935年第1卷第4期。

人讲史学是退步了"①。学校历史功课唯一的读物就是几本教科书，或者与之相辅的讲义。历史科跟语、数、外诸科相比，是次要科目，除了课堂上听教师口授之外，略好些的学生，课外无非就是读教科书，而且时间有限。历史教育改进，应该增加相关阅读，重"眼学"，而现代教育恰恰是偏重讲授的"耳学"。章太炎曾批评学校教育，"多重口授，口授殊不宜于史学，盖四库之书，史籍最繁，岂口授所可罄哉？且学贵自得，亦非口授所可收效"②。

现代教育分配给历史科时间有限是一方面，另一方面借教科书获取知识，有很大的局限，"教科书都是鱼网式的。虽则能有纲有领，但是中间尽是空穴。就是因为它纪叙史事虽然也能有头有尾，却忽略了中间经过情形的缘故。所以读历史教本，好像乘火车一样，从起点到终点，时间固很快，但是沿途的一切情形，都只是一瞥而过，没有得确切的真相。所以我们研究历史，最好还是看《纪事本末》、《通鉴》、《易知录》等，较为有用。能够得看他的一切经过情形，方不至有所误会。"③ "若徒读教科书中寥寥数十百言，但能知一二重要人物，及其初起与最后之结果，中间事理，全不了然，既不足以引起兴趣，复不足以增长阅历。故读教科书者，每事必须参阅正史，方能得益。"④ 只有在传统书塾，一般读书人才有时间有兴趣广泛涉猎史籍，而在现代学校培养出来的学生不仅没有时间也没有多少兴趣读史，所读尽是些教科书，所得只是一些皮毛。

清季以来，学校林立，历史设科，但地位不仅没有得到加强，反而比旧时更低落。在传统社会，史学为"经世致用"之学，经学则视为"修身养性"之学，故必经史兼通，始目为"通儒"，诚如傅斯年所言，"中国人之读史习惯，在当年为的是科场、作文及一般知识。当年学问本以经史为大端，并没有自然科学，当年知识本以人文为贵重，物质知识是为人不看重的"⑤。但西学东渐之后，国人震于西方物质文明，不仅感到惊异，而且感到危急，不得不奋起直追。于是高等教育则理工医农居先，中等教育则数理化为重，教育趋向为之一变，重理轻文，强调"科学救国"。学校科

---

① 柳诒徵：《讲国学宜先讲史学》，《柳诒徵史学论文集》，上海古籍出版社，1991，第499~500页。
② 卢景纯记：《章太炎先生讲史学》，《无锡国专季刊》1933年第1期。
③ 柳诒徵：《历史之知识》，《柳诒徵史学论文集》，第83页。
④ 柳诒徵：《史学概论》，《柳诒徵史学论文集》，第104~105页。
⑤ 傅孟真：《闲谈历史教科书》，《教与学》1935年第1卷第4期。

目大半为实用科目所占，而历史一科，遂降为随意科，视为无足轻重。近代以来新式教育的一大弊端，即"重科学轻伦理"，历史教育在这种偏颇观念下，学生不重视，学校亦如此，这是近代中国的历史教育不振的根本原因。

其次，历史课程标准。

历史课程标准是编写中小学教材的依据，是教师讲什么以及如何讲的指南，关乎历史教育成败的纲领性文件。关于历史课程标准的发展过程，既有研究较丰富，不再赘言。此处要申论的是课程标准所反映的总体倾向：第一，重知识轻伦理。历史教育的功能，一是知识的，二是精神的。所谓知识的，是使学生明了国家社会的由来，以体会现在的制度组织，以期有裨益于实际生活，而完成国民的资格；所谓精神的，是使学生知道祖国的伟大、光荣，示以伟大人物之典范，以鼓舞其爱国心与道德心。历史教育不仅在于传授真实可信的历史知识，还要以事为训，着重陶冶情操，塑造人格，凝聚民族精神。正如顾颉刚所说，我们教历史不能说"为教历史而教历史"，我们教历史是要有高尚的目的和特殊的使命的①。然而，历史课程标准对提升伦理道德层面重视不够，或者与制定者个人的学术取向有关。课程标准制定者如徐则陵、常乃德、何炳松、陈训慈、顾颉刚、陈衡哲等，大多受过新式教育，接受史学专业化训练。在"九一八"之前，中国学院派史家多标榜"为学术而学术"，以求真为第一追求，自觉将历史研究疏离伦理政治关怀。此种取向影响到历史课程标准，颇有些中性化的特点。有的历史教材也不注意挖掘事例阐扬民族爱国热情，吕思勉所编教材趋于客观叙述，就受到教育者的批评。

历史是民族的武器，"九一八"以后，民族危机迫在眉睫，人们才意识到要加强"民族的武器"。连一向以客观标榜的傅斯年也为历史教育如何有效、有益启发民族思想献计献策，如建议说明中国人在世界文化上的贡献，亲切叙述历代与外夷奋斗之艰难，亲切叙述国衰、国亡时之耻辱与人民死亡，详述民族英雄之生平，详述兴隆时代之远略等。他同时警告教育者："若是说过了火，既害真实，亦失作用。对青年是不应该欺骗的，治史学是绝不当说谎的。……我们应该借历史锻炼国民的自重心（不是自大心），启发强固的民族意识，以便准备为国家之独立与自由而奋斗。同时我们也应该借历史陶冶文化大同思想，使中国人为世界文化之继承者、

---

① 顾颉刚：《中学历史教学法的商榷》，《教与学》1935 年第 1 卷第 4 期。

促进者。如此乃是泱泱大国之风，不为岛夷，不为索虏。"① 由于教育者应用历史不当，空喊口号，甚至没有去用，学生普遍感觉历史教育与现实问题的分离。也有人以为抗战以来国人忧于民族精神之消沉与汉奸丑类之迭出，未尝不是缺乏正当历史教育之故②。

第二，详文化略政治。19世纪末以来，中国史学界在梁启超等新派人物的鼓吹下，提倡写民史反对君史。五四前后，美国鲁滨逊新史学传入中国，亦反对研究政治史，主张广义上的文化史研究，此一风气历久不衰。1924年，章太炎批评史学界五大弊端之一，即"详于文化而略于政治"，"近人治史学，好谈文化，文化为政治之母，故为一般人所共识。然文乃经纬天地之文，初非吟风弄月、玩物丧志之文。略于政治，即详于文化，学者志趣，每为之消抑"③。1922年，梁启超提出"中学国史教本改造"一案，主张以文化史代政治史④。同时，何炳松亦有"编辑或讲授历史应以说明历代社会状况的进化，使学生明白现代状况之如何递嬗而来为标准"一个提案。1923年，常乃德、徐则陵制定的课程标准受梁启超、何炳松影响明显。承梁、何二氏之余绪，历史课程标准主张中国史与世界史混合教授，使学生对于数千年来人类全体生活演化的状况，有一种明了的概念，打破朝代国界的狭隘地方观念，把东西文化联合在一起研究，可使历史一科增加无穷的兴趣⑤。可实行的效果并不好，学生对于朝代之先后，大抵茫然不能辨别，其他重要事实，亦缺乏时代观念。于是，一般投考大学之高中毕业生，竟有认禹为一个朝代而与夏并列，以西汉列在东汉之后，谬误百出，腾笑万口。历史教育界对混合历史的编制非议甚多，流行一阵子，遂废弃不用。

1930年代以后，历史课程标准仍过多强调文化，似乎谈政治意味着旧史学，论文化始为新史学。其流弊则会出现钱穆所说的现象："某年暑假，北大新生入学考试，历史试题问及蔡京，据我所阅各卷，答蔡京为北宋有名书家的可十之七，知道蔡京在北宋政治上关系的不到十之三。我想此事

---

① 傅孟真：《闲谈历史教科书》，《教与学》1935年第1卷第4期。
② 李衍隆：《中等学校历史教育问题》，《中央日报·教育与文化》第2期，1940年5月8日。
③ 章太炎：《劝治史学并论史学利弊》，马勇编《章太炎讲演集》，河北人民出版社，2004，第87页。
④ 梁启超：《中学国史教本改造案并目录》，《史地学报》1922年第2卷第1期。
⑤ 商务印书馆编辑《新学制初级中学课程说明书》，第27页。

就可看出中国现代历史教育之趋势。前人读史，于人物贤奸，国家兴亡，无不注意。或许近人治史，好言文化及经济等项，对于人物贤奸，政治隆污，不暇深论。至于国家兴亡，或许认为帝王家事而忽略了。我又想中学的历史教本里，定有一课特讲北宋艺术等而涉及蔡京能书，故一般中学毕业生，不知道蔡京是北宋政治上的罪人，而说他为书法家。此等好像小事，然而试问若将来中国的青年，只知今日的郑孝胥是一个书法家或诗人，而不知其在满洲国做些什么勾当，或是我们将来中国的教育家，只教青年知道郑苏戡是一位民国的诗人或书法家，而不向他们讲他在东四省的一段丑历史，试问大家对此感想如何？此等历史知识要得要不得，此等历史教育，该当不该当？"①

第三，重事轻人。20世纪中西史学发展的一个显著特征，即具体单个人在历史中的隐退，这一取向与中国以"人"为中心的纪传体史学截然不同。单个具体的人物不再是历史书写的对象，群体化的人"事"始为历史叙述的主体。彼时新史家所鼓吹的"民史"，不是为某一人写专传，亦不是为某一群人写列传，而是叙述制度、学术、宗教、技艺、产业、风俗等"进化之状"。1940年代吕思勉出版《中国通史》两册，体裁别致，上册分类专述文化现象，下册则按时代略述政治大事，叙论兼顾，"纯从社会科学的立场上，批评中国的文化和制度，极多石破惊天的新理论"②。吕著叙述中很少出现具体"人"事，而只有"群体"的事，"把人的动作藏在事里头"③，见事不见人。

1920年代，梁启超的很多想法跟早年非常不同，以前他放肆攻击以人（帝王将相）为主的正史，而后来他却主张写"人的专史"，以人物作本位所编的专史④。钱穆对历史"重事不重人"的倾向也有反思，"历史讲人事，人事该以人为主，事为副。非有人生，何来人事？……今天我们一切学术教育都学西洋，因此学校讲历史，都重事，不重人。如讲楚汉战争，汉高祖怎样打项羽？固然要讲到人，但只以事为主。……思想要有事实表现，事背后要有人主持。如果没有了人，制度、思想、理论都是空的，靠不住的。"⑤ "重事不重人"在中国近代史学界似是主流取向，历史课程标

---

① 钱穆：《历史与教育》，《历史教育》1937年第2期。
② 顾颉刚：《当代中国史学》，辽宁教育出版社，1998，第77页。
③ 梁启超：《中国历史研究法》，上海古籍出版社，1998，第173页。
④ 梁启超：《中国历史研究法》，第235~237页。
⑤ 钱穆：《国史新论》，三联书店，2014，第297~298页。

准大体也是这种取向,"回顾我国三十年来的历史教育,则恰恰与此相反,教员之所授,学生之所学,均不外乎零碎散乱的历史知识,至于民族哲人,彦士之奇行壮举,却甚少有人注意及之。"① 所以,时人反思如何改进历史教育,"事实的影响人不如人格的影响人利害"②,从传统史学资源中挖出了纪传体史学的优长。李季谷认为中小学的历史教材可以人物为中心,他说:"中国史学,向重传记,正史中传记所占之地位,常在十之八九以上。故近人有批评中国史学,不免有偏重个人、崇拜英雄之嫌。其实,崇拜英雄,并未违'见贤思齐'之训,暗示向上,亦正属历史教育目的之一。中小学历史课,正宜善为利用之。"③

再次,历史教材问题。

历史课程标准良否固然重要,但要看落实的结果如何,关乎教师和教材,而学生所直接面对的是后者。在教师与教材之间,教材更为重要,"有了引人入胜的课本,即使没有很好的教师,大部分学生也容易得益。但若没有好的课本,便是很好的中小学教师,也要感觉巧妇在无米作炊时所感觉的困难。……学生们国史智识之低,良好的国史课本之缺乏要负很重大的责任。"④ 所以改良历史课本乃改进历史教育的先决问题。

我国教科书在相当长时间内采用审定制,即由教育部公布中小学课程标准,整个本国史被分割成若干片断,如上古、中古等若干时期,每个时期包括若干朝代,每一个朝代应该说些什么,大体都规定。出版社或公私团体、学校以及私人都可遵照各科课程标准规定的纲目,填上若干方块字就可以。然后依照规定手续,将稿本呈请教育部审查。倘使教材编选适合标准的,由部审定,发给执照,准许发行;倘使不合标准,或编制杂乱,内容错误,不易修改完善的,便不予审定,并禁止发行。教科书制作如此机械、呆板,其内容自然不易引起学生的兴趣。由于编写教科书受限过多,一方面一流史学家多不愿从事,另一方面编纂课本劳而少功,不易获得学术共同体的认可。一流史家不做,二、三流史家做不好,良好的国史课本便迟迟不能问世。

---

① 李衍隆:《中等学校历史教育问题》,《中央日报·教育与文化》第 2 期,1940 年 5 月 8 日。
② 顾颉刚:《中学历史教学法的商榷》,《教与学》1935 年第 1 卷第 4 期。
③ 李季谷:《新历史教育论》,《教与学》1941 年第 5 卷第 11、12 期合刊。
④ 张荫麟:《关于"历史学家的当前责任"》,《大公报·史地周刊》第 2 期,1934 年 9 月 28 日。

民国时期出版了大量历史教科书，但被教育者公认为适宜课本者，少之又少。20世纪初年夏曾佑为中学所写的本国史教科书，三十年后已升格为商务印书馆的大学丛书，可见中国历史教科书发展之迟缓。各书局出版历史课本，多系商业性质，"现在的历史教科书，大率由书肆雇用之人员草率编辑而成。编者对于历史，未必有何等素养，而书肆主人又限其于短期间内完成全稿，于是选材不精，重要而有价值之史实，略而不书，不重要者反长篇大论，噜苏叙出。先后次序，亦往往颠倒排列，因果倒置，所在多有。或一事重叙二度，或二事相关，偏为分章，凌乱错出。"① 教科书市场化，出版商以利润为导向，因经费的限制，人才搜罗的困难，往往草率从事，急促成章，杂凑乱拼，敷衍塞责，难怪教科书出版的不少，然精品鲜见。

今日被出版界炒作成经典的那些民国历史教科书，在时人看来又是如何？吕思勉所编著的各种历史教材，被今人重版最多，即在彼时也非常风行，"现在国内最行运的一种历史教科书，恐怕要算商务印行的吕思勉先生之《高中本国史》了。从去年二月出版，到今年四月出到了八版，每版以五千部计算，至少有四万个高中学生，在那里抱着它'朝夕讽诵'。"但批评之声亦多，1935年熊梦飞撰文批评吕著《高中本国史》，经他向学生问卷调查，反映在文字、材料方面问题很多，而且事实叙述方面纯取客观态度，进化观念、现代观念、民族观念都异常淡薄，离开事实所发出的议论又过于不着边际，不足以教学生激发民族思想、明了先民伟绩、探讨现代问题②。据周谷城考察历史教育报告，地方学校对吕著《高中本国史》几乎都是消极的批评③。1941年，谢澄平在一次演讲中说，现在印行的课本，没有一种是完善的，如商务印书馆出版吕思勉的《本国史》"侧重古代，而不注意到近代"，高中外国史，有时讲到这国，有时又讲到那国，对有关各国的历史，亦未注意联系。陈衡哲编的《西洋史》，"虽较胜一筹，但不谈到战争，这也是不够的"④。

最后，历史师资问题。

中小学历史教育的失败，不可徒归咎于教科书之不良，教员素养不足，亦为要因。如果教员素养很好，教科书的缺点可以随时改正，编讲义

---

① 李季谷：《如何能在历史教材中充分发挥民族观念》，《教与学》1935年第1卷第4期。
② 熊梦飞：《对于吕思勉先生著高中本国史的批评》，《文化与教育》1935年第61期。
③ 周谷城：《考察史学教育报告》，《高等教育季刊》1943年第3卷第2期。
④ 谢澄平：《历史教育的新动向》，《广西教育研究》1941年第1卷第5期。

大纲，仍可收到良好效果。那么当时师资状况以及实际教学情形是如何呢？国人观念率多文史不分，史以文载，通文者必能知史，旧式读书人文史兼习，文学家也常常是史学家，所以一般人误认史学为文学一部分者有之，通文即可知史者亦有之。故学校之设科，文史地自成一组，教员之延聘，文学教员一有，则史学教员不缺矣。英文教员授外国史，中文教员讲中国史，成为中小学校相当普遍的现象①。除了规模大的学校，一般大抵无专任历史教员。

中小学历史教员缺乏专门人才，势必导致教学质量低劣。1922年，顾颉刚回顾个人学习历史的经历："我自从小学到了大学预科，全都有历史一项功课。历史的功课上了十年多，教员换了七八人，可以说完全没有得到他们的益处。最平常的教员，只会把教科书念一遍，不但教科以外不能回答，连教科以内也没有弄清楚。稍好一点的，就专诚写黑板，为历史上人物开履历：某朝的皇帝生了几个儿子，那一个儿子继承了帝位，某一位大官生平历了几个官阶，这是他们最经心的。最好的，能够写出一点地名沿革，器物的注解，他们的能事也即完了。……总之，他们着眼之点，只是具体的，零碎的事实，而且限于书本上。他们以为历史一课的宗旨，只有使学生记得书本上的故事。至于何以有此故事，这个故事和别的故事关系如何，这个故事的影响又何如，他们实在没有这种通盘筹算的力量。不但没有这种的力量，也没有这种的观念。"② 黎东方批评过去史地教学："大中小学均有文史不分的事实，尤其以中学为甚。在所有的中学里面，无论国立、省立，或县立，史地教员很少是出身于大学的历史系或地理系。他们所具备的史地知识，还是昔年在中学为学生时所留存的一些模糊印象，如何能够活泼泼地叙述应该叙述的最新题材，或是提供应该提供的若干要点？历史教员而不能列举五胡十六国的国名，地理教员而不能在黑板上绘出二十八省的分图或中华民国的全图，差不多是百分之九十五的常例。于是教历史与教地理，性质乃完全相同，即朗诵教科书本节之全文，每三五分钟转身向黑板抄录《教授书》上之注解，如'班超，东汉人'，或'伯明罕，英国城市'等等无关痛痒之浮词。"③ 由于历史科教学常由国文、英文教员充当，所以用教语文的方法教历史，"注重于字句的解释的，

---

① 孟谦之：《关于初中历史教学的几个问题和意见》，《教育研究汇刊》1932年第2集。
② 顾颉刚：《中学校本国史教科书编纂法的商榷》，《教育杂志》1922年第14卷第4号。
③ 黎东方：《历史地理之教与学》，《教与学》1941年第5卷第11、12期合刊。

教出来的儿童,上焉者强记几个人名、地名、年月,能够稍微懂得人名、地名、年月间的联系之点,就算很好的了。最普遍的现象,是整篇照句照字地死背,来应付学校里的考试"①。鲁迅笔下的文学形象"高老夫子",便是当年历史教员的缩影。他最熟悉的是三国,例如,桃园三结义、孔明借箭、三气周瑜、黄忠定军山斩夏侯渊以及其他种种,满肚子都是,一学期也许讲不完;到唐朝,则有秦琼卖马之类较为擅长了,这类即是他脑子里的历史常识。上课时,就念教科书,"不得已时,就抬起眼来看看屋顶"②。历史既非此类教员之所长,势必逐日敷衍,逐节临时应付,即使为一有兴味有意义的史实,而经死记硬背,前后不能连贯,也会索然无味,激发学生的爱国心更是无从谈起。

三 历史教育的出路

1920 年代以来,历史考试成绩之差,学生历史程度之低,竟成为普遍现象,出人意表。"九一八"之后,历史教育失败问题更加引起人们的关注,加之国民的民族意识、国家观念淡薄,抗战之后汉奸迭出。于是,加强史地教育成为国民政府的官方意志。1938 年 8 月 28 日,蒋介石在汉口出席中央训练团第一期毕业学员典礼,发表《革命的教育》训词,特别强调史地教育:"我们能认识历史,才能获得历史的教训,继续我们祖先艰难创业的精神;我们知道地理,就一定知道爱护我们的祖国,来保卫我们完整无缺的锦绣山河。……所以历史地理的教育,实在是我们革命建国教育的中心科目,不论在各级学校和民众教育上都应该特别注意。尤其在这抗战建国时期,对于这两个科目我们一定要广搜教材,充实内容,一方面精编教本,详细讲解,同时并要提倡课外研究,随时供给补充教材,使各级学生和国民对于我们国家的过去和现在都有明确的认识,对于我们国家的将来都有坚决的自信。……我们国家民族今日之所以要受人家的侵略压迫,危殆急迫到这样的地步,推厥原因,就是由于从前教育的失败!古人说:'数典忘祖',我们国民不知道本国历史的光辉,如何能深切体认今日的耻辱?不熟习本国的地理,如何能有恢复失土的决心?从今以后,大家

---

① 徐君梅:《民族主义中心的小学历史科教学》,《国民教育指导月刊》1942 年第 1 卷第 10 期。

② 鲁迅:《高老夫子》,《语丝》第 26 期,1925 年 5 月 11 日。

不好再蹈以前的覆辙，一定要特别注重历史地理的教育，以激发国民爱国卫国的精神，开拓我们民族光辉灿烂的新生命！"① 蒋介石训词其实是对彼时教育界呼声的一种提炼，此前学术界、教育界迫切希望加强史地教育的声音到处可闻。

蒋介石发表《革命的教育》之后，教育界的视线大为转移。1939年4月教育部召开第三次全国教育会议时，即有奖励史地研究、加强史学教育等提案；教育部为遵奉蒋氏训示，促进史地教育之发展，1940年4月特设史地教育委员会，聘请史地专家为委员，有吴稚晖、柳诒徵、钱穆、蒋廷黻、吕思勉、陈寅恪、黎东方、傅斯年、顾颉刚、胡焕庸、黄国璋、张其昀、徐炳昶、雷海宗、金毓黻、缪凤林、陈垣、张西堂等19人，当然委员吴俊升、顾树森、陈礼江、张廷休等7人，并指定吴俊升、张西堂、黎东方3人为专任委员，陈东原任秘书，谋史地教育的发展。委员会之任务：①计划关于中国史地书籍之整理研究；②计划各级学校关于史地教学之改进；③审议各学校或团体关于史地学术之研究；④关于史学书籍及一般史地读物之编撰；⑤关于中国地理之调查研究；⑥其他有关史地教育之事项②。

1938年秋，教育部改订大学课程，列中国通史为文理法各学院必修课；教育部通令各中学增加本国历史的教学时间。1940年9月公布修正初高中历史课程标准，纠偏以往重知识轻伦理的观念，以便更好地体现民族主义的史地教育，配合抗战建国的需要。初级历史教学目标之一"叙述中华民族之演进，特别注意各支族间之融合，与其相互依存之关系，以阐发全民族团结之历史的根据，与于历史上之光荣，以及近代所受列强之侵略与其原因，尤宜充分说明，以激发学生复兴民族之意志与决心"；同时修正的高中历史课程标准强调"于古代之光荣与近世外力之压迫，以及三民主义之历史背景，尤应从详申述，以启示学生复兴民族之途径及其应有之努力"③。各职业学校加授史地两科，各科每周讲授两小时，在第一第二两学年内讲授完毕，使学生对国家民族有更深切之了解，以增进其爱国心。教育部还公开征求合于修正标准之初高中本国历史课本，从优奖励。

为了克服战时大后方教材短缺问题，从1943年开始教育部推行了国定

---

① 蒋中正：《革命的教育》，《教与学》1938年第3卷 第9期。
② 《教育部史地教育委员会章程》，《教育通讯》1940年第3卷第15期。
③ 《教育部征求高初中本国历史地理课本办法》，教育部1941年10月印发，第18~38页。

本教科书,已编成小学和初中各年级的国语、常识、公民、历史、地理等课本,下令各地中小学校一律采用,不得再任意选用此前各书局所编印的课本。国立编译馆所编历史教材,高小历史4册,高小历史教学指引4册,初中历史6册,高中历史6册,对缓解教材供应问题有所贡献。然而,"这一套书的本身,几乎也为全国每一个角落的中小学教师所不满。……国民参政会中也曾有人予以很剧烈的指摘——已成了最近四年来国民政府在教育行政或竟是政策上不可挽回的失败。"① 据说抗战胜利两年来对它攻击的文章,不下百数十篇,攻击最厉者如邓广铭、王芸生,说它是"一窍不通""误尽苍生";比较温和的如董任坚、张霆潮,说它"企图党化""与民争利";还有吴伯威的"自我招认"以及各地教育专家的公开批评,充分暴露了国定本的党化意图②。国定本原是应对战时后方教科书短缺问题,国民政府对当时教育在思想层面的"统制",在战时或不至于有太大的反弹,但在民主精神高涨的战后,几乎受到举国上下一致的批评。这批国定教科书随着1949年国民政府败退台湾而被封尘。

自蒋介石发表讲话之后,教育部为了推进史地教育,确实做了许多努力和尝试,但就实际效果来看并不明显,时人的切身观察认为抗战以来,"一般人对本国历史知识仍甚贫乏,最显著的例,即各级学校学生历史程度之低,有出人意料者。由大学招生考试和高普考等各种考试的历史成绩看,不但令人寒心,并且令人害怕,主考人或阅卷人多慨乎言之!"③ 到了1948年仍有学人强调历史教育不仅未有改进,反而有江河日下的趋势,阅浙江省普通历史试卷,"毫无历史知识者,比比皆是"④。国民政府主观上希望通过强化历史教材的党化色彩,"使全国的中小学生的头脑,普遍地受一番国民党的理论的洗礼,庶可收取万姓万民一心一德的良好后果"⑤,但正如邓广铭所言,适得其反,南辕北辙。

与蒋介石发表《革命的教育》几乎同时,1938年10月,毛泽东在中共六届六中全会的报告中强调:

---

① 兆梓:《我也来谈谈国定本教科书》,《新中华》1947年复第5卷第4期。
② 徐天震:《所谓"国定本教科书"》,《大夏周报》1947年第24卷第7期。
③ 徐文珊:《抗战以来中国史学之趋向》,孙本文等编《中国战时学术》,正中书局,1946,第132页。
④ 李结非:《现阶段的历史教育》,《教育通讯》1948年复刊第5卷第1期。
⑤ 邓恭三:《我对于国定本教科书的控诉》,《大公报》1947年2月2日,改题《荒谬绝伦的国定本教科书》转载《时代文摘》1947年第1卷第7期。

一般地说，一切有相当研究能力的共产党员，都要研究马克思、恩格斯、列宁、斯大林的理论，都要研究我们民族的历史，都要研究当前运动的情况与趋势……学习我们的历史遗产，用马克思主义的方法给以批判的总结，是我们学习的另一任务。我们这个大民族数千年的历史，有它的发展法则，有它的民族特点，有它的许多珍贵品。对于这个，我们还是小学生。今天的中国是历史的中国之一发展；我们是马克思主义的历史主义者，我们不应该割断历史。从孔夫子到孙中山，我们应该给以总结，我们要继承这一份珍贵的遗产。继承遗产，转过来就变为方法，对于指导当前的伟大运动，是有着重要的帮助的。共产党员是国际主义的马克思主义者，但是马克思主义必须通过民族形式才能实现。……因此，马克思主义的中国化，使之在其每一表现中带着中国的特性，即是说，按照中国的特点去应用它，成为全党亟待了解并亟须解决的问题。洋八股必须废止，空洞抽象的调头必须少唱，教条主义必须休息，而代替之以新鲜活泼的、为中国老百姓所喜闻乐见的中国作风与中国气派。①

在《新民主主义论》（1940）、《改造我们的学习》（1941）、《整顿党的作风》（1942）、《反对党八股》（1942）等处，批评研究历史的空气不浓厚，"不论是近百年的和古代的中国史，在许多党员的心目中还是漆黑一团。许多马克思列宁主义的学者也是言必称希腊，对于自己的祖宗，则对不住，忘记了。……对于自己的历史一点不懂，或懂得甚少，不以为耻，反以为荣。特别重要的中国共产党的历史和鸦片战争以来的中国近百年史，真正懂得的很少。近百年的经济史，近百年的政治史，近百年的军事史，近百年的文化史，简直还没有人认真动手去研究。有些人对于自己的东西既无知识，于是剩下了希腊和外国故事，也是可怜得很，从外国故纸堆中零星地捡来的"。号召全党认真学习历史，"不但要懂得外国革命史，还要懂得中国革命史；不但要懂得中国的今天，还要懂得中国的昨天和前天"②。国共两党最高领袖同时提出要加强学习历史，是颇耐人寻味的事情，足见历史知识在现实政治面前的作用，两党无疑都想借历史统一认识，凝聚力量。

---

① 毛泽东：《论新阶段》，《解放》1938 年第 57 期，第 36～37 页。
② 毛泽东：《改造我们的学习》（1941 年 5 月 19 日），《毛泽东选集》第 3 卷，人民出版社，1953。

中共中央的最高指示，中共史学家无疑需要贯彻，提出所谓"学术中国化"的口号。就历史学论，"伟大的人民领袖毛泽东同志这一伟大的号召，是被全国唯物史观历史学者们所热烈地响应着，他们分头从事于历史各部门的工作"①。于是在不长的时间里，中共学者用唯物史观撰写出版了大量历史作品，如华岗《中国民族解放运动史》（1940）、吕振羽《简明中国通史》（1941）、范文澜《中国通史简编》（1941）、许立群《中国史话》（1942）、翦伯赞《中国史纲》（1943）、蒲韧《二千年间》（1946）、范文澜《中国近代史》（1947）等，在解放区历史教育方面发挥了积极作用，是对毛泽东要求重视研究和学习历史的一种回应。与国统区历史教育失败不同，"近些年来，在中国，历史已经引起很大的重视，这是反映中国革命斗争的发展要求的，这是值得兴奋的事情"②。

1945年郭沫若在莫斯科苏联对外文化协会历史哲学组演讲"战时中国历史研究"，强调"最近一两年来由于中国学术界的努力已经逐渐地得到了解决。不久以前有两部值得注意的中国一般历史书出版。这是中国历史研究上的一件凸出的大事"，即范文澜的《中国通史简编》和翦伯赞的《中国史纲》③。郭氏之所以谓"凸出的大事"，是因为无产阶级历史学家完成这项任务，对中国历史有了发言权④，不仅实现了历史学领域的"中国化"，而且提供了一种与国民党完全不同的历史解释系统，且采用浅显明白的语言表述，争取到更多的读者。尤其范氏《中国通史简编》不仅成为共产党干部读本，在解放区学校颇为流行，而且在国统区亦有相当一部分读者。比较而言，同样是用党的理论指导中国历史书写，范氏《中国通史简编》在党内的认识高度一致，解放区学校统一把它作为标准历史教材采用；而国民党所组织编写的中小学国定历史课本，不仅党内有分歧，教育界更是骂声一片，地方中小学历史教员也甚为抵触，国共两党在历史教育领域的较量已见分晓。

---

① 叶蠖生：《抗战以来的历史学》，《中国文化》1941年第3卷第2期。
② 奚木：《漫谈学习历史》，《学习生活》1948年第2卷第2期。
③ 郭沫若：《战时中国历史研究》，《中国学术》第1卷第1期，1946年8月1日。
④ 范文澜撰写的《中国通史简编》出版后，毛泽东立即阅读，作了点评："我们党在延安又做了一件大事……我们共产党人对于自己国家几千年的历史，不仅有我们的看法，而且写出了一部系统的完整的中国通史。这表明我们中国共产党对于自己国家几千年的历史有了发言权，也写出了科学的著作了。"（范忠程主编《博览群书的毛泽东》，湖南人民出版社，1993，第224页）

经师，还是经学研究者？

——顾颉刚的经学研究角色定位*

王红霞

（聊城大学马克思主义学院，山东聊城 252000）

摘　要：顾颉刚既是一位现代著名史学家，也是一位平允笃实的现代经学研究者。他深谙传统经师的弊病，并以"结束经学"为己任，变经为史，试图建立现代经学研究新范式。顾颉刚与经师所处的时代背景不同，在经学态度、经学研究目的上更是有着本质的区别。对顾颉刚经学研究角色的定位，有助于我们理解经学在现代学术史演进中的变化。

关键词：顾颉刚　经师　经学研究者

顾颉刚（1893~1980），原名诵坤，字铭坚，江苏吴县（今苏州市）人，《古史辨》的主编，其"层累地造成的中国古史"理论曾被认为"确实是具有'革命'意义的新史观，可以称得上是继梁启超发表《新史学》以来，在历史研究领域内的又一次革命"[①]。他不仅是一位现代著名史学家，也是现代经学研究的代表人物，对经学理论、研究方法、经学地位的再认识等都颇有创见。然而，值得注意的是，对于顾颉刚在经学研究领域的角色定位，学术界的认识有所分歧。有的称顾颉刚为"经师"，

---

* 本文系聊城大学博士科研启动基金项目"经学与中国现代史学的演进"的阶段性成果。
① 钱婉约：《"层累地造成说"与"加上原则"——中日近代史学上之古史辨伪理论》，《人文论丛（1999年卷）》，武汉大学出版社，1999，第444页。

认为他"走的是'公羊学派'的老路,并不是干干脆脆的史学家"①,有的称其为"经史学家"②,有的称其为"国学大师级顾颉刚先生"③,有的分析了顾颉刚与"今文经师"在经学观念上的异同④。这些观点大都承认了顾颉刚在经学领域的贡献,但是,对顾颉刚经学研究的身份定位则有不同认识,焦点主要集中在顾颉刚与传统的经师是否有本质区别上。那么,顾颉刚到底是经师,还是现代经学研究者呢?只有结合时代背景,通过分析顾颉刚本人对经学的认识和他的经学研究特点,才能对这一问题做出客观的判断。

一 顾颉刚的"经师印象"

经师,最早指汉代讲授经书的学官,《汉书·平帝纪》曾记载:"郡国曰学,县、道、邑、侯国曰校。校、学置经师一人。"⑤ 后来,经师一词的外延有所扩展,泛指古代讲授经书的学者。《周书·卢诞传》载魏文帝诏卢诞云:"经师易求,人师难遭。"⑥ 宋朝的三字经上有"汉贾董,及许郑,皆经师,能述圣"的提法。顾颉刚解释经师出现的历史背景,说:"自秦始焚书,学术衰绝;迄于汉惠,除挟书之律,孝文、孝武广置博士,然后邹、鲁、梁、赵始有经师。是时汉兴已七八十年。"⑦ 经学形成后,学术思想被禁锢在由皇帝所指定的固定思维模式里,经师即是这一现象的参与者。早期的经师是五经博士,由于秉持理念的差异,经师多自立门派,各自解释经籍,儒学的"微言"与"大义"也在经师的纷繁解说中有所分离。

在学术研究中,顾颉刚以"同情的了解"为原则,一直在品评着两千

---

① 杨向奎:《"古史辨派"的学术思想批判》,《文史哲》1952年第3期。
② 车行健:《现代学术视域中的民国经学》,(台北)万卷楼图书股份有限公司,2011,第98页。
③ 刘起釪:《序》,参见顾潮著《顾颉刚评传》,百花洲文艺出版社,1995,第3页。
④ 王学典、李梅、孙延杰:《顾颉刚和他的弟子们》(增订本),中华书局,2011,第231~240页。
⑤ 班固:《汉书·平帝纪》,中华书局,1996,第355页。
⑥ 令狐德棻等:《周书》,中华书局,1971,第807页。
⑦ 顾颉刚:《整理十三经注疏计划》,《古史论文集》第7卷,中华书局,2011,第262~263页。《顾颉刚全集》共分八类,包括《古史论文集》《民俗论文集》《读书笔记》《宝树园文存》《书信集》《日记》《清代著述考》《文库古籍书目》。本文征引《顾颉刚全集》原文数量较多,为了简便,其后仅随文注明卷名,不再一一标注《顾颉刚全集》。

多年来的经学发展史，其中的人与事、得与失、利与弊、功与过，都在他的研究范畴中。总起来看，顾颉刚对经师持批评态度，从他的"经师印象"中，我们大致可以归纳出传统"经师"的弊病。

第一，经师好为循文敷义。顾颉刚指出："因为经书不易读懂，所以经师要专利，其实他何尝读懂，只是敢于立说，似乎言之成理而已。"① 从汉代开始，经师解经、注经已有两千年左右的历史，因为经师的学术流派不同，经说亦是纷纭各异，经解杂乱、意见相左的情况比较普遍。

第二，经师"文以载道"。经师既是知识分子，又依附政治而生，是徘徊于学术与政治之间的特殊群体，这就使得其学术独立精神大打折扣。有时经师试图以"圣道"对君主进行限制，难以摆脱"文以载道"的色彩。因此，顾颉刚认为，经师虽然懂经，但是可能穿凿附会，造成谶纬，难以作平允、客观的研究，"所谓'儒者'的本领，只是用了很巧妙的言语把这些平凡的文籍解释得和他们理想中的圣道相当。"② 顾颉刚提出，秦汉之际，"儒生和方士本是同等待遇"③，汉武帝之后，虽然儒生地位升高，超越了方士，但实质上，儒学也是一种方术——统治技术，也是依附于主人而讨生活的人，可谓一语道破了经师的本质。

第三，经师独守家法。这是顾颉刚最反对的一点，经师分门别派地传授门徒，甚至观点相异时互相诋毁，这是对学术发展的阻碍，"故经师好为异说，争求立学，派别分歧，《易》《书》《诗》《礼》《春秋》五经凡十四博士，其后寖多"④。

总之，由"博士官"演化而来的经师，具有官、师合一的特点。虽然不同时代的经师特征各异，如东汉经师重训诂、宋代经师重义理，但以上三点基本上是他们的共同属性。

二 "结三百年来经学的账"

自汉代经学形成以来，经学研究成果丰富。据统计，《四库全书总目》中经部的书籍，已达1773部、20.0427万卷。晚清以前，经学时代与经学研究是同步的；晚清以后，经学时代结束，而经学研究仍在继续，传统的

---

① 顾颉刚：《顾颉刚自传》，《宝树园文存》第6卷，第416页。
② 顾颉刚：《春秋研究讲义》，《古史论文集》第3卷，第498页。
③ 顾颉刚：《秦汉的方士与儒生》，《古史论文集》第2卷，第481页。
④ 顾颉刚：《整理十三经注疏计划》，《古史论文集》第7卷，第262页。

经学研究已经被现代经学研究所取代。

那么,经学时代是什么时候结束的呢?冯友兰指出,晚清时期既是今文经学复兴,又是经学走向终结的一个时代。自董仲舒以后,中国进入经学时代,直到中国与西洋交通后,政治社会经济学术各方面发生了根本变化,经学内容的牵引比附达到极限,传统学术不断式微,近代学术日渐形成,经学时代才随之结束。康有为、谭嗣同、廖平是经学时代结束的代表人物,三人中廖平去世最晚,所以冯友兰称廖平之学为"中国哲学史中经学时代之结束"①:"故廖平之学,实为经学最后之壁垒,就时间言,就其学之内容言,皆可以结经学时代之局者也。"② 冯友兰接着强调,自己所指的"经学时代之结束"并没有确定的日期,因为"前时代之结束,与后时代之开始,常相交互错综"。经学时代结束的根据是出现了"可以撇开经学而自发表思想"的人,也就是说,经学已经不再是学者唯一可以凭借的学问,它在学术中占统治地位的时代已经结束了。五四新文化运动的爆发,标志着经学时代的彻底终结。经学时代作为一个历史时期结束了,但经学作为一门学问则依然有研究的必要,换句话说,经学时代的结束恰恰是现代经学研究的开始。

顾颉刚将结束经学视为时代赋予的学术责任,他热情呼吁:"我们要结三百年来经学的账,结清了就此关店。"③ 这里的"三百年",是从清代算起。顾氏认为,解决了清代经学的问题,两千年来的经学问题也就解决了。那么,"结三百年来经学的账"的具体工作包括什么呢?从顾颉刚的学术思想分析,大致有以下三方面。

首先,要追根溯源,弄清战国儒家的原貌。经学最早发端于战国儒家,只有将这一缘起弄清楚,才是彻底解决经学问题的根本,"我所为《尧典》《禹贡》诸文,超出于今古文问题,而直向战国儒家算账。必达到这一步,然后经学问题可彻底解决,经学史乃能从头写起。"④

其次,要结束经今古文之争,使清代学术有一归宿。经学传承最重视正统观念的阐发,今古文之争即缘起于此。顾颉刚指出:"今古文问题,我们必须掀起一波澜,应对一班顽夫有所针砭。我很希望这一个问题能在

---

① 冯友兰:《中国哲学史》(下),生活·读书·新知三联书店,2009,第503页。
② 冯友兰:《中国哲学史》(下),第504页。
③ 顾颉刚:《顾颉刚自传》,《宝树园文存》第6卷,第413页。
④ 顾颉刚:《研究中国古史必由经学入手》,《读书笔记》第4卷,第268页。

我们手中结束。"① 又说："予如能为，则谓清学开于顾亭林而终于我，可也。"② 今古文之争是经学史上历时较长、影响较广的家派纷争，涉及学术、政治等多个层面，主要集中在两汉、晚清时期。两汉时因刘歆争立古文经博士而引起，晚清时因廖平的《今古学考》《古学考》与康有为的《新学伪经考》《孔子改制考》的冲突而爆发，后者规模更大。厘清今古文之争的来龙去脉，是经学研究的重点、难点。

最后，要"化经典为史料"。1949 年 3 月 19 日，吴康致信顾颉刚讨论现代治经的意义，4 月 8 日，顾颉刚回复说道："承示治经之义，弟有同感。盖战国、秦、汉之世化古史料为经典，今日使命则复化经典为史料耳[眉批：时代不同，任务不同]。我辈生于今日，其所担之任务，乃经学之结束者而古史学之开创者。此非吾人之故意立意，乃自宋至清八百年中积微成著之一洪流，加以西洋科学之助力，遂成一必然趋势也。必将经典弄清，中国文化史方能写作，否则识其外层而不能解其核心，于事仍无益也。"③ 战国、秦、汉时的"化古史料为经典"，是因为不断赋予史料新意义，从而建立一套基本法则，即成经典；新时代则是"化经典为史料"，还原经学的史料价值。在这里，顾颉刚将"史料"与"经典"的位置与古代颠倒过来，只有经历"史料——经典——史料"的还原，才是经学的真正结束。

那么，如何着手开展这一工作呢？顾颉刚认为，最重要的是秉持科学的原则。经学在中国文化史中虽然位置卓绝，但因为受圣道和家派的制约，与现代意义上的科学是有区别的。受圣道制约，经书被封为教典；受家派束缚，门户党争不断，学者难以对其做客观的研究。1946 年，顾颉刚提出了现在的时代是"经学结束期"，列出了现今研究经学者的责任与态度，共有四点："1、对于各派，皆还其真相，但有分析而无褒贬。2、自己站在历史研究上，不站在信仰上。3、从根本作起，不占一些便宜。4、作有系统的整个辑佚工夫。"④ 这几点，可概括为顾颉刚经学研究的原则，即客观、中立、彻底、系统。

1950 年，顾颉刚作《自传》，阐述了"结束经学"的工作流程。他说："我们现在，唯有大声疾呼，打破圣道和家派的迷梦，使得几部经书

---

① 顾颉刚：1932 年 9 月 12 日致钱玄同信，《书信集》第 1 卷，第 568 页。
② 顾颉刚：《研究中国古史必由经学入手》，《读书笔记》第 4 卷，第 268 页。
③ 顾颉刚：《经学之任务》，《读书笔记》第 4 卷，第 350～351 页。
④ 顾颉刚：《经学大势与今日任务》，《读书笔记》第 4 卷，第 269 页。

可以呈露其本来面目，如《易》本来是卜辞，《诗》本来是歌曲，《书》本来是档案，我们可以把它们同类的东西和它比较研究而发现其所含的古代史实，再把两千余年来的经解、经注汰劣存优，纂成集注，使得后学者于短时间内就能识得其正确的意义，不再白费工夫在无聊的纠纷上。再做一部《经学考》，把经学的演变及其所受时代影响揭发出来，使人看了明白这种学问为什么到了今日该得结束。结束之后，经书与子书及几部古史同是古籍，应在平等的待遇之下为史学家所取材了。"① 这一流程大致分为三步：第一步是辨伪经书，第二步是作正确的经解、经注，第三步是编著《经学考》。从顾颉刚的学术历程看，他一直在躬行实践这一计划，为结束经学而努力，所以他说："窃意董仲舒时代之治经，为开创经学，我辈生于今日，其任务则为结束经学。"②

可以看出，顾颉刚所谓的"结束经学"有两层含义。首先是结束经学的权威。顾颉刚想做"经学结束者"，最先结束的是经学的尊贵地位，是人们对经的信奉，是经学的今古文之争，并不是结束对经学的研究。因此，与其说顾颉刚要"结束经学"，不如说是整理、研究经学。1951 年，顾颉刚就想通过整理《尚书》进而结束《尚书》学，他在《法华读书记（一）》中提出拟编《尚书析》一书，并说："此书而成，则二千年来之《尚书》学得一总结束矣。"③ 其次是变经学为史学。他把"经学史"的写作视为结束经学的主要标志，正如他所期望的那样，"则经学史完全解决矣。但准备工作，其事繁重耳。倘我之工作能成且能好，则经学自我而结束，后之人但研究史学可已。"④ "结束经学"的目的是解决经学史上的纷争、公案，将经学史梳理清楚，变经学为史学，就等于完成了结束经学的任务。

三 "现代经学研究者"的角色定位

诚然，顾颉刚与经师有相似之处。虽然他"向来对于学问的嗜好是很广漠的"⑤，但从幼年到晚年，他对经学研究的热情从未减退。挥之不去的经学情结使他一直保持着对经学的浓厚兴趣，有对经学问题的存疑，也有

---

① 顾颉刚：《顾颉刚自传》，《宝树园文存》第 6 卷，第 417 页。
② 顾颉刚：《经学史》，《读书笔记》第 5 卷，第 78 页。
③ 顾颉刚：《尚书析》，《读书笔记》第 5 卷，第 12 页。
④ 顾颉刚：《经学史工作》，《读书笔记》第 4 卷，第 345 页。
⑤ 顾颉刚：《古史辨第四册序》，《古史论文集》第 1 卷，第 107 页。

解惑，有宏大的经书整理计划和详细的体例设计，也有细微的经学问题考证。可以说，顾颉刚与经师的相同点主要表现在研究对象、方法上，都以经书、经解为研究对象，都采用文字训诂等考证方法。但是，作为现代学者的顾颉刚，他与经师在本质上是不同的，主要表现在以下三个方面。

第一，时代背景不同。经师处于封建社会，通常接受的是以"三纲五常"为核心的儒家思想教育。顾颉刚成长于20世纪，虽然幼年时接受了传统的旧学教育，但中学、大学接受的都是新式教育，青年时代经历了新文化运动思想解放潮流的洗礼，这使他既不会像古文经学家那样对经学抱残守缺，也不会像今文经学家那样利用经学来达到某种政治目的。

第二，经学态度不同。经师是"信仰"的态度，顾颉刚是"研究"的态度。在经学史中，"师之所存，道之所存"的现象非常普遍，经师论经，既以政教为出发点，又以政教为归宿。他们大多崇经，对家派之学有着情感上的依恋，唯师说是尊，"守一先生之言"①，无条件地服从、捍卫师说，违抗师说即是"大逆不道"。对这种宗教式的态度，顾颉刚并不认同。他认为，经师治学的根本弊病，在于不能将"信仰"和"研究"完全区分开，"前人为学，不能别信仰与研究为二，故对于所研究之事物即作无条件之信仰，先置此事物于真且善之地位而后钻研之。是以解释虽纷纭，而所研究者终为绝对之是；破绽虽屡屡呈露，而其基础终不为动摇。……此病不除，一切研究俱失其根本，实际事物之面目永不可见也。……学问必如此作，始可免于经师之腐化焉。"② 经师普遍具有强烈的经典崇拜，当观点相左时甚至会互相诋毁，特别是经今古文之争中，"古文家的诋毁今文家大都不过为了党见，这种事情原是经师做的而不是学者做的"③。顾颉刚表示，自己要做一个学者而不做经师，要摒弃"信经""崇经"的态度，只有做到了这点，才能取得学问的进步。

第三，经学研究目的不同。经师以致用为目的，顾颉刚以求真为目的。一般来说，经师将政治理念寄托于经说之中，以作社会改革之资。经师是作伪的重要群体，他们将改制、封禅、巡狩、郊祀、灾异、祯祥等都与经书附会，"固然有许多是经书里所没有的，但狡猾的经学家总会设法

---

① 黄宗羲：《明儒学案》卷25《诸儒学案中六》，《黄宗羲全集》第8册，浙江古籍出版社，2005，第545页。
② 顾颉刚：《春秋研究讲义》，《古史论文集》第11卷，第515页。
③ 顾颉刚：《古史辨第一册自序》，《古史论文集》第1卷，第23页。

讲得它有，或者竟把假材料插入真书，算做确实的证据"①。顾颉刚还指出："学必自立者，诚之谓也。不能自立，依附功令，畏首畏尾，百喙雷同者，伪之谓也。伪而可谓学，则中国数百年来，为八股经义者以万亿计，善者亦千万，将无一非经学家矣。"②在他看来，今文经学家以经术作政论，将中国学术的真面目弄得乌烟瘴气，可谓是伪造历史的"罪魁祸首"，脱离了学术求真的轨道。

自汉代后，绝大多数经师都接受了"经"的微言大义，这种"先验性"的接受使得他们在释放"经义"的同时，更重要的目的是论证"经"中的真理，这种解经传统历千年而不衰。纵使中间有少数"异端"对此稍作质疑，敢于挑战儒家经典，但他们质疑的不是封建社会的经学传统，只是一些具体文献的真伪而已。换句话说，他们对经学权威性的信奉远远大于质疑。因为经学不只是封建文化的一部分，还涉及政治权力的稳定。传统的经师只能在家派之学中立足，不可能与传统解经方式完全决裂，而顾颉刚则自觉地试图超越这种束缚，开放的时代、科学的方法也为他的这种努力提供了实践的可能。

顾颉刚以辨伪经学为己任。他认为，秦汉以后的经师"抱了孔、孟的遗书而想治国平天下"③，利用经书以经世致用，甚至不惜造伪、作谶，这是造成经学问题繁复而芜杂的重要原因，他说："经学上的问题本来大半出于经师的曲解。他们同我们一样的感到讲不通，但他们不安分，一定要说自己是讲得通的。从前马、郑是学术权威，大家只有腹诽，不敢明诋，他们的纸糊老虎还不戳穿。到了现在，理性发达，大家敢戳纸老虎，古帝王和经典尚且发生疑问，何况经师，于是他们的地位就根本消散了。"④1930年，顾颉刚的《五德终始说下的政治和历史》刊发后，好友于鹤年曾致信劝勉他研究古史不必再走经学家的老路。顾颉刚回复说，自己不但不愿做今文家，而且还要打破今文家自己建立的伪学说，"我决不想做今文家；不但不想做，而且凡是今文家自己所建立的学说我一样地要把它打

---

① 顾颉刚：《秦汉的方士与儒生》，《古史论文集》第2卷，第527页。
② 顾颉刚：《余师录》，《读书笔记》第15卷，第116页。
③ 顾颉刚：《北京大学研究所国学门周刊一九二六年始刊词》，《宝树园文存》第1卷，第226页。
④ 顾颉刚：《李光信来信（通讯九五）编者按》，《宝树园文存》第2卷，第68页。

破"①。

著名学者余英时指出,顾颉刚与经师的本质区别在于经学研究目的不同:"顾颉刚虽然接着康有为、崔适讲王莽、刘歆伪造群经的问题,但他却早已跳出了今文经学的旧门户。他曾一再声明,他只是接受今文学家的某些考证,而并不采取他们的经学立场。换句话说,他的目的与经学家不同,不是为了证明某种经学理论而辨伪。"② 虽然顾颉刚以"疑古辨伪"称著,但他都是从学理上认同经学家的观点,他的经学研究实际上已经超越了传统意义上的"经今古文之争",属于现代经学研究的一部分,正如他的自我定位:"称我为经学研究者则可,称我为经师则犹未洽也。"③

结　语

经学是一种专门学问。古代惟经是尊,传诵信守较多,对经、经学、经学史的研究则较少,使得经学中存在很多悬而未决的问题,不尽如人意之处颇多。顾颉刚归纳说:"若欲寻其实际,为切理厌心之论,其中问题正多,若周代诸国经籍之编纂传布问题,孔子删述六经或著作六经问题,儒家承受孔学或托古设言问题,汉初经师口说与孔学真相问题,古文经籍真伪问题,汉代经籍本子问题,皆聚颂纷纭,其书充栋,非旦夕所能理析而作解答。"④ 这些经学问题的解决,是新时期学者的时代责任。

19世纪末20世纪初,随着西史东渐的深入⑤和新文化运动的发展,学术界对传统文化正本清源的呼声日益高涨。顾颉刚积极响应这一潮流,他呼吁道:"现在经书中既存有许多待解决的问题,我们正不该错过此好时光而不工作呵!"⑥ 新文化运动提倡新道德,主张废除旧道德,他认为,中国道德败坏的原因,是道德与经书依附在一起,"中国的道德向来不曾独立,只是靠着经书"⑦。那么,要反对旧道德,就要把经书中的"旧道德"部分剔除掉,对经学真面目的回归工作也就提上日程。

---

① 顾颉刚:《跋钱穆评"五德终始说下的政治和历史"》,《古史论文集》第2卷,第459页。
② 余英时:《顾颉刚、洪业与中国现代史学》,《中国史研究动态》1981年第8期。
③ 顾颉刚:1945年10月致杨向奎信,《书信集》第3卷,第112页。
④ 顾颉刚:《整理十三经注疏计划》,《古史论文集》第7卷,第263页。
⑤ 赵少峰:《广学会和晚清西史东渐》,《史学史研究》2014年第2期。
⑥ 顾颉刚:《古史辨第三册自序》,《古史论文集》第7卷,第103页。
⑦ 顾颉刚:《中国近来学术思想界的变迁观》,《宝树园文存》第1卷,第131页。

不惟顾颉刚如此，其实，在20世纪初期的许多学者，都对传统经师提出了批评，如梁启超斥责经师保守、胡适提出要辨伪经学、钱玄同痛批经今古文学皆有弊病、李大钊抨击北洋政府的尊孔复辟等。这表明，在传统文化转型的这段漫长而艰辛的苦旅中，现代学者们集体表现出了对传统经学的批判、整理、改造，力图找到中国文化发展的新方向。正如胡适号召整理国故、提出"再造文明"① 一样，其目的并不在于颠覆传统文化，而是寻找传统文化在现代的发展出路，即要对传统文化来一次"中国式"的"文艺复兴"，通过输入新学理、新观念与新思想对传统文明进行重建，这是一个自然而然的，也是必然的发展过程。

在"新史学"的影响下，20世纪的经学研究与传统经学研究有了本质的区别。顾颉刚并没有对经学与史学作明确的区分，而是将二者融为一体。在他看来，经学与史学你中有我，我中有你，他曾说："中国之学不分科。经史子集者，书籍之分，而在学则一而已。"② 各种学问都是互相关联的，所谓经史子集的分类，是目录学的分类方法，其实，在内容和研究方法上，经学与史学可以互通有无。1925年，他提到古史研究更有趣味，自己愿意承担的工作有两点：一是"用故事的眼光解释古史的构成的原因"，二是"把古今的神话与传说为系统的叙述"③。这两方面的工作虽然离不开经学材料，但研究方法和目标都属于史学范畴。1936年10月，顾颉刚在接受《世界日报》记者贺逸文采访时，谈及将来的研究计划，他回答道："我的工作的主要目的，是要将经书变成历史，这就是把向来对于经书的神秘观念除掉，把经书也看成一堆史料，而研究它的来源和变迁。"④ 1940年，顾颉刚作学术规划：

> 在床上想，下年如得到山中，当将下列各篇文字取次成之：《禹贡》著作时代考、《月令》溯源、二郎神故事考、《诗》起兴考、战国郡县考、《皋陶谟》与《论语》之关系、先秦东夷语音试探、三传对于《春秋经》之态度。又专书数种：周秦汉魏文编、皮氏《五经通论》校注、经学史材料集、古史材料集。⑤

---

① 唐德刚：《胡适口述自传》，（台北）传记文学出版社，1981，第178页。
② 顾颉刚：《余师录》，《顾颉刚读书笔记》第15卷，第204页。
③ 顾颉刚：《答李玄伯先生》，《古史论文集》第1卷，第315页。
④ 贺逸文：《学人访问记——历史学家顾颉刚》，《宝树园文存》第2卷，第239页。
⑤ 顾颉刚：《顾颉刚日记》第4卷，1940年3月22日。第357页。

这份计划书中，既有考证经书的著作时代、源流、版本等内容，又有以古史眼光探讨古史中的传说、语言等内容，经、史两方面的问题夹杂在一起，经学研究为史学研究服务的特点非常明显。

有学者对现代经学研究与传统经学研究作对比，指出："现代经学研究中，传统经学的知识系统和价值体系都受到了巨大的冲击：前者被割裂，变成了纯粹的知识；后者被打破，成为封建落后的代名词，但立足于发展的眼光，割裂与打破也可以看作是超越与发展。"[1] 顾颉刚的经学研究尤其符合这一特点。在经学研究中，一方面，顾氏能够保持史学工作者独立的人格意识和价值取向，不墨守经说；另一方面，除研究经的内容外，他试图变经为史，重点研究经学发展的社会背景，建立了一种新的经学研究范式，颠覆了传统的解经模式。因此，可以说，顾颉刚不是传统意义上的经师，而是一位平允笃实的现代经学研究者。

---

[1] 杨庆中：《国学视阈中的"现代经学"研究》，《华南师范大学学报（社会科学版）》2012年第1期。

试论蒙文通的经学立场与史学研究
——以《古史甄微》为中心

黄 涛

（香港理工大学中国文化学系，香港 999077）

摘 要：经学向史学转化是中国现代学术的主要趋势之一。在这一背景下，通常被视为文化保守主义者的蒙文通，在受到时代潮流影响的同时，其学术与思想的发展变化呈现出特殊性。蒙文通在对史学进行融会贯通以摒弃传统经学"尊孔"等不合时宜的因素之后，仍然秉持早年的今文经学立场，维护经学的整体性并肯定今文学的价值与现实意义。这是他与胡适、古史辨派等的不同之处。

关键词：蒙文通 今文经学 古文经学 史学 《古史甄微》

一 引言

经学发展到了19世纪末的晚清时期，出现了以章太炎（1869～1936）为代表的古文经学与以廖平（1852～1932）、康有为（1858～1927）为代表的今文经学相对峙的局面。然而，在短短的十余年时间里，随着科举制的废除以及清朝覆灭所引发的政体更替，经学开始走向衰落。中国现代学术的转化，在某种程度上可以视作一个以经为纲转向以史为本的过程。① 有关这一过程，学术界多有研究。不少学者强调章太炎、胡适（1891～

---

① 参见陈壁生《经学的瓦解》，华东师范大学出版社，2014。

1962）在其中的作用。① 具体而言，章太炎"夷六艺为古史"，将孔子（前551~前479）视作"古之良史"，而非在经书中寄托其"微言大义"；胡适则承此更进一步，把六经当作研究上古史的史料看待，并将作为材料的经学纳入文学、历史、哲学等由西方引入的现代分科之学中，从而使经学彻底瓦解。②

至于今文经学一方，冯友兰（1895~1990）在《中国哲学史》中将廖平的学术与"经学时代之结束"联系起来，认为廖平思想的"六变"说明经学的"旧瓶"已无法容纳下"西来之新事物"这一"新酒"，即"旧瓶已扩大至极"而呈现出"破裂之象"。③ 身为古史辨派代表人物的顾颉刚（1893~1980）则强调廖平、康有为的疑古精神和辨伪方法与中国现代史学的密切关系，亦即他们在"破坏伪经和伪古史"方面的积极作用，为古史辨派的兴起导夫先路。④ 周予同亦认为，今文经学给予中国史学以"转变的动力"；康有为的《孔子改制考》"破坏儒教的王统与道统，夷孔子与先秦诸子并列"，并启示后来的崔适（1852~1924）、夏曾佑（1863~1924）、梁启超（1873~1929），使史学"逐渐脱离经学的羁绊而独立"。⑤

亦有学者关注到由廖平到其弟子蒙文通（1894~1968）的学术转化。王汎森《从经学向史学的过渡——廖平与蒙文通的例子》以蒙文通"古史多元论"的建构过程为中心，认为："由经学到史学的转变，大多与五个环节有关：第一是分别经是经，史是史；第二是丢掉今、古文之争的老问题，代之以古代史的问题；第三是分出时间的层次，汉是汉，先秦是先秦，而且各个层次的意义是一样的，不因时代先后而有别；第四，要用历史研究的方法区分出古代文献内容中'理想'与'事实'的区别；第五，接受19世纪西方史学的影响，尤其是种族、地理两种因素。在蒙文通从经学向史学的转变过程中，以上五个环节大抵清晰可见。"⑥ 该文还指出：

---

① 参见陈平原《中国现代学术之建立——以章太炎、胡适之为中心》，北京大学出版社，2010。
② 陈壁生：《经学的瓦解》，第10~107页。
③ 冯友兰：《中国哲学史》（下），生活·读书·新知三联书店，2009，第503~504页。
④ 顾颉刚：《当代中国史学》，《顾颉刚古史论文集》卷12，中华书局，2011，第356~357页。
⑤ 周予同：《五十年来中国之新史学》，载朱维铮编校《周予同经学史论》，上海人民出版社，2010，第365~377页。
⑥ 王汎森：《从经学向史学的过渡——廖平与蒙文通的例子》，《历史研究》2005年第2期。

"在尊重传统的大方向上,蒙文通与廖平之间并无太大不同……前者可以任意建构包罗广大的系统,后者只能守住几根梁柱;一个是经学,或哲学地肯定传统文化,一个是历史地肯定传统文化。"① 不过,张志强却对王汎森的观点提出质疑:"用'从经学向史学的过渡'或者'经学到边缘,史学到中心'来界定蒙文通学术之意义,似乎有失笼统。""其实我们已经很难再以'经学向史学的过渡'这样一个框架来描述他(指蒙文通——引者注)的成学历程,与其说他的学术是由经学走向史学,毋宁说最终又经过了史学而汇入了一个经、史、义理学充分分化发展的'大儒学'观念。"②

本文尝试以蒙文通的《古史甄微》为中心,分析他在写作此书之前的经学立场与研究,进而探讨他的经学思想对其史学研究有何影响;最后,通过简要叙述蒙文通完成《古史甄微》之后的思想演变,以及与胡适等人的对比,来界定他在中国现代学术由经学向史学转变这一大背景下的特殊作用。

二 《古史甄微》成书前后蒙文通的经学思想

1912年,蒙文通入成都国学院,时廖平、刘师培(1884~1919)、吴之英(1857~1918)讲学于其间。蒙文通回忆称,他们三人的经学观点"或崇今,或尊古,或会而通之,持各有故,言各成理",自己"朝夕所闻,无非矛盾,惊骇无已,几历岁年,口诵心维而莫敢发一问。虽无日不疑,而疑终莫解"。③ 尽管廖平、刘师培一主今文、一主古文,二人经学立场的对立令蒙文通产生了极大的困惑,但从其1915年所撰的《孔氏古文说》、1923年所著之《经学导言》以及4年后根据《经学导言》改写而成的《经学抉原》来看,此一阶段他深受廖平经学"二变""尊今抑古"的影响,表现出极强的今文经学立场。

例如,廖、蒙二人均基于今文学的立场,强调《六经》未尝残缺。廖平在《知圣篇》中认为《六经》亡缺之说是提倡古文经学的刘歆(约前50—23)出于与今文学斗争的需要而伪造的,他指出:"博士以《尚书》

---

① 王汎森:《从经学向史学的过渡——廖平与蒙文通的例子》,《历史研究》2005年第2期。
② 张志强:《经、史、儒关系的重构与"批判儒学"之建立——以〈儒学五论〉为中心试论蒙文通"儒学"观念的特质》,《中国哲学史》2009年第1期。
③ 蒙文通:《经学抉原·序》,《蒙文通全集》第1卷《儒学甄微》,巴蜀书社,2015,第234页。

为备，本出微言。刘歆激愤其语，极力攻之，遂以五经皆为不全。"①

蒙文通认同《六经》并未残缺的观点。他列举了如下证据来反驳六经亡缺之说。其一，《汉书·艺文志》记载："刘向以中古文《易经》校施、孟、梁丘经，或脱去'无咎'、'悔亡'，唯费氏经与古文同。"②"刘向以中古文校欧阳、大小夏侯三家经文，《酒诰》脱简一，《召诰》脱简二。"③蒙文通对此分析道："夫中古文者，先秦之旧籍，先秦之旧籍犹存，则孔氏之经不缺可知也。而汉人立一经之学，徵一家之书，必考信于古文博士之经。有脱简，无亡篇，则博士之经未始有缺也。"④ 其二，关于博士官职的设置，蒙文通叙述道："博士之官当不始秦。盖鲁为孔子宗国，而子夏之徒多显于魏，二国特尊孔氏之业，设官司之。迄秦，伏生为秦博士。是皆以传经为业而掌通古今者也。"⑤ 而"自焚书至陈涉之起，博士之官自未废"⑥，因而"孔氏之业本未尝绝也"⑦ "文献自未亡"⑧。此后，"自秦亡迄孝武表章六经，博士之传不绝，则博士之经不残又可知也"⑨。概而言之，"博士之传不绝"说明了《六经》并未残缺。其三，关于秦始皇"焚书坑儒"，蒙文通认为秦始皇所坑之儒"非真儒"，乃"舞文弄法"之"策士"⑩，抑或"犯禁之儒"⑪。而焚书则是"焚其不中用者而定一尊于六经"⑫。他在《经学抉原》中认为"秦燔书为私学之书"，即"博士所职不焚，而禁天下使不得有"⑬。蒙文通还指出："《诗》《书》百家语同为秦人所禁，诸子不因焚书而亡，则六经不亡，固足验也。"⑭ 总之，"孔子之术，诚不因坑焚而隐晦，亦不待除挟书之律而显明。"⑮ 其四，关于《乐经》，

---

① 廖平：《知圣篇》，李耀仙主编《廖平选集》（上），巴蜀书社，1998，第132页。
② 班固：《汉书》，中华书局，1962，第1704页。
③ 班固：《汉书》，第1706页。
④ 蒙文通：《孔氏古文说》，《蒙文通全集》第1卷《儒学甄微》，第188页。
⑤ 蒙文通：《孔氏古文说》，《蒙文通全集》第1卷《儒学甄微》，第187页。
⑥ 蒙文通：《经学抉原》，《蒙文通全集》第1卷《儒学甄微》，第241页。
⑦ 蒙文通：《孔氏古文说》，《蒙文通全集》第1卷《儒学甄微》，第187页。
⑧ 蒙文通：《经学抉原》，《蒙文通全集》第1卷《儒学甄微》，第241页。
⑨ 蒙文通：《经学抉原》，《蒙文通全集》第1卷《儒学甄微》，第241页。
⑩ 蒙文通：《孔氏古文说》，《蒙文通全集》第1卷《儒学甄微》，第187页。
⑪ 蒙文通：《经学抉原》，《蒙文通全集》第1卷《儒学甄微》，第240页。
⑫ 蒙文通：《孔氏古文说》，《蒙文通全集》第1卷《儒学甄微》，第187页。
⑬ 蒙文通：《经学抉原》，《蒙文通全集》第1卷《儒学甄微》，第240页。
⑭ 蒙文通：《经学抉原》，《蒙文通全集》第1卷《儒学甄微》，第240页。
⑮ 蒙文通：《经学抉原》，《蒙文通全集》第1卷《儒学甄微》，第241页。

蒙文通认为"不可谓乐亡也"①，因为"乐之节具于礼，而歌具于《诗》，固非别有经也"②，孔子"正《诗》即所以正乐"③，而且"汉之所存，备及六代，而其间不闻有乐经"④。因此"乐非亡也，本无经耳"⑤。

至于六经残缺一说的出现，蒙文通的观点与廖平有所不同，并没有将其与刘歆联系在一起。他认为古文学兴起于史学兴盛的三晋，汉朝时古文家"把一些古史传记都一齐混入经来"，他们"深信古史传记，反说六经都是残缺的"。⑥

蒙文通之子蒙默指出，蒙文通之经学思想有"三变"，《经学抉原》等书中的思想，是其"初说"，此时蒙文通"创鲁学、齐学、晋学、楚学之说"。⑦ 其大意为："齐、鲁之学本自不同，鲁学为儒学之正宗，齐学则杂诸子百家言，而《王制》或取齐、或取鲁，左右采获以为书，则今文为糅合齐鲁两学以成者也。而古文之学源自梁赵，孔氏学而杂以旧法世传之史者也。"⑧ 蒙文通认为："三晋以史学为正宗，鲁人以经学为正宗，若楚人之学……自以辞赋为正宗也。"⑨ 他强调今文学中的鲁学"为儒学（经学）之正宗"，其"陈义足珍"，而齐学与古文之学则"离于孔氏之真"。⑩ 这亦是其今文经学立场的体现。

三　蒙文通的经学立场与《古史甄微》

蒙文通的《古史甄微》作于1927年，约与《经学抉原》同时。那么，他的今文经学立场、经学研究与其《古史甄微》有何联系，是本部分试图解决的问题。

《古史甄微》的写作，缘起廖平的一段话："古言五帝疆域，四至各殊。祖孙父子之间，数十百代之内，日辟日蹙，不应悬殊若是。盖纬说

---

① 蒙文通：《经学抉原》，《蒙文通全集》第1卷《儒学甄微》，第244页。
② 蒙文通：《经学抉原》，《蒙文通全集》第1卷《儒学甄微》，第244页。
③ 蒙文通：《经学抉原》，《蒙文通全集》第1卷《儒学甄微》，第243页。
④ 蒙文通：《经学抉原》，《蒙文通全集》第1卷《儒学甄微》，第243页。
⑤ 蒙文通：《经学抉原》，《蒙文通全集》第1卷《儒学甄微》，第243页。
⑥ 蒙文通：《经学导言》，《蒙文通全集》第1卷《儒学甄微》，第201页。
⑦ 《蒙文通全集》第1卷《儒学甄微》，第313页。
⑧ 《蒙文通全集》第1卷《儒学甄微》，第313页。
⑨ 蒙文通：《经学抉原》，《蒙文通全集》第1卷《儒学甄微》，第273页。
⑩ 《蒙文通全集》第1卷《儒学甄微》，第268、271页。

帝各为代,各传十数世,各数百千年。五行之运,以子承母,土则生金,故少昊为黄帝之子。详考论之,可破旧说一系相承之谬,以见华夏立国开化之远,迥非东西各民族所能及。凡我国人,皆足以自荣而自勉也。"①

廖平的这段话从两个方面影响到了《古史甄微》,其一,廖平认为"少昊为黄帝之子"可能是五行说的产物,所以二者并不具备"一系相承"的关系;而在纬书的古史传说中,"帝各为代,各传十数世,各数百千年"。廖平因此主张打破那种上古帝王"一系相承"——认为"五帝以来皆黄帝子孙"②——的传统说法。在这种思路的启发下,蒙文通在《古史甄微》一书中提出了文明起源多元论的观点。他认为《史记·三代世表》中那种"一系相承"的说法是不可信的,因为"若迁之书,自相抵牾者,亦复太多"③。司马迁《史记》中颇多自相矛盾之处,例如,"在《世表》曰:'蟜极生高辛,高辛生帝喾。'放勋、契、后稷,并高辛子。在《本纪》则高辛即帝喾,帝喾生放勋,其自为违异。"④ 因而"据迁书为典要难矣",司马迁《史记》中的"三代世系"是"不足据"的。⑤ 另外,蒙文通指出:上古之人只知其母不知其父,故三代许多帝王"皆托为感生无父之说"⑥。所以《三代世表》中那些上古帝王父子相承的说法,可能是出于后来的附会。与"一系相承"之说不同的是纬书《春秋命历序》。蒙文通将该书对于上古帝王世系的记载概括为:"自炎帝、黄帝、少昊、颛顼、帝喾,皆各传十数世,各数百千年。"⑦ 既然《三代世表》关于上古帝王"一系相承"的叙述是不可信的,那么他们就应当像纬书中所叙述的那样,是多元并立的。

蒙文通在《古史甄微》中,将上古的帝王分为三系。第一是共工、神农、炎帝等人,属江汉民族,兴起于南方。第二是黄帝、舜、禹等人,"盖起于河、洛之间,是西北民族也"⑧。与居于西南的江汉民族"为农稼

---

① 蒙文通:《古史甄微》,《蒙文通全集》第3卷《古史甄微 古礼甄微》,巴蜀书社,2015,第3页。
② 蒙文通:《古史甄微》,《蒙文通全集》第3卷《古史甄微 古礼甄微》,第32页。
③ 蒙文通:《古史甄微》,《蒙文通全集》第3卷《古史甄微 古礼甄微》,第32页。
④ 蒙文通:《古史甄微》,《蒙文通全集》第3卷《古史甄微 古礼甄微》,第32页。
⑤ 蒙文通:《古史甄微》,《蒙文通全集》第3卷《古史甄微 古礼甄微》,第32页。
⑥ 蒙文通:《古史甄微》,《蒙文通全集》第3卷《古史甄微 古礼甄微》,第34页。
⑦ 蒙文通:《古史甄微》,《蒙文通全集》第3卷《古史甄微 古礼甄微》,第31页。
⑧ 蒙文通:《古史甄微》,《蒙文通全集》第3卷《古史甄微 古礼甄微》,第52页。

民族，为居国"① 不同，居于西北的河洛民族"为游猎民族，为行国"②。这两个民族"累世争战，实占中国上古民族之主要部分"，它们在上古时代"更互而王"。③ 第三是遂人、伏羲等风姓帝王，属东方之海岱民族，实际上是"往来海上，游居于斯者"④。蒙文通指出："炎、黄二帝之前，王中国，风姓为独多。"⑤ 不过"及其后世，炎族（即江汉民族——引者注）起于西南，黄族（指河洛民族——引者注）起于西北，而风姓之国，夷灭殆尽"⑥。他对三个民族的融合过程概括道："自炎、黄以迄唐、虞，始则南北二族，文化各殊，及接触既久，渐以孕育新文化。及于伯禹，遂大成熟，而灿然有辉。风、姜、姬氏，融和为一，统曰诸夏，以别于四夷未进化之族。穷桑、质沙、共工、轩辕民族之名，皆晦而莫见，合诸小民族为一大民族，即以伯禹朝代之名，为此种民族之名，以别于四围蛮野之民族，此固华夏之名所由起耶。"⑦ 可见，在蒙文通看来，华夏民族是由江汉、河洛、海岱三个民族融合而成，这就是他的文明起源多元论。

蒙文通在较早的《经学导言》等书中讨论今古文经学的形成时，根据地域的特点，论述了齐学、鲁学、晋学、楚学之不同，他的文明起源多元论，显然是从经学研究中的这一思路推导而来。

其二，廖平给蒙文通的这道"命题作文"是想让他论证"华夏立国开化之远，迥非东西各民族所能及"，国人皆可以以此而"自荣"和"自勉"。廖平的这种思想与他强调中国社会、文化的优越性是相通的。廖平在经学"三变"时期，就认为当时的西方比中国要落后三千余年，他说："大约孔子未出之前，中国即如今之西人，于保庶兵食之制，详哉言之，而惟伦教未及修明……学者不见孔子未生以前之中国，观于今之西人，可以悟矣。"⑧ 这里廖平论证的是中国社会的优越性，而他想让蒙文通论证中国历史比其他民族更为悠久，也是想强调中国的优越性，维护中国文化的尊严。

根据王汎森的研究，廖平的这一道论题"有一定的时代背景"，他

---

① 蒙文通：《古史甄微》，《蒙文通全集》第3卷《古史甄微 古礼甄微》，第52页。
② 蒙文通：《古史甄微》，《蒙文通全集》第3卷《古史甄微 古礼甄微》，第52页。
③ 蒙文通：《古史甄微》，《蒙文通全集》第3卷《古史甄微 古礼甄微》，第52、55页。
④ 蒙文通：《古史甄微》，《蒙文通全集》第3卷《古史甄微 古礼甄微》，第59页。
⑤ 蒙文通：《古史甄微》，《蒙文通全集》第3卷《古史甄微 古礼甄微》，第57页。
⑥ 蒙文通：《古史甄微》，《蒙文通全集》第3卷《古史甄微 古礼甄微》，第58页。
⑦ 蒙文通：《古史甄微》，《蒙文通全集》第3卷《古史甄微 古礼甄微》，第56页。
⑧ 廖平：《知圣篇》，第202页。

"对清末盛传一时的'中国文明西来说'显然有所了解并且深深感到不满……所以他要蒙文通论证华夏立国开化之久远,来抵挡中国文明西来之说"。① 晚清时期许多著名的学者都受到了所谓"中国文明西来说"的影响,例如,章太炎在《訄书·序种姓上第十七》中说:

> 萨尔宫者,神农也,促其音曰石耳。先萨尔宫有福巴夫者,伏戏也;后萨尔宫有尼科黄特者,黄帝也。其教授文字称苍格者,苍颉也……东来也,横渡昆仑。昆仑者,译言华土也,故建国曰华。昆仑直帕米尔高原。帕米尔者,波斯语,译言屋极也。故曰:"天皇被迹于柱州之昆仑。"其旁行者自卫藏。卫藏者言图伯特,故曰:"人皇,出刑马山提地之国。"君长四州,故曰四岳;长民十二,故有十二牧;民曰黑头,故曰黔首;文字如楔,故作八卦;陶土为文,故植碑表;尊祀木星,故占得岁;异名纪月,故贞孟陬。故曰:中国种姓之出加尔特亚者,此其征也。②

蒙文通则从古史多元论的视角出发,瓦解了"中国文明西来说"。他认为泰族"先于炎、黄二族居于中国,当即为中国旧来土著之民"③。泰族所居的齐鲁之地,在上古时期为"交通之中心"④,"而交通之便,齐、鲁为最,故齐鲁于古为军事政治商业之中心"⑤。此外,由"上世至周辙之东,北土尚有水田稻粱之利"以及"卫地产竹,于汉犹盛"两条证据看来,齐鲁一带在上古时期"气候温暖中和"⑥。同时,蒙文通指出,汉族之迁徙轨迹为自东而西,而不是像章太炎等人所认为的那样自西而东。他以五岳的变迁来对此进行论证。起初五岳是"以岱岳为中,而以医无闾为东,斥山为东北,霍山为西,华山为西南,梁山为南",因为"上世华族聚居偏在东北,故泰山为中"⑦。根据五岳的这种分布还可以看出:"东北及医无闾,则土宇固辽,而西则仅及霍太山,南及梁山,犹未及于江汉,

---

① 王汎森:《从经学向史学的过渡——廖平与蒙文通的例子》,《历史研究》(2005 年第 2 期)。
② 徐复:《訄书详注》,上海古籍出版社,2008,第 227~229 页。
③ 蒙文通:《古史甄微》,《蒙文通全集》第 3 卷《古史甄微 古礼甄微》,第 58 页。
④ 蒙文通:《古史甄微》,《蒙文通全集》第 3 卷《古史甄微 古礼甄微》,第 42 页。
⑤ 蒙文通:《古史甄微》,《蒙文通全集》第 3 卷《古史甄微 古礼甄微》,第 40 页。
⑥ 蒙文通:《古史甄微》,《蒙文通全集》第 3 卷《古史甄微 古礼甄微》,第 42~43 页。
⑦ 蒙文通:《古史甄微》,《蒙文通全集》第 3 卷《古史甄微 古礼甄微》,第 35 页。

则疆理固蹙也。"① 即上古汉族主要聚居于今天中国的东北部,而西部及南方的大片领土尚未开拓。此后"泰山不为中而嵩为中,南日辟而及淮南之霍,东日蹙仅及岱耳",再往后则"嵩高不为中而华为中,西及岳山,而南又更进而及沅湘之衡"。② 由此可见,"中国之中心,前后有三,以次自东北而西南,事显然也……嵩高为中岳者,都河、洛之事,而华山为中岳者,宅酆、鄗之事,泰山为中岳者,居鲁、卫之事也……上世都鲁、卫而泰山为中,东土固辽;中世都三河,周世居三辅,嵩华为中,而西南辟地日广"③。由上古到周代,中国的中心由东向西移:起初以齐、鲁为中心,而后以位于今天河南省的三河一带为中心,至周代则以陕西的酆、鄗为中心。与此相应的是东北部领土的逐渐丧失和西南部领土的日趋开拓。从这个过程可以看出上古时期汉族是由东向西迁徙。

在此基础上,蒙文通进一步指出:泰族所居的齐鲁一带为中国"最古文化之发祥地也"④,"中国古代之文化,创始于泰族,导源于东方"⑤。故而"邹、鲁者既开化最早,中国文化之泉源,而又中国历久文化之重心也"⑥。强调东方邹、鲁地区对于中国古代文化的重要意义,与蒙文通在《经学抉原》等书中鲁学为儒学之正宗,得孔子真传的观点,是相应的。

晚清的今古文经学之争,一主"托古改制",一主"六经皆史"。《古史甄微》作为一部研究上古史的史学著作,也对这一经学问题进行了回应。在撰写该书的过程中,他首先对古文经学所主张的"六经皆史"进行了批驳。他认为:"古史奇闻,诸子为详,故训谶纬,驳文时见。比辑验之,则此百家杂说,自成统系,或若邻于事情。而六艺所陈,动多违忤,反不免于迂隔。搜其散佚,撰其奇说,自足见儒家言外别有信史可稽。"⑦ 在蒙文通看来,以史学为正宗的北方"三晋之学"关于古史的记载较为可信,儒家《六经》中的相关部分"翻不免于理想虚构",所以"经史截分为二途,犹泾清渭浊之不可混""六经皆史之谈,显非谛说"。⑧ 在《古史

---

① 蒙文通:《古史甄微》,《蒙文通全集》第3卷《古史甄微 古礼甄微》,第35页。
② 蒙文通:《古史甄微》,《蒙文通全集》第3卷《古史甄微 古礼甄微》,第35页。
③ 蒙文通:《古史甄微》,《蒙文通全集》第3卷《古史甄微 古礼甄微》,第35页。
④ 蒙文通:《古史甄微》,《蒙文通全集》第3卷《古史甄微 古礼甄微》,第40页。
⑤ 蒙文通:《古史甄微》,《蒙文通全集》第3卷《古史甄微 古礼甄微》,第64页。
⑥ 蒙文通:《古史甄微》,《蒙文通全集》第3卷《古史甄微 古礼甄微》,第68页。
⑦ 蒙文通:《古史甄微》,《蒙文通全集》第3卷《古史甄微 古礼甄微》,第5页。
⑧ 蒙文通:《古史甄微》,《蒙文通全集》第3卷《古史甄微 古礼甄微》,第5、6页。

甄微》初稿完成之际，蒙文通称自己于"托古改制之说，虽欲不信而不得"①，他的今文经学立场，在这里得到了充分体现。

然而，随着思考的深入，蒙文通认为"托古改制之论，亦未必然"。②他从以下两个方面对其进行了驳斥：第一，按照今文学家的"改制之言"，认为"经之所陈，作自孔氏"，但对于古文经学的《左传》以及《国语》这两部书终究无法解释，因为它们对古史的记载"多符六经"，这样由今文学立场出发，认为其"不祖孔子"，显然无法说通。

第二，今文经学家提倡"王鲁""《春秋》当新王"之说，据此说明孔子是"有德无位"的"素王"，他不能实现自己的政治理想，因而要通过作《春秋》来制定"一王大法"。所谓"王鲁"，是指"托王于鲁，即假借鲁国的历史来说明孔子外王之义（孔子治理天下万世之义）"③。"《春秋》当新王"则是指"孔子作《春秋》，以《春秋》一经行天子褒贬进退、存亡继绝之权而为一新兴之王"④。何休（129～182）将"王鲁"与"《春秋》当新王"与隐公改元联系起来，他在解释《公羊传》隐公元年"君之始年"这句话时说："不言公，言君之始年者，王者诸侯皆称君，所以通其义于王者。惟王者然后改元立号。《春秋》托新王受命于鲁，故因以录即位。明王者当继天奉元，养成万物。"⑤蒙文通对此进行了批驳，他认为："改制所本，依于《春秋公羊》，说者谓隐公改元，既为'王鲁'之证；然天子改元，即事天地，诸侯改元，即事社稷，礼家断其义……安在隐公元年，即为《春秋》当新王之义。'素王'之说既摇，即改制之所难立。"⑥他阐明了改元的一般意义，指出隐公改元并不意味着"《春秋》当新王"。如此孔子为"素王"，作《春秋》以改制立法之说便不能成立。

蒙文通从上古文化三系说出发，否定了今文学家的孔子"托古改制"之说，认为"六经"、《左传》《国语》都属于东方的古史传说系统，故而它们的记载多有相同之处，均带有"理想虚构"色彩，乃"鲁人宿敦礼义"的产物。⑦

---

① 蒙文通：《古史甄微》，《蒙文通全集》第3卷《古史甄微 古礼甄微》，第6页。
② 蒙文通：《古史甄微》，《蒙文通全集》第3卷《古史甄微 古礼甄微》，第6页。
③ 蒋庆：《公羊学引论》，辽宁教育出版社，1995，第102页。
④ 蒋庆：《公羊学引论》，第91页。
⑤ （清）阮元（校刻）：《十三经注疏》（清嘉庆刊本），中华书局，2009，第4765页上。
⑥ 蒙文通：《古史甄微》，《蒙文通全集》第3卷《古史甄微 古礼甄微》，第6页。
⑦ 蒙文通：《古史甄微》，《蒙文通全集》第3卷《古史甄微 古礼甄微》，第6页。

概而言之，《古史甄微》中中国文明起源于东方的观点，以及对中国文化源远流长的强调，挑战了"中国文化西来说"，再加上蒙文通起初对于今文经学"托古改制"的信奉，这些均是其经学立场的体现。

结语：蒙文通的思想转变以及在中国现代学术史上的地位

如上文所述，蒙文通的经学思想经历"三变"，其"初变"时期犹"以今、古皆传自孔门"，此后"又见今、古文所见周、秦典籍，各书有各书之面目，各书有各书之旨意，以今、古之学乃汉师就此诸书不合理之强制组合"，于是主张"破弃今、古家法""以明周、秦之学"，是为其经学之"二变"。① 其中的不同之处在于，以今文学、古文学皆"传自孔门"，意味着蒙文通承认孔子作为经学开创者的地位；但是，将今、古文经学作为汉代的产物，并进而区分两汉之学与"周、秦之学"，就等于否认孔子与经学之间的关联。这种对于孔子地位的淡化，实际上在《古史甄微》中已发其端。蒙文通对"托古改制"的批驳，其中的核心是反对传统经学那种以"经之所陈，作自孔氏"的观点。

蒙文通的上述思想转变，显示出他已经跳脱出传统经学的基本预设与框架。经学在中国古代之所以具有独尊地位，是因为人们预先设定，六经都经过孔子这位"圣人"的删削，甚至在删削中寄托了"微言大义"。这一预设，受到钱玄同（1887~1939）等人的质疑，并衍生出后来的辨伪思潮，重新界定六经的成书年代。② 蒙文通同样否定了六经为孔子所作或经过其删削这个经学的基本预设。顺此发展下去，破除经学原有的框架，从今古文之争中脱离出来，重新梳理先秦两汉的学术史，就成为必然。蒙文通的上述学术转变，明显是受到了中国近代经学向史学转化这一时代思潮的影响。

在所谓摆脱经学"羁绊"而建立"新史学"③ 的过程中，包括胡适、朱希祖（1879~1944）在内的众多学者，阐发章学诚（1738~1801）"六经皆史"说，将六经视作研究古代史的史料。胡适认为：" '六经皆史

---

① 《蒙文通全集》第 1 卷《儒学甄微》，第 313 页。
② 参见陈壁生《经学的瓦解》，第 108~120 页。
③ 参见周予同《五十年来中国之新史学》，第 368~381 页。

也'……只是说'一切著作，都是史料'……六经皆先王的政典；因为是政典，故皆有史料的价值……'六经皆史也'，其实只是说经部中有许多史料。"① 既然都是史料，就需要在新的时代背景下重新梳理。这就是胡适所谓"整理国故"的由来，他指出："'国学'在我们的心眼里，只是'国故学'的缩写。中国的一切过去的文化历史，都是我们的'国故'；研究这一切过去的历史文化的学问，就是'国故学'，省称为'国学'。'国故'这个名词，最为妥当；因为他是一个中立的名词，不含褒贬的意义。'国故'包含'国粹'，但他又包含'国渣'……我们现在要扩充国学的领域，包括上下三四千年的过去文化，打破一切的门户成见：拿历史的眼光来整统一切，认清了'国故学'的使命是整理中国一切文化历史，便可以把一切狭陋的门户之见都扫空了。"② 胡适在对于"国学"的定义中，特别强调了"一切过去"。他批评清代学者"研究的范围太狭窄了"，因为"他们摆脱不了'儒书一尊'的成见，故用全力治经学，而只用余力去治他书"③。在胡适看来，《六经》只不过是史料，因而可以和史部、子部、集部的书籍平起平坐。基于此，他主张要"扩大研究的范围"④，研究过去的一切文化历史，而不仅仅是经学。《六经》是史料，所以它与现实没有直接联系，只是我们了解过去历史文化的工具。因此，我们要"打破一切的门户成见"，用"历史的眼光"来整理中国古代的文献典籍。胡适所谓的"整理"，就是要用西方的分科制度来分化瓦解包括经学在内的中国传统学术，这样的工作被他称为"专史式的整理"⑤。胡适认为："我们理想中的国学研究，至少有这样的一个系统：中国文化史：（一）民族史；（二）语言文字史；（三）经济史；（四）政治史；（五）国际交通史；（六）思想学术史；（七）宗教史；（八）文艺史；（九）风俗史；（十）制度史。"而在这些"专史之中，自然还可分子目，如经济史可分时代，又可分区域。"⑥

章太炎弟子朱希祖的观点可以为胡适的上述论断作注脚。相比胡适，

---

① 胡适：《章实斋先生年谱》，欧阳哲生编《胡适文集》（7），北京大学出版社，1998，第114~115页。
② 《胡适文存二集》，欧阳哲生编《胡适文集》（3），北京大学出版社，1998，第10页。
③ 《胡适文存二集》，欧阳哲生编《胡适文集》（3），第7页。
④ 《胡适文存二集》，欧阳哲生编《胡适文集》（3），第10页。
⑤ 《胡适文存二集》，欧阳哲生编《胡适文集》（3），第14页。
⑥ 《胡适文存二集》，欧阳哲生编《胡适文集》（3），第15页。

朱希祖对"六经皆史料"的解释更为具体:

> 盖六经皆孔子所定,且为中国最古之籍,故尊称为经。若以文体论之,《春秋》、礼经、乐书,固可属之史部;《尚书》如后世之文总集,《诗经》如后世之诗总集,皆为集部;《易》则当属之子部。若六经皆史,则今之四部书籍,亦皆史也。意者谓六经皆史料乎?盖史之材料,最广最博,治史而居于史部,其史学必陋。尝欲将此意质之先师(指章太炎——引者注),而未敢也。然先师之意,以为古代史料,具于六经,六经即史,故治经必以史学治之,此实先师之所以异乎前贤者。且推先师之意,即四部书籍,亦皆可以史视之,即亦皆可以史料视之,与鄙意实相同也,特不欲明斥先贤耳。史料扩及于四部,其规模之弘大为何如哉![1]

即经、史、子、集四部的书籍均可以以史料视之。从"六经皆史料"的观点出发,朱希祖提出了以下两点主张。其一,"经学之名"必须"捐除"。这样做的原因是:"经之本义,是为丝编,本无出奇的意思。但后人称经,是有天经地义,不可移易的意义,是不许人违背的一种名词……我们治古书,却不当做教主的经典看待。"[2] 这种对于"经"字的理解来源于章太炎。章太炎认为:"经之训常,乃后起之义……今人书册用纸,贯之以线。古代无纸,以青丝绳贯竹简为之。用绳贯穿,故谓之经。经者,今所谓线装书矣。"[3] 根据对于"经之本义"的理解,朱希祖强调:我们对于所有的古代文献"一概须平等看待。高文典策,与夫歌谣小说,一样的重要"[4]。其二,必须将经部的书籍纳入现代的学科制度中研究。也就是说,对于《易》《诗》《书》《礼》《春秋》《论语》《孝经》这"最古之书七部,就各项学术分治"[5]。具体而言:"《诗》三百篇,用治文学的方法去观察当时社会的现象及心理,不拘今、古文家之成说,但凭文字上所表现者……《易》则用治哲学的方法去观察,但须用广义的哲学。《论语》《孝经》

---

[1] 朱希祖:《章太炎先生之史学》,周文玖选编《朱希祖文存》,上海古籍出版社,2006,第348页。
[2] 朱希祖:《整理中国最古书籍之方法论》,周文玖选编《朱希祖文存》,第95页。
[3] 章太炎:《经学略说》(上),章念驰编订《章太炎演讲集》,上海人民出版社,2011,第485页。
[4] 朱希祖:《整理中国最古书籍之方法论》,周文玖选编《朱希祖文存》,第96页。
[5] 朱希祖:《整理中国最古书籍之方法论》,周文玖选编《朱希祖文存》,第94页。

《易传》，为孔子的哲学所散见……《尚书》《仪礼》《春秋》，用治史学的方法去观察，惟须先分析排比，然后综合整理；继乃用历史哲学说明。"①

既然六经是史料，就需要对其进行辨伪，古史辨派因之而起。蒙文通在《古史甄微》中，强调六经中的古史多为"理想虚构"，并非信史，这与古史辨派是相通的。蒙文通反对儒家"把唐、虞三代认为是中国历史的黄金时代"②，顾颉刚同样认为，要"打破古代为黄金世界的观念"③。前者的文明起源多元论亦与后者所强调的要打破"民族出于一元"与"地域向来一统"这两种观念④遥相呼应。

然而，尽管在诸多方面受到时代潮流的影响，蒙文通对待经学的态度却与胡适、朱希祖、顾颉刚等人存在本质的差异。在经学丧失其独尊地位，仅仅被视为"史料"从而面临瓦解之势的背景下，他仍然维护经学的整体性，并突出其义理、强调其"致用"的价值。在1949年所作的《论经学遗稿三篇》丙篇中，蒙文通指出"由秦汉至明清，经学为中国民族无上之法典，思想与行为、政治与风习，皆不能出其轨范"，并批评清末以来经学"分裂而入于数科"乃"妄以西方学术之分类衡量中国学术、而不顾经学在民族文化中之巨大力量、巨大成就"，致使"宏伟独特之经学遂至若存若亡"。在蒙文通看来，"经学即是经学，本为一整体，自有其对象，非史、非哲、非文，集古代文化之大成、为后来文化之先导者也"。⑤在稍早所作的《儒学五论题辞》及《儒家政治思想之发展》中，蒙文通强调"通经致用，固今学之遗范"，《儒学五论》之作"无事非究古义，亦无事非究将来"。⑥他认为："周之治为贵族，为封建，而贵贱之级严；秦之制为君权，为专制，而贫富之辨急。"⑦而今文学家所主张的"素王革命"之说"为民治，为平等，其于前世贵贱贫富两阶级，殆一举而并绝之"。⑧蒙文通认为这套理论"适有当于今世之政"，故而试图对其进行阐发以"示大法于将来，臻治道于至盛"。⑨

---

① 朱希祖：《整理中国最古书籍之方法论》，周文玖选编《朱希祖文存》，第94页。
② 蒙文通：《治学杂语》，《蒙文通全集》第6卷《甄微别集》，巴蜀书社，2015，第23页。
③ 顾颉刚：《答刘胡两先生书》，《顾颉刚古史论文集》卷1，中华书局，2010，第203页。
④ 顾颉刚：《答刘胡两先生书》，《顾颉刚古史论文集》卷1，第202页。
⑤ 蒙文通：《论经学遗稿三篇》，《蒙文通全集》第1卷《儒学甄微》，第310页。
⑥ 蒙文通：《儒学五论题辞》，《蒙文通全集》第1卷《儒学甄微》，第29页。
⑦ 蒙文通：《儒家政治思想之发展》，《蒙文通全集》第1卷《儒学甄微》，第76页。
⑧ 蒙文通：《儒家政治思想之发展》，《蒙文通全集》第1卷《儒学甄微》，第76页。
⑨ 蒙文通：《儒学五论题辞》，《蒙文通全集》第1卷《儒学甄微》，第29页。

从蒙文通的思想发展历程来看，他早年受廖平影响较深，秉持今文经学立场。在撰作《古史甄微》期间，他较多吸收新文化运动以来的史学成果，对今文经学的孔子"托古改制"一说由信奉转向怀疑、否定，进而在经学研究中主张今、古文之分乃汉代所产生，并非源自孔子，因此应当摒弃今、古文的"家法"而上探周、秦学术的本来面目。如果着眼于蒙文通这一段的学术转变，得出"从经学向史学的过渡"的结论，大致上是不差的。但是，其晚年所作的《儒学五论》《孔子与今文学》等文章对今文经学的肯定以及所表现出的"通经致用"精神，显示出蒙文通并未放弃他早年的今文学立场。可以说，在今文学的基础上融会贯通史学，从而摒弃传统经学中"尊孔"等不合时宜的成分，但仍然维护经学的整体性并阐发其现实意义，是蒙文通的独特性所在。

试析 21 世纪以来的宋庆龄研究

叶维维

(北京师范大学历史学院,北京 100875)

摘 要:宋庆龄是 20 世纪中国历史上一位独特的政治人物,因而成为学术界关注的对象和研究热点。21 世纪以来,有关宋庆龄的档案文献不断得到发掘和整理,学者们探讨了宋庆龄的思想,分析了宋庆龄的人际关系和党团关系,对有关宋庆龄的一些焦点作了考据。对此进行学术史回顾,可以看出未来研究的难点。因此,学术界尚需进一步加强对宋庆龄与中共关系研究、在中外关系史中的地位与作用以及宋庆龄后半生政治活动的研究,从而将对宋庆龄的研究推向新的学术高度。

关键词:宋庆龄研究 21 世纪 研究热点与难点

宋庆龄是中国近现代史上一位的伟大女性。她对孙中山、宋氏家族、国共两党的关系及中国政治发展的影响十分引人注目,因而成为学术界研究的重要人物。2016 年是孙中山诞辰 150 周年,回顾与展望宋庆龄研究的发展脉络、分析研究中的热点与难点问题有助于推动孙中山宋庆龄研究的发展,更好地传递宋庆龄的思想精华,使后人继承并延续这位 20 世纪的伟大女性所留下的宝贵精神遗产。

一 宋庆龄研究文献的整理情况

20 世纪 90 年代以来,随着宋庆龄研究成果的不断更新,已有学者专门对宋庆龄研究文献进行梳理,如《宋庆龄研究文献综述》① 一文对宋庆龄著作的出版情况、宋庆龄研究专著出版概况进行梳理,并比对不同出版年份其著作在收录篇数、收录内容上的不同之处;《中国大陆关于宋庆龄文献与档案出版情况简述》② 在总结已出版宋庆龄个人著作的基础上,对 2000 年以来中国大陆新出版的部分文献进行梳理,概括出宋庆龄档案文献编译的出版特点。

进入 21 世纪以来,以书信、档案、口述回忆等史料类别组成的宋庆龄研究文献得到不断充实、丰富,为宋庆龄研究的深入展开打下了坚实基础。特别是宋庆龄书信的征集和编译工作,取得了较大进展。从 2004 年至 2015 年 11 年间,编译出版的宋庆龄书信专集或含有宋庆龄书信的书籍和专刊多达 15 种:①宋庆龄基金会、中国福利会编《宋庆龄书信集(续编)》,由人民出版社 2004 年出版,收录宋庆龄致廖梦醒和王安娜等挚友函 416 封;②上海宋庆龄故居纪念馆编《宋庆龄书信选编》,由上海辞书出版社 2012 年出版,在 1995 年版《宋庆龄来往书信选集》的基础上重新编辑出版,收录了宋庆龄书信共计 294 封,其中有 191 封信是第一次发表;③宋庆龄陵园管理处编《啼痕——杨杏佛遗迹录》,由上海辞书出版社 2008 年 2 月出版,收录宋庆龄致杨杏佛书信 17 封;④《鞋盒里的来信》载于 2009 年版《孙中山宋庆龄文献与研究》第 1 辑,收录宋庆龄致美国友人艾丽书信 13 封;⑤《上海交通大学档案馆藏宋庆龄致黎照寰夫妇函》载于《孙中山宋庆龄文献与研究》第 1 辑,收录宋庆龄与他们夫妇书信共 74 封;⑥《中国福利会藏宋庆龄与爱泼斯坦等往来书信选译》载于 2011 年版《孙中山宋庆龄文献与研究》第 2 辑,刊登了宋庆龄与爱泼斯坦往来书信共 21 封,均为首次发表,集中反映了宋庆龄的对外宣传思想;⑦周和康著《我所知道的宋庆龄的保姆李燕娥》载于《孙中山宋庆龄文献与研究》第 2 辑,收录了宋庆龄致周和康书信 25 封;⑧《宋庆龄与林达光、陈恕夫妇往来函》载于 2013 年版《孙中山宋庆龄文献与研究》第 4 辑,收录了宋庆龄与林、陈夫妇往来信函共计 46 封;⑨《宋庆龄致牛恩美函(1962~1980)》载于 2014 年版《孙中山宋庆龄文献与研究》第 5 辑,收录了 31 封宋庆龄致函其表侄女牛恩美信件;⑩上海宋庆龄故居纪念馆编译

---

① 苏爱荣:《宋庆龄研究文献综述》,《北京图书馆馆刊》1996 年第 3 期。
② 黄亚平:《中国大陆关于宋庆龄文献与档案出版情况简述》,吴景平主编《现状与未来:档案典藏机构与近代中国人物》,复旦大学出版社,2014,第 272~277 页。

的《邓广殷、孙君莲及邓勤藏宋庆龄书信集》,由上海辞书出版社2010年出版,收录宋庆龄致邓广殷一家的书信共197封,涉及1970~1980这十年内容;⑪上海宋庆龄基金会编的《宋庆龄致陈志昆夫妇陈燕书信选编》,2011年由中国福利会出版社出版,收录了宋庆龄在1971年底至1980年间写给美国华侨、孙中山之子孙科的内弟陈志昆及其夫人、女儿的33封信件;⑫高醇芳的口述回忆《风中玫瑰——回忆我家与孙夫人宋庆龄的友情》,由东方出版中心2011年出版,附录收录了1977年至1980年宋庆龄与高醇芳一家的往来信函23封;⑬何大章、陈红军主编的《挚友情深:宋庆龄与爱泼斯坦、邱茉莉往来书信(1941~1981)》,由中央文献出版社2012年出版,收录了四十年间宋庆龄与爱泼斯坦、邱茉莉的往来信函共计265封;⑭中国福利会编《宋庆龄致陈翰笙书信(1971~1981)》,由东方出版中心2013年1月出版,收录了宋庆龄在最后十年致陈翰笙函件159封;⑮邹嘉骊编《别样的家书(宋庆龄、沈粹缜往来书信集)》,由上海人民出版社2015年1月出版,收录了宋庆龄与沈粹缜的私人往来书信集108封,大多是首次公开。新披露的书信约1657封。

除此以外,有关宋庆龄的口述回忆、档案资料也得以相继整理发表。2010年中国福利会启动大型套书"伟大女性宋庆龄书系",目前已出版两部口述回忆《往事不是一片云》①和《往事与情缘:李云回忆录》②,收集汇编了曾在宋庆龄身边工作过的张钰和李云的回忆文章。2013年出版的《回忆宋庆龄》③根据宋庆龄逝世后有关人员的回忆、相关著作等新整理了访谈录音和新征集的回忆文章,进一步丰富了有关口述回忆文献。《孙中山宋庆龄文献与研究》专设"档案选编""回忆口述"栏目,及时整理更新最新发现的宋庆龄档案文献与相关口述史料,注重对宋庆龄相关档案和口述史料的发掘与整理。

总之,2000年以来宋庆龄相关书信、口述回忆、档案资料都得到较好的挖掘、整理并相继出版成册,极大地扩充了宋庆龄研究文献的数量和种类,为研究的进一步发展提供了坚实的史料基础。总结新出版的研究文献,可以发现以下特点。

第一,形成了以书信史料为主、口述回忆资料为辅的文献基础。宋庆

---

① 张钰:《往事不是一片云》,中国福利会出版社,2012。
② 李云:《往事与情缘:李云回忆录》(回忆卷),中国福利会出版社,2012。
③ 上海市孙中山宋庆龄文物管理委员会、上海宋庆龄研究会编《回忆宋庆龄》,东方出版中心,2013。

龄一生撰写了各类文章，其中与中外友人和亲人的大量书信往来在她的工作和生活中占有很大比例，是研究其思想观念和内心世界的核心资料。此外，随着近年来口述史学兴起，与宋庆龄接触过的历史当事人用文字或声音的方式记录下来，形成宋庆龄研究的口述回忆史料，为档案文献提供辅证，成为研究宋庆龄不可再生的珍贵史料。

第二，书信史料呈现新的编纂特色。一方面，书信内容日趋专题化。常规类的宋庆龄书信合集编纂工作已趋向饱和，宋庆龄与个人往来的书信史料还有待发掘。同时，因保存条件、客观历史的影响，新中国成立以后宋庆龄与友人往来书信逐渐被披露，成为研究宋庆龄晚年生活和思想的重要史料。另一方面，书信编纂的体例更加科学、规范。因宋庆龄习惯英文写作，她的信件原稿多数为英文。新出版的专题书信集除录入英文书信的影印件、中文翻译件外，还在不断完善的过程中增加英文录入件，以方便读者在欣赏宋庆龄英文手稿的同时，能够有效查阅并利用书信史料。

第三，口述回忆既有辅证作用，又有个人特色。口述回忆史料本身就具有档案文献无法反映的内容的特点。整理并出版宋庆龄身边人物的回忆与口述资料，一方面体现宋庆龄研究中口述回忆的史料价值，是反映当事人的心理活动，研究宋庆龄人物特性、内心情感的重要参考依据；另一方面口述回忆与其他研究文献相辅相成，能够更加全面地展现真实而具体的宋庆龄。

二 宋庆龄研究中的热点问题

在 20 世纪 90 年代，就有学者撰文《近年来宋庆龄研究综述》[①] 对 1981~1992 年宋庆龄研究的基本情况进行回顾，梳理了对不同历史阶段宋庆龄活动的研究情况。在此基础上，《宋庆龄研究的几个问题》[②] 一文归纳出当时宋庆龄研究的三大热点问题：即"孙宋结合问题""宋庆龄的道路问题""宋庆龄的主要贡献问题"。2002 发表的《建国 50 年来宋庆龄研究综述》[③] 指出"关于宋庆龄的业绩、贡献研究""宋庆龄思想研究""宋庆龄思想转变研究"等是宋庆龄研究中的主要论题。进入 21 世纪，随着宋

[①] 朱敏彦：《近年来宋庆龄研究综述》，《党史研究与教学》1992 年第 6 期。
[②] 何永传：《宋庆龄研究的几个问题》，《中山大学学报》（社会科学版）1993 年第 2 期。
[③] 韩新路：《建国 50 年来宋庆龄研究综述》，《中华女子学院学报》2002 年第 1 期。

庆龄研究文献的不断扩充，学者们在自觉运用新史料的同时，将"宋庆龄研究作为中国近现代史的一个重要部分而展开"[①]，开辟了宋庆龄研究的新问题，不仅丰富了宋庆龄研究的视角，而且在一定程度上填补了部分研究空白。

（一）宋庆龄思想的专题研究

宋庆龄思想研究始终是宋庆龄研究中的热点问题。不过自2000年以来，学者们并不限于讨论宋庆龄的革命思想，而是通过专题研究，从不同方面探讨其思想内涵，主要从以下三个方面展开。

第一，宋庆龄的新闻传播思想在21世纪开始进入学者视野。陈日浓是较早关注宋庆龄新闻传播活动的研究者之一。他在2001年的《宋庆龄新闻传播思想》[②]一文中正式提出了宋庆龄"新闻传播思想"概念，他详细考察了宋庆龄的新闻传播实践和思想，认为她是"杰出的国际宣传家"，开辟了宋庆龄研究与新闻传播研究相结合的新领域。受此影响，此后有一系列文章梳理了宋庆龄的新闻与对外传播思想，如《宋庆龄与西方记者的交流策略》[③]指出"宋庆龄对西方记者的文化背景、新闻理念和运作模式有充分的认识，对他们的职业追求有一定的理解"，这对于当下对外传播中的应用有着重要借鉴；《宋庆龄的报刊活动及编辑思想》[④]从编辑出版角度梳理其一生的报刊编辑活动，总结其编辑思想的根源、核心、表现方式与内涵。这些文章，在一定程度上丰富了这一课题的研究内容。

第二，宋庆龄的基督教思想也吸引了部分学者关注。学者们认同宋庆龄曾深受基督教思想影响，但是对于宋庆龄基督教思想的转变情况看法不一。盛永华在《宋庆龄与基督教》[⑤]一文中指出"在宋庆龄世界观形成的过程中，基督教无疑对她有过较深的影响"。但是宋庆龄对宗教有一个认识过程，当她由民主主义者转变为共产主义者以后，其思想中基督教义之自由、平等、博爱等原则便转化为人民民主主义乃至国际主义精神。朱玖

---

① 盛永华：《宋庆龄研究回顾与展望》，上海市孙中山宋庆龄文物管理委员会编《孙中山宋庆龄文献与研究》第1辑，上海书店出版社，2009，第151~164页。
② 陈日浓：《宋庆龄新闻传播思想》，《今日中国杂志社》2001年第3期。
③ 李宇：《宋庆龄与西方记者的交流策略》，《对外传播》2009年第5期。
④ 冯田芳：《宋庆龄的报刊活动及编辑思想》，《北京印刷学院学报》2011年第5期。
⑤ 盛永华：《宋庆龄与基督教》，《学术研究》2000年第3期。

琳的《宋庆龄基督教思想之演变》① 一文赞同基督教对宋庆龄生活和思想的深刻影响，指出"宋庆龄长期生活在浓厚的宗教氛围内，其宗教思想绝不可能突变"；但作者也提出了一些独到见解，认为1949年后宋庆龄与基督徒身份的正式决裂既有客观因素也有主观意愿，"宋庆龄虽然在形式上同上帝彻底决裂了，但基督教教义中的自由、平等和博爱，以及牺牲、宽容等精神早已深深地浸润在她的骨髓中"。

第三，宋庆龄的社会福利与救济思想日益成为一个重要研究内容。有关宋庆龄的社会福利活动早在20世纪八九十年代就开始探讨，代表作有吴淑珍的《宋庆龄与中国儿童福利和教育事业》②，然而并没有形成一个热点问题。但自21世纪以来，学者们将其福利活动归纳提炼为"救济福利理念"，乃至"社会福利思想"，撰文深入研究其历史意义和现实意义。代表文章如沈海平的《宋庆龄的救济福利理念与实践》③ 和左芙蓉等人的《宋庆龄社会福利实践与社会福利思想研究》④，分别从历史学和社会学的视角探讨宋庆龄的福利活动与其所建立的救济福利体系。两文都对宋庆龄社会福利理论给予很高评价，认同宋庆龄福利思想具有非常重要的现实意义。沈海平之后还撰写《宋庆龄在中国救济福利领域的贡献与作用》⑤ 一文，进一步阐述了宋庆龄所倡导的新型救济福利主张，探索宋庆龄的福利工作对现行福利国家模式的指导作用。

除此以外，还有一些文章从新的视角解读宋庆龄的爱国主义思想，如《从中国福利会建设看宋庆龄的爱国主义思想》⑥，以中国福利会的建设为切入点，总结出宋庆龄的爱国主义思想经历了"团结国际反法西斯力量、争取国家内部民主和团结、在党的领导下为新中国培养建设者"三个发展阶段；宋庆龄的现代化思想，如《宋庆龄的中国现代化思想》⑦ 一文重新

---

① 朱玖琳：《宋庆龄基督教思想之演变》，《探索与争鸣》2004年第7期。
② 见吴淑珍《宋庆龄与中国儿童福利和教育事业》，《中山大学学报》（哲学社会科学版）1988年第3期。
③ 沈海平：《宋庆龄的救济福利理念与实践》，《宋庆龄与二十世纪学术研讨会文集》，上海三联书店，2000。
④ 左芙蓉、刘继同：《宋庆龄社会福利实践与社会福利思想研究》，《社会工作》2006年第9期。
⑤ 沈海平：《宋庆龄在中国救济福利领域的贡献与作用》，上海市孙中山宋庆龄文物管理委员会编《孙中山宋庆龄文献与研究》第5辑，上海书店出版社，2014。
⑥ 肖毓媛：《从中国福利会建设看宋庆龄的爱国主义思想》，《世纪桥》2012年第13期。
⑦ 傅绍昌：《宋庆龄的中国现代化思想》，《探索与争鸣》2013年第6期。

梳理了宋庆龄在探索和实现中国现代化的过程中的许多科学构想和精湛论述，认为她"无愧为中国现代化事业的伟大探索者和实践者"；宋庆龄的"新文化观"，如《站在东西方文化的交点：宋庆龄的新文化观》① 一文从东西文化交融的视角探讨宋庆龄的文化思想以及宋庆龄的"新中国"理念，再如《宋庆龄为新中国奋斗的精神遗产》② 一文以宋庆龄1952年出版的《为新中国奋斗》一书为切入点，考察宋庆龄为"新中国"奋斗的内容及实质精神，并将这份宝贵的精神遗产作为激励当下为实现中华民族的伟大复兴努力奋斗的力量之源。

（二）宋庆龄的人际关系和与党团的关系

2000年以来，学者们将宋庆龄置于时代发展中，开始探讨与之相关的人物、群体和党团关系。

首先，关于宋庆龄与同时代重要人物关系的研究，在20世纪90年代末已出版代表论文集《宋庆龄与中国名人》③ 进行系统梳理。不过，21世纪以来宋庆龄与重要人物关系研究除了探讨宋庆龄与孙中山、毛泽东、周恩来等重要领袖人物的交往情况以外，还挖掘了她与国共著名人物如陈友仁、史良、陈赓、陈翰笙等人的交往：代表文章如尚明轩的《宋庆龄陈友仁关系钩沉》④、唐黎标的《宋庆龄与陈赓的友谊》⑤、潘顺利的《宋庆龄陈翰笙关系述评》⑥ 等；与蒋介石和宋氏家族成员的交往：代表文章如徐锋华的《政缘与血缘之间：抗战时期的宋庆龄与蒋介石》⑦、李阳子的《宋庆龄与宋美龄》⑧、宋时娟的《抗战时期的宋庆龄与宋美龄》⑨、张俊义的《抗战时期宋子文与宋庆龄——宋子文档案解读之四》⑩、何大章与何丽婴

---

① 王子今：《站在东西方文化的交点：宋庆龄的新文化观》，《中华女子学院学报》2001年第2期。
② 林家有：《宋庆龄为新中国奋斗的精神遗产》，《海南师范大学学报》（社会科学版）2014年第5期。
③ 刘国友等主编，中华人民共和国名誉主席宋庆龄陵园编《宋庆龄与中国名人》，上海人民出版社，1999。
④ 尚明轩：《宋庆龄陈友仁关系钩沉》，《近代史研究》2000年第3期。
⑤ 唐黎标：《宋庆龄与陈赓的友谊》，《广东党史》2004年第4期。
⑥ 潘顺利：《宋庆龄陈翰笙关系述评》，《经济研究导刊》2011年第10期。
⑦ 徐锋华：《政缘与血缘之间：抗战时期的宋庆龄与蒋介石》，《西部学刊》2013年第9期。
⑧ 李阳子：《宋庆龄与宋美龄》，《宋庆龄与二十世纪学术研讨会文集》。
⑨ 宋时娟：《抗战时期的宋庆龄与宋美龄》，《历史教学问题》2011年第6期。
⑩ 张俊义：《抗战时期宋子文与宋庆龄——宋子文档案解读之四》，《百年潮》2004年第12期。

的《宋庆龄钟爱的幼弟宋子安》①等；与国际友人史沫特莱、马海德、斯诺、史迪威等人的交往：《宋庆龄与史沫特莱的友情》②、《马海德与宋庆龄：半个世纪的友谊》③等文章；以及她与身边服务人员的关系④等。总之，这些文章探讨了宋庆龄与不同身份、不同阶层代表人物的关系，拓展了以宋庆龄为核心的人际关系研究。

其次，对宋庆龄与群体关系的探讨集中表现在考察其与女性群体的关系。随着妇女史研究在中国大陆的兴起和发展，宋庆龄作为20世纪的伟大女性自然被纳入这一研究视野。一些文章从女性研究的视角关注宋庆龄，主要探讨其女性角色及特点。《宋庆龄女性主体意识及其对现代女性的启示》⑤认为宋庆龄"不仅意识到了自己是作为一个性别意义上的'女人'而存在，同时是作为一个具有主体意识的'人'而存在"。《宋庆龄女性角色的生活史解读——基于宋庆龄"私人书信"的审视》⑥一文中，作者提出了对宋庆龄研究的新思路。她认为"20世纪80年代开始，中国内地对宋庆龄的研究大多关注其政治角色，而对其女性角色的发掘尚不完整。私人书信文字资料从一个侧面展示了一个更加真实、丰满的传统与现代交织的宋庆龄。青少年时期，中西文化交融的生活教育环境使宋庆龄初步形成了中西融合的独立女性形象"，宋庆龄的生活历程"不仅诠释了20世纪中国女性自我解放的路径，也成为中国女性追求现代生活方式的典范"。再如《20世纪上半叶的宋庆龄与女权主义》⑦一文，作者结合女权主义相关理论，认为"宋庆龄的革命历程是中国近代妇女运动史的一个缩影，在很大程度上反映了女权主义思潮在近代中国社

---

① 何大章、何丽婴：《宋庆龄钟爱的幼弟宋子安》，《世纪》2013年第4期。
② 吴德才：《宋庆龄与史沫特莱的友情》，《党史天地》2002年第3期。
③ 王亚丽、杨晓静：《马海德与宋庆龄：半个世纪的友谊》，《光明日报》2010年10月23日。
④ 汤雄自2003年以来出版了一系列宋庆龄生活故事丛书，目前已有《宋庆龄与她的三个女佣》（2003）、《宋庆龄与她的卫士长》（2006）、《宋庆龄与她的秘书们》（2009）、《宋庆龄与她的生活侍从》（2010）、《宋庆龄与她的保健医生》（2014）五部纪实著作，作者分别从女佣、卫士长、秘书、管家、花匠乃至厨师、司机的视角出发，将口述回忆与文学书写相结合，还原了一个伟人既伟大而又平凡的有血有肉、情义丰沛的真实形象。
⑤ 霞光：《宋庆龄女性主体意识及其对现代女性的启示》，《深圳大学学报》（人文社会科学版）2002年第5期。
⑥ 刘俊凤：《宋庆龄女性角色的生活史解读——基于宋庆龄"私人书信"的审视》，《陕西师范大学学报》（哲学社会科学版）2012年第2期。
⑦ 苏卫平：《20世纪上半叶的宋庆龄与女权主义》，《中华女子学院学报》2012年第3期。

会的走向"。

最后,宋庆龄与党派、社团关系的研究发展较为成熟,已取得了一定成果,不仅有代表性文章,而且还有几部个人专著。2003 年出版的著作《宋庆龄与国共关系》① 详细梳理了宋庆龄对国共两党的政策与实践所持的立场和态度,认为宋庆龄"不囿于政治派别的利害得失,不抱任何政治偏见,对世界革命和中国革命的现状和发展都能冷静观察、透彻分析、思想敏锐、高瞻远瞩。因而能超越国民党左派的局限性,紧紧跟上时代前进的步伐"②。在此基础上,有学者在《宋庆龄与延安时期的中国共产党》③ 一书中以延安时期的宋庆龄与中国共产党关系为视角,深入探讨她在此时期与中共相知相交的过程,将宋庆龄研究与中共党史研究、陕西地方史研究结合,拓展了宋庆龄研究的新领域。近几年中还有学者撰文《"党外之党员"——宋庆龄与国共两党关系新论》④ 提出"对于国共双方来说,宋庆龄都是事实上的'党外之党员'"的新见解,试图探析宋庆龄作为国共两党的"党外之党员"的独特历史作用。除了考察宋庆龄与国共两党的关系之外,还有一些文章从宋庆龄与第三党——农工党、民革的关系入手来梳理她与其他党派的关系,如《宋庆龄与第三党》⑤、《宋庆龄与农工党》⑥、《近代中国最伟大的女性——宋庆龄与中国国民党革命委员会》⑦ 以及《宋庆龄与民革的孕育和产生》⑧ 等。此外,宋庆龄在抗战以来一直领导的救济组织也成为专门研究的对象,徐锋华出版的研究著作《身份、组织与政治:宋庆龄和保盟中福会研究(1938~1958)》⑨ 一书专门探讨了宋庆龄与她所领导的保卫中国同盟、中国福利基金会及其后更名的中国福利会的关系,通过解析其创立背景、职能发展和变迁过程、主要历史功绩及两次改组原因,揭示出宋庆龄的特殊身份及其所织就的社会权力关系网络是如何

---

① 季鸿生:《宋庆龄与国共关系》,武汉出版社,2003。
② 季鸿生:《宋庆龄与国共关系》,第 226 页。
③ 徐万发:《宋庆龄与延安时期的中国共产党》,光明日报出版社,2013。
④ 徐锋华:《"党外之党员"——宋庆龄与国共两党关系新论》,《史林》2012 年第 3 期。
⑤ 李玉贞:《宋庆龄与第三党》,上海市孙中山宋庆龄文物管理委员会研究室编《孙中山宋庆龄文献与研究》第 2 辑,上海书店出版社,2011。
⑥ 樊振:《宋庆龄与农工党》,《中国统一战线》2013 年第 7 期。
⑦ 王秉默:《近代中国最伟大的女性——宋庆龄与中国国民党革命委员会》,《中国统一战线》2003 年第 4 期。
⑧ 黄福寿:《宋庆龄与民革的孕育和产生》,《上海市社会主义学院学报》2011 年第 5 期。
⑨ 徐锋华:《身份、组织与政治:宋庆龄和保盟中福会研究(1938~1958)》,上海书店出版社,2013。

在与国共两党的复杂关系中维持微妙互动，从而在近代社会政治化过程中发挥独特作用的。

（三）对有关宋庆龄出生地等问题进行考据

2000年以来，对有关宋庆龄的一些问题进行考据成为一大热点。随着关于宋庆龄的文献不断扩充，学者们开始考证宋庆龄研究中尚不明晰或存在争议的问题，主要有以下三个问题。

其一，有关宋庆龄出生地及出生时间的考证。对宋庆龄诞生地问题的考证始于20世纪90年代，由上海宋庆龄研究会成立诞生地研究课题，组织专门小组收集资料。但是，由于史料的限制，当时学者们的观点集中在"上海虹口说"与"浦东川沙说"，并未得出决定性结论。21世纪以来，学者们仍对此议题抱有很大兴趣，甚至有研究者引入语言学研究方法，用语音手段分析宋庆龄录音，提出了"宋庆龄诞生于上海南市"[①]的新观点。不过，随着近年来一批史料文献的不断搜集和整理出版，有较为丰富而可靠的证据指向宋庆龄诞生地为"上海虹口"，并为学术界普遍认可。黄亚平、朱玖琳的《宋庆龄诞生地问题及史料辨析》[②]梳理了宋庆龄诞生地问题的由来及研究成果，并对各类宋庆龄诞生地说及其论证史料进行罗列、汇总以及辨析，在各类文献的直接或间接支持下，得出"宋庆龄诞生在上海虹口的概率极大；诞生在川沙一说难以成立；诞生在上海南市的可能性不大"的重要阶段性结论。

对宋庆龄出生日期的争论则出现得相对较晚，目前仍未有定论。因没有直接的出生日期史料，学者们只能依据清廷颁给宋庆龄的留美护照、相关人物的口述回忆进行推断，提出了宋庆龄出生于"1893年2月14日"[③]、"1890年"[④]以及"1891年1月8日"[⑤]的不同看法，对官方一直采用的宋庆龄诞辰日为"1893年1月27日"提出质疑。虽然这一议题引发了学界考证热潮，但也有学者认为"除非有确凿的证据如出生证明材料等新的

---

① 钱乃荣：《宋庆龄讲话的语音分析和出生地南市说》，《上海大学学报》（社会科学版）2005年第4期。
② 黄亚平、朱玖琳：《宋庆龄诞生地问题及史料辨析》，《文汇报》2014年3月17日。
③ 宋时娟：《不喜欢过生日的宋庆龄》，《档案春秋》2010年第11期。
④ 沈海平：《宋庆龄自己为何不纠正的出生年份》，《世纪》2011年第1期。
⑤ 段炼：《属虎未必出生于1890年》，《世纪》2011年第6期。

发现",如果仅凭口述回忆资料,尚不能推翻官方认可的宋庆龄诞生日期。①

其二,有关宋庆龄的秘密党员身份及其与苏联关系问题的考证。宋庆龄在弥留之际被宣布吸收她加入中国共产党,曾一度受到海外个别人士非议。但是,能否将宋庆龄的入党问题考证清楚关系到能否正确理解宋庆龄与共产国际、与中国共产党的关系问题。20世纪90年代,有学者撰文《宋庆龄入党小记》②,梳理了宋庆龄加入中国共产党的相关史实,主要是以相关口述回忆作为论证依据。2002年以来,随着共产国际相关档案的公布,学者们对宋庆龄在20世纪30年代初曾秘密加入共产国际③以及她同苏联的关系④都有了新的看法。值得一提的是,李玉贞在《共产国际为什么批判宋庆龄——俄罗斯档案中的国民党与共产国际之九》⑤一文中,利用俄罗斯国家社会政治历史档案馆的档案对宋庆龄秘密党员的身份提出质疑。她指出,宋庆龄本人"没有参加第三党,也没有如中共党史界流传的说法那样,参加第三国际","宋庆龄加入共产国际"观点所引用的档案文件全宗卷号实际上与宋庆龄毫无关系。经作者再三求证该档案馆的资深研究人员,得出"没有收藏任何有关宋庆龄加入第三国际的文件"⑥。

其三,有关宋庆龄参与具体活动的问题考证。关于宋庆龄何时投身民主革命的问题,最新研究成果指出了宋庆龄转向民主革命的确切时间⑦,对20世纪80~90年代有关宋庆龄革命思想起源的不严谨结论进行再论证,提出"宋庆龄转向民主革命应是1914年"的新见解。关于宋庆龄在新中国成立前夕决定留在大陆,并最终决定北上参加新政协的政治选择问题,

---

① 周和康:《也谈宋庆龄的出生年份》,《世纪》2011年第6期。
② 吴长庚:《宋庆龄入党小记》,《党史纵览》1996年第2期。
③ 青石:《宋庆龄30年代初曾加入共产党》,《党史博览》2000年第4期。
④ 参见邵雍《宋庆龄与苏联关系新探(1927~1929)》,《上海师范大学学报》(哲学社会科学版)2005年第3期。该文利用新近出版的联共(布)、共产国际的档案资料,对这一时期宋庆龄与苏联的关系进行分析,探析宋庆龄1927年的苏联之行对她革命思想的重要影响。
⑤ 李玉贞:《共产国际为什么批判宋庆龄——俄罗斯档案中的国民党与共产国际之九》,《世纪》2014年第4期。
⑥ 李玉贞:《共产国际为什么批判宋庆龄——俄罗斯档案中的国民党与共产国际之九》,《世纪》2014年第4期。
⑦ 周锦涛:《宋庆龄转向民主革命的时间考辨》,《中州学刊》2011年第4期。

已有学者梳理了相关史实①，但由于20世纪开放出版的档案材料有限，尚不能从宋庆龄的视角解答其做出抉择的详细经过。随着2008年《建国以来周恩来史稿》②的出版，中共方面邀请宋庆龄北上的书信、电报以及宋庆龄决定北上参加新政协会议的曲折经历得以披露，这一问题得到重新审视。因此，许多文章都在依据新史料的基础上，从宋庆龄的视角探讨她对中共邀请的回应以及她做出政治选择的心境③，具有重要的学术价值。此外，关于宋庆龄的婚姻问题，也吸引学者利用档案史料考察孙宋婚姻的来龙去脉④，并扩展到考证宋家对孙宋婚姻的态度与看法演变⑤。

总之，21世纪以来宋庆龄研究所呈现新的热点问题，得益于日益开放的学术环境与不断更新的跨学科研究方法。具有以下特点：其一，不断开放和发现的新档案与新文献，为厘清具有争议或尚不清楚的问题提供了新的史料证据，学者自觉运用新的档案文献填补研究空白，为宋庆龄研究开辟新的议题，拓展其研究视域；其二，研究内容涵盖宋庆龄这位历史人物的方方面面，使人物形象通过微观的历史研究变得更为真实而丰满；其三，相关考据研究的出现表明宋庆龄研究的专业化与学术化，学者们通过严谨客观的历史考证逐渐摆脱纪念史学的研究思路，将研究对象提升为学术研究的重要组成部分，这本身即反映出这一研究领域在不断完善中走向成熟。

三 宋庆龄研究中的难点问题

宋庆龄研究经过35年的发展历程，已出版和发表了丰硕的成果。不

---

① 主要有《中国共产党邀请宋庆龄参加中国人民政治协商会议纪实》（李明华：《中国共产党邀请宋庆龄参加中国人民政治协商会议纪实》，《党史研究》1987年第2期）与《宋庆龄在开国大典前后》（陈廷一：《宋庆龄在开国大典前后》，《党史博览》1995年第Z1期）两文。
② 中共中央文献研究室、中央档案馆编《建国以来周恩来文稿》，中央文献出版社，2008。
③ 主要有以下几篇代表文章：周大计：《宋庆龄1949年北上参加新政协会议的经过——解读新披露的毛泽东、周恩来相关电报和批语》，《党的文献》2009年第2期；朱玖琳：《中共邀请宋庆龄北上揭秘》，《世纪》2009年第3期；秦立海：《1949年宋庆龄北上参加新政协会议始末》，《党史天地》2009年第9期；张皓、叶维维：《北上：新中国成立前宋庆龄的心路历程》，《党的文献》2011年第5期。
④ 朱玖琳：《从日本外务省档案看宋庆龄婚前在日沪间的往来》，《档案与史学》2003年第4期。
⑤ 杨天石：《宋嘉树与孙中山、宋庆龄的婚姻——读宋嘉树复孙中山英文函》，《百年潮》2001年第12期。

过,也有学者深刻反思目前研究中存在的客观问题,如《宋庆龄研究中的阙失》① 指出了在宋庆龄研究程度方面的问题,为今后学者规避、解决这些问题提供了方向。为推动宋庆龄研究的深入展开,达到新的学术高度,许多专题问题尚需进一步探讨。

第一,宋庆龄在各个历史时期与中国共产党的关系研究尚需进一步展开。

已有一些研究成果对宋庆龄与中国共产党的关系有所论及,如 2003 年《宋庆龄与国共关系》② 出版,该著作梳理了宋庆龄一生同国共两党关系的演变脉络,通过历史事实呈现她在国共两党关系中的历史地位与重要作用;2013 年出版的《宋庆龄与延安时期的中国共产党》③ 详细地介绍了在中国革命最艰难的时期,宋庆龄与中国共产党的交往,并认为"宋庆龄与延安时期的中国共产党的交往,对中国共产党的支持和帮助是她一生最光辉、最精彩的华章,也是中国共产党与她在继承孙中山振兴中华的革命事业上相知相识的重要阶段"④。近几年,《"党外之党员"——宋庆龄与国共两党关系新论》⑤ 和《共产国际为什么批判宋庆龄——俄罗斯档案中的国民党与共产国际之九》⑥ 两文的发表,为正确理解宋庆龄与共产国际、中国共产党的关系提供了新思路。从现有成果来看,学术界对宋庆龄与中共关系这一论题已有一定研究基础,但尚需深入展开。宋庆龄与中共关系的发展演变影响着她在不同历史转折关头的重要抉择,有助于理解她在 1949 年后选择留在大陆、临终前被正式接收为中共党员的历史原因,从中能够反映出宋庆龄对中国共产党的认识变化,以及她对中国政治发展的认知与把握。因此,对不同历史时期宋庆龄与中国共产党的关系研究,不仅是宋庆龄研究的一个重要问题,也为中共党史研究提供新的研究课题,是中国共产党与民主党派合作的重要体现,也是中国共产党历史需要关注和探讨的问题。

第二,宋庆龄对中外关系的认识及其在中外交往中的贡献需要进一步

---

① 尚明轩:《宋庆龄研究中的阙失》,《贵州社会科学》2013 年第 12 期。
② 季鸿生:《宋庆龄与国共关系》。
③ 徐万发:《宋庆龄与延安时期的中国共产党》。
④ 徐万发:《宋庆龄与延安时期的中国共产党》,序言第 2 页。
⑤ 徐锋华:《"党外之党员"——宋庆龄与国共两党关系新论》,《史林》2012 年第 3 期。
⑥ 李玉贞:《共产国际为什么批判宋庆龄——俄罗斯档案中的国民党与共产国际之九》,《世纪》2014 年第 4 期。

加强关注。

宋庆龄青年时代留学美国,在西方教育影响下成长,深受西方思想影响,第一次国共合作前后为支持孙中山的事业开始接受苏联革命经验。宋庆龄的个人经历和特殊身份使她享誉海外,不仅有许多国际友人受她影响热心中国革命事业,而且在不同历史阶段,宋庆龄都为中外交往做出了重要贡献:一方面,她将中国人民的需要与成就传递到世界;另一方面,始终为增进世界了解中国而努力。特别是新中国成立初期,宋庆龄担任中苏友好协会执行主席,频繁出席国际大会和对外国事活动,为发展新中国民间外交、推动国际和平事业付出诸多心血。从现有研究成果来看,已有一些文章梳理了宋庆龄在中外交往中的活动情况:如《呕心沥血为抗战——宋庆龄与保盟在香港》①对宋庆龄在抗战初期的香港领导保盟开展民间外交活动进行详细论述;《宋庆龄在抗战时期的国民外交活动述评》②分析了宋庆龄开展民间外交活动的原因和内容。还有一些文章特别关注宋庆龄在中美外交中的活动情况,如《宋庆龄对和平外交的追求——以宋庆龄在中美外交上的建树为例》③和《抗战时期宋庆龄对中美关系的推动和发展》④,这说明现有研究成果肯定宋庆龄在中外交往活动中的贡献。但是,对这一问题的研究有待深入探析,特别是从宋庆龄的美国观与苏联观形成的角度,分析她对中外交流、对外宣传的重要思想。

第三,宋庆龄后半生的研究工作还相对薄弱。

2000年以来,国内外迄今为止第一部《宋庆龄年谱长编(1893~1981)》⑤出版,所收录大量宋庆龄相关中外文档案文献、公开资料、报刊书籍、部分未刊资料等为后半生资料的汇集做出了贡献;一些学者在充分利用近年来新发掘和出版的史料、吸收学界的最新研究成果的基础上扩充其旧有传记并再版⑥,特别是尚明轩等著《宋庆龄的后半生》⑦开始专门为宋庆龄后半生的活动著书立传,以及《宋庆龄传》(2013版)新增了近

---

① 董汉昀:《呕心沥血为抗战——宋庆龄与保盟在香港》,《党史纵横》1997年第4期。
② 朱蓉蓉:《宋庆龄在抗战时期的国民外交活动述评》,《学术论坛》2001年第6期。
③ 何沫:《宋庆龄对和平外交的追求——以宋庆龄在中美外交上的建树为例》,孙中山宋庆龄资讯网 http://www.sszx.org.cn/songyjView.aspx?id=2948。
④ 苗建寅:《抗战时期宋庆龄对中美关系的推动和发展》,《宋庆龄与二十世纪学术研讨会》。
⑤ 尚明轩主编《宋庆龄年谱长编(1893~1981)》,社会科学文献出版社,2009。
⑥ 参见陈漱渝《宋庆龄传:风华之后再无风华》,人民日报出版社,2012;尚明轩、唐宝林:《宋庆龄传》(上下册),西苑出版社,2013。
⑦ 尚明轩、魏秀堂:《宋庆龄的后半生》,人民文学出版社,2009。

一半的篇幅补充宋庆龄1949年以后的思想与实践活动，相对充实了现有研究的薄弱环节。但比较而言，这些研究仍存在"前半生详细，后半生简略的头大尾小的问题"①。不可否认，一些客观的因素如特殊的历史原因致使有关宋庆龄在1949年后的档案暂时未能开放、宋庆龄低调的政治姿态也导致许多书信史料被阅后销毁，使得有关宋庆龄在这一时段的史料不仅在数量上十分有限，而且这些有限的史料若在内容上涉及特殊事件就不便公开，无疑加大了史料整理与编纂工作的难度。对此，加强搜集和扩充宋庆龄后半生的相关史料仍是对这一时期开展研究的基础。近年来有关新中国成立后宋庆龄与友人往来书信逐渐被披露，成为研究宋庆龄晚年生活和思想的重要史料，从中能够了解部分宋庆龄的晚年生活状况与思想动态。1949年以后许多与宋庆龄接触过的历史当事人在亲历事件后的口述回忆史料，给予研究者一笔可贵的财富。因此，充分挖掘诸如口述回忆史料等可贵资源，辅之以相应的研究方法，可为宋庆龄在1949年以后的人生历程提供重要的依据，使这一时期研究深入且全面，向后人更加清晰地展现这位伟大女性在新中国成立后为社会主义道路不懈探索的身姿。

宋庆龄研究是一块需要不断充实、不断深入的研究领域。回顾21世纪以来宋庆龄研究成果，随着研究文献和研究方法的不断更新，学者们将逐步摆脱纪念史学的教条束缚，以更加客观严谨的治史态度探讨宋庆龄对中国革命进程的贡献，真正实现宋庆龄研究的学术价值及现实借鉴价值。

---

① 尚明轩：《宋庆龄研究中的阙失》，《贵州社会科学》2013年第12期。

外国史学研究

论《诸奥古斯都传》的写作特点

尹 宁

(吉首大学历史与文化学院,湖南吉首 416000)

摘 要:《诸奥古斯都传》是一部由六位作者署名撰写的元首传记集,记载了从哈德良至卡鲁斯之间所有元首、僭主及有可能承袭元首职位的恺撒的传记。该传记集取材广泛,采取夹叙夹议的写作方式,既具有罗马史学"求真"的特点,又有通过伪造文献、摘录大量奇闻逸事来弥补史料不足的缺陷,且带有明显的命运决定论倾向。然而,瑕不掩瑜,尽管该传记集在写作方面存在诸多缺点,但仍不失为一部研究公元二、三世纪历史的重要参考资料。

关键词:《诸奥古斯都传》 写作特点 史料价值

西方传记文学起源于古希腊罗马时期,起初属于历史学范畴。当时的史学家们为了突显某些政治家、军事家、演说家、哲学家等历史人物的个人地位及影响力,以一个或几个人物为中心,将相关资料加以整理、编纂,形成个人传记。古希腊时期以及罗马早期的传记作品大多散佚。在保留下来的少量古罗马时代的作品中,塔西佗、普鲁塔克和苏维托尼乌斯的作品无疑是影响最大的。《诸奥古斯都传》中多位传记作者的写作方式便深受苏维托尼乌斯的影响。① 该传记集共包括30篇的元首传记,起于哈德

---

① 例如,尤利乌斯·卡皮托利乌斯就在《马克西姆斯和巴尔比努斯传》中明确指出,要按照苏维托尼乌斯的方式进行叙述。参见 David Magie. *The Scriptores Historiae Augustae*, Vol. 2. London: William Heinemann, 1993, p. 455. 弗拉维乌斯·沃比斯库斯也声称,自己采用的是苏维托尼乌斯那样平直、朴实、准确的写作方式。参见 David Magie. *The Scriptores Historiae Augustae*, Vol. 3. Harvard: Harvard University Press, 1982, p. 339; David Magie. *The Scriptores Historiae Augustae*, Vol. 3. p. 386.

良元首,迄于卡鲁斯父子。撰写的对象既包括那些实际上进行过统治的元首(人们通常称其为"奥古斯都"),也包括那些有可能继承元首之位的人(人们通常称其为"恺撒"),还有那些曾短暂僭取元首之位的人(人们通常称其为"僭主")。该传记集不仅介绍了诸位元首的生平、业绩、个性特点,更反映了公元1世纪后期至3世纪末期罗马帝国政治、经济、文化生活的方方面面,是人们研究这一阶段历史的重要史料。

从各篇传记的作者署名来看,该传记集是由六位作者共同创作的,他们分别是:埃里乌斯·斯帕提亚努斯(Aelius Spartianus)①、尤利乌斯·卡皮托利努斯(Julius Capitolinus)②、乌尔卡西乌斯·加里卡努斯(Vulcacius Gallicanus)③、埃里乌斯·拉姆普里迪乌斯(Aelius Lampridius)④、特勒贝里乌斯·波里奥(Trebellius Pollio)⑤、弗拉维乌斯·沃比斯库斯(Flavius Vopiscus)⑥。而根据传记本身的长短及其中资料的可信程度,我们可以将该传记集中的作品分为两大类:第一类属于执政时间较长的元首传记,其篇幅较长,提供的资料较为可靠,且很少遭到篡改或被添加其他内容;第二类则属于执政时间不长(甚至从未执政)的元首恺撒或僭主的传记,其篇幅较短,并被编纂者增添了许多内容(如信件、演说词等),其可靠性受到人们较多质疑。

---

① 以他的名字署名的传记包括:《哈德良传》《埃里乌斯传》《狄迪乌斯·朱里亚努斯传》《塞普提米乌斯·塞维鲁传》《佩西尼乌斯·奈格尔传》《安敦尼·卡拉卡拉传》《安敦尼·盖塔传》七篇。其中,《埃里乌斯传》《塞普提米乌斯·塞维鲁传》《佩西尼乌斯·奈格尔传》是献给戴克里先的,《安敦尼·盖塔传》则是献给君士坦丁的。
② 以他的名字署名的传记包括:《安敦尼·庇乌斯传》《马尔库斯·奥勒留传》《维鲁斯传》《佩蒂纳克斯传》《克洛狄乌斯·阿尔比努斯传》《欧佩里乌斯·马克里努斯传》《两位马克西米努斯传》《三位戈尔迪安传》《马克西姆斯和巴尔比努斯传》九篇。其中,《马尔库斯·奥勒留传》《维鲁斯传》《欧佩里乌斯·马克里努斯传》是献给戴克里先的,《克洛狄乌斯·阿尔比努斯传》《两位马克西米努斯传》《三位戈尔迪安传》则是献给君士坦丁的。
③ 以他的名字署名的传记是《阿维狄乌斯·卡西乌斯传》。该传记是献给戴克里先的。
④ 以他的名字署名的传记包括:《康茂德·安敦尼传》《安敦尼·迪亚杜门尼亚努斯传》《安敦尼·埃拉加巴卢斯传》《塞维鲁·亚历山大传》四篇。其中,《安敦尼·埃拉加巴卢斯传》和《塞维鲁·亚历山大传》是献给君士坦丁的。
⑤ 以他的名字署名的传记包括:《两位瓦勒良传》《两位加里恩努斯传》《三十僭主传》《神圣的克劳狄乌斯传》四篇。这些传记不是献给元首,而是献给作者的朋友。
⑥ 以他的名字署名的传记包括:《神圣的奥勒良传》《塔西佗传》《普洛布斯传》《菲尔姆斯、萨图尼努斯、普罗库鲁斯和波诺苏斯传》《卡鲁斯、卡里努斯和努梅里安传》五篇。这些传记不是献给元首的,而是献给作者的朋友的。

尽管各篇传记均有明确的署名，但学者们仍然对于该传记集的实际撰写者、其相应的传记分配方法、编纂者、传记集的成书时间①存在诸多争议。这主要是由下列问题所导致的：在这六位传记作者中，有不少人声称自己撰写了一系列元首传记②，那么，该传记集中的这些传记是从他们所写的一套完整的元首传记集中挑选出来的吗？如果答案是肯定的，那么，是谁根据怎样的原则挑选出来的？为什么前四位作者所写的传记在结构方面以及短语和单词的使用方面如出一辙呢？而那些较短的传记常常重复较长传记中使用的材料又该如何解释呢？为什么同一个传记作者的作品会献给不同的对象呢？据此，学者提出了不少大胆地猜测。一些激进的学者认为，所有传记都是出自同一位作者之手③；而一些保守的学者则坚决支持该传记集出自多位作者之手④；其余一些温和的学者一方面承认传记集是出自多位作者之手，另一方面又认为传统的分配方法并不可信⑤。尽管学者们就这些问题展开了长久且深入的讨论，但关于这些传记的原作者及其成书时间问题，至今仍未达成共识。

尽管关于《诸奥古斯都传》的许多问题尚在讨论当中，且如上文所言，两种类型传记的特点不尽相同，但这并不妨碍我们就这些传记所共有的一些写作特点进行讨论，因为它们在选材、叙述方式、写作目的及对于

---

① 关于该传记集的成书时间，学者们没有形成较为统一的意见，例如：德绍认为，《诸奥古斯都传》是由4世纪末的作家撰写的；奥托·泽克认为，传记作者生活在5世纪初期；克勒布斯认为，该传记集是戴克里先和君士坦丁时期的作品；蒙森认为，该书是戴克里先和君士坦丁时代的作者们所写的不同传记集的汇编，并在4世纪末被全部修改。尽管传记集的写作时间当前还存在争议，但学者们基本赞同，该书是4世纪之后创作而成的。
② 如埃里乌斯·斯帕提亚努斯声称自己撰写了哈德良之前的元首及之后的恺撒和僭主的传记；乌尔卡西乌斯·加里卡努斯也声称打算为所有穿过元首紫袍的人撰写传记（既包括元首，也包括僭主）；埃里乌斯·拉姆普里迪乌斯声称自己已经撰写了埃拉加巴卢斯之前的元首传记，并计划撰写之后元首的传记。
③ 其代表学者有：赫尔曼·德绍（Hermann Dessau）、奥托·泽克（Otto Seeck）、埃达德·冯·沃尔夫林（Eduard von Wolfflin）、霍尔（E. Hohl）。德绍认为，该传记集是狄奥多西时代某个伪造者所写的；泽克主张，该传记集出自一个作家之手，而此人生活在5世纪初；沃尔夫林试图从语言和文风来解决这个问题，他提出，该传记集是由多位作家共同创作的，由某个主编收集起来，并在其中加入了许多自己的研究成果；霍尔认为，沃比斯库斯是整个传记集最后的校订者和编者。
④ 其代表学者有：赫尔曼·皮特（Hermann Peter）。他承认，传记集是由某位编者挑选而成的，但他坚持，该传记集是六位作家所写的传统观点。
⑤ 其代表学者有：特奥多尔·蒙森（Theodor Mommsen）。蒙森指出，这些传记是戴克里先和君士坦丁时代的作者们所写的不同传记集的一个汇编，并在4世纪末遭到篡改，还增添了一些不重要的资料。

历史现象的解释方面呈现一些共同的倾向,具体情况如下。

一 取材广泛,为后世研究者留下了丰富的研究资料

尽管《诸奥古斯都传》是出自多位作者之手,但在取材方面却呈现出共同的特点,即材料来源广泛,为后世研究留下了丰富的研究资料。

从各篇传记的内容来看,尽管写作风格不尽相同,但大多都包含以下七个方面的内容:传记人物所在家族的情况,成为元首之前的生活状况,与传记人物相关的预言及征兆,传记人物在执政期间的业绩及发生的重要事件,传记人物的外貌及个性特点,传记人物的死亡过程,人们对于传记人物的评价及授予他们的荣誉。

关于这些传记作者的生平及任职情况,我们知之甚少,更难以知道他们是否能够像苏维托尼乌斯一样借助职位之便查阅官方档案。但结合传记作者本身的介绍以及后世研究者的研究成果来看,传记作者们在搜集资料的过程中既查找了历史学方面的著作,也搜集了文学作品当中的相关记载;既没有忽视私人著作中的丰富资料,也重视官方的权威记录;既使用了公共图书馆的相关文书,也注意利用私人图书馆中的资料作为补充。总之,在搜集资料方面,他们流露出强烈的"竭泽而渔"的倾向,其目的是,"如果后世研究者想要揭示这些元首的功绩,他们将不会缺少相关材料"[1]。故而,他们不追求"优雅的文风",希望大众将他们的作品视为"博学的研究。"甚至担心因为遗漏了一些其他作者记载过的事情而导致人们否认自己的博学。

正是在这一思想的指导下,致使以下两种情况在传记集中十分常见:其一,当不同作者对同一事件有不同看法时,传记作者往往选择将这些不同的观点不加甄别地全盘收录;其二,尽管传记作者们也意识到一些太过琐碎且对后世无甚影响的、有关传记人物的私生活方面的记载并不值得记录,但为了显示自己的博学以及弥补一些较为次要的传记人物资料不足的问题,他们仍然将这类记载大量收于文中,例如,《康茂德传》中有很大一部分篇章是在详细地介绍其在宗教仪式中的残忍行径,《埃拉加巴卢斯传》中有将近一半的内容是在列举他奢侈、浪费的事例。

诸位传记作者在取材方面的类似态度致使该传记集更加类似于一个资

---

[1] David Magie. *The Scriptores Historiae Augustae*, Vol. 3. p. 451.

料汇编,因而,人们在使用该传记集提供的材料时,必须怀着谨慎、批判的态度,认真考辨之后再加以使用。

二 求真与造伪并存

"追求真实是罗马史学的根本。"① 关于这一点,历代罗马史家均有强调和说明。《诸奥古斯都传》的诸位传记作者也延续了罗马史学的这一传统。

传记作者们在重视广泛搜集资料的同时,也注意到了与各位传记人物相关的资料在数量多寡及可信度方面的差异。埃里乌斯·斯帕提亚努斯在《佩西尼乌斯·尼格尔传》中曾感叹道:"如果人们所撰写的对象不是这个国家的统治者、不是被元老院宣布为元首的人,或者,至少是那些由于很快被杀、尚未获得声望之人的传记的话,那么,这项任务是繁重的。"② 因为,"首先,那些有助于提高他们声望的事情会遭到历史学家们的歪曲;其次,有些事情是被禁止讨论的;最后,人们对这些人的祖先和他们的生平事迹没有足够的重视,因为叙述他们的傲慢、打过的胜仗和受到的惩罚似乎就已经足够了。"③ 由此可见,部分传记作者在搜集资料的过程中,已经注意到资料多寡与传记人物出身的贵贱、执政时间的长短、历史地位的高低有着密切的关系。那些关于僭主、统治时间较短的元首或寿命不长的恺撒的材料通常是残缺不全的,有可能包含着胜利者的误导,甚至恶意篡改。可惜的是,由于资料有限,作者们很难对这些观点差异颇大的资料进行确切地考证,也无法舍弃那些为数不多以及价值不高的资料,而只能尽可能地将他们搜集到的资料置于自己所写的传记中。

传记作者们不仅在搜集、整理资料时考虑到了可靠性的问题,同时,他们也没有忽略自己采用的写作方式对于"求真"的重要影响。《三十僭主传》的作者特勒贝里乌斯·波里奥在文中清楚地说道:"尽管这篇传记集写得并不优雅,但它忠诚于事实。实际上,我没有承诺过以文学的方式来写作,而是根据事实撰写,因为我所写的这本小书是关于元首的传

---

① 杨共乐:《追求真实是罗马史学的根本》,《史学史研究》2013年第1期,第7页。
② David Magie. *The Scriptores Historiae Augustae*, Vol. 1. Harvard: Harvard University Press, 1991, p. 451.
③ David Magie. *The Scriptores Historiae Augustae*, Vol. 1. p. 431.

记。"① 由于诸位传记作者在写作的过程中，将"求真"作为自己创作的重要标准，因而，他们将追求真实置于追求文风优雅之上，甚至为了求真而牺牲文风的优雅，如在翻译一些希腊文诗歌时，传记作者们为了保持诗歌本身的准确性，还原历史的真实，他们往往采取逐字直译的方式。可见，如实地记载是传记作者们在写作过程坚持的一个基本原则。

然而，传记作者们所说的"求真"与历史学家们所说的"求真"并不完全相同，因为他们很少通过调查和研究，对史料的真伪进行考证，而讲究的是"不应该遗漏人们的记忆和真实发生过的历史"②。因此，当对于同一个事情有不同记载时，除非有有力的证据，否则，作者们通常不会发表评论，而仅仅是将不同作者的观点罗列下来而已。

还需注意的是，尽管西方早期的传记文学属于历史学范畴，但它毕竟不能完全等同于历史。因为尽管它们是以历史材料为基础，但也收录了许多非历史性的资料，甚至还加入了传记作者本人的虚构和想象，例如，罗马帝国早期的传记家苏维托尼乌斯就有通过插入流言蜚语、奇闻逸事和文件来丰富传记内容的习惯，而其后的马里乌斯·马克西姆斯和埃里乌斯·尤尼厄斯·科尔都斯甚至超越了苏维托尼乌斯。后两位传记作者并不具有作为哈德良秘书的苏维托尼乌斯那样的身份方面的便利，故而，他们在文中所引用的为数众多的文件、演说词和信件的真实性是值得怀疑的。此三人当中，苏维托尼乌斯、马克西姆斯是多位传记作者仿效的对象，而他们虚构文件的传统也被诸位传记作者发扬光大。该传记集中甚至还大量引用了后两位传记作者作品中的材料。据统计，《诸奥古斯都传》中共收录了近 150 篇所谓的"文件"。其中，68 篇是信件、60 篇是演说词及向人民或元老院提供的建议书、20 篇是元老院敕令和欢呼表决。而这些文件的分布也是有规律可循的，在从哈德良到埃拉加巴卢斯的重要传记中，只有康茂德和马克里努斯的传记中提供了这类文件，且每篇只有 2 份；而在马克西米努斯、三位戈尔迪安、马克西姆斯和巴尔比努斯等元首的传记中，共包含有 26 份这类文件；波里奥所写的奥勒良、三十僭主和克劳狄乌斯的传记中有 27 份这类文件；沃比斯库斯的 5 篇传记中包含了多达 59 篇这类文件（他引用的这类文件数目是最多的）。传记作者们所引用的这些文件的真实性的确应该受到人们的质疑。至于它们的来源，我们无法——弄清楚，但

---

① David Magie. *The Scriptores Historiae Augustae*, Vol. 3. p. 151.
② David Magie. *The Scriptores Historiae Augustae*, Vol. 3. p. 263.

其中一些肯定不是传记作者创作，因为他们对这些信件的评论与信件的内容有些是相互矛盾的。① 总而言之，这些过分强调私生活和介绍奇闻逸事文件的大量引用违背了罗马史学"求真"的传统，不仅不能为传记增加任何史料价值，甚至降低了传记本身的可信度。

诸位传记作者对于求真的追求及其在实际写作过程中大量使用伪造文件之间的矛盾，构成其写作方面的第二个重要特点。

三　叙论结合，为咨政建言

《诸奥古斯都传》是一本元首传记集，从其撰写对象的特殊性可以看出，传记作者们的写作目的十分明确，即记录这些重要政治人物的功过，并对其进行评价，为后世元首（或皇帝）提供可资借鉴或应避免的范例。

值得注意的是，传记作者们大多都为自己撰写的作品指定了特殊的阅读对象，即将其献给某个特定的人物。根据传记是否具有特定的阅读对象，我们可以将它们分为两大类，即指明了特定阅读对象的传记和没有指明特定阅读对象的传记②。其中，后一种类型包括12篇，前一种类型共有18篇，如《埃里乌斯传》《马尔库斯·奥勒留传》《维鲁斯传》《阿维狄乌斯·卡西乌斯传》《狄迪乌斯·朱里亚努斯传》《塞普提米乌斯·塞维鲁传》《佩西尼乌斯·尼格尔传》《欧佩里乌斯·马克里努斯传》8篇传记是献给戴克里先皇帝的；《克洛狄乌斯·阿尔比努斯传》《安敦尼·盖塔传》《安敦尼·埃拉加巴卢斯传》《塞维鲁·亚历山大传》《两位马克西米努斯传》《三位戈尔迪安传》6篇是献给君士坦丁皇帝的；《神圣的奥勒良传》是献给城市长官朱尼乌斯·提贝利阿努斯的；《普洛布斯传》是献给塞尔西努斯的；《菲尔姆斯、萨图尼努斯、普罗库鲁斯和波诺苏斯传》《卡鲁斯、卡里努斯和努梅里安传》2篇是献给巴苏斯的。显而易见，诸位作者撰写这些元首传记的目的不仅是想让普通民众通过自己的著作了解过去的

---

① 尽管《诸奥古斯都传》中的文件偶尔会遭到人们的质疑，但直到1870年之后，人们才开始认真调查这些文件，并得出了它们大多属于伪造的结论。
② 没有指明特定阅读对象的传记包括：《哈德良传》《庇乌斯传》《康茂德传》《佩蒂纳克斯传》《卡拉卡拉传》《迪亚杜门尼亚努斯传》《马克西姆斯和巴尔比努斯传》《两位瓦勒良传》《加里恩努斯传》《三十僭主传》《神圣的克劳狄乌斯传》《塔西佗传》12篇。这12篇传记分属四位不同的传记作家，而他们撰写的其他传记却有明确的指定阅读对象，有些传记作家的作品甚至是献给不同的对象。需要注意的是，其中的《两位瓦勒良传》是特殊的，因为该篇传记残缺不全，是否在残缺的部分有提到该传记奉献的对象，我们无从得知。

历史和元首们的功过得失,更希望通过自己的传记来影响罗马当时的统治阶层,为他们的统治建言。

与苏维托尼乌斯通过在标题中是否添加"神圣"一词直接表明自己对传记人物态度的做法不同,该传记集中仅有两篇传记在题目中明确地表达自己对传记人物的看法,即《神圣的克劳狄乌斯传》和《神圣的奥勒良传》。然而,所有作者均在文中带着强烈的褒贬色彩夹叙夹议,明确地表达出自己对元首言行的看法。传记作者的评论并非以元首们去世之后是否被封为神圣为标准,而是尽量保持公允,就事论事,针对传记人物采取的行为分别进行评述,肯定其优秀、杰出的一面,否定其邪恶、残暴的一面。例如,埃里乌斯·斯帕提亚努斯在介绍死后被奉为神圣的哈德良时,既肯定了其务实、勤勉的统治作风,同时也指出了人们对其即位正统性的质疑,并批评了其在执政期间残杀元老的暴行和刺探官员隐私的恶行;尤利乌斯·卡皮托利努斯在其撰写《马尔库斯·奥勒留传》中,既肯定了马尔库斯的文治武功和诸多美德,也没有为维护这一杰出元首的声誉,而在其对儿子康茂德过分宠溺及其在维鲁斯之死一事上存在嫌疑等事情上保持缄默。即便在撰写僭主以及当时的统治者政敌的传记时,传记作者们也能认识到,不应一味"贬低这些被征服者的功绩",而应该"在为他们立传时说出关于他们高贵品质的全部真相"①。这样一来,既保证了传记的真实、准确性,又能从另一个方面为统治者增添荣耀。

然而,在大多数作者追求客观、真实的写作态度的同时,也有部分传记作者因为顾虑当时的统治者或者传记人物的后代,而对传记人物或是过分褒扬,或是过分贬斥,或干脆不予置评。如特勒贝利乌斯·波里奥在撰写《神圣的克劳狄乌斯传》时,就"出于对君士坦提乌斯·恺撒的尊敬"②,而对克劳狄乌斯多有溢美之词;为了突显克劳狄乌斯的伟大,他在撰写《两位加里恩努斯传》时一方面对加里恩努斯大肆抹黑,另一方面又"故意漏记了一些事情,以免他的后代由于这些细节被公开而觉得受到了冒犯"③。

传记作者们之所以采用夹叙夹议的写作手法,显然是出于上文所说的为资政建言这一明确的写作目的而采取的。在不涉及当代统治者的情况下,传记作者们大多都能尽量地站在公正、客观的立场评论传记人物;相

---

① David Magie. *The Scriptores Historiae Augustae*, Vol. 2. p. 177.
② David Magie. *The Scriptores Historiae Augustae*, Vol. 3. p. 153.
③ David Magie. *The Scriptores Historiae Augustae*, Vol. 3. p. 59.

反，在牵涉到当代统治者时，传记作者们却难免言语晦涩或有所偏颇。因而，在使用这些传记资料时，我们必须加以甄别，区别对待。

四 浓厚的天命观

在撰写元首传记的过程中，传记作者们并没有满足于记载元首们的生平事迹，他们还分别总结了杰出的和邪恶的元首的特点，甚至试图进一步探究造就杰出或邪恶的原因。因此，他们通常都会详细地记载传记人物童年时代的性格、受教育情况、成长过程中对他产生重要影响的人物和事件等。然而，当他们发觉，这些最终都无法为此提供一个令人信服的答案时，他们将一切归结于命运。

对于传记作者们而言，国家和个人都无法摆脱命运的安排。因此，对罗马帝国及传记人物命运的关注是《诸奥古斯都传》的重要主题之一，而与传记人物相关的预言和征兆成为该书的一项重要内容。显然，传记作者们认为，每当有重大事情发生时，神灵都会对人们有所启示。所以，每一篇传记中都有大量关于诸位元首获得权力及死亡的预言和征兆，而这些神谕和征兆的内容无一不被证实。正如传记作者借君士坦丁之口所说的那样："是命运将人推上元首的宝座。"① 因此，无论是邪恶还是杰出的元首的出现，都是命运安排的结果，是罗马人民注定应该承受的命运；而一位元首的优秀与否同样也是由命运决定的，正如波里奥在总结克劳狄乌斯成为杰出元首的原因时明确指出的一样，这是"依靠命运的力量"②。埃里乌斯·拉姆普里迪乌斯在《塞维鲁·亚历山大传》中也探讨了亚历山大能够成为杰出元首的两点原因：一是与生俱来的能力；二是恐惧。③

既然，国家和个人都受制于命运，那么，命运本身又是由谁控制的呢？从《诸奥古斯都传》中所引用的神谕来看，此处所说的"命运"通常是指希腊神话中的命运三女神④及命运之神涅墨西斯⑤。希腊文化的影响由

---

① David Magie. The Scriptores Historiae Augustae, Vol. 2. p. 173.
② David Magie. The Scriptores Historiae Augustae, Vol. 3. p. 167.
③ David Magie. The Scriptores Historiae Augustae, Vol. 2. pp. 307–309.
④ 赫西俄德的《神谱》中记载了希腊人的命运三女神，她们分别是克罗索、拉赫西斯、阿特洛泊斯。她们在人出生时就指定了他们的命运。第一位命运女神纺生命之线，第二位为人们安排命运，第三位有可怕的剪刀，监督人们的犯罪行为，并进行报复。
⑤ 涅墨西斯是海洋和黑夜之神诺克斯的女儿，她的职责是打断幸福的人们持续幸福的状态或打破繁荣的局面，让人们经历命运的起伏。

此可见一斑。与希腊人一样，传记作者们认为，命运既是指上天注定的一个人的人生轨迹，也是个人行为选择的结果。因此，尽管传记作者们重视天命的作用，但却没有完全将人力的因素摒弃于自己考虑的范围之外。例如，埃里乌斯·斯帕提亚努斯在解释哈德良登上元首之位的原因时指出，这是因为哈德良接受了命运的安排，且努力研究学术和战争；同样地，他也认为，之所以罗马在埃拉加巴卢斯的治下会遭受耻辱，是因为他出身卑贱，且没有良好的德行；波里奥在解释罗马的命运时，既肯定了天命的安排，也强调元首本身的作用，认为"只有在称职元首的统治之下，命运才会允许罗马延续下去"①。埃里乌斯·拉姆普里迪乌斯也曾提出，邪恶的朋友是导致统治者变得邪恶的重要原因。② 然而，总体而言，人的力量是无法同命运抗衡的，人们只能被动地承受命运的喜怒无常。在此过程中，人所能发挥的作用仅限于推动或延缓命运的安排。

《诸奥古斯都传》鲜明的写作特点影响了人们对于其史料价值的评判，如传记中插入了后世编纂者诸多的篡改、大量介绍元首私生活及奇闻逸事的资料的引用降低了其资料的可信度，诸多伪造文件的插入不仅不能为其增添历史价值，有时甚至还打断了叙事的连贯性等。尽管该书存在诸多不足，但是，《诸奥古斯都传》一直是学者们研究二、三世纪罗马历史的重要资料来源，如吉本和蒙森就在自己的著作中引用了许多《诸奥古斯都传》中的资料。因此，我们应该在认识到该传记集存在诸多缺陷的同时，也要重视该传记集的史料价值，正如梅利维尔所说的那样："我们通常可能信赖传记作者们对那些重要的历史事件的叙述和他们对于传记人物的看法的；但是，我们必须警惕充斥于其间的琐碎的、难以置信的奇闻逸事。"③

---

① David Magie. *The Scriptores Historiae Augustae*, Vol. 3. p. 91.
② David Magie. *The Scriptores Historiae Augustae*, Vol. 2. p. 313.
③ Chares Merivale, *A History of the Romans under the Empire*, Vol. 7. London：Longman, 1865, p. 321.

劳埃德·德莫斯的心理史学理论

王羽飞

(北京师范大学历史学院，北京 100875)

摘 要：劳埃德·德莫斯是当代美国最著名的心理史学家。他提出的童年历史进化六阶段理论，以成年人对儿童养育模式的进化为基础，认识人类心理进化对历史的影响。他的心理史学理论，重视对心理进化模式、心理进化模式与历史预测，以及历史动因等问题的研究，开拓了史学理论研究的视野。不过学术界对德莫斯的心理史学理论，毁誉参半，存在较多的争议。

关键词：童年历史进化　群体幻想　预测

劳埃德·德莫斯（Lloyd deMause，生于 1931 年）是 20 世纪美国著名的思想家、历史学家，主要研究领域为心理史学。他出生于美国密歇根州底特律城，在哥伦比亚大学接受社会学的本科教育后，继续攻读政治学硕士学位，并在美国国家心理学协会学习心理分析。曾任教于纽约城市大学。1972 年，德莫斯在纽约创立了心理史学协会，下设心理史学研究所，发展至今已经在全世界设有 18 个分支机构。他于 1973 年创办《童年史季刊》，创刊号与前几卷的副标题为"心理史学杂志"；自 1976 年起，正式更名为《心理史学杂志》。[①] 1977 年，德莫斯组织成立了心理学专业机构国际心理史学协会，[②] 协会拥有《心理史学学报》和一家网络图书馆，并

[①] 心理史学协会网站，http://psychohistory.com/the-journal-of-psychohistory/（2016/3/25）。

[②] 该协会得到美国历史学会的官方承认，见 Donna Arzt, "Psychohistory and Its Discontents," *Biography*, Vol. 1, No. 3, 1978, p. 5。

且负责组织一年一度的心理史学大会。

德莫斯心理史学研究的主要方向是历史事件的心理动机分析,旨在理解历史事件与人的心理情绪关系,以及心理情绪的根源。代表作有《童年历史》(1974)、《心理史学基础》(1982)、《国家情绪生活》(2002)等,[①]发表超过90篇学术文章,多数刊载于《心理史学杂志》。截至2013年,即《心理史学杂志》问世40年,该杂志先后刊登1100余篇论文,始终是美国心理史学最重要的阵地,其中刊登的文章大多为运用德莫斯心理史学理论的研究成果。

一 儿童历史与童年历史进化论

法国学者菲利普·阿里耶斯的《儿童的世纪:家庭生活的社会史》(1960)的出版,标志着西方儿童史研究的开始。德莫斯在《童年史季刊》的发刊词中指出,阿里耶斯为心理史学提供了"更广阔研究的可能",他呼吁对精神分析有兴趣的史家,开发新材料,动用新手段,建立一种基于心理史学的童年史,填补知识上的空白。[②] 然而,德莫斯与阿里耶斯的学术思想也存在分歧,主要在于,尽管二者皆持儿童历史进化观点,但阿里耶斯在某种程度上是"反现代主义者",[③] "阿里耶斯的中心议题与我相反……(他)论证,传统古代社会的儿童因为可以与自己同阶级同年龄的其他儿童自由相处,因而是幸福的"[④]。然而,德莫斯认为,回顾整个人类的历史过程,由于早期人类社会缺乏对儿童的保护措施,结果是儿童时常

---

① 大卫·李指出:"德莫斯于2002出版的《国家情绪生活》,是他关于历史动机和童年历史进化综合思考的重要著作……其中频繁地使用《心理史学基础》中提出的理论,并发展了童年历史。"因而,本文仅关注德莫斯的基础性作品,即《童年历史》和《心理史学基础》。见 David D. Lee, "Review of the Emotional Life of Nations," *Journal of the History of the Behavioral Sciences*, Vol. 40, No. 2, 2002, p. 234。

② Lloyd deMause, "The History of Childhood: The Basis for Psychohistory," *History of Childhood Quarterly: The Journal of Psychohistory*, Vol. 1, No. 1, Summer 1973, p. 1. 转引自辛旭《由误解发现"童年":"阿利埃斯典范"与儿童史研究的兴起》,《四川大学学报》(哲学社会科学版)2014年第3期,第51页。

③ Lawrence Stone, "Early Modern Revolutions: An Exchange: The Causes of the English Revolution, 1529 – 1642: A Reply," *Journal of Modern History*, Vol. 46, No. 1, 1974, p. 106.

④ Lloyd deMause, *The History of Childhood*, Souvenir Press, London, 1976, p. 54.

面对死亡、遗弃、殴打、恐吓以及虐待的威胁。①

德莫斯认为:"自 20 世纪 70 年代开始,对心理史学家产生深远影响的不是弗洛伊德和埃里克森,而是爱丽丝·米勒。"② 米勒专注于研究童年早期心理创伤的成因及影响,反对传统精神分析学,建立了一套以规避父母心理虐待为主的儿童教育学。③ 米勒创作的心理传记,透露出一种进化的历史观念,即在原始和古代社会,儿童经常受到身体虐待,因而这段历史中频繁发生血腥和暴力事件;到了近代社会,由于家长对儿童的虐待上升为更隐蔽的心理虐待,所以这一时期较多出现抑郁症、躁狂症等精神疾病。她认为随着育儿观念的进步,人类社会也将走向更加美好的未来。这种线性的发展观一直影响着德莫斯的历史观念。另外,由于儿童历史研究资料的匮乏,促使他对此方面的研究更为重视理论上的突破。

关于儿童历史的研究中缺乏可信史料的问题。彼得·拉士略质疑道:"书面记录中有关儿童状况的记载大量缺失……人们对于自己童年与青少年的经历也缄默不言……在传统历史中,儿童历史通常以数字计量的形式出现,我们对古代儿童生活状况基本上处于一知半解的认识状态。"④ 家庭社会学家詹姆斯·博萨德认为:"不幸的是,古人基本不会记录儿童活动的情况,因为我们只能搜集到儿童死亡的历史数据,所以儿童历史是否可写也成为问题。"⑤

面对以上困境,德莫斯认为要摆脱资料缺乏的困境,就必须建立一套以心理进化论为主线的历史结构。⑥ 因此,在《童年进化》中,德莫斯首次提出了他的童年历史进化论。⑦ 德莫斯假设,童年历史进化基于父母设身处地考虑自己孩子处境的"需求"或"能力",这要求父母在心理上,

---

① Lloyd deMause, "The Evolution of Childhood," Lloyd deMause, ed., *The History of Childhood*, New York: Psychohistory Press, 1974, p. 1.

② Lloyd deMause, "Alice Miller Dies at 87," *The Journal of Psychohistory*, Vol. 38, No. 3, Winter 2011, p. 289.

③ Donald Capps, *The Child's Song: The Religious Abuse of Children*, Louisville, Kentucky: Westminster Knox Press, 1995, p. 13.

④ Peter Laslett, *The World We Have Lost*, New York: Scribner, 1965, p. 104.

⑤ James H. S. Bossard, *The Sociology of Child Development*, New York: Harper, 1948, p. 598.

⑥ 德莫斯认为,应该尝试效仿一些历史哲学家的工作,去定义每一个时代事件和机构中的一些共性,以解释每个时代连续性中的逻辑模式。见 Joseph F. Campbell, "Psychohistory: Creating a New Discipline," *The Journal of Psychohistory*, Vol. 37, No. 1, Summer 2009, p. 10.

⑦ Lloyd deMause, "The Evolution of Childhood," Lloyd deMause, ed., *The History of Childhood*.

退化到与他们孩子相同的幼龄阶段,"以更好的方式,重新处理他们在自己童年时期面对的焦虑"。①

在证明他自己的假设时,德莫斯充分引用了他所能收集到的证据。不同于其他儿童史家对证据做出歪曲和粉饰的解释,这些证据多为符合其理论解释的虐童证据。例如,德莫斯提到,丹尼尔·米勒与盖伊·斯旺森在《改变中的美国家长:以底特律地区为例》一文中引用的一则史料,当地一些母亲经常使用木棍抽打摇篮中的婴儿,这在德莫斯眼中完全是一则虐童证据,然而两位作者却为这类母亲辩护,"如果这样做能训练婴儿的纪律感,那么她们的做法仅仅是一种充满善意的关心"②。另外,德莫斯指出,安娜·波尔刻意忽略人物自传中有关童年阴影的记录,"她查阅了250部自传,发现其中有关童年的内容多为不愉快的回忆,但是波尔小心翼翼地回避了这一现象,并未对此做出任何解释"③。在德莫斯看来,这些证据对儿童历史的研究是十分重要的。

德莫斯通过对证据的分析,提出了童年历史进化的三条心理学原则:①成年人将儿童视为投射无意识内容的容器(投射效应);②成年人将儿童设想为自己童年中,对自己产生重要影响的成年人的替身(逆转效应);③成年人与儿童的需求产生共鸣,并采取行动满足他们(移情效应)。④ 德莫斯综合前两种心理效应,称其为"双重意象"效应,在他们看来,儿童完全是成人投射出的欲望,同时孩子身上又具有自己父母的身影,这就意味着孩子是爱与恨的结合体。而移情效应,特指成年人退化到儿童需求层面的能力,并且成年人在排除自身心理投射后,还能正确识别这些需求。这三条原则组成了童年历史进化的三条考察线索。

最后,谈及进化,我们可以发现,自达尔文进化论问世以来,西方学术界在不同领域对其进行实践与模仿。借此,德莫斯提出了有关童年历史的心理进化论,见图1。

---

① Lloyd deMause, *The History of Childhood*, p. 3.
② Lloyd deMause, *Foundations of psychohistory*, Creative Roots, New York, 1982, p. 5; cf. Daniel R. Miller and Guy E. Swanson, *The Changing American Parent: A Study in the Detroit Area*, Wiley, New York, 1958, p. 10.
③ Lloyd deMause, *Foundations of psychohistory*, p. 6; cf. Anna Robeson Burr, *The Autobiography: A Critical and Comparative Study*, Cornell University Library, Boston, 1909.
④ Lloyd deMause, *Foundations of psychohistory*, pp. 7 – 8.

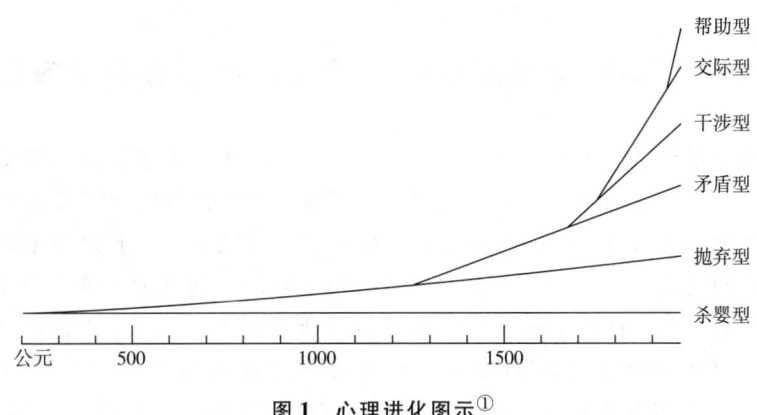

图1 心理进化图示①

六种心理进化类型分别对应：①古已有之的杀婴型养育方式；②4世纪至13世纪出现的抛弃型养育方式；③14世纪至17世纪出现的矛盾型养育方式；④18世纪出现的干涉型养育方式；⑤19世纪后出现的交际型养育方式；⑥当代的帮助型养育方式。进化分期以（在心理上）最先进国家中（在心理上）最先进的那群人，开始发生心理进化的时间为标准，即某一特定心因性模式开始大量出现在某个国家的时期。

对以上六种类型，德莫斯作了具体的论述。他指出，每一次心因性模式的进步都会缩小亲子之间的感情距离。在杀婴型模式下的古代，无论是穷人还是富人，都会定期采取杀婴的手段，去应对因自己婴儿时期的经历而产生的焦虑。到了中世纪，抛弃型模式代替了杀婴型模式，人们更多地将孩子送到奶妈、寄养家庭和修道院里养育。矛盾型的家长出现在文艺复兴时期，他们既把孩子当作无法挽回的邪恶过错的结果，又把孩子看作理想化的圣物。18世纪的干涉型模式造就了这样一类母亲，她们要求完全控制自己孩子的情感，通过独有的手段来保证孩子的幸福。当前处于支配地位的是交际型模式的家长，他们通过较为隐蔽的手段，如唤起孩子的内疚心理，或将自己的人生目标灌输给孩子，来实现对孩子的控制。德莫斯认为，在这一系列亲子间走向亲密的过程中，父母的理性使他们慢慢克服自身焦虑，识别和满足儿童需求的能力也在不断提高。这种进化的趋势正是人类理性在历史中的作用和价值的体现。

---

① Lloyd deMause, *Foundations of psychohistory*, p. 108.

二 《心理史学基础》与德莫斯的心理史学理论

德莫斯在童年历史进化论的基础之上,进一步阐释了他的心理史学理论。1982年,他发表了名著《心理史学基础》,将心理史学定义为"一门研究历史动机的科学……而非历史学那样的叙事艺术……其进步依赖于对新范式的发现和证伪"[①]。与社会学或人类学不同,他认为心理史学建立在个体研究之上。社会学和人类学重视整体研究的谬误在于,"它将群体视为一个存在于个体之外的整体,而忽视了群体本身也是一个个体的假设"[②]。只有将群体假设为更大的个体,心理史学才能将研究个体的心理学原则使用在群体之上。

(一) 心理史学的理论结构

通过德莫斯对心理史学的界定,我们可以看出,首先,德莫斯将历史过程视为科学的模式化进程;其次,该过程由个体上升到群体,由群体影响到自然和社会。因而,德莫斯制定了一幅流程图,见图2。

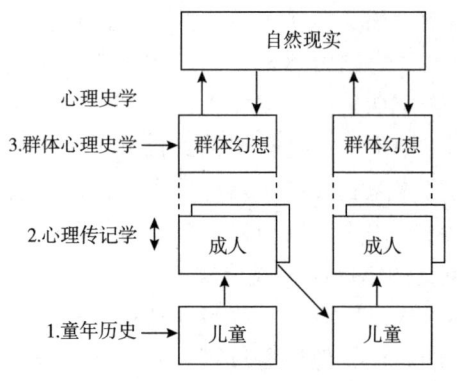

图2 心理史学结构图[③]

根据图2,历史模式的起点是第一代的个体儿童。第一代儿童个体长大成人后,成人个体在群体中共享其个体幻想。所谓个体幻想(Fantasy),

---

① Lloyd deMause, *Foundations of psychohistory*, p. 133.
② Lloyd deMause, *Foundations of psychohistory*, p. 134.
③ Lloyd deMause, *Foundations of psychohistory*, p. 90.

指的是个体的一系列无意识的假设，属于非理性的因素，表现为个体的情绪、感觉。① 由此可见，德莫斯对历史过程的考察，强调非理性因素的作用。他进一步指出，个体幻想会凝聚成群体幻想（group-fantasy，关于群体幻想含义，详见下文）。群体幻想与自然现实世界发生互动，影响历史进程。在图2中，第一代成人的箭头指向第二代儿童，说明父母养育儿童的方式会直接影响下一代的群体幻想，继而影响未来的历史进程。同理，第二代人成年后会影响第三代儿童，以此类推，历史的进程随着人类繁衍后代而不断展开。因此，心理史学研究主题也随之确立，即童年历史、心理传记学以及群体心理史学。

（二）心理史学的历史动因观念

在德莫斯看来，人类历史进程是一个不断前进的过程，这种前进不是指生理的进化，也非人类理性的进步，而是心理的进化。根据图2反映出的三个层次，德莫斯认为历史进步体现在，前一代成人对待后一代儿童的养育模式发生了变化。这种变化不同于生物学中的基因突变，它需要父母拥有一种能力，即可以将自己的心理"退化"到孩子的心理年龄阶段，重温类似的童年焦虑，感同身受儿童的想法。这种"退化导致进化"的心理过程源于人类天生的内在欲望，"爱"使得这一过程先天地具有双重统一性。一方面，父母对儿童无私的爱，可以有效地降低儿童的童年阴影，继而改善其个体幻想，乃至群体幻想。另一方面，父母对儿童自私的爱，会起到与之相反的效果。因此，在心理史学中，爱是一切历史发生改变的最重要动因和中心机制。②

（三）群体幻想与历史预测

德莫斯认为，群体幻想由个体幻想凝聚而成，是群体的"情绪"。主要表现为对社会政治经济状况的感觉，对国家安全以及国家发展趋势是否有信心等。③ 群体依靠感觉，而非理性分析做出判断。更具体地说，群体幻想由个体幻想聚集而成，同时个体共享群体的情绪，主要有三类：第一，对爱的需求；第二，个人情感；第三，压抑的欲望、愤怒和禁忌等源

---

① Lloyd deMause, Henry Eble, *Jimmy Carter and American Fantasy: Psychohistorical Explorations*, Two Continents, New York, 1977, p. 4.
② Lloyd deMause, *Foundations of psychohistory*, p. 136.
③ Lloyd deMause, *Foundations of psychohistory*, p. 150.

于童年经历的负面情绪。"群体心理史学的动力学源自于个体心理学的原则,因此,要将移情与主观涉入视为群体心理史学研究的基本原则。"[1]

德莫斯创造了一套用于分析,包裹着本能心理防御外衣,隐藏在公共舆论之中的群体幻想的方法。这是一种甄别史料中群体幻想内容的方法,也是研究群体幻想的核心方法。该方法有八项原则:记录对象群体中所有的①比喻和隐喻;②肢体语言以及表达强烈情绪的词语;③重复出现,罕见以及无理由出现的词语;④明显的象征性词语;⑤公开的群体回应,如会议中的笑声、瞬间沉默和交头接耳等反应;⑥注意长期没有出现任何意象的谈话,这说明群体幻想正在遭受压抑,并排除所有的;⑦消极信息,消极和拒绝都属于心理防御;⑧心理防御机制投射出的主客体。[2]

德莫斯对群体幻想与历史预测的关系,做了大量的数据分析。他在对成百上千个记录美国近现代历史的公共文档进行分析后,简要总结出一组有规律的群体幻想阶段的模式,该模式以3~4年为一个周期反复重现。具体如表1所示。[3]

表1 群体幻想的阶段模式

群体幻想 阶段	对领袖的	对国家的	对敌人的
一、"强壮的"	强大的	内部安全	敌人陷入困境
二、"破裂的"	疲软的	分裂的,拥挤的,无安全感	疲软的,危险的
三、"崩塌的"	无助的	崩塌的,压力不断累积	崩塌的,有害的
四、"剧变的"	坚韧的	陷入绝境,通过斗争逃离令人窒息的环境	敌人充满力量

在阶段一中,领袖是强大的,国家处于安全状态,而敌人处在困境

---

[1] Heidi Moller, Christ of Netzer and Silke Seemann, "Analyzing Stories for a Deeper Understanding of Corporate Culture: The Psychohistory of Lloyd deMause as a Narrative Analytical Method", *Socio Analysis*, Vol. 10, 2008, p. 28.

[2] Lloyd deMause, *Foundations of Psychohistory*, pp. 195 – 196.

[3] Lloyd deMause, *Foundations of Psychohistory*, p. 153.

中。在适当的时候,即扮演养育者的领袖角色开始衰退时,象征着"破裂的"阶段二开始了。当衰退进行到一定程度,群体幻想迎来了阶段三,即"崩塌"阶段,该阶段通常以领袖无力阻止"价值观的突然瓦解"作为标志性事件。可以是本土发生的事件,如内部骚乱;也可以是外部事件,如外交政策的失败。最后是阶段四,即"剧变"阶段,在此阶段领袖开始介入一些危机,通常是卷入战争或战争威胁。整个国家感到陷入困境与窒息之中,为了摆脱难以承受的困境,群体急迫地投身到"为自由而战"的斗争中。在危机形势稳定后,敌人陷入慌乱,而群体再次感到自己强大起来,并且如释重负。

德莫斯提出的群体幻想四阶段模式属于典型的循环史观,群体不断经历着由盛转衰,最后通过危机或战争释放压力,并获得重生的过程。由于群体幻想周期为3~4年,因而德莫斯认为,该模式具有预测未来的能力。德莫斯在1952~1977年的美国历史中找出六组群体幻想循环,例如,第二组群体幻想循环是艾森豪威尔1956年连任总统后的任期。在竞选阶段,群体幻想处于阶段一,艾森豪威尔是强大的领袖;在阶段二中,艾森豪威尔采取谨慎克制的态度,拒绝派遣美军干涉苏伊士运河危机;而接下来美军入侵黎巴嫩却出乎所有人的意料,甚至可以说有些莫名其妙;这是因为美国群体幻想已经进入阶段四,而美国人无法找到其他可以进行干涉的危机,只好派遣美军进入黎巴嫩"维和"。第三组群体幻想循环是1960年肯尼迪的第一任总统任期。在大选获胜后,群体幻想处于阶段一,群体对肯尼迪的印象是年轻且富有魅力;猪湾入侵的失败标志着肯尼迪时期的群体幻想快速地由第二阶段转向第三阶段;第四阶段也提前出现,美国群体急于寻找一个释放压抑感的途径,可以说这时群体幻想的形成,先于美国侦察机发现古巴的导弹这一客观事实,古巴导弹危机对美国人来说反而是释放压力的一种慰藉。①

根据之前的六组群体幻想循环,德莫斯预测卡特的总统任期正是当代美国的第七组群体幻想循环,根据群体幻想循环3~4年的周期,他认为卡特将会在1979年前后发动一场战争。②

自1973年德莫斯在《童年历史季刊》发刊词中提出心理史学是一门

---

① Lloyd deMause, *Foundations of Psychohistory*, pp. 157–158.
② Lloyd deMause, *Foundations of Psychohistory*, p. 168. 虽然在1979年的11月,美国经历了"伊朗人质危机",但直至1981年1月危机结束,美伊之间没有爆发战争。

科学以来，一直饱受历史学界的争议；在1982年《心理史学基础》问世后，对其心理史学思想的批评又迎来新的高峰。然而，"自从1968年，劳埃德·德莫斯走向心理史学的研究领域以来，他坚守《心理史学杂志》这一阵地长达36年之久，他一方面对抗强烈的质疑和肆意的批评，一方面依然坚持心理史学创作，并培养相关人才。"① 因此，面对这种激烈的对抗，我们有必要对历史学界关于德莫斯的评价做出一番审视，以便正确评价德莫斯的史学思想。

三 劳埃德·德莫斯心理史学理论评价

（一）对德莫斯童年历史研究的评价

施努克认为，《童年历史》是"美国应用精神分析学会的五年计划中的巅峰之作，在内容和方法论上对历史学家而言至关重要。作者结合了历史学、社会学和心理学的原则去揭示过去历史中为人忽略的一面"②。诺曼指出，德莫斯在"文献和问题意识方面，都极为优秀……尽管他的作品阅读起来有些困难，但他一直在将散乱的成果梳理成一致的整体。德莫斯与其他历史学家的思考的最大区别在于，他将儿童视为过去历史中唯一的焦点，因此，他毫无疑问在儿童史方面做出了显著的贡献"③。

不过，对于德莫斯选择童年历史研究的史料问题，学者们有不同的看法。普莱奇持较为温和的批判态度，他谈到德莫斯在论证自己的理论时，大量使用了每个时代负面的养育儿童的证据，"德莫斯编辑的《童年历史》这部书，主要的价值是其中引用的大量的参考文献"④。而肖尔提出了最全面的质疑，他认为德莫斯"在选取史料时，报忧不报喜的做法，毫无疑问让我们很难客观地评价《童年历史》"⑤。德莫斯的史料来源主要是，"有

---

① Joseph F. Campbell, "Psychohistory: Creating a New Discipline," *The Journal of Psychohistory*, Vol. 37, No. 1, Summer 2009, p. 24.
② R. V. Schnucker, "Review of the History of Childhood," *The Sixteenth Century Journal*, Vol. 5, No. 2, 1974, p. 130.
③ Jane M. Norman, "Review of the History of Childhood," *The Journal of Educational Thought*, Vol. 9, No. 2, 1975, pp. 154-155.
④ Carl Pletsch, "Review of the History of Childhood," *The Journal of Modern History*, Vol. 47, No. 2, 1975, p. 338.
⑤ Miles F. Shore, "The Child and Historiography," *Journal of Interdisciplinary History*, Vol. 6, No. 3, 1976, p. 495.

歧义的自传，回忆录，无足轻重的信件，间接的文学和艺术证据，以及社会和文化史的二手材料……德莫斯及其合作者在选取史料时缺乏批判，选择易行的捷径，将证据与善美的字词联系在一起（粉饰法），使读者在未经批判的前提下便轻易接受和认同他"[1]。

施奈尔则为德莫斯辩护，"德莫斯、埃里克森和阿里耶斯是当前儿童历史研究和写作领域中影响力最大的三位学者……在我看来，德莫斯和埃里克森在研究儿童史时，确实缺乏像阿里耶斯那样，结合童年，家庭和学校等因素进行综合的历史解释……但是德莫斯和埃里克森的模式中的知识，对于我们充分理解如何对相同的证据做不同的解释而言，是极为必要的"[2]。德尔文强调了德莫斯本人在论证过程中提出的标准，"他意识到稀疏的经验材料很难建立起一套进化论命题，但是童年历史中具有逻辑的一致性，以及用于做进一步调查的足够的可信的证据"[3]。

另外，也有学者质疑德莫斯童年历史进化论的逻辑问题。范恩在比较阿里耶斯和德莫斯时，指出德莫斯解释进化动因时未经批判，"德莫斯理论的问题表明，阿里耶斯的明智之处在于，他将论证停留在社会学层面，进而避免进一步的因果解释……没有证据表明，有益的心理退化现象的存在"[4]。而心理学家肖尔则承认，"德莫斯正确地把握住，心理退化是研究家长心理结构的关键……关于德莫斯的进化理论，家长的心理退化，以及在内心冲突下对子女的养育工作，的确是进化发生的一种合理机制"[5]。

（二）对德莫斯群体幻想理论的评价

学术界关于群体幻想理论最大的争议在于心理史学是否是一门科学，或者说心理史学是否能够预测未来。维甘德和布林克批评了群体幻想理论的预测功能。维甘德指出，"德莫斯试图总结出一套规律，一旦我们

---

[1] Miles F. Shore, "The Child and Historiography," *Journal of Interdisciplinary History*, p. 497.
[2] R. L. Schnell, "Intergrating Concepts of Childhood and the History of Education," *The Irish Journal of Education*, Vol. 12, No. 1, 1978, p. 56.
[3] Dan Dervin, "On the Roles Played by Psychoclasses in the Evolution of Parenting," *The Journal of Psychohistory*, Vol. 36, No. 4, Spring 2009, p. 314.
[4] Richard T. Vann, "The Youth of Centuries of Childhood," *History and Theory*, Vol. 21, No. 2, 1982, p. 293.
[5] Miles F. Shore, "The Child and Historiography," *Journal of Interdisciplinary History*, Vol. 6, No. 3, 1976, pp. 502–503.

承认规律的存在，那么我们便承认心理史学有预测未来的能力……或许心理史学可以预测，特定的场景中，拥有特定的个性类型的群体共享的普遍经验，但科学从来不说'或许'这个单词"①。布林克谈到，德莫斯开篇便宣称心理史学是一门新的社会科学，这一点过于激进，"因为大多数心理史学家都将心理史学看作用心理学解释历史现象的学科。他所谓科学方法是，使用内省和体悟，探索我们自己的无意识以期发现他人的无意识……而德莫斯的激进做法，对我们理解或预测历史趋势或总统政治毫无帮助"②。

关于群体幻想理论的预测功能，无论从事实上讲（如在卡特任期中，并未爆发如德莫斯预言的战争），还是从逻辑上讲，都很难成立。因此，我们不得不承认这是心理史学的软肋。然而，在这一批评过程中，我们可以察觉到，西方学者在理性批判背后还带有一丝感情用事，而这种情绪化的批判，恰好证明了心理史学对心理情绪研究的价值。正如伊利克指出的，"尽管很多学者都将德莫斯当作嘲笑的对象，但是这些嘲讽很少针对德莫斯提出的理论，我们从这一现象中更多地发现，正统历史学家暴露出的大规模心理防御，而这正是德莫斯提到的集体的无意识"③。阿特拉斯也针对这一点为德莫斯进行辩护，"劳埃德·德莫斯花费了他大半生的精力来推动和改善儿童养育方法，终止儿童暴力等理念……这是一项艰难的任务，经常要面对部分学者的强烈拒绝，遭到他们的误解和嘲笑。其中大部分原因是他们害怕这些内容勾起他们惨痛的童年记忆"④。

另外，德国历史学家尼森（Nyssen）批评德莫斯只知道写作有关无意识的幻想内容。伊哈努斯为其辩护道："德莫斯当然知道，人类行为中也有理性的心理，进化正是理性的表现……德莫斯将理性的部分隐藏在非理性中，很少点明这个问题。"⑤ 阿特拉斯具体说明了群体幻想理论的作用，

---

① Wayne A. Wiegand, "Psychohistory: A New Frontier for Library Historians? A Review Essay," *The Journal of Library History*, Vol. 18, No. 4, 1983, pp. 469–470.

② T. L. Brink, "Review of the New Psychohistory," *Presidential Studies Quarterly*, Vol. 14, No. 3, 1984, pp. 458–460.

③ Joseph E. Illick, "Some Thoughts on Psychohistory," *Political Psychology*, Vol. 4, No. 4, 1983, p. 762.

④ Jerrold Atlas, "Bush's Need to Use Violence: Alters Being Led by Alters," *The Journal of Psychohistory*, Vol. 35, No. 1, Summer 2007, p. 20.

⑤ Juhani Ihanus, "Review of Kritik der Psychohistorie: Anspruch und Grenzen eines psychologistischen Paradigmas," *The Journal of Psychohistory*, Vol. 33, No. 3, Winter 2006, p. 297.

"一直以来,我们通过各种渠道接受的教育,都谈到某些民族是好战的,但是我们经常怀疑这些说法是空谈。德莫斯的一个主要贡献是,通过群体幻想的评估,为我们提供了这些民族好战性的证据。其中,他着重解释了这些民族的儿童养育方式,由此我们知晓,这些民族的成人的行为和动机与他们童年经历之间的关系"①。

综上,我们可以对德莫斯的心理史学做出如下认识:首先,德莫斯强调历史学的个体性,并将移情和主观认识作为心理史学研究的主要手段,同时,他又强调心理史学的科学性和普遍性。他从个体幻想、群体幻想进而至历史预测的理论,反映了德莫斯力图解释历史特殊性与普遍性之间的关系。其次,传统的心理史学家,运用基于临床观察得出的心理学原则来解释历史现象,而德莫斯则是从历史现象中抽象出一套群体幻想循环解释历史现象。德莫斯虽然得出一套普遍化模式,但无法对历史现象乃至历史过程做出令人信服的解释。不过对德莫斯的心理史学的积极方面,也是应充分肯定的。他的心理史学开拓了史学研究的视野。正如萨冈总结的,德莫斯在心理史学理论的发展中做出了伟大的突破,他在《童年历史》中描绘了一种更为精确的童年历史,"他成功地将儿童养育与社会和政治组织结合成一个整体……为以后更加复杂和全面的心理史学研究奠定了基础"②。同时,德莫斯对儿童养育的关注及其进步史观中表现出一种人文主义的关怀,正是历史学在道德意义上的初衷。

---

① Jerrold Atlas, "Recognizing Reality in Group - Fantasies," *The Journal of Psychohistory*, Vol. 35, No. 4, Spring 2008, p. 356.
② Eli Sagan, "The Recurring Universal and the Evolutionary Transformative," *History and Theory*, Vol. 46, No. 3, 2007, p. 464.

历史文献学

《元史》匡谬两则

白　刚

（空军航空大学人文社会科学系，吉林长春　130022）

　　正如清代学者钱大昕在《十驾斋养新录·元史》中所说的："古今史成之速，未有如《元史》者。而文之陋劣，亦无如《元史》者。"① 自《元史》修成后，后世学者，因不满它的错讹百出，多有重修元朝史之志、之举，如明人胡粹中《元史续编》、清人魏源《元史新编》、屠寄《蒙兀儿史记》、柯劭忞《新元史》等。虽然如此，明朝官方修的《元史》由于保存了大量的原始文献，故其史料价值仍是后世重修元朝史不能替代的，仍是学者研究元朝历史的基本史料。至于其中的谬误，当然要不断予以纠正。本文以中华书局1976年版《元史》为据，对其所记金将完颜合达的被杀地、被谁所杀所出现的错误予以匡谬。

　　一、《元史·塔思传》："壬辰（1232年）春，睿宗与金兵相拒于汝、汉间，金步骑二十万，帝命塔思与亲王按赤台、口温不花合军先进渡河，以为声援。至三峰山，与睿宗兵合，金兵成列，将战，会大雪，分兵四出，塔思冒矢石先挫其锋，诸军继进，大败金兵，擒移剌蒲瓦。完颜合达单骑走钧州，追斩之，遂拔钧州。"②

　　按：此处说金军在三峰山被蒙古打败后，金将完颜合达单骑逃亡，被塔思军追斩，误。

　　二、《元史·刘黑马传》："岁己丑，太宗即位，……庚寅（1230年），睿宗入自大散关，假道于宋以伐金，命黑马先由兴元、金、房东下。至三峰山，遇金大将合达，与战，大破之，虏合达，斩首数万级，乘胜攻破香

---

① （清）钱大昕：《十驾斋养新录》，江苏古籍出版社，2000，第183页。
② （明）宋濂：《元史》卷119《塔思传》，中华书局，1976，第2938页。

山寨及钧州。"①

按：此处说完颜合达在三峰山之战中被刘黑马军擒获，误。

据《金史·哀宗纪上》：天兴元年正月"丁酉，大雪。大元兵及两省军战钧州之三峰山，两省军大溃，合达、陈和尚、杨沃衍走钧州，城破皆死之。"②《金史·完颜合达传》："（正大）九年（1232年）正月丁酉，两省军溃于阳翟之三峰山。……合达知大事已去，欲下马战，而蒲阿已失所在。合达以数百骑走钧州，北兵堑其城外攻之，走门不得出，匿窟室中，城破，北兵发而杀之。"③ 可知，完颜合达在三峰山之战后固守钧州，钧州被攻克后才被蒙古军队所杀。

又《元史·太宗纪》："（元太宗）四年壬辰（1232年）春正月……丙申，大雪。丁酉，又雪。次新郑。是日，拖雷及金师战于钧州之三峰，大败之，获金将蒲阿。戊戌，帝至三峰。壬寅，攻钧州，克之，获金将合达。"④《元史·睿宗传》："壬辰春，合达等知拖雷已北，合步骑十五万蹑其后。拖雷按兵，遣其将忽都忽等诱之……天大雨雪，金人僵冻无人色，几不能军，拖雷……遂奋击于三峰山，大破之，追奔数十里，流血被道，资仗委积，金之精锐尽于此矣。……合达走钧州，仅遗数百骑。……从太宗攻钧州，拔之，获合达。"⑤ 可见，《元史》中的相关史料也认为完颜合达的生命终点不在三峰山，而是在钧州。

《多桑蒙古史》："1232 年 [2 月]……金军进次于三峰山，军士有不食至三日者。时窝阔台军自河北来与拖雷军合，围金军。乘其困惫，乃开钧州路纵之走，而以生兵夹击之，金军遂溃。哈达走入钧州。窝阔台在郑州闻拖雷与金军相持，遣军赴援。至则金军已溃，于是乃合攻钧州，破其城，擒哈达。"⑥

《元史·太宗纪》《元史·睿宗传》《多桑蒙古史》都认为完颜合达是在钧州攻克后被俘，这与《金史·哀宗纪上》《金史·完颜合达传》所说的其在钧州攻克后或战死，或被擒杀的记载虽略有不同，但都可证完颜合达的活动轨迹并非终止于三峰山之战，而是参加了随后的钧州

---

① （明）宋濂：《元史》卷149《刘黑马传》，第3517页。
② （元）脱脱等：《金史》卷17《哀宗纪上》，中华书局，1975，第385页。
③ （元）脱脱等：《金史》卷112《完颜合达传》，第2469页。
④ （明）宋濂：《元史》卷2《太宗纪》，第31页。
⑤ （明）宋濂：《元史》卷115《睿宗传》，第2887页。
⑥ 〔瑞典〕多桑著《多桑蒙古史》上册，冯承钧译，中华书局，1962，第187~188页。

之战。

综上，《元史·塔思传》的塔思军在三峰山之战中追斩了完颜合达、《元史·刘黑马传》的刘黑马军在三峰山之战中俘获完颜合达的记载，都是错误的。

顾颉刚致朱铭心书二通考释

李 衡

(北京师范大学历史学院，北京 100875)

顾颉刚先生一生写有大量的书信，并且有意识地予以保存。这些书信是研究顾颉刚学术思想及近代学术史的珍贵资料。中华书局2010年出版的《顾颉刚全集》62册，书信卷占了5册，将现存的顾老书信尽可能地收入其中。然据顾老日记等判断，书信卷所收仍有缺失。笔者在兰州大学档案馆发现了顾先生1937~1938年致时任甘肃学院院长朱铭心的书信二通，均未被收入《顾颉刚全集》。两信对研究顾颉刚在西北的活动及与西北教育界之关系，具有史料价值。兰州大学王希隆先生、杨林坤老师在研究顾颉刚在西北的活动以及顾颉刚对兰州大学的贡献的论文中，均使用了这两封信。但与两信照片比对，笔者发现他们的考释、引用有漏字、增字、误识等问题。这与原信是草书、无标点有关。笔者努力辨识，请教方家，将此二信整理如下。

一

铭心先生赐鉴：

屡承教言，至为欣幸。刚等本拟至天水考查，而戴先生以飞机停航，改乘西兰路车东返。以彼高年，恐不堪途中辛苦，故推王文俊兄伴送至汉。刚一人在此，秦游遂尔作罢。惟十二月已届考试之期，上两三星期课即停一二月，似不如至明年授课为宜，届时文俊兄亦可返兰。渠拟任之课为"近代教育思潮"，刚则拟为"中国古代文化史"。所恨北平书籍无法寄出，虽在此间书肆购置一二，终嫌不足。因拟自下月一日起，每日到贵院读书半天，借图书馆之收藏，作编讲义之豫备，想荷允可也。匆此奉达 敬请

大安

弟顾颉刚顿首
十一月廿五日

该信两页，第二页右上空白处有朱铭心写的复顾函要点："函覆顾氏，其内：①蒙允就聘，嘉惠西北青年匪浅。②明春开学时再授课。③敝院已为伊预备读书处，请其随便来院。十一，廿六。"日期上盖有朱氏方形印。

按：此信写于1937年11月25日。是时，顾颉刚先生应管理中英庚款董事会之聘，以补助西北教育设计委员的身份在甘肃、青海一带考察教育。甘肃学院院长朱铭心恭请顾颉刚先生至甘肃学院担任特约讲座，顾颉刚回函应允，并提出明年春季学期开课之建议。

秦游，指到天水考查。

朱铭心（1895～1974），字镜堂，甘肃省靖远县三滩乡人，1923年，考入北京师范大学教育系，毕业后在北平师范大学任教。在北京期间，曾与李大钊、章伯钧等人交往，深受影响，追求民主、科学。1932年，受甘肃学院院长邓春膏之聘回甘执教，任甘肃学院教授兼事务长。1933年，任甘肃省政府委员兼财政厅长。1936年至1938年，任甘肃学院院长。

甘肃学院，为现兰州大学之前身。

戴先生指戴乐仁（J. B. Tayler），管理中英庚款董事会的英籍董事，补助西北教育设计委员之一，曾任天津新学书院校长、燕京大学经济系主任等职。

王文俊，字渭珍，毕业于北京大学，曾留学德国，获教育学硕士和哲学博士学位，也是补助西北教育设计委员之一。后任青海湟川中学校长，为西北教育做出了诸多贡献。

二

镜堂院长先生大鉴：

上月到洮，临行匆匆，未走别为怅。现在临洮讲习会业已结束，以康乐、渭源两县局邀往参观，拟顺道一游，因此回兰之期须在二月底或三月初。贵院嘱任功课，恐初开学两星期中不克上堂，无任抱歉，乞赐原恕是幸。特此告假，请即鉴察。专上　敬请

道安

弟顾颉刚顿首
二月八日

　　按：此信一页，写于 1938 年 2 月 8 日。是年 1 月，顾颉刚先生在临洮举办临洮县小学教员寒假讲习会，1 月 8 日开学，27 日讲习会结束。会后，渭源县教育局长向顾颉刚请求援例办渭源小学教师讲习会，得允。2 月，康乐县教育委员来邀。顾因为不能按原定计划到甘肃学院上课，特写此信向院长朱铭心告假，并致以歉意。

　　临洮、康乐、渭源，均为甘肃县名，今属定西市，位于兰州市东南。

　　顾颉刚到甘肃学院授课的计划没有实现。主要是此后甘肃学院政局发生了变化。朱铭心由于同情、支持学生的抗日救亡运动被调离，新任院长王自治，被甘肃学院师生抵制，出现了所谓"易长"风潮。顾颉刚虽没有到甘肃学院授课，但却为上课做了认真的准备，编读书笔记一册，题曰《兰课杂记》。

书评

一部通论性的创新之作

——读《古希腊文明》

张春梅

(大连大学历史学院，辽宁大连 116622)

自改革开放以来，我国的古希腊史研究出现了前所未有的繁荣景象。国内学术界译介批量的西文专著，发表了大量高水准的学术论文，出版了数量颇丰的研究专著。相比较而言，国内通论性质的古希腊史专著却寥寥无几，主要有20世纪90年代李天祜先生所著的《古代希腊史》（兰州大学出版社，1991年）。如今20多年过去了，随着新史料、新理论和新方法的不断出现，国内外学术界对希腊史的研究渐趋深入，对一些重大问题的见解不断更新完善。《古希腊文明》（北京师范大学出版社，2014年）一书及时总结吸纳了近年来的研究成果，比较全面客观地反映了古希腊史研究的新进展。

《古希腊文明》是北京师范大学历史学院和史学理论与史学史研究中心组织编写的六卷本"世界古代文明"系列丛书中的一部，杨共乐先生担任主编，由易宁、祝宏俊、王大庆、李永明等国内高校的专业学者合作完成。《古希腊文明》全书共分为七章。开篇概述古希腊的自然环境和居民，接下来按照时间顺序揭示古希腊文明的发展历程，依次为爱琴文明，黑暗时代，古风时期，古典时期，希腊化时期，其间对一些重大学术问题采用专题方式进行深度延展，如城邦问题的讨论，雅典的民主制和斯巴达的政治制度的深入分析等。最后一章专题展现古希腊文化的辉煌成就。全书约51万字，图文并茂（21幅彩色图版，33幅插图），书后附有征引的中外文书目和索引。《古希腊文明》是一部优秀的古希腊史著作，特点鲜明。笔者不揣浅陋，略陈己见，不当之处敬请指正。

一

在对古典文献进行细致解读的基础上,作者综合了中外学者的研究成果,或者提出一些颇具创见的观点,或者从新的视角阐释古希腊史的传统问题,令人耳目一新。

希腊最古老的文明源自哪里?作者的回答并不是克里特文明,而是基克拉底文化。基克拉底文化和克里特文明同属爱琴文明,始自公元前3500年,要比克里特文明早一千多年。这样就把爱琴文明的起始时间追溯到公元前3500年,相当于把西方文明史的起源提前了约1500年的时间,颠覆了学界几乎达成共识的西方文明源自克里特文明的说法。该书第二章第一节主要借助考古资料,介绍早期、中期、晚期基克拉底文化的建筑、墓葬、雕塑和手工业发展情况,以令人信服的证据证实了基克拉底文化在早期爱琴文明发展中所处的领先地位。

斯巴达黑劳士的阶级属性和社会地位历来是学术界争论不休的问题。国内主流的观点认为黑劳士属于国有奴隶。作者小心谨慎地提出了不同的看法,认为黑劳士不一定是奴隶。在希腊诸多城邦中,"自由民和奴隶之间还有一个中间阶层,色萨利的佩勒斯太、克里特的庇里阿西人、斯巴达的黑劳士是其代表"(第74页)。黑劳士有自己的家庭,可以有一定的剩余财富,生活境遇较好,所以"总体看,黑劳士的地位至少在早期不同于一般奴隶"(第103页)。作者强调不能把早期黑劳士等同于晚期作为奴隶的黑劳士。斯巴达黑劳士制度的形成和发展是一个长时段的历史过程,历史的发展极具复杂性,并非铁板一块,不同时期呈现不同的特点,对不同时期黑劳士的阶级属性进行区分判断可能更具合理性,更能触摸到历史的真相。历史的真相就在一次次的否定之否定的探索和判定中浮出水面。

该书的第四章概述了城邦的一些基本问题,如城邦形成的社会基础、城邦的形成途经、城邦的政体、城邦的特征、城邦的社会阶层,城邦的殖民扩张等问题。为了更充分地认识城邦的特征,作者逐一列举了不同标准之下的希腊社会阶层的划分方式:奴隶和自由民,公民和非公民,平民和贵族,穷人和富人(第74~76页)。作者在此尝试着用多元视角解读城邦的社会构成,剥离盘根错节的社会关系,认清希腊城邦内部各社会阶层之间错综复杂的社会矛盾。这样,展现在读者面前的不再是平面的而是一个立体旋转的希腊社会。这种多元视角的方法也体现在希腊公民的定义中,作者视野开阔，整合了地缘、血缘、政治、经济、社会、自然等多重因素来界定希腊公民的身份（第166~167页）。

希腊经济发展水平是古典学研究的热点问题之一。该书第五章第三节对希腊经济状况进行了全景式概览。作者细致地解读了古典作家的文献资料，借助一些数据图表和实物图片，基本勾勒出古典时期希腊经济发展的面貌。难能可贵的是，作者着眼于希腊人思想观念的还原和解析，借用中国古代的一对思想范畴"本"和"末"，重点分析了色诺芬、柏拉图和亚里士多德等古典思想家对农业、工商业及其相互关系的认识，旨在"透过这些思想去还原或建构作为这些思想的来源和基础的当时的社会经济状况和经济结构"（第227页）。总的来看，这些思想家"都认为国家应该把农业生产放在首要的位置，这样做不仅关系到国计民生，而且还关系到人的道德品质培养和国家军事防卫等诸多方面，其根本性和重要性不言而喻"；但对于工商业，他们"基本上承认或肯定在其必要性的前提下，都或多或少地表现出了轻视或压制的态度"（第238页）。作者虽然认为"如何确定农业和工商业在古希腊经济生活中的比重、影响和地位，依然是一个需要深入研究的问题"（第197页），但实际上从古典作家"本末观"的角度支持了希腊是"农本社会"的观点，并为之补充了新的证据，把该问题的研究推向深入。作者的研究视角多少反映了新史学所倡导的总体史的特点，通过思想文化层面的证据佐证经济发展的状况，论述颇为精彩。

希腊化时代在整个希腊史研究中的重要性已经不言而喻，在西方学者的带动和影响下，我国的希腊化研究也一直在稳步前进。但是国内现有的世界通史教材和通论性的希腊史专著都没有及时反映学术界的这一新变化。该书借鉴了国内外希腊化研究的成果，展开综合性的研究。作者对希腊化经济的剖析尤其令人印象深刻，改变了以往教材中按照托勒密王朝、塞琉古王朝和马其顿王朝分国别叙述的方式，把希腊化世界作为一个整体进行叙述。在同一时空范围内考量希腊、埃及、巴比伦、叙利亚、小亚细亚等区域的农业和工商业的发展水平和彼此间前所未有的贸易往来关系，还原不同区域和不同文明之间相互依存相互交融的地中海世界的原貌。因为在作者看来，"与政治和文化的一体化相比，希腊化时代的经济一体化更为成功，成效也更为显著"（第302页）。

作者不但尝试用总体史的视野审视希腊化世界的经济发展，也尝试用城市史的研究方法聚焦希腊化时代的城市。作者认为"在希腊化时代，出现了人类历史上在近代以前最大规模的一次城市化运动""是人类社会从分散走向统一的一次伟大尝试"(第306页)。作者先是对希腊化时代的城市进行概述,之后分析城市的功能,点明希腊化城市与古希腊时代的城邦之间的联系与区别,最后选取希腊化时代最具代表性的亚历山大里亚城市为例,介绍了城市的规划布局,分析了亚历山大里亚作为经济贸易中心、文化中心的城市功能。从整体介绍到个案分析,逻辑清楚,由浅入深,层层递进,令读者一目了然。

值得一提的是,作者单辟一节总结了希腊化时代的历史特点,要而不繁地回答了希腊化研究的几个根本性问题。其一,马其顿人属于希腊人(第316页);其二,希腊的文化和生活方式并没有随着马其顿人的征服活动和亚历山大帝国的建立而消失,反而是有史以来第一次被全面和大范围地传播到了更广阔的地区(第317页);其三,"希腊化"并不是希腊文化对东方文化的单向输出和扩散,而是希腊文化"在与非希腊文化的碰撞与交融中创造出一种新的文化"(第318页)。这一时期政治上的最大特点是从分散的城邦体制走向统一的国家,实现政治上的区域一体化,经济上的发展也表现出从分散走向整体的特点。本节的篇幅不长,但字里行间传递着作者对民族认同、历史发展连续性、文化融合等重要史学理论问题的思考和探究,显现了作者的学术功力。

二

梳理古希腊史研究的几大问题,厘清如"黑暗时代"、希腊经济属性等问题的学术理路,是该书的又一突出特点。

对于"黑暗时代"(荷马时代)的学术争鸣,作者在第三章中进行了高度凝练。首先介绍了"黑暗时代"名称的由来,阐释国际古典学界极具影响力的观点:"黑暗时代"是希腊历史上的一个断裂期,与之前的迈锡尼文明和之后的古风时代没有联系。接下来谈及学术界对"黑暗时代"的社会状况的新认识,强调"黑暗时代"与迈锡尼文明之间具有一定的连续性,并分别列举了陶器类型、建筑样式、文字联系等相关考古证据,说明某些地区的社会经济并没有倒退,反而出现了明显进步(第49~50页)。后一种观点在国内外学术界的影响渐趋占据上风。对此作者并没有简单站队、贴标签,而是采用了较为公允的态度,留有继续讨论的空间。"对公元前11~前9世纪前期希腊社会的认识,仍是一个需要继续讨论的问题""依据现存的史料,既不能否定迈锡尼文明之后希腊社会所出现的倒退趋势，也不能否定此时期希腊各地发展的不平衡，某些地区的社会经济并未出现衰退的情况"（第 52 页）。

与上述问题相关的是"黑暗时代"的社会组织和社会性质问题。该书第三章梳理了学术界的三种观点。第一种是源自摩尔根《古代社会》的传统观点，"黑暗时代"的希腊社会处在原始社会末期氏族社会阶段（第 60 页），这也是学术界早期普遍接受的观点。第二种观点认为"在'黑暗时代'或至少在'黑暗时代'的中后期，已经出现了国家形态"。第三种观点认为，"黑暗时代"尚未发展到国家形态，处于酋邦时期，即介于部落和国家之间的社会形态。其中，第二种观点作为学界的新观点最具代表性和影响力。作者认为以上观点都有一定的史料依据，产生分歧的原因在于"缺乏充分的史料从总体上来说明'黑暗时代'的社会制度的性质"（第 62 页）。

对于"黑暗时代"的争论，作者并非有意采取折中的态度来调和各派的观点。现实情况是，这一历史时期确定可考的文本资料不多，主要依靠荷马史诗和非常有限的考古资料来还原当时的社会发展状况，很难言之凿凿地做出终极判定。所以这种处理方式恰恰体现了作者有一分证据说一分话的严谨治史态度。这也是本书最大的特点之一，即包容性和开放性。对于其他一些学术问题，比如，迈锡尼文明灭亡的原因（第 45~47 页），城邦的定义（第 70~71 页）等，作者也都留有余地，不轻易下定论。

古代希腊经济属性问题是古希腊经济史研究的核心问题，近百年来，学界对此众说纷纭，莫衷一是。作者先后梳理了西方学者和国内学者对该问题的论战过程，并介绍了最新进展情况。学术界对于古代希腊经济属性的论争主要分为两派：把希腊经济看成是自给自足的农本经济的一派被称为"原始派"，视古代经济为工商业文明的一派被称为"现代化派"。20世纪 60 年代以前，"现代化派"占据主导地位，60 年代至今，"原始派"得到了学术界的更多认可。目前为止的最新进展是，"原始派"和"现代化派"的分歧日益缩小，双方达成了更多的共识，"原始派"并不完全否认工商业在古代经济中的重要作用，"现代化派"也并不完全否认古代文明的农业基础。

作者分阶段介绍两派的代表人物、代表作和核心观点，以及各自依托的史料基础和采用的研究方法。作为旁观者，作者间或交代两派的影响力此消彼长的时代背景，分析两派各自存在的缺陷，还时时穿插个人评述。比如，对于 20 世纪 70 年代以来两派的新论战，在作者看来，"绝不是原有论争的简单重复,而是建立在一种新的研究基点上,在更多地运用和引入相关学科的新理论和新方法的情况下,对这个'老问题'所进行的更加深入和具体的'新研究'"(第257页)。作者客观看待两派的纷争,同样采取了开放的态度,"这场争论持续至今不仅说明不论是'现代化派',还是'原始派'自身都存在着以偏概全的情况,也说明了古代希腊的经济,尤其是古典时代的经济状况的多样性和复杂性""在缺乏完整和系统的经济数据与相关资料的情况下,如何确定工商业因素在希腊社会中的地位和作用仍然是一个需要深入研究和探讨的问题"(第244页)。

客观地说,对古希腊史稍有研究的读者都或多或少地了解这场旷日持久的学术之争,国内一些学者也在一些论著中总结过这场争论的缘起、发展与现状。该书的贡献在于把复杂的学术纷争整合在有限的篇幅之内,简明扼要地勾勒出古代希腊经济属性之争的来龙去脉。把学术界多年争论从而沉淀下来的较为可靠和成熟的知识体系推荐给读者,可以让入门者在学术探索的过程中少走很多弯路,体现了学术史梳理的重要价值所在。

该书对学术界的贡献已如上所述,但似乎还可以精益求精。其一,对公元前4世纪的希腊世界的叙述略显不足。作者沿袭了学术界的传统观点,把这一时期看成希腊城邦的衰落期,着墨不多,而新的研究成果表明公元前4世纪的希腊是一个城邦制度仍充满活力、在政治上和思想文化上不断创新的时代。其二,缺少配套阅读的历史地图。如能在相关叙述中插入历史地图会更便于读者阅读和理解,比如,希腊殖民地在地中海世界的分布情况,马其顿帝国在各地建立的希腊化城市的分布情况,重大战役交战双方的对阵情况等。

总而言之,该书总体上反映了国内外学术界的最新成果,较为全面系统地呈现了古希腊史发展的全貌,充分发挥了作者的研究专长,提出一些新观点,是国内古希腊史研究领域的一部创新之作。该书同时细致地梳理了古希腊史研究中一些重大问题的学术发展史,为专业学者提供了深入研究的参考路径,其间作者所秉承的严谨而开放的学术态度值得称道。在笔者看来,《古代希腊文明》是迄今为止国内所见到的最好的一部通论性古希腊史专著。

《史记》研究的新探索
——读吴淑惠著《〈史记〉论析六章》

王庆婷

(北京师范大学历史学院,北京　100875)

自《史记》问世两千多年来,历朝历代都有史家为它倾心注力。强大的吸引力以及无可替代的学术地位,使它成为历史研究领域中一个广阔的园地。仅 20 世纪以来,参与研究《史记》的中外学者就达千人之多,出版的学术著作有几百部,发表的学术文章更是有几千篇。正是因为不断有新的研究成果的出现,"史记学"才得以不断丰富和发展。与此同时,如何在研究成果汗牛充栋的情况下推陈出新,写出富有新意的著作,也是一件极具挑战性的事情。对此,2015 年 6 月,由广西师范大学出版社出版的美国密西西比州立大学吴淑惠教授的《〈史记〉论析六章》,在广泛吸收前人研究的基础上,从新的研究视角出发,用颇具创意的理论角度和理论方法,对《史记》提出了一系列具有创新价值的学术观点。其新见迭出、风格独特、论断公允,读来颇觉它为《史记》的研究注入了新的生命力,同时,也可使读者窥见美国学者对《史记》研究的热诚与深度。

顾名思义,本书一共有六章,分别是吴淑惠教授关于《史记》研究的六篇论文。

第一章《〈史记〉中的中国人:兼驳近年来西方学者有关司马迁的民族观之论述》[①],作者从"中国人"着眼,探讨了司马迁的民族一统观,对司马迁心目中"中国人"的定义、来源和组成进行了论析。同时,简要地

---

① 该章原文《谈〈史记〉中的中国人——兼驳近年来西方学者有关司马迁民族观的论述》(上、下)曾发表在《史学理论与史学史学刊》2012 年卷和 2013 年卷。

介绍了近年来西方学者有关司马迁民族思想的著作，并对他们的论断得失进行了评价。

第二章《参彼己：司马迁论史的表现与内涵》，作者以敏锐的眼光发现了司马迁"参彼己"的史论方法，并且根据瞿林东先生所主张的古代史家发展"论"的旨趣与传统的两个趋势①，将评价历史人物、议论历史事件与讨论引起历史变化的因素相结合：从对由余、商鞅、范雎与蔡泽以及李斯的评论走向对以秦史为专题的讨论；以陈涉起义、项羽灭秦、刘邦立汉三大变化为中心对秦汉七年间的历史进程进行综合评论。由这两大趋势来解析司马迁"参彼己"史论方法的表现与内涵，并且对司马迁在各处使用"参彼己"手法的成功与否进行了评断。

第三章《〈史记〉将相名臣年表新论》②，作者在本章对《将相名臣年表》的真伪与作者、形式和内容（尤其是倒书与提栏）进行论析，并由此分析西汉权力的嬗替，此外利用近年来出土的汉简对《将相名臣年表》的外形、格式以及保存方式给予了新的诠释，进而给《将相名臣年表》的佚失之谜一个合理的解释。

第四章《〈史记〉"太史公曰"中第一人称代词"余"与"吾"之应用和意义》，在本章中，作者对论赞与序论中的"太史公曰"后主语"余"和"吾"这两个第一人称代词所带引出的五类动词（即行动词类、感官/反应动词类、读动词、写作动词类以及感受/感叹动词类）加以整理、统计与分类，并且从他们的不同功用中寻找出规律，进而论析他们对司马迁论史表现产生的影响。

第五章《〈史记〉"太史公曰"中的感叹评语》，作者认为这种方法在先秦的作品中已有，司马迁进一步运用使其史论更加传神。作者对"太史公曰"中的感叹评语加以整理和译注并进行分析，论证感叹评语是司马迁论史方法的一个重要层次。进而总结出司马迁的两大历史关注点：一是他对历史人物评论的标准，二是他对忍辱与死的态度。

第六章《〈汉书〉在"赞曰"与〈史记〉"太史公曰"的感叹评语之比较分析》，作者将《汉书》"赞曰"与《史记》"太史公曰"中的感叹评

---

① 一是从对于某一具体史事或者人物的评论走向对于某一重要专题的评论，二是对于某一朝代兴亡得失的综合评论走向对于历朝兴替更迭与历史进程的综合评论。瞿林东：《谈谈中国古代史学中的历史理论与史学理论》，《文史知识》2013 年第 8 期，第 7 页。
② 本章的英文版"On Shiji 22, Table Ten"刊载于 Journal of Chinese Studies 2014 年第 59 期，第 12~164 页。

语合表，从三个方面比较它们在使用感叹评语方面的异同。其一，论析《史记》《汉书》共有篇章中"太史公曰"与"赞曰"在使用感叹评语方面的差异及两史家历史观点的不同。其二，对《史记》《汉书》十个类传中的感叹评语予以比较论析。其三，专论《汉书》"赞曰"中感叹评语的使用情况。

通过文字的表述，我们可以看出作者对《史记》的研究功夫之深，因而造就了本书在学术上的创新及其价值。在本书中，作者在广泛吸收学术界研究成果的基础上，对《史记》研究的相关课题进行了一些新的探索，表现为如下四个特点。

一是视角独特，作者从《史记》中不常出现的"中国人"和"参彼己"两个名词着眼，分别探讨了司马迁的民族一统观和论史方法。

司马迁的民族思想在本纪、世家、列传等体例的篇章中都有所体现，是备受学者关注的一个课题。司马迁生活在政治、文化、民族、疆域大一统的时代，由此产生了宣扬大一统和民族一统的使命感。在这种使命感的催促下，司马迁创造了"共祖黄帝"这一心理认同意识。对于这种认同意识，汪高鑫教授认为是基于王权统系上的治统和血缘共祖的民族认同，司马迁正是根据这种思路合理有序地安排了本纪、世家等相关篇章的撰写①，这有助于学术界了解司马迁在《史记》中如何安排先秦篇章的书写。

然而这一"共祖黄帝"的认同意识毕竟是司马迁从传说和历史中提炼出来的民族一统理论。② 为了更加客观地表现司马迁的民族一统思想，作者在"共祖黄帝"意识这一血缘关系角度之外，根据《史记》卷九十七《郦生陆贾列传》中陆贾对南越王所言"足下中国人，亲戚昆弟坟墓在真定"，以及《史记》卷一百一十三《南越列传》载"南海东西数千里，颇有中国人相辅，此亦一州之主也"，从"中国人"这一政治地理意义上的视角出发，认为司马迁写《史记》的目的之一是在宣扬创造一个群体的民族认同——"中国人"——的形象。而且这个"中国人"应该是他民族观的中心（第7页）（这可能与司马迁巡游过全国，有丰富的政治地理和文化地理知识有关），并且司马迁在写《史记》之前，已经胸有成竹，计划好了如何安排各个时代与不同阶段的"中国人"的成分结构（第15页），进而统系《史记》相关篇章的撰写。

---

① 汪高鑫：《〈史记〉的历史文化认同意识》，《史学理论研究》2008年第3期。
② 张大可：《〈史记〉研究》，商务印书馆，2011，第446页。

不仅如此，作者在横向讨论"中国人"的发展时，注意到了司马迁对"中国人"的称谓以及籍贯记载的变化。"中国人"在三代时期被称为夏人、商人、周人；春秋战国时期变为齐人、卫人、燕人、晋人、郑人、秦人、楚人、吴人、越人、戎人、胡人、翟人，等等（第9～10页）；秦统一六国以后，"更名民曰黔首"；汉代改"黔首"为"齐民"。司马迁在写《管晏列传》时，称战国时期齐国的晏婴为莱夷人，在写秦统一后的《蒙恬列传》时则指明"蒙恬者，其先齐人也"，以突显政治地理意义上的变化。作者所言《史记》中的"中国人"概念，使我们对司马迁的历史编纂学及其历史思想尤其是他的通变观有了一个更清晰的认识。

自白寿彝先生1961年在《北京师范大学学报》上发表《司马迁寓论断于序事》一文后，《史记》具有"寓论断于序事"的史论形式成为学者的共识。司马迁寓论断于序事的最基本的形式，究竟还是历史叙述的形式[①]，在历史叙述中发表史论以"互见法"和"虚实法"为学术界所熟知。在本书中，作者以敏锐的眼光发现了"参彼己"的手法，且证明了"参彼己"与"互见法""虚实法"是司马迁写历史与表现史论的三种方法，是互为一体，分不开的（第59页）。这对于我们研究《史记》的史论有很大的启发。

在对司马迁的文章风格进行论述时，有学者注意到司马迁往往将古文转译成汉代通语[②]。因而在转译过程中，按照历史事实所记录下来的语言，虽然意思上可能没有什么变化，但是，它们的风格与表现力却掌握在了史家的手里，这无形中就掺入了司马迁对历史事件的看法与评论。历史人物的谈话在《史记》中占有大量的篇幅，作者从"参彼己"的角度出发，让这些谈话以司马迁发表史论的形式出现在读者面前，并通过对历史人物对话的分析，窥探司马迁的态度，研究司马迁的论史方法与内涵。

"史家之绝唱，无韵之离骚"，鲁迅先生的评价足以显示《史记》不仅是一部伟大的史学著作，还是一部优秀的文学著作，尤其是在对历史人物的塑造上。作者在论述"参彼己"的史论方法时，对这一点进行了很好地诠释。作者认为，所谓"参彼己"是司马迁"借着他叙述的历史事件或者他所塑造的历史人物话语来显现'彼'与'己'的两面，亦述亦论地表达他身为史家的看法，供读者比较"（第58页）。并且"由于他在形式上和

---

① 白寿彝：《司马迁寓论断于序事》，《北京师范大学学报》1961年第4期，第3页。

② 张大可：《〈史记〉研究》，第722页。

语言应用上安排得巧妙，无形中左右了读者的历史判断力"（第 58 页）。可见，司马迁在使用"参彼己"手法时，史笔与文笔交叉使用，进而达到了史学与文学的统一。

但是，在作者看来，司马迁的"参彼己"之法用得并非天衣无缝。因而作者对此不是一味地认同，而是进行了理性地辨析，在对司马迁使用"参彼己"手法发表史论进行肯定的同时，也指出了这一手法使用不当之处。比如，作者认为由于司马迁对法家"严而少恩"的不满，在《商君列传》中，使用"参彼己"手法相当主观，使读者对那一段历史无法客观评价；《范雎蔡泽列传》中因史料安排不当而导致的"参彼己"的失败，作者亦不加掩饰的给予揭露。

二是将文本与出土文献相结合进行研究。

随着文物考古的发展，我国出土的文献日益增多，这其中，以先秦秦汉时期的简牍帛书为主体。它们对于先秦秦汉时期的历史研究具有重要意义。刘跃进教授认为"二十世纪的考古发现，尤其是其中的甲骨文、金文、简帛佚籍的发现，极大地丰富了我们的学术视野，为先秦秦汉典籍的整理以及上古文明史的探索，带来了新的契机"①。《史记》作为一部通史，其论述的主体为先秦秦汉时期的历史，无疑，出土文献对于它的研究具有非常重要的影响。在本书第三章中，作者利用理论与文本对《将相名臣年表》的真伪与作者、形式和内容（尤其是倒书与提栏）进行论析之后，又利用出土的秦汉简论证相关问题。作者根据出土的睡虎地秦简、居延汉简以及其他一些简牍的长度得出"司马迁的时代已经有各种形式的简牍供他写作之用"（第 167 页），加上对宽度的猜测，作者认为中华书局版《史记》表十的格式很有可能就是原来竹简的格式（第 168 页）。

难得的是，作者并不盲目跟风、太过倚重出土文献，而是进行理性的辨析。比如，由于出土的关沮秦汉墓简牍有一支简是倒写的，许多学者就认为《史记》的表十倒文不是第一个。但是作者认为这两类倒书是天壤之别，无法对比的，原因是关沮简牍上的倒书是"因势就宜"，变通使用，而表十是经过系统化整理的历史资料。因此作者坚信"表"这个以统计方式处理资料的概念与格式的创造还是得归功于司马迁（第 166 页）。

三是视野开阔，作者在研究《史记》史论这一史学领域的问题时，运

---

① 李学勤、裘锡圭：《新学问大都由于新发现——考古发现与先秦、秦汉典籍文化》，《文学遗产》2000 年第 3 期。

用了语言学领域的相关知识。

"太史公曰"作为《史记》史论的重要形式,也是备受学者关注的一个重要课题。多数学者主要从"太史公曰"的渊源、体例、表现手法、内容及其所反映的司马迁的史学思想等几个方面进行论析。在本书中,作者独辟蹊径,从语言学的角度,论证史学问题。作者用了三章的篇幅来分析"太史公曰",并且作了详细的分类与统计。通过这些,我们看到的不只是作者拥有深厚的文史知识的底蕴,更重要的是作者对于史学研究的严谨的态度。

通过学者的论证,我们知道"太史公曰"的内容很丰富,有阐明立篇旨意的、有说明自己对史料的选择和运用态度的、有引据事实辟去相传的谬说的、有叙述实际调查行踪和收获的、有谈个人成败得失和人与人之间的关系的、有论统治阶级为政得失的等①,因而"太史公曰"的内容不都是司马迁对历史事件和人物的评论。在本书中,作者通过对"太史公曰"中的第一人称代词"余"与"吾"的应用和意义的论析,认为当"吾"和行动词连在一起使用时与抒发史论有关,而"余"和行动词连在一起主要是在陈述历史事实(第177页),进而得出,当司马迁用"余"时是其史家身份的体现,当用"吾"时则是其史评家角色的展现(第204页)的结论。在此基础上,作者进一步论证司马迁在"太史公曰"中运用感叹评语抒发他个人的情感以及表达他的历史评论(第207页)。这一系列研究成果,对我们研究《史记》的史论具有很大的启发。

四是运用比较法,将《史记》"太史公曰"与《汉书》"赞曰"中的感叹评语进行比较论析,进一步突显司马迁论史的特色。

由于《史记》与《汉书》所叙述的西汉前半期的历史时间是重合的,因而,自汉唐至今对马班异同的研究一直受到学者的关注。历代学者对他们的文字、体例、风格以及思想进行了详细的比较,取得了丰富的研究成果,并且使马班异同升华成为一门传统的比较学。这些研究成果中不乏对两书论赞的比较,但是大体上讲,对比的角度不出上述所说对"太史公曰"的研究范围。本书作者别出心裁,对两本书中论赞的感叹评语进行比较,以小见大,由此论析司马迁与班固的个性及思想的不同。比如,通过对比作者得出"班固偏重叙述制度之沿革,而与制度有关人物之功劳与事迹为次要",而"司马迁注重塑造建立与发展这些制度之人物的人品、个

---

① 参见俞樟华《试论〈史记〉中的"太史公曰"》,《浙江师范学院学报》1982年第2期。

性、学术以及阐扬他们对这些制度的贡献"（第356页）的结论。

　　本书作者吴淑惠教授有着丰富的生活与学习经历，掌握多国语言，曾发表多篇中、德、英文学术论著与论文，因而在研究《史记》时，能够广泛吸收国内外学者的研究成果，加之自己对《史记》文本的深度阅读与分析，使得本书无论是语言风格，还是研究方法与视角，都散发着新鲜的、独特的学术气息。

　　总之，《〈史记〉论析六章》在《史记》研究上的成就是值得重视的，作者撰写本书所使用的研究方法与研究视角也是值得我们学习和思考的。

会议综述

"史学研究的挑战与回应"学术研讨会综述

刘 玲

(北京师范大学历史学院、史学理论与史学史研究中心，北京 100875)

  时代的变化呼吁学术的变革，社会的发展要求学术的更新。历史学作为一门悠久的学术，如何应对时代的挑战，为时代的发展注入活力，是每一位史学工作者都不能回避的问题。"以古鉴今"，用史学研究回答现实提出的问题，是历史学的根本任务。只有积极面对挑战，不断自我革新，历史学的生命之泉才能源源不断。

  2015年11月21日至22日，由北京师范大学史学理论与史学史研究中心主办的"史学研究的挑战与回应"学术研讨会在京师大厦召开。来自全国多所院校、学术机构、学术期刊的80多位学者参加了此次会议。会议收到学术论文60多篇，共计70多万字，编辑论文集2册。会议形式丰富多样，包括主题演讲、分组发言与讨论、主题报告与评议等，以实现充分的学术讨论。与会学者就当前史学研究存在的问题、面临的挑战以及解决问题的方法、应对挑战的策略等中心议题进行了广泛而深入的讨论。

一

  "历史研究是一切社会科学的基础，承担着'究天人之际，通古今之变'的使命。"这是习近平总书记在《致第22届国际历史科学大会的贺信》中对历史研究使命的强调。北京师范大学史学理论与史学史研究中心瞿林东教授有感于此，在会议上号召今天的史学工作者勇敢地担负起这一崇高使命。他认为，习近平总书记对司马迁这两句话的引用，赋予这一宗旨以现代的含义和生命力；在21世纪新的理念下的"究天人之际"，仍旧是历史研究的重大课题。他指出，今天讲"究天人之际"，是要探讨社会和自然的关系，探讨社会中的人如何在整个大历史中获得真正的自由；今天讲"通古今之变"，既要通历史研究的"古今之变"，也要通史学史研究的"古今之变"，不只是要关心过去的史学，还要关心当前和未来的史学。对于如何在新的时期推进历史学的进一步发展，他提出了四点看法：一要具备并大致遵循已经形成的完整的理论方法论体系，真正使历史学成为"一切社会科学的基础"；二要从中国民族文化出发提出新问题，在更广泛的领域里赢得话语权；三要处理好继承和创新的关系，在继承史学遗产的基础上进行创新；四要营造批评和商榷的学术氛围，推进历史学的健康发展。

北京师范大学史学理论与史学史研究中心主任、历史学院院长杨共乐教授指出，史学研究面临的挑战是多方面的，有时代提出的挑战，有来自其他学科的挑战，也有来自历史学科内部的挑战。他提出了一系列值得深入思考的问题：在这个迅速发展的时代，历史研究者们是否已经做好了思想准备，能否给时代带来新的东西、为时代的发展提供智慧？在新兴学科不断出现的情况下，历史学应如何应对、找准自己的位置？各大院校里历史学院的老师、学位获得者，是不是真正的历史工作者、历史学家？他认为，当前历史学科面临的最大挑战是在人才培养上。从2016年开始，国务院要启动世界一流大学和一流学科的建设。如何培养出世界一流的史学人才，是一个重要而迫切的问题，涉及学科未来的存亡。但是，目前的历史教学还存在很大漏洞，如对学生研读古代文献能力的培养有很大欠缺，对方法论类课程的设置也很不足，中学历史教学的专题模式使历史知识零碎化、割裂历史的发展脉络，等等。对此，史学工作者们要积极思考，探索解决问题、应对挑战的策略，在传承的基础上创造性地提出明确的路径、目标、手段和方法。

中国社会科学院世界历史研究所党委书记赵文洪教授总结了当前史学研究面临的四个方面的挑战：一是"求真"能力不足，对史料的广泛收集、科学分析和正确运用，仍存在沟通不足、能力不足的问题；二是碎片化，一些史家长期沉浸在微观研究中，无暇顾及中观、宏观的问题，致使史学研究"只见树木不见森林"；三是过度专业化，部分史家除了史学专业知识，其他专业的知识基本不具备，对其他学科的研究也毫无兴趣；四是过度脱离现实，一些史家躲进书斋，不管家事国事，成为心中没有国家与人类、眼里没有国情与民生的个人主义者。如何回应这些挑战？赵文洪教授认为，第一要向陈垣先生学习，学习他竭泽而渔的史料收集精神、批判分析史料、筛选应用史料的上乘功夫、对研究结论反复拷问并接受时间检验的严谨态度；第二要向白寿彝先生学习，学习他细微处具有深度、宏大处具有高度的研究气度；第三要向刘家和先生学习，学习他对人类所有知识体系的浓厚兴趣、坚持学习非史学专业知识的执着精神、娴熟运用跨学科知识在史学领域进行创造的卓越才能；第四要向鲁迅先生学习，学习他为了祖国与人民"甘当孺子牛"的牺牲精神、"我以我血荐轩辕"的高尚情怀。

史学研究的碎片化问题是本次研讨会的热点问题。北京师范大学历史学院刘家和教授认为，史学研究碎片化有着复杂的原因，它是多种形势造成的结果，不能归咎于某个人；碎片化的后果是每一位被培养出来的人都是专家，而非通才；为避免碎片化，史学研究要抓核心问题。以他长期钻研的中西史学比较这一研究领域为例，他指出，按时间顺序对中西史学进行对比的想法是不现实的，因为不同国家、区域的文化发展是不平衡的；因此，必须抓核心问题，即中西史学都涉及的关键问题，其中之一就是历史理性。他在大会上发表了《历史理性——中西史学可以共同研讨的理论问题》的主题演讲，简要论述了历史理性在中、西方的发生发展历程，为史学研究的碎片化问题指明了一条解决之道。瞿林东教授也提出，当前史学研究的问题比较微观，对宏观问题关注得不够；要把微观研究和宏观研究结合起来，把微观研究放在大的历史进程中来对待。

当代中国史学理论的发展也是与会者非常关注的问题。山东大学王学典教授指出，近三十年来中国史学理论的研讨出现了一定的偏差，表现在回避历史理论、历史观、历史本体，以"历史认识论"研究取代"历史本体论"研究；其后果是对历史进程的思考被打入冷宫，越来越多的人不但自己放弃了对历史进程的思考，甚至也排斥和轻视他人对历史进程的思考，进而使历史学家在有关中国道路、中国崛起的讨论中缺席。他呼吁史学工作者重返历史本体，冲破西方经验的束缚，建构基于中国本土经验的历史理论体系，以指导对中国历史的进一步研究；这不仅是当下历史研究的迫切需要，更是在世界面前讲清楚"中国故事"的重大需要。这一观点得到了与会者的积极响应。复旦大学张广智教授说，王学典教授的观点是切中时弊的，史学研究要"两翼并进，既要重视历史理论，也要重视史学理论"。

近年来，在西方各种思想理论的冲击之下，学界对马克思主义和唯物史观产生了不同程度的质疑。上海师范大学裔昭印教授提出，唯物史观对于经济因素的重视和对阶级分析的强调至今都没有过时；马克思主义史学不是教条式的史学，它在不断地自我革新。中国社会科学院世界历史研究所吴英研究员的《史学理论研究面临的挑战与回应》进一步提出，加强对唯物史观基本原理和基本理论问题的研究，让唯物史观真正凭借它的科学理性来赢得人们的信服。四川大学何平教授的《马克思理论在欧洲的传播问题再思考》一文借鉴爱德华·赛义德对匈牙利马克思主义文论家卢卡契理论在英国和法国的旅行的研究，分析评述了马克思主义在欧洲的传播与本土化问题，说明马克思理论旺盛的生命力。

在层出不穷的西方史学理论中，后现代理论可以说是最强劲的一支。它从根本上质疑历史学的科学性和客观性，是史学研究面临的极大挑战。北京师范大学董立河教授认为，客观性是历史学家工作的理想和信念，也是历史学存在的理由和根据；当前的任务是重新阐释历史学的客观性基础、重建历史理性信念。他的《西方史学理论视域中的历史客观性问题》的主题发言，考察了西方史学史上有关历史客观性问题的争论，希望能为当前的讨论提供某些启示。华东师范大学张耕华教授反对后现代理论将历史书写定义为一种虚构，但他也承认后现代理论为我们看待历史书写提供了一个新的视角，即历史书写主体的思想、观念、阅历等主观因素在历史叙事中的体现。

近年来兴起的公众史学，从外部对专业史学工作者提出了挑战——来自社会公众及业余历史爱好者的挑战。在会议闭幕式上，中国社会科学院近代史研究所左玉河研究员做了题为《公众史学的兴起与历史学家的社会使命》的主题报告。他认为，公众史学的兴起，培养了公众的历史兴趣，丰富了民众的历史知识，其积极意义应予以肯定；但其消极意义也不能忽视，表现在多数作者没有接受过专业史学训练，其作品难以成为真实可靠的信史，从而将不正确的历史知识传播给民众。他呼吁职业史学家积极参与公众史学，一要将学术研究成果以通俗易懂的方式向公众传播，做好历史知识的普及工作；二要鼓励、参与、指导公众史学工作者，推动公众史学的健康发展。华东师范大学孟钟捷教授的《公共历史文化中的"克服历史"之争——近来德国公众史学研究中的一个热点问题》则着眼于德国公众史学中的"克服历史"之争，希望为中国公众史学的建设提供一些借鉴。

中国史学的遗产是极其丰富的。具有中国特色的史学理论体系的建立，离不开对史学遗产的继承与发扬。北京师范大学吴怀祺教授多年来一直致力于中国史学思想的研究，他认为，史学思想是史学遗产的灵魂，既有从容应对时代变化的"定力"，也有融通推进社会发展的"活力"；要认真总结史学思想，为揭示有中国特色的民族史学理论做贡献。北京师范大学陈其泰教授则以《史记》为例，通过阐发司马迁的多维历史视野、"立体式"著史的编纂思想及其超越时代的进步意义，呼吁今天的史学工作者认真总结中国史学的精华，以中西融通的方式概括出来，推向世界。

史学流派（学派）研究是近年来兴起的一个新的研究方向，也引起与会者的讨论。复旦大学张广智教授《关于近代西方史学流派研究的一些思考》一文提出，史学流派是史学发展的产物，它的产生和发展反过来又推动了史学的前进；对近代西方史学流派的研究，其难度是对单个历史学派作过细的研究，以阐明各家各派彰显于外的学术个性；史学流派研究最基本的地方是对其学术共性与学术个性的研究，要知其渊源、知其发展、知其传承、知其影响；另外，要进一步开拓领域，其中之一就是中外（西）史学交流史的研究。华东师范大学张耕华教授指出，一些学术大家（如钱穆、吕思勉、陈寅恪、陈垣等）难以归入某一个具体的学派，因此要在流派之外补充其他的研究路径。

二

除以上对于热点问题的讨论之外，研讨会也呈现了一部分个案研究成果。在中国古代史学方面，北京师范大学向燕南教授的《历史编纂：何以必要？何以可能？何以为限？》从历史认识论的角度阐述了历史编纂的必要性、可能性和局限性；华中科技大学李传印教授的《魏晋南北朝时期史家"实录"论的理论特征》考察了魏晋南北朝史家"实录"观念的亦经亦史、半经半史、以经为体、以史为用的理论特征；南开大学孙卫国教授的《明经略宋应昌之东征及其对东征历史的书写》剖析了《经略复国要编》一书的成书经过，是把历史研究与史学史研究结合起来的一个尝试；上海财经大学章益国副教授的《〈文史通义〉"五经教"之结构主义释义》利用结构主义方法分析章学诚"五经教"部分的思维体系；天津师范大学张秋升教授的《小说的史料价值及其局限——以〈老残游记〉为文本分析刘鹗的为官理念》从小说素材源于生活、小说史料多为无意史料、小说证史的学术实践三个方面，阐述了小说的史料价值。相关的会议论文有：河南大学《史学月刊》编辑部周祥森教授《时间关系"正名"和历史世界再现——兼论孔子所修〈春秋〉的性质》、南开大学乔治忠教授《〈左传〉〈国语〉被刘歆窜乱的一项铁证——民间学者刘坦之说申论》、北京联合大学赵连稳教授《圆明园经费来源问题初探》、内蒙古大学李德锋副教授《有关史学史研究范围及其评价问题的思考——从朱熹〈资治通鉴纲目〉的再评价谈起》、华中师范大学尤学工副教授《论清初仕清史家及其历史批评》、山东大学屈宁副教授《阮元的方志学思想特点及其时代价值》、中国社会科学院历史研究所廉敏助理研究员《发现中国古代史学在当下的理论价值》、天津师范大学赵旸讲师《顾炎武和黄宗羲的学术关联》等。

在中国近现代史学方面，华东师范大学张耕华教授的主题报告《吕思勉、钱穆治史观念与风格异同之比较——以"西汉政制"及相关问题为例》比较吕思勉、钱穆二人对西汉政制及相关问题的不同看法，分析、推测其背后的缘由，以此认识二人治史观念与风格的异同；上海财经大学徐国利教授的《新儒学视野下中国传统史学的阐释与建构——柳诒徵的中国传统史学观述评》从广义新儒学的视角论述了柳诒徵的中国传统史学观；华东师范大学李孝迁教授的《印象与真相：柳诒徵史学新论——从新发现〈史学研究法〉未刊讲义说起》通过考察新发现的柳诒徵《史学研究法》，对柳诒徵提出了一些新的看法，如《国史要义》存在自我炒作嫌疑等；山东大学陈峰教授的《1930年代中期中国社会史研究的重新定向——以马乘风〈中国经济史〉为视角的探讨》以《中国经济史》为切入点，探讨了从社会史论战到中国经济史研究的转变历程；天津师范大学毛曦教授的《人地关系视角下的当代中国史学》从人与自然关系的角度介绍了当代中国史学的发展，如环境史学等新兴分支学科的兴起等；中国人民大学宋学勤副教授的《关于中国当代社会史研究的三个议题——对中国当代社会史研究现状的反思》，揭示了中国当代社会史研究存在的"意义感"缺失、"碎片化"泛滥、"流水线"作坊等值得反思的问题；《河北学刊》杂志社冯金忠研究员的《接受史·新社会史：撰写〈河北禅宗史〉的构想》提出了从接受史和新社会史的角度撰写《河北禅宗史》的构想。相关的会议论文有：曲阜师范大学赵满海副教授《许冠三与1950年代史学概论书写模式的新探索》、四川师范大学刘开军副教授《论中国史学批评史研究的兴起与发展趋势》、中国社会科学院当代中国研究所曹守亮副研究员《"五朵金花"研究与当前中国史学的话语建构》、中国海洋大学刘永祥讲师《"新史学"：从思潮到流派——基于比较视野下的考察》、西北大学历史学院张峰讲师《政治环境、民族情怀与学术研究的互动——以历史语言研究所学人群为中心的考察》等。

在西方史学方面，西南大学陈安民讲师的《逻辑分析与中国史学史研究——从章太炎论衡中国史学的一个视角谈起》从形式逻辑的层次，展现了中国史家的逻辑分析之于历史理论研究、史学理论研究、中西史学会通的作用；复旦大学吴晓群教授的《试论基督教传统对西方希罗多德研究可能带来的误识》讨论了基督教史学的线性史观对后世解读希罗多德的影响；陕西师范大学王成军教授的《论"元史学"与西方近现代史学观念之嬗变》以近现代西方历史观念及其对历史哲学观念的反思为依据，探讨近现代西方史学观念的嬗变；淮北师范大学李勇教授的《影响焦虑和社会倾向——论威廉·罗伯逊英属美洲史写作中的两个问题》剖析了威廉·罗伯逊未完成《美洲史》的思想动机及书中所见作者的社会倾向；北京联合大学王利红教授的《历史的漫游者——试论尼采的史学思想》发掘了尼采作品中的史学思想；上海师范大学梁民愫教授的《激进历史与史学观念：新左派语境中 E. P. 汤普森的史学研究》从"战后英国马克思主义的发展及新左派运动的兴盛"的语境，分析汤普森史学思想形成与变动的历程；复旦大学陆启宏副教授的《从微观到宏观：历史人类学视角的转变》从人类学和历史学两个方面考察历史人类学如何将微观和宏观结合起来，以克服碎片化的问题；中国孔子研究院陈金海副研究员的《司马迁与李维史学中的道德认同观念》从对道德评判标准及其在历史进程中作用的认识两个方面比较了司马迁与李维的道德认同观念；苏州大学张井梅教授的《近代以来欧洲的中国观》则考察了近代以来欧洲的中国观及其形式的时代背景。相关的会议论文有：清华大学彭刚教授《当代西方史学片论》、清华大学梅雪芹教授《何能"以自然为镜"？——环境史研究中的某种历史评价倾向的合理性辨析》、华东师范大学王应宪副教授《"外国史学史"与"近代现代资产阶级史学流派资料选辑"讨论会档案选辑》、《历史研究》编辑部晁天义《实验方法与历史研究》、北京师范大学史学所王志刚副研究员《"东西方大交换"——从全球的、生态的观点看 1840 年以来的中国和世界》、四川大学吕和应讲师《19 世纪德语语境中的"历史研究"概念释义》等。

会议上，北京师范大学易宁教授、周文玖教授、汪高鑫教授、张越教授、孙立新教授、侯树栋教授、河南师范大学王记录教授、中国人民大学牛润珍教授、首都师范大学邹兆辰教授、首都师范大学江湄教授、首都师范大学邓京力教授、上海师范大学裔昭印教授、中国社会科学院世界历研究所张文涛副研究员由于担任主持人或评议人，未能在会议上做主题发言，但他们发表的看法及其文章的精深见解，都令与会者印象深刻。他们所提交的文章有：易宁《〈左传·隐公三年〉"潢汙"考》、周文玖《唯物史观与发扬中国史学的民族特色——改革开放以来史学理论的发展及未来史学之展望》、汪高鑫《董仲舒与班固史学》、张越《郭沫若给中国马克思主义史学带来了什么？——以民国时期对郭沫若史学的评价为中心》、王记录《中国古代历史鉴戒观的特征及其对史学发展的影响》、牛润珍《〈华林遍略〉与〈修文殿御览〉——敦煌本古类书残卷身世再辨》、邹兆辰《关于"白寿彝学派"的初步思考》、江湄《重新将"中国史"置于"世界史"之中——全球史与中国史研究的新方向》、邓京力《微观史学的理论视野》、张文涛《从兰克到伽达默尔：历史理解的德国诠释》。

* * *

一年一度的史学理论与史学史研讨会，每年都有不同的会议主题，或为核心的学术问题，或为最新的研究动态。这是一个开阔学术视野、增进学术交流、深化学术认识的思想平台，深得全国同行的关注。此次研讨会，将主题定为"史学研究的挑战与回应"，意在分析和探讨在错综复杂的社会变革形势下，历史学的发展出现了哪些困难和问题，如何克服困难、解决问题，以使自己保持明确而清醒的头脑和定力。这既需要自身健康地发展，也要积极能动地推动社会的发展，实现学术研究与经世致用的良性互动。

《史学理论与史学史学刊》稿约

  《史学理论与史学史学刊》为教育部普通高等学校人文社会科学重点研究基地北京师范大学史学理论与史学史研究中心主办的研究论集，是国内外史学理论与史学史工作者发表研究成果的阵地，欢迎中外专家、学者惠赐稿件。

  1. 本刊设有历史理论与史学理论、中国古代史学、中国近现代史学、外国史学、中外史学比较、史学批评、图书评论等栏目。

  2. 来稿一般应在1.5万字以内，重大选题可适当放宽至2万字。稿件使用A4型纸张打印，并请将稿件的电子版通过电子邮件发给我们。限于经费原因，恕不退稿，作者如果在三个月内未接到刊用通知，可自行处理稿件。

  3. 本刊实行匿名评审，请作者不要在来稿上署名，另纸附上作者姓名、性别、出生年月、职称、工作单位、通信地址、邮政编码、联系电话、电子信箱等相关信息。来稿避免使用有可能透露作者个人信息的表述，诸如参见拙文、拙作等。

  4. 来稿应遵守学术规范，尊重前人研究成果。禁止剽窃、抄袭与一稿两投行为，凡发现有此类行为者，5年内不受理该作者的任何稿件。

5. 来稿请寄：北京市新街口外大街19号北京师范大学史学理论与史学史研究中心《史学理论与史学史学刊》编辑部。

邮编：100875

电子信箱：history1101@163.com

《史学理论与史学史学刊》编辑部

《史学理论与史学史学刊》匿名审稿实施办法

  为保证本论集用稿的学术质量，进一步提高刊物的学术层次，给广大读者奉献高水平的研究成果，我们实行稿件匿名评审制度。具体实施办法如下。

  1. 来稿请勿在稿件中出现署名和与作者有关的背景材料，作者简介请另附在一张纸上，内容包括姓名、性别、出生年月、工作单位、职称、通信地址、邮政编码、联系电话、电子信箱等。来稿避免使用有可能透露作者个人信息的表述，诸如参见拙文、拙作等。

  2. 来稿请直接寄往或送达编辑部，勿寄个人或托人转交，以免造成延误。

  3. 本编辑部收到稿件后，由编辑人员登记，然后将原稿匿名送交有关专家审阅，就稿件的写作质量和学术水平做出评定，提出初审意见。

  4. 编委会根据专家初审意见，对来稿学术质量进一步讨论，就稿件是否具有新观点和学术价值诸问题形成一致意见。

  5. 责任编辑根据上述意见初步提出是否采用的建议，初步决定采用的稿件送交主编，最后由主编终审，决定是否刊登。

《史学理论与史学史学刊》编辑部

图书在版编目(CIP)数据

史学理论与史学史学刊.2016年.上卷:总第14卷/杨共乐主编.--北京:社会科学文献出版社,2016.9
ISBN 978-7-5097-9694-8

Ⅰ.①史… Ⅱ.①杨… Ⅲ.①史学理论-文集②史学史-文集 Ⅳ.①K0-53

中国版本图书馆CIP数据核字(2016)第215868号

史学理论与史学史学刊 2016年上卷(总第14卷)

主　　编 / 杨共乐

出　版　人 / 谢寿光
项目统筹 / 宋月华　郭白歌
责任编辑 / 周志宽　王晓燕

出　　版 / 社会科学文献出版社·人文分社(010)59367215
　　　　　　地址:北京市北三环中路甲29号院华龙大厦　邮编:100029
　　　　　　网址:www.ssap.com.cn
发　　行 / 市场营销中心(010)59367081　59367018
印　　装 / 三河市东方印刷有限公司

规　　格 / 开　本:787mm×1092mm　1/16
　　　　　　印　张:20　字　数:336千字
版　　次 / 2016年9月第1版　2016年9月第1次印刷
书　　号 / ISBN 978-7-5097-9694-8
定　　价 / 89.00元

本书如有印装质量问题,请与读者服务中心(010-59367028)联系

版权所有　翻印必究